KB000455

조관희 교수의

중국사 강의

조관희 교수의

중국사 강의

: 고대 신화전설의 시대에서 신해혁명까지 :

궁리
KungRee

저자의 말

가끔 이런 생각을 해본다. 과연 인류의 역사는 진보하는가, 그렇지 않으면 끝없이 순환 반복하는가? 중국이라는 넓은 땅덩어리를 주유하다 보면 가끔 시대착오, 이른바 '애너크로니즘anachronism'을 느낄 때가 있다. 사람 살아가는 모습이야 어디라고 다를 게 없겠지만, 유독 중국에서만큼은 너무도 확연하게 차이가 드러나는 삶의 현장이 펼쳐지고 있다. 고층 빌딩에 엄청난 인파가 몰려다니는 첨단 도시가 있는가 하면, 옛 『삼국지』 관련 유적 답사 길에 들른 시골 마을은 삼국시대의 그것과 별반 다르지 않은 모습을 보여준다.

한편 사람이 살아가는 사회는 시대를 불문하고 항상 많은 문젯거리를 안고 있다. 첨단 과학 기기로 무장한 21세기의 현대 사회나 1,000년 또는 2,000년 전의 고대 사회나 그 나름의 문제가 있게 마련인데, 가만히 들여다보면 그 본질은 그리 다를 바 없다는 사실을 문득문득 깨닫게 된다. 투명한 과세와 그 집행, 그리고 공정한 인재 등용이라는 화두는 여전히 해결되지 않은 묵은 과제로 남아 있고 앞으로도 그러할 것이다. 무엇보다 왜 항상 착하고 올곧은 사람들은 핍박을 받고 후안무치한 모리배와 간신들은 부귀영화를 누리는 이른바 '악화가 양화를 구축하는' 일은 시대를 불문하고 반복되고 있는가?

이를 두고 쓰마첸司馬遷, 사마천은 피를 토하는 심정으로 다음과 같이 갈파한 바 있다.

> 어떤 사람은 이렇게 말했다. "하늘의 도天道는 공평무사해서 항상 착한 사람들 편이다." 그렇다면 보이伯夷, 백이와 수치叔齊, 숙제는 착한 사람이라고 말할 수 없단 말인가? 그들은 이처럼 어진 덕을 쌓고 깨끗하게 살다가 굶어 죽었다. 또한 쿵쯔孔子, 공자는 70여 명의 제자들 가운데 유독 옌위안顔淵, 안연만이 배움을 좋아했다고 내세웠다. 그러나 옌위안은 쌀 뒤주가 자주 비었으며 술지게미와 쌀겨도 배불리 먹지 못하다가 끝내 일찍 죽었다. 하늘이 착한 사람들에게 그에 대한 보답을 베푼다더니, 이것이 어찌 된 일인가?
>
> 〔이에 반해〕 다오즈盜跖, 도척라는 놈은 매일 무고한 사람을 죽이고 그 간을 꺼내어 회를 쳐서 먹었다. 흉악무도한 짓을 멋대로 저지르면서 수천 명의 도당을 이끌고 천하를 횡행했지만 끝내 천수를 누리다 죽었다. 이것은 대체 다오즈가 행한 어떤 덕행에 따른 것인가? 이렇듯 〔착한 사람이 비참하게 죽고 악인들이 천수를 누리다 죽은 일들은〕 하늘에 도가 없다는 것을 지극히 분명하고 뚜렷하게 보여주는 사례라 할 수 있다.
>
> 근자에 들어서, 올바르지 않은 품행으로 정도를 걷지 않고, 오로지 사람들이 꺼리고 금하는 일만 골라서 하면서도, 그 몸은 종신토록 인생을 즐기며 부귀와 영화를 대대로 이어 끊어지지 않게 하는 사람이 있는가 하면, 그와 반대로 발을 내딛을 때는 항상 조심해서 마른땅만을 고르고, 자기의 생각을 말할 때는 몇 번이고 생각한 다음에 행하고, 길을 갈 때는 지름길이나 좁은 길을 택하지 않으며, 공명정대하지 않은 일에는 결코 힘써 행하지 않는 사람이 오히려 화를 입게 되는 경우가 말할 수 없이 많이 있는 것은 도대체 어찌 된 일인가? 이런 일들은 나를 아주 당혹케 한

다. 만약에 이것이 하늘의 도라고 한다면 과연 하늘의 도라는 것은 옳은 것인가, 그렇지 않으면 그른 것인가?『사기』「보이 열전(伯夷列傳)」

하늘의 도리 운운하며 통분했던 쓰마첸이 이 땅에 다시 태어났다면 2,000년이라는 시간의 흐름이 무색할 정도로 반복되고 있는 현실에 얼마나 기가 막혀했을까? 사람을 멋대로 죽이고도 자손대대로 부귀와 영화를 누리며 살고 있는 자들과 오로지 "사람들이 꺼리고 금하는 일만 골라서 하면서도, 그 몸은 종신토록 인생을 즐기"고 있는 자들이 그 어떤 기시감으로 되살아나 우리의 눈앞에 어른거리고 있음에랴.

역사를 공부하는 까닭이 바로 과거를 돌아보며[反] 현재를 살피는[省] 것에 있다고 할진대, 이러한 '반성'의 과정 없이는 미래를 내다보는 게 무망한 일이 될 것이다. 한 치 앞을 내다보기 어려운 험난한 현실은 온갖 맹수 떼에 둘러싸여 살아가는 정글 속의 삶과 다를 게 없는지도 모른다. 미구에 언제 들이닥칠지 모르는 위험한 상황 속에서 살아남으려면 이에 대한 대처에 앞서 현재 자신이 어떤 처지에 놓여 있는지를 파악하는 것이 무엇보다 중요하다.

이때 판단의 근거가 되는 것이 유사한 경험에 대한 반추가 될 것인 바, 바로 여기에 우리가 역사를 읽고 거기에서 교훈을 얻어야 하는 이유가 있다. 다시 말하거니와 역사 공부는 과거에 유명했다는 사람들의 이름이나 사건의 연대를 외우는 것이 아니라 그러한 과거의 사실을 통해 내가 서 있는 자리를 확인하고 의미 부여하는 일이라 할 수 있다.

이 책은 그런 의도에서 씌어졌다. 무려 5,000여 년에 달하는 그야말로 장구한 중국 역사를 공부하는 일이 단순히 사실 관계를 따지고 그들의 족적을 따라가는 데에만 그친다면 무엇보다 그 일 자체에서 재미를 느낄 수 없을 것이고, 그렇게 따분한 과정을 거친 뒤에도 내게 남는 게 별로 없을 것이다. 그래서 이 책에서는 과거의 사실들을 서술하되 여기에 그치지 않고 그 안에 담겨 있는 의미를 현재라는 시점에서 반추하고 되새길 수 있도록 끝없이 질문을 던지고 그에 대한 답을 모색하고자 했다.

그래서 이 책에서는 엄정한 사가의 입장에서 감정을 배제한 채 조금은 무미건조하게 사실事實을 나열한 정통의 역사책과는 달리 그 나름의 한계와 오류가 없다고 할 수는 없지만 가급적 필자가 갖고 있는 역사 인식에 비추어 의미 부여한 사실史實들을 풀어내고자 했다. 따라서 이에 대해서 동의하는 사람도 있을 수 있고, 그렇지 않은 사람도 있을 수 있을 것이다. 하지만 이런 문제 제기로 인해 단순한 사실에 대한 이해에 그치지 않고 새로운 시각에서 중국 역사를 돌아보게 되었다면 미흡하나마 필자의 의도는 어느 정도 성공한 것으로 치부할 수 있으리라.

여기서 한 가지 덧붙이고 싶은 것은 중국의 인명과 지명에 대한 표기이다. 현재 중국어의 한글 표기는 신해혁명을 기준으로 그 이전과 이후를 나누어 이전은 우리 한자음으로 이후는 중국어 원음으로 표기하고 있다. 이것은 외국어는 현지음대로 표기한다는 최근의 추세를 반영한 것인 동시에 오랫동안 관습적으로 써왔던 한자음 표기에 익숙한 세대를 고려해 절충한 것이다. 하지만 이로 인한 불편함 역시 무시할 수 없으니, 예를 들어 신해혁명 전후에 활동했던 '康有爲'라는 인물의 경우 그 이전에는 그냥 '강유위'라 읽고, 이후에는 '캉유웨이'로 읽어주어야 한다. 그런데 문제는 그 전말을 모르는 사람이 보기에 두 사람은 동일인이 아닐 수도 있고, 백 번을 양보해 한자를 보고 같은 사람임을 알 수 있다 해도 같은 사람을 두고 이런 식으로 읽어야 하는 것은 아무래도 어색하기 짝이 없다.

그런 까닭에 이에 대한 논란이 끊이지 않고 있는데, 여기에 한 가지 시사점이 있으니, 그것은 20세기 현대 중국의 지도자 세 사람의 이름에 대한 우리의 느낌이다. 곧 비교적 옛날 사람인 '毛澤東'의 경우 '마오쩌둥'보다는 아무래도 '모택동' 쪽이 좀더 익숙하고, '鄧小平'의 경우는 '등소평'이나 '덩샤오핑' 모두 익숙한 데 비해, '胡錦濤'는 '호금도' 보다는 '후진타오'가 훨씬 더 익숙하다는 것이다. 이것으로 알 수 있는 것은 우리 한자음으로 읽느냐, 그렇지 않으면 현지음으로 읽느냐 하는 것은 단지 우리가 어느 쪽에 익숙한가 하는 데 달려 있다는 점이다. 아울러 확인할 수 있는 것은 '호금도' 보다 '후진타오'가 익숙한 것으로 볼 때 현재 흐름은 현지음 쪽으로 가고 있다는 사실이다.

동시에 고려해야 할 것은 세대간의 문제인데, 조금 나이가 든 축에서는 한자음이 익숙한 반면, 젊은 독자들일수록 한자음보다는 현지음을 더 선호한다는 것이다. 이렇게 볼 때 한창 왕성한 사회 활동을 하며 여론을 이끌어가는 세대가 여전히 목소리를 높이는 상황에서 우리 한자음에 대한 배려는 당분간 계속될 수밖에 없지만 그 흐름이 그리 오래 가지는 않을 것이라는 전망을 조심스럽게 해볼 수 있다. 곧 머지 않은 미래에 우리식 한자음이 익숙한 세대가 뒷전으로 밀려나면 자연스럽게 모든 중국어 인명이나 지명이 현지음으로 바뀔 것이다.

저간의 여러 가지 사정을 고려해 이 책에서는 중국어 인명과 지명을 다음과 같은 형식으로 표기했다. 이를테면, 쿵쯔孔子, 공자. 이것은 현지음 표기와 한자 표기를 병행함으로써 우리 한자음이 됐든 현지음이 됐든 이로 인해 생길 법한 서로간의 마뜩찮음을 희석시킨 것이라 할 수 있다. 조금 번거롭기는 하지만 너무 혁명적인 변화에 선뜻 마음을 열 준비가 안 되어 있는 사람들을 위한 과도적 조치라 생각해도 좋겠다. 참고로 필자의 개인적인 소견으로는 언젠가는 중국어 인명과 지명을 현지음으로 읽게 될 것이라 생각한다.

끝으로 이 한 권의 변변찮은 책이 만들어지기까지 많은 분들의 도움을 받았다. 그 자세한 전말을 하나하나 밝혀둘 겨를은 없으니, 이 자리를 빌어 그 모든 분들께 마음속 깊이 고마움을 전한다.

2011년 여름

지은이

차례

| 일러두기 |

1. 이 책에 나오는 중국인들의 인명과 지명은 고대나 현대를 불문하고 모두 원음으로 표기하되, 이로 인한 다소간의 혼란을 막기 위해 잠정적으로 다음과 같이 절충해 표기했다. 이를테면, 쓰마쳰(司馬遷, 사마천). 아울러 중국어의 한글 표기는 문화체육부 고시 제1995-8호 '외래어 표기법'에 의거하되, 여기에 부가되어 있는 표기 세칙은 적용하지 않았다.

프롤로그

우리는 역사를 왜 배우는가?

'미언대의'와 '일자포폄'의 원리, '춘추필법'

잘 알려진 대로 중국의 역사는 세계에서 유례를 찾기 힘들 정도로 긴 시간 동안 이어오고 있다. 이것은 단순히 그 연원이 오래되었다는 것뿐 아니라, 지속성 또한 비교 대상이 없을 정도라는 것을 의미한다. 중국의 역사는 갑골문에 기록된 내용으로 확인할 수 있는 시기로부터 현재까지 한 번도 중단되지 않고 계속되고 있는 것이다. 그러한 중국의 장구한 역사를 기록한 사서史書는 헤아릴 수 없을 정도로 많지만, 그 가운데서도 『춘추春秋』는 현존하는 최고의 편년사編年史로 그 가치를 인정받고 있다. 편년사라는 말 그대로 『춘추』는 기원전 722년부터 기원전 480년까지의 노魯나라 역사를 연대별로 순차적으로 기록하고 있는데, 유명한 쓰마첸司馬遷, 사마천의 『사기史記』 이전에 나온 최초의 통사通史라 할 수 있다.

하지만 중국인들은 『춘추』에는 단순한 사건의 기록을 넘어서 후대에 교훈이 될 만한 큰 뜻大義이 숨겨져 있다고 여겨 이 책을 단순히 사서史書

가 아니라 주요한 경전 가운데 하나로까지 떠받들고 있다. 이렇듯 『춘추』가 역사서로서 남다른 의미를 갖게 된 것은 순전히 쿵쯔孔子, 공자 때문이라 할 수 있다. 전하는 말로는 쿵쯔가 『춘추』를 편집한 뒤, 그 내용을 제자들에게 말로 설명했다고 한다. 쿵쯔가 『춘추』를 편집했다는 것은 사건에 내재해 있는 의미를 드러내고 자신의 도덕 철학을 전달하기 위해 경전에 있는 말을 가려 뽑았다는 것을 의미한다. 쿵쯔는 『춘추』에 단편적으로 실려 있는 사건들記事에 대해 도덕적 판단을 내렸고, 이러한 도덕적 판단을 통해 겉으로 보기에는 별것 아닌 것처럼 보이는 하나의 사건에 어마어마한 의미를 담아내기도 했다.

이를테면, 노 희공僖公 28년의 기록에 다음과 같은 내용이 있다.

> 오월 계축일에 희공이 진 문공晋文公과 제 소공齊昭公, 송 성공宋成公, 채 장후蔡莊侯, 정 문후鄭文侯, 위 숙무衛叔武, 거 자비공莒玆丕公과 만나 젠투踐土, 천토: 오늘날 허난 성 잉양현 동북쪽에서 회맹했다.
>
> ……
>
> 겨울에 희공은 진 문공, 제 소공, 송 성공, 채 장후, 정 문공, 진 공공, 거 자비공, 주자, 진 목공秦穆公과 원溫 땅에서 만났다.
>
> 주 양왕周襄王은 허양河陽, 하양에서 사냥을 했다.
>
> 임신일에 희공은 주 양왕이 머무는 곳에서 그를 알현했다.
>
> 五月癸丑公會晉侯齊侯宋公蔡侯鄭伯衛子莒子盟于踐土
>
> ……
>
> 冬公會晉侯齊侯宋公蔡侯鄭伯陳子莒子邾子秦人于溫
>
> 天王狩于河陽
>
> 壬申公朝于王所

얼핏 보면 이 글은 노나라 희공이 여러 제후들과 만나고 나중에 주나라 양왕을 만나는 내용을 무미건조하게 서술한 것처럼 보인다. 하지만 5월에서 겨울에 이르는 사이에 사실은 엄청난 사건들이 연이어 벌어졌으니, 때는 바야흐로 주나라의 위세가 점점 쇠약해지고 제후들이 천하에 할거하면서 서로 세력을 다투던 시기였다. 마침 남방의 초楚나라가 세력을 키워 중원을 넘보니 이에 대항하여 진 문공을 맹주로 한 연합군이 초의 대군을 청푸城濮, 성복: 오늘날의 산둥 성 푸(濮, 복) 현에서 물리쳤다. 개선한 연합군은 젠투에 모여 맹약을 맺고, 같은 해 겨울 지금의 허난 성河南省, 하남성 원溫, 온이라는 곳에서 다시 회맹했다.

이때 주의할 것은 처음 모임에 보이지 않던 진秦 목공穆公이 겨울의 모임에 이름을 올리는데, 원문을 보면 다른 사람들은 모두 작위를 붙여 불리고 있으나, 당시 대국이었던 진의 목공은 오히려 순서도 마지막에 놓이고 이름도 진나라 사람秦人이라고만 호칭하고 있다는 사실이다. 그것은 진 목공 자신이 회맹에 직접 참가하지 않고 신하를 파견했기 때문에 그리한 것이었다.

아울러 주 양왕이 허양에서 사냥을 했다는 것 역시 다른 함의가 있다. 주나라 천자는 다른 제후국들과 격이 다르기에 사냥하는 곳 또한 정해진 곳이 따로 있었는데, 허양은 진晋나라 땅으로, 주나라 천자가 사냥하는 곳이 아니다. 곧 주 양왕이 허양에 간 것은 사냥이 아닌 다른 이유 때문이었으니, 그것은 진 문공이 제후들을 이끌고 주 양왕을 만나러 가면 불필요한 오해를 살까 저어하여 사냥이라는 핑계로 주 양왕을 허양으로 불러낸 뒤, 제후들을 소집해 주 양왕을 알현했던 것이다. 이에 대해 쿵쯔는 진 문공의 의도를 알고 있었음에도 어쨌든 신하가 임금을 불러낸 것은 후대에 교훈이 되지 못한다 하여 진 문공의 행위가 잘못이라는 것을 은연중에 비판했다.

이밖에도 『춘추』에서는 전쟁이라도 대의명분이 있는 전쟁과 그렇지 못한 전쟁을 구분하고, 어느 한 사람이 왕위에 오를 때에도 정통성이 있는 왕과 그렇지 못한 왕을 구분했다. 곧 『춘추』는 일견 객관적인 사실을 담담하게 서술한 듯 보이지만, 그 안에 숨겨진 의미를 담아내고 있으니, 이것을 '말은 별것 아닌 것처럼 보이지만 그 안에 큰 뜻을 담고 있는 것微言大義'이라 한다. 아울러 '사냥狩'이나 '진나라 사람秦人'과 같이 글자 하나로 시비是非와 포폄褒貶의 뜻을 표현한 것을 '한 글자로 칭찬과 비판을 동시에 하는 것一字褒貶'이라 한다. 이 '미언대의微言大義'와 '일자포폄一字褒貶'은 흔히 '춘추필법春秋筆法'이라 하여 후대 역사가들의 글쓰기 전범으로 받들어지고 있다.

그런저런 까닭에 『춘추』는 주의 깊게 읽어야 하는데, 이게 쉬운 일이 아니기에 중국 역사와 유가 사상에 정통한 사람이 아니면 무슨 내용인지 알기 어렵고, 배경 지식이 없는 상태에서 읽으면 끝까지 읽어내기 어려울 정도로 따분한 내용으로 일관되어 있다. 그래서 송나라 때 대학자인 왕안스王安石, 왕안석는 『춘추』를 일컬어 "조각난 궁정 관보斷亂朝報"라 부르기도 했거니와, 『춘추』 원문만으로는 그 함의를 알기 어렵기에 옛부터 『춘추』를 해석한 이른바 주석에 해당하는 '전傳'이 여럿 나왔다.◉ 하지만 무엇보다 중요한 것은 『춘추』라는 책의 가치가 단순한 사건의 서술에 그치지 않고 그에 대한 엄정한 평가를 내린 데 있다는 사실이다.

◉ 대표적인 것으로는 가장 유명한 쭤츄밍(左丘明, 좌구명)이 지은 『춘추좌씨전(春秋左氏傳)』과 궁양가오(公羊高, 공양고)가 지은 『춘추공양전(春秋公羊傳)』, 그리고 구량츠(穀梁赤, 곡량적)가 지은 『춘추곡량전(春秋穀梁傳)』이 있다. 이 가운데, 『공양전』과 『곡량전』은 내용이 공허하고 소략하다는 평을 듣고 있다.

사실事實에서 사실史實로

1949년 10월 1일 중국의 수도 베이징北京, 북경 한가운데 있는 톈안먼天安門, 천안문 광장에 수많은 인파가 운집해 있었다. 오후 3시가 되자 광장을 한

1949년 10월 1일 신중국 수립을 선포하는 마오쩌둥

눈에 조감할 수 있는 톈안먼 위에 한 무리의 사람들이 보이기 시작했다. 그리고 중앙에 서 있던 마오쩌둥毛澤東, 모택동은 떨리는 목소리로 중화인민공화국의 건국을 선포하였다. 중국의 역사가들은 이날을 기점으로 수천 년 간 이어왔던 봉건 왕조, 곧 구 중국舊中國이 역사의 뒤안길로 사라지고 인민이 진정한 주인이 되는 새로운 중국新中國이 시작되었다고 주장했다. 하지만 정작 그날의 사건 이후 톈안먼에는 무슨 일이 벌어졌을까? 마오쩌둥이 신중국 수립을 선포한 것은 하나의 사건이지만, 그 사건으로 말미암아 톈안먼 자체에 무슨 물리적인 변화가 있었다거나 참석했던 이들 역시 키가 커졌다거나 입고 있는 옷 색깔이 바뀌었다거나 하는 등의 변화가 일어난 것은 아니다. 감격에 겨워 기념식에 참석했던 이들은 식이 끝나자 모두들 집으로 돌아가 그 나름의 일상에 매몰되었을 것이다.

프랑스 후기 구조주의 철학자인 들뢰즈는 이러한 사건으로 말미암아 의미가 생겨난다고 주장했다. 역사가들이 '신중국의 수립' 이라고 의미를 부여하는 것은 1949년 10월 1일이라는 특정한 시점에 톈안먼 광장이라는 특정한 공간에서 마오쩌둥을 비롯한 한 무리의 사람들이 모인 가운데 마오쩌둥이 대표로 나서 마이크 앞에서 "중국 인민들은 일떠섰다"고 외친 사건이 있었기에 가능했다는 것이다. 하지만 모든 사건이 의미를 생성하는 것은 아니다. 이를테면 현재 시점에서 톈안먼 광장을 찾은 관광객 한 사람이 마오쩌둥을 떠올리면서 입장료를 내고 톈안먼에 올라 광장을 바라보며 그가 했던 말을 한다고 해서 무슨 의미가 생기는 것은 아니라는 것이다. 역시 들뢰즈에 따르면 사건이 의미를 낳는 것은 사건이 일정하게 조직된 장場에 편입하거나, 어떤 일련의 사건 계열 안에 자리잡음으로써 가능해진다. 곧 어떤 사건을 고립적으로 생각하게 되면 모든 사건들이 무의미한 것일 수 있지만, 특정 사건이 특정한 맥락context에 놓이게 되는 순간 의미가 생긴다는 것이다. 그런 의미에서 들뢰즈는 사건은 무의미인 동시에 의미라고 보았다. 누가 되었든 한 사람이 톈안먼 위에 올라 광장을 바라보고 무슨 말을 내뱉는 것 자체만 놓고 보면 무의미한 것이지만, 그것이 일련의 다른 사건들과 계열화되고 특정한 장에 놓이게 되면 의미가 생긴다는 것이다.

베이징 쿵먀오(孔廟, 공묘)
에 있는 쿵쯔 상 ⓒ 조관희

역사가들은 이것을 '사실事實'과 '사실史實'의 구분으로 설명한다. 역사는 기본적으로 과거에 일어났던 사건들을 기록하는 것이긴 하지만, 과거에 일어났던 사건이 모두 역사가 되는 것은 아니다. 단순히 과거에 일어났던 사건을 '사실事實'이라고 한다면, 이 가운데 역사가의 안목에 의해 선택된 '사실'은 '사실史實'이 된다. 곧 역사는 이러한 '사실史實'들의 기록인 것이다. 앞서 들뢰즈의 표현에 따르면 '의미 있는 사건'이 역사가 된다. 여기서 중요한 것은 '의미 부여'

와 '가려 뽑기[선택]' 의 과정이다. 앞서 『춘추』에 기록된 사건들 역시 마찬가지다. 쿵쯔가 『춘추』를 '편집' 한 행위는 곧 '사실事實' 을 고찰하고考事, 어떤 예를 들어書法, 숨겨진 의미大義를 찾아내는 일련의 과정이었다는 의미에서 보자면, 결국 들뢰즈가 말한 '의미 부여' 와 '선택' 의 과정을 실행에 옮긴 것이라 할 수 있다. 『춘추』는 쿵쯔가 바라본 역사이고, 쿵쯔의 생각에 의해 만들어진 역사인 것이다. 이에 쿵쯔는 『춘추』의 편집에 대해 강한 자부심을 갖는 한편으로 무한 책임을 느껴 다음과 같이 말하기도 했다. "나를 알아주는 사람은 『춘추』를 통해 그리할 것이요, 나를 욕하는 사람 역시 『춘추』로 인해 그리할 것이다孔子曰 知我者 其惟春秋乎 罪我者 其惟春秋乎."

문제는 이러한 '의미 부여' 와 '선택' 의 과정에 사실상 절대적인 규준이라는 게 있을 수 없으므로, 이론적으로는 역사를 서술하는 사람에 따라 무수하게 많은 역사가 나오게 된다는 사실이다. 이 문제는 오랫동안 역사가들을 괴롭혀온 것이었다. 무수하게 많은 사람들이 저마다 서술하는 역사를 모두 인정한다면 상대주의에 빠질 위험이 있고, 반대의 경우에는 특정한 관점을 절대화하는 오류에 빠질 것이기 때문이다. 그래서 유사 이래로 역사가들이 추구했던 것은 어느 한쪽에 치우치지 않는 객관적인 시각을 갖고 사실을 있는 그대로 서술한다는 것이었다. 이러한 입장을 극단으로 몰고 갔던 것이 실증사학이다. 실증사학의 대표격이라 할 수 있는 독일의 역사학자 레오폴드 랑케는 "역사가는 우선 사실들을 철저하게 비판적으로 연구하고, 이들을 전체의 연관 관계 위에서 이른바 '원래 그 모습대로wie es eigentlich gewesen ist' 만을 서술해야 한다" 고 주장했다.

그러나 당연한 이야기지만 "어느 한쪽에 치우치지 않는 객관적인 시각을 갖고 사실을 있는 그대로 서술" 하려고 했던 실증사학자들의 생각은 결국 현실화될 수 없었다. 실제로 하나의 사실을 두고 여러 가지 해석과 의미 부여가 가능하다고 할 때, 과연 어느 것이 올바른 것인가 하는 것을 판정한다는 것은 얼마나 공허한 일인가? 다른 한편으로 사람에 따라 무수하게 많은 역사가 나올 수 있다는 것은 하나의 사실을 놓고도 다양한 의미 부여가 가능하다는 것을 의미하기도 한다. 나아가 이런 의미 부여를 통해 사실을 가려 뽑게 마련인데, 현실적으로는 사람마다 그러한 의미 부여가 각자의 처경에 따라 다를 수 있기에 어떤 측면에서 보자면 역사는 상대적일 수밖에 없다. 실제로 하나의 역사적 사실을 놓고도 다양한 평가가 가능한 것 역시 이 때문이다. 하지만 그렇다고 해서 역사가 극단적인 상대주의에 매몰되어 상황에 따라 이럴 수도 있고 저럴 수도 있다는 것을 의미하는 것은 아니다. 역사가 추구하는 것은 그러한 상대주의를 경계하면서도 어느 한쪽에 치우치지 않는 엄정한 객관성의 확보라 할 수 있다. 그렇기에 역사가의 책무가 막중한 것이며, 이런 막중한 소임에 누가 되지 않고자 왕이나 황제가 절대 권력을 휘두르던 왕조시대에도 사관이 서술한 사초史草는 누구도 볼 수 없도록 한 것이다.

모든 역사는 현대사

하지만 앞서도 말했듯이 역사가가 객관성을 추구한다 하더라도 결국 한계는 있게 마련이며, 여기에 권력이 어떤 불순한 목적을 갖고 개입하면 이른바 객관적인 역사는 애당초 무망한 일이 되어버릴 수도 있다. 중국이든 우리나라든 새로운 왕조가 들어서서 편찬하는 이전 왕조의 역사가 그런 식으로 폄하되고 왜곡되는 것이 그 실례라 할 수 있다. 그렇기 때문에 모든 역사는 일단 의심의 눈으로 볼 필요가 있고, 한 권의 책에 기대어 어느 한 시대를 평가하는 일은 항상 단순화의 위험이 따른다는 사실을 기억해야 한다. 일례로 우리 역사의 어느 한 시기에 대해 우리는 『삼국사기』라는 책에 절대적으로 의지하고 있다. 그런데 잘 알려진 대로 『삼국사기』는 삼국시대가 끝나고도 한참이 흐른 뒤 김부식金富軾: 1075~1151년 등이 1143년부터 1145년까지 3년에 걸쳐 쓴 책이다. 김부식은 이 책을 지으면서 많은 자료를 참고했을 터이나 그가 보았던 자료들은 오히려 현재까지 남아 있는 것이 거의 없다. 곧 우리가 『삼국사기』를 비판하려 해도 비판할 근거가 애당초 존재하지 않는다는 것이다. 이런 상황에서 우리는 삼국시대를 이해하기 위해서는 철저히 김부식의 눈을 통해 그 시대를 바라보아야 하는데, 앞서 살펴본 대로 김부식은 자신의 이해에 따라 사실에 대한 의미 부여와 선택을 했을 것이므로, 결국 우리의 삼국시대에 대한 이해는 일면적인 한계를 가질 수밖에 없다.

그러므로 우리가 역사를 바라보고, 역사를 공부하는 일은 단순한 사실의 추구에 그치지 않고 우리 나름대로의 잣대로 과거 사실을 재단하는 것이 될 것이다. 김부식이 자기 나름대로 중요하다고 생각한 사건들을 가려 뽑아 정리했다면, 우리도 마찬가지로 현재 시점에서 의미 있는 사건들을 분석하고 해석해야 한다. 그런 맥락에서 보자면 역사는 오늘을 살아가는 우리가 끊임없이 새롭게 발견하고 공부하고 평가하면서 "만들어 가는 것"인지도 모른다. 그래서 영국의 역사학자 에드워드 카E. H. Carr는 역사란 "과거와 현재의 대화"라 설파하기도 했다. 과거의 사실은 여러 시대에 살았던, 살고 있는, 살아갈 사람들과의 대화를 통해 새로운 의미가 드러난다는 뜻이리라. 결국 객관성의 담보 유무를 떠나서 역사의 뼈대를 이루고 있는 사실事實을 가려 뽑는 잣대는 공시적共時的일 수밖에 없다. 그래서 이탈리아의 철학자 크로체는 "모든 역사는 현대사"라고 주장했던 것이다.

> 역사상의 인물과 실제 사건은 변화하지 않는다. 과거로부터 전해 내려온 사실이 착오였다면 새로운 증거를 발견해서 고쳐 써야겠지만 말이다. 그러나 자료를 선택하거나, 인과관계를 배열하는 것은 역사를 쓰는 사람과 역사책을 읽는 사람의 입장에 따라서 달라진다. 저명한 경제사학자인 슘페터가 말했듯이, 과거의 사실을 배열하는 작업에서 역사가가 담당해야 할 가장 중요한 임무는 동시대 사람들의 입장을 가지고 합리적으로 해석하는 일이다.◉

◉ 레이 황, 권중달 옮김, 『허드슨 강변에서 중국사를 이야기하다』, 서울: 푸른역사, 2001. 31쪽.

그렇기 때문에 역사를 바라보고 마주할 때는 한 번쯤 이제까지 자기가 당연하다고 여겨왔던 것을 의심해볼 필요가 있다. 우리가 알고 있는 모든 것이 그때까지 발견된 자료에 근거해 추론한 결과에 지나지 않는다면, 후세의 어느 시점에 새로운 자료의 발굴 등을 통해 이제까지 정설로 받아들여졌던 것이 뒤집힐 수도 있다는 생각을 할 수 있어야 한다는 것이다. 이를테면, 19세기 말 갑골문이 발견된 이후 현재까지의 연구 결과에 의해 우리는 명대나 청대에 살았던 사람들보다 상商나라의 역사에 대해 더 잘 알게 되었다. 과거의 어느 시점에 가까운 시대에 살던 사람들보다 오히려 훨씬 이후에 살고 있는 사람들이 그 시기에 대해 더 잘 알 수 있다는 역설이 성립하게 되는 것이다. 마찬가지로 우리의 후손들이 우리보다 과거의 사실에 대해 더 많은 것을 알 수도 있다.

따라서 역사를 공부할 때 중요한 것은 연표를 외우거나 사람 이름을 외우는 것이 아니라, 나아가 불확실한 자료에 기대어 사실事實을 추구하는 게 아니라, 우리가 막연하게나마 "아마 그랬을 것이라 믿고 있는" 과거의 사실史實을 통해 "현재를 살아가기 위한 교훈"을 얻는 일이다. 이를테면, 서기 383년 전진前秦의 황제 푸젠苻堅, 부견은 군대를 일으켜 페이수이淝水, 비수에서 동진의 군사와 일전을 벌였다. 여기에서 중요한 것은 서기 383년도 아니요, 푸젠이라는 인물도 아니다. 이 전쟁으로 말미암아 남북조의 대치 상황이 고착화되었고, 그로 인해 창장長江, 장강 이남 지역의 개발이 활발하게 이루어져, 황허 이남과 창장 이북 지역을 중심으로 한 이른바 '중원'을 넘어서 중국의 강역이 확장되었다는 것이 좀더 중요한 의미를 갖는다.

같은 맥락에서 명나라가 서기 몇 년에 멸망하고 청이 그 자리를 대신했는지는 중요하지 않을 수도 있다. 모든 왕조의 흥망성쇠를 들여다보면 망하기 직전에는 여러 가지 말기적 현상들이 나타나게 되는데, 그 가운데 하나가 신분 질서의 고착화이다. 곧 기득권을 가진 귀족 계급의 세력이 공고해지면서 더 이상 신분 질서의 타파를 통한 사회적 이동social mobility이 어려워지면, 상층부는 부패하고 상대적으로 백성들의 삶은 피폐해져, "관리들의 핍박에 백성들이 반란을 일으키고官逼民反", "반란의 빌미가 위에서부터 주어지며亂自上作", "핍박받아 어쩔 수 없이 도적이 될 수밖에 없는逼上梁山" 상황이 벌어져 결국 나라가 망하고 새로운 세력이 그것을 대신하게 되는 것이다. 과연 명에서 청으로 넘어가는 시기에도 이와 같은 현상이 벌어졌다. 그런데 현재에도 그와 유사한 사회 현상이 나타나고 있다면, 이에 대한 경각심을 가질 필요가 있는 것이다.

'온고지신', 역사는 우리를 현명하게 만든다

결국 우리가 역사를 공부하는 목적은 중고등학교 때 배웠던 대로 단순히 연표를 외우고 사건의 전말을 이해하는 데 그치는 게 아니라, 과거 사실에 대한 지식의 축적을 통해 인류 역사를 관통하는 법칙성을 이해한 뒤 '지금 여기nunc stans'에 살고 있는 우리가 안고 있는 문제를 해결하는 데 도움을 얻는 것이라 할 수 있다. 그래서 어떤 이는 말했다. "역사는 우리를

신의 거울 동경(銅鏡)

현명하게 해준다."

그러므로 역사를 단순히 연대를 외우고 사람 이름 외우는 것쯤으로 이해하는 것은 무지의 소치거나 역사에 대한 몰이해에서 비롯된 것이라 할 수 있다. 흔히 역사를 이야기할 때 '귀감龜鑑'이라는 표현을 쓰기도 하는데, '귀龜'는 거북의 등을 위에서 본 모습이고, '감鑑'은 말 그대로 거울이다. 고대 중국에서는 거북의 등딱지를 불에 구워 그것이 갈라진 모습을 보고 사람의 미래나 길흉을 점쳤고, 자신의 아름다움과 추함을 보기 위해 대야에 물을 떠놓고 자기 모습을 비춰 봤다고 한다. 곧 '귀'와 '감'은 사람의 길흉이나 미추를 판단해주는 기본 도구였으며, 이를 통해 항상 '자신을 돌아보고 바로 잡았던 것'이다.

그런데 과거의 역사를 돌이켜보면, 우리가 살아가는 사회를 움직이는 힘이 반드시 긍정적인 방향으로만 움직이는 것은 아니라는 사실을 깨닫게 된다. 왜 군주는 어리석고, 간신배가 득세하며, 올바른 길을 가려는 사람은 핍박을 받는, 곧 "악화惡貨가 양화良貨를 구축驅逐하는Bad money drives out good" 일이 시대를 불문하고 나타나는가? 왜 문학사 등에는 "재주를 품고 있으나 때를 만나지 못해 그로 인해 발분해 책을 쓰는懷才不遇, 發憤著書" 게 상례가 되고 있나? 왜 통치자들은 인의仁義에 바탕한 왕도王道 정치를 내세우면서 실제로는 가혹한 형벌과 법치에 의지하는 패도覇道를 숭상하는가? 실제로 모든 창업 군주는 잔혹한 성향을 보인다. 한 고조漢高祖의 토사구팽兎死狗烹이 그러하고, 명 태조 주위안장朱元璋, 주원장은 황제의 자리에 오른 뒤, 황제의 권력을 공고히 하기 위해 10만이 넘는 사람들을 이런 저런 명목으로 처형했다. 그러나 그 뒤를 이은 황제들은 관인대도寬仁大道한 모습을 보이며 짐짓 백성들의 삶을 긍휼히 여기는 척한다.

대표적인 예가 당 태종 리스민李世民, 이세민이었다. 잘 알려진 대로 당 태종은 아비인 당 고조 리위안李淵, 이연을 도와 당나라를 세우는 데 큰 공을 세운다. 하지만 황제의 자리를 놓고 형제들끼리 싸움을 벌여 큰형인 리젠청李建成, 이건성을 직접 활을 쏴 죽이고, 넷째 형제인 리위안지李元吉, 이원길 역시 부하를 시켜 죽였다. 여기에 그치지 않고 후환을 없애기 위해 두 형제의 소생인 나이 어린 조카들 열 명도 죽였다. 자신의 야망을 위해 아무런 가책도 없이 혈육을 몰살한 당 태종은 황제의 자리에 오른 뒤에는 오히려 자신의 명성에 신경을 써 현군으로 남고자 했다. 그의 의도는 일정 정도 성공을 거둬 후세에 당 태종의 통치는 '정관의 치세貞觀之治' 라는 칭송을 얻게 된다. 그러나 당 태종의 치세 전체를 놓고 본다면, 과연 그가 패도 정치로 일관했는지, 그렇지 않으면 왕도 정치를 몸소 실행에 옮겼는지 일도양단할 수 없게 된다.

중요한 것은 당 태종뿐 아니라 역대 군주들 모두가, 간신이 득세하는 난세의 혼용昏庸한 군주라 할지라도, 백성들을 위한다는 명목으로 자신의 야욕을 채웠다는 사실이다. 그래서 세상에 이유 없는 무덤이 없는 법이고, 프랑스 혁명 때 단두대에 세워진 마농 롤랑 부인이 "세상의 많은 범죄가 '자유'의 이름으로 저질러지고 있다"는 말을 남기기도 했던 것이다. 문제는 자신의 행위를 합리화하기 위해 갖다 붙이는 온갖 종류의 명분이다. 단지 자신의 과시욕을 채우려고 벌이는 대규모 토목 공사 역시 백성들을 위한다는 소명의식을 깔고 시작하지만, 결과적으로 백성들의 삶은 오히려 그로 인해 피폐해지는 역설이 현재까지도 반복되고 있는 것은 바로 이 때문인지도 모른다.◉

◉ "전쟁을 시작할 때는 생명보다 중요한 것이 있다고 주장하지만, 끝낼 때는 생명보다 중요한 게 없다는 주장을 한다."

『은하영웅전설』에서

다른 한편으로 역사를 배움으로써 우리는 창업創業의 어려움보다는 수성守成의 어려움이 훨씬 크다는 교훈을 얻기도 한다. 진시황秦始皇의 천하 통일은 그 자체로 쾌거일지 모르지만, 진나라는 곧 망하고 한나라가 그를 대신했고, 수隋나라 역시 위진남북조 300년의 혼란기를 종식했으나,

그 공은 당나라로 넘어갔던 것이다. 또 2,000년이 넘는 오랜 시간 동안 중국은 황제를 정점으로 하는 중앙 집권적 전제 군주제를 고수했는데, 권력의 정점에 있는 황제의 능력에 따라 나라의 운명이 좌우되었던 것 역시 역사가 우리에게 주는 교훈이라 할 수 있다. 아울러 광대한 영토를 다스리는 데 따르는 어려움 가운데 가장 큰 것이 인사人事와 통치 시스템을 구축하는 것임을 확인할 수도 있다. 역대 왕조는 통치의 기본인 인사 문제를 해결하기 위해 갖가지 방안을 마련했지만 성공했던 적은 거의 없었고, 국가 재정의 기본이 되는 세금 문제 역시 마찬가지였다.

이런 관점에서 보자면, 흔히 진시황의 최대 업적으로 꼽는 천하통일이 과연 좋기만 한 것인가 하는 의문이 들기도 한다. 교통과 통신이 발달하지 않았던 고대에는 주나라가 그랬던 것처럼 각 지역이 독립적으로 별도의 나라를 이루고 살아갈 수밖에 없었다. 그것은 인류 문명의 발달 과정상 광대한 영토를 다스릴 만한 하드웨어나 소프트웨어 등 통치 시스템이 애당초 불가능했기 때문이었다. 가장 문제가 되는 것은 적재적소에 필요한 인재를 등용하는 '인사人事' 시스템과 나라 살림을 책임질 '조세' 제도의 기반이 되는 인구 수 등에 대한 통계 자료였다. 역대 왕조는 가장 효율적인 인사 시스템과 세금 징수 방안을 마련하기 위해 부심했지만, 제대로 성공한 적이 없었다. 그것은 앞서 말한 대로 광대한 영토를 효율적으로 통치하기 위한 시스템을 마련할 수 없었기 때문이었다.

이런 측면에서 보자면, 오히려 중국은 잘게 나뉜 상태로 각자 살 길을 도모하는 게 훨씬 효율적이고 현실적이었는지도 모른다는 생각이 들기도 한다. 요즘도 중앙으로의 집중으로 인한 폐해가 많이 나타나면서 지방 분권에 대한 논의가 끊임없이 일고 있는 상황을 감안한다면, 현재와 같은 인프라가 확충되지 않았던 고대에 거대한 통일 제국이 완성되었다는 것은 축복이라기보다 하나의 재앙이었다고도 할 수 있다. 진시황이 통일

제국을 세운 지 2,000여 년이 지난 현재도 중국은 인권이나 인민의 자유 등과 같은 현대 국가의 기본적인 항목들이 제대로 확립되어 있지 못한 상태다. 이것은 2,000년 넘게 지속적으로 통일 제국을 이끌어온 데 대한 대가를 치르는 것이라 할 수도 있다.

한편 왕조시대에서나 일어날 어이없는 일들이 현재도 진행형인 경우가 상당히 많고, 현명한 이들은 여전히 핍박받고 오히려 간신배와 모리배가 역사의 주인인양 행세하는 것 또한 변하지 않았다. 또 어느 시대에나 부정부패가 만연했고, 백성들의 삶은 항상 팍팍하기만 했다는 대목에 이르면 과연 역사는 진보하는가에 대한 회의가 이는 것도 사실이다. 우리는 역사를 통해 뭔가 희망적인 메시지를 얻기를 바라지만, 그러한 소망이 바람직한 것이긴 해도 현실은 항상 절망적이라는 결론에 이를 수도 있다. 통치자들은 항상 장밋빛 미래를 제시하나 그것은 다만 피지배 계급의 불만을 잠재우고 이성을 마비시키는 마약인 경우가 많고, 시대를 앞서가는 선각자들은 언제나 자기 땅에서 유배되어 구천을 떠도는 일이 반복된다. 이 모든 사실을 확인할 때 우리는 밀랍을 씹듯 떨떠름한 기분을 떨쳐버리기 어렵고, 때로 마음 한구석이 무너져 내리기도 한다.

역사학자들이 항용 하는 말로, 역사는 반복되는 것일까? 그것도 한번은 비극으로, 한번은 희극으로……? 그럼에도 우리가 역사를 공부하는 것은 다른 이유 때문이 아니라 비록 똑같은 일들이 반복되는 것처럼 보이지만, 그런 가운데 역사는 나선형으로 발전한다는 믿음을 갖고 있기 때문이다. 쿵쯔 역시 "예전에 일어난 일들을 두고두고 곱씹어 보면 새롭게 와닿는 것이 있게 마련溫故而知新"이라고 말했다. 곧 과거의 현재성이 현재의 미래성의 밑돌이 된다는 것이리라. 과연 지나간 역사적 사실을 통해 현재를 살아가는 우리가 교훈을 얻고, 그 교훈으로 현명해질 수 있다면 소박한 대로 우리가 역사를 공부하는 소기의 목적을 달성할 수 있을 것이다.

1

황토 고원에서 시작한 중국 문명

황토 고원을 넘어서

아득하게 먼 옛날 유라시아 대륙 한귀퉁이에 어마어마한 양의 황토가 쌓였다. 그곳에 오랜 세월 동안 비가 내리고 시내가 흐르는 과정을 거쳐 황토 고원은 물줄기에 따라 깊은 계곡이 형성되었다. 사람들은 그 고원의 능선을 따라 등고선처럼 밭을 일구고 살아갔으며, 그들이 왕래하는 길은 능선을 따라 끝없는 호弧를 그리며 고원을 오르내렸다.

이러한 황토 고원은 평균 고도가 해발 1,500미터에 이를 정도로 두터운데, 바로 이곳에서 중국 문명이 태동하게 되었던 것이다. 그렇다면 중국의 문명은 왜 이런 황토 고원에서 시작되었을까? 미국에서 활동했던 중국인 사학자 레이 황은 다음과 같이 설명하고 있다.

중국의 농업은 황하 중류 지역에 있는 황토 지대에서 처음 시작됐다. 황토는 땅을 수직으로 팔 수 있을 뿐만 아니라, 그 속에는 물을 밑에서 위로 끌어올리는 연

황토 고원

결관인 모세관이 많이 형성돼 있다. 땅 밑에 있는 수분이 위로 올라오기 때문에 관개를 할 필요가 없다. 여기에 토질이 성글고 부드러워서 초기 농업에 사용된 원시적인 도구로도 경작이 가능했다.◉

그럼에도 황토 고원에는 비가 잘 내리지 않아 물이 귀했고, 벼농사 등이 불가능했다. 우리가 갖고 있는 편견 가운데 하나인 중국 사람들은 잘 씻지 않는다는 것은 바로 이러한 지리적 특성 때문에 비롯되었다. 나아가 강수량이 부족해 건조한 황토 고원의 기후에서는 오히려 목욕을 너무 자주 해도 피부에 문제를 일으킬 수 있다. 그래서 이 지역을 여행하는 사람들은 여행하는 내내 물의 소중함에 대한 말을 귀에 못이 박히도록 들어야만 한다.

◉ 레이 황, 권중달 옮김, 『허드슨 강변에서 중국사를 이야기하다』, 서울: 푸른역사, 2001. 62쪽.

〈목욕洗澡〉이라는 중국 영화에는 이 지역의 물 사정을 극명하게 보여주는 에피소드가 삽입되어 있다. 황토 고원에 위치한 산시山西의 한 집안에서 딸을 시집보내려 하는 데 딸을 목욕시킬 물이 없었다. 할 수 없이 아버지는 나귀에 좁쌀을 한 말 싣고 나가 마을 사람들과 물 한 됫박을 바꿔 딸을 목욕시킬 수 있었는데, 물 한 됫박과 좁쌀 한 됫박을 일대일 교환해야 할 정도로 이곳에서는 물이 귀한 셈이었다.

어머니 강, 황허

이렇게 물이 귀한 황토 고원을 흐르는 황허黃河, 황하는 당연하게도 이곳에 사는 사람들에게 생명의 젖줄일 수밖에 없었으며, 그런 까닭에 현대에 이르러서도 중국 사람들 마음속에 황허는 자신을 낳고 길러준 어머니와 같은 이미지로 남아 있다. 하지만 황허는 수시로 범람해 때로 많은 인명을 앗아가는 다루기 힘든 존재이기도 해서, 황허의 치수는 중국의 역대 왕조가 가장 심혈을 기울였던 국가의 대사 가운데 하나였다.

황허의 치수를 어렵게 했던 것은 바로 황허에 섞여 있는 황토 모래 때문이었다. 앞서 레이 황이 말했듯이, 황토는 토질이 성기고 부드럽기 때문에 비가 내리면 쉽게 흘러내려 강물에 섞이게 된다. 그래서 황허의 물에는 다량의 진흙이 포함되어 있는데, 황허의 물을 받아 한동안 모래를 가라앉히면 그 누렇던 물이 말갛게 변한다. 이렇게 강물에 포함된 진흙 성분은 4~5퍼센트만 되어도 상당히 높은 수치라 할 수 있으며, 세계적으로 이름난 강에도 이 정도의 진흙 성분이 포함되어 있다. 하지만 황허에 포함된 진흙 성분은 무려 40~60퍼센트에 이르러, 다른 지역의 강들에 비해 약 10여 배 정도 많다. 이것으로 황허 유역 지역에서는 황토의 퇴적이 중대한 문제였을 것이라는 사실을 쉽게 알 수 있다. 현대에는 황

란저우(蘭州, 란주)에 있는 황허모친(黃河母親) 상
ⓒ 조관희

황허의 후커우(壺口, 호구) 폭포 ⓒ 조관희

허의 곳곳에 댐을 만들어 황허의 수량을 조절하고 있는데, 수량 못지 않게 댐의 바닥에 쌓이는 진흙을 제거하는 것도 중요하다. 그래서 가끔 댐의 수문을 열어 강물을 대량으로 방류하면서 바닥에 쌓인 모래를 하류로 흘려보낸다. 이때 댐 하류의 강물은 순간적으로 진흙 양이 많아지게 되며, 이 때문에 강물 속의 물고기들이 숨을 쉬기 위해 강가로 몰리면 사람들은 물 반 고기 반인 강물에서 뜰채로 물고기를 건져올리는 진풍경이 벌어지기도 한다.

참고로 우리는 우리의 산하를 푸른 산과 맑은 물山紫水明로 표현하는데, 과연 우리 땅을 흐르는 강들은 중국의 강들처럼 탁하지 않고 맑게 흐르고 있다. 그것은 우리 한반도의 지질학적 특성 때문인데, 한반도를 이루고 있는 땅덩이는 지질학적으로 볼 때 노년기 지층에 해당하므로 이미 오랜 세월을 두고 모두 씻겨 내려가서 물이 맑다는 것이다. 하지만 진흙이 다량 포함되어 있는 강물에는 유기 물질이 풍부하기 때문에 주기적으로 범람하는 강 유역 땅은 농사를 짓기에 적합해 인류 문명의 발상지 역할을 충실히 수행할 수 있었다.

오르도스Ordos, 鄂爾多斯란 무엇인가?

중국 문명이 태동한 황허는 동쪽으로 흐르다 인산(陰山, 음산) 산맥의 남쪽 기슭에서 갑자기 북쪽으로 방향을 틀어 한동안 북진하다 다시 동쪽으로 흐른 뒤 다시 남쪽으로 방향을 틀었다가 결국 동쪽으로 다시 흐른다. 황허의 물길에 갇힌 직사각형의 땅은 고원과 사막, 초원, 염호(鹽湖) 등으로 이루어져 독특한 풍광을 자랑한다. 엄청난 두께의 황토 고원이 있는가 하면, 사막 안에 느닷없이 푸른 물이 넘실대는 호수가 있고, 그 밖은 황량한 초원이 이어져 있는 것이다.

이곳은 본래 유목 민족이 방목을 하던 목축지였으나, 서쪽의 이민족을 방어하기 위한 전략의 요충지였기에, 오랜 세월을 두고 한족(漢族)과 북방 유목 민족이 서로 뺏고 빼앗기는 과정이 되풀이되었다. 처음에는 전국시대 조(趙)나라가 이곳에 진출해 인산에 장성을 쌓고, 이어 진시황이 흉노족을 북으로 쫓아내고, 조 장성을 만리장성의 일부로 삼았다. 서역 경략에 적극적이었던 한 무제(漢武帝) 때에는 숴팡(朔方, 삭방), 우위안(五原, 오원), 윈중(雲中, 운중), 시허(西河, 서하) 등 여러 군(郡)을 두었다. 하지만 남북조 시기에는 유목 민족이 이 땅을 지배하다가 수(隋)나라 이래로 다시 한족이 진출해 당대(唐代)에는 여러 주가 설치되었다. 이후 당말에 티베트 계통인 탕구트(黨項)족이 서하(西夏)를 세웠다가 칭기즈 칸에게 멸망당하고, 몽골 족이 지배했다.

이곳은 특이하게도 수리가 가능한 지역의 경우 농사를 지을 수 있기에 예로부터 변방의 강남(塞北江南)이라는 말을 들을 정도로 물산이 풍부했다. 이곳이 바다로부터 멀리 떨어진 내륙 지역임에도 염호가 있는 것은 먼 옛날 이곳이 바다였기 때문인지라, 소금의 주산지로도 유명하다. 여기에 석유와 석탄도 풍부하게 매장되어 있어 지하 자원의 보고라 할 만하다. 칭기즈 칸이 서역 정벌을 마치고 돌아오다 세상을 떠난 곳도 이 지역이며, 남동쪽의 이진훠뤄치(伊金霍洛旗)에는 칭기즈 칸의 능(陵)이 조성되어 있다.

오르도스 지역인 닝샤(寧夏, 영하)의 사호

중원과 중화, 그리고 화이사상—세계의 중심이라는 생각

우리는 우리와 국경을 접하고 있는 유일한 나라를 '중국'이라 부른다. 하지만 이 '중국'이란 명칭이 한 나라의 국명으로 쓰인 것은 최근의 일이다. 최초로 '중국'을 나라 이름으로 삼은 것은 봉건 왕조를 무너뜨리고 '중화민국'을 수립했던 신해혁명 이후이다. 그 이전에는 당연한 말이지만 '청'이나 '명'과 같은 왕조가 있었을 따름이다. 곧 근대 이전에는 '중국'이 세계의 한가운데 있는 나라라는 상징적인 의미만을 갖고 있었던 것이다. 이렇게 자신이 세계의 중심이라는 생각은 상당히 오랫동안, 어쩌면 중국의 전 역사를 통틀어 일관되게 주장되어왔으며, 그런 의미에서 중국인들에게는 전혀 낯선 것이 아니었는지도 모른다. 우리는 이것을 일러 '중화사상中華思想'이라 부른다.

아울러 중국인들은 자신들이 살고 있는 공간을 '중원中原', 곧 '세계의 중심에 있는 평원'이라 불렀다. 현재의 잣대로 '중원'의 경계를 획정하자면, 오늘날 중국 허난 성河南省, 하남성을 중심으로 산둥 성山東省, 산동성 서부, 산시 성陝西省, 섬서성 동부에 걸친 황허 중·하류 유역이 이에 해당한다. 여기에는 고대 주 왕조周王朝: 기원전 12세기~기원전 3세기의 세력 범위가 포함되며, 그 뒤 한족 세력이 남쪽의 창장 유역 일대로 확대되고 서쪽으로도 옮겨갔으니, 대체로 허난 성을 중심으로 하는 화북평원華北平原 일대를 지칭하게 되었다. 하지만 이 용어는 엄밀하게 말하자면 지리적 공간의 개념이 아니다. 곧 '중원'이라는 말에는 '세상 한가운데 있는 나라'를 의미하는 '중국'과 더불어 모든 것을 '중심'과 '주변'으로 구분하는 가치판단이 들어 있으며, 그런 의미에서 이 용어들은 단순한 공간적 개념이라기보다 하나의 관념 체계라 할 수 있다. 아울러 그렇게 구분하는 결정적인 잣대가 되는 것은 다름 아닌 문화적 차이였다.

앞서 중국이 세계의 중심이라 생각하는 것을 '중화中華' 사상이라 했거니와, 여기에서 '화華'는 '꽃'이나 '빛'을 의미하며, '광채가 나는 모습'을 형용한다.◉ 화려하게 만개한 꽃봉오리와 어둠을 걷어내는 빛이 의미하는 것은 무엇인가? 그것은 무지하고 몽매한 야만의 상태를 벗어난 문명의 단계를 뜻하며, 구체적으로는 고대로부터 전해오는 '예악 제도'를 가리킨다. 일찍이 쿵쯔는 제나라의 관중管仲, 관중을 언급하며, 그가 없었다면 "머리를 풀어헤치고, 옷섶을 왼편으로 하는 오랑캐가 되었을 것"◉◉이라고 말했다. 쿵쯔가 언급한 오랑캐의 특징은 중원의 문화와 다른 그들만의 고유한 문화적 특성이다. 사실상 머리를 풀어헤치고 옷섶을 왼편으로 하는 것 자체를 놓고 어떤 문화적 우열을 가리기는 지극히 어려운 일이지만, 쿵쯔는 이것이 자신들이 오랫동안 지켜온 예악 제도와 다르다는 이유에서 오랑캐의 문화로 규정하고 배척했다.

◉ 김월회, 「배타적으로 빛나는 중화—인문, 예 그리고 '문명한 상태'의 표지」, 《인물과사상》 2009년 7월호. 142쪽.

◉◉ 『논어』 「원헌」 편.

이렇듯 중심과 주변을 구분해 우열을 매기려는 심리가 바로 '화이華夷' 사상이다. 이것은 고대 문헌에 빈번하게 등장하는 말인데, 이를테면 『좌전左傳』에는 "변방이 '하夏'를 도모하지 않고, '이夷'가 중화를 어지럽히지 않는다裔不謀夏, 夷不亂華"는 말이 나오고, 『맹자孟子』에는 "'이夷'를 이용해 '하夏'를 변모시킨다用夷變夏"라는 말이 나온다. 또 『시경』 「소아 유월 서小雅六月序」 중에도 "사이四夷가 서로 침입해오면 중국은 쇠약해진다四夷交侵, 中國微矣"라는 문구가 있는데, '중국'을 '사방의 오랑캐'와 상대적인 개념으로 파악했다는 것을 알 수 있다.

여기서 한 가지 짚고 넘어갈 것은 '하夏'라는 용어다. 본래 고대의 나라 이름이었던 '하'는 이후에 특정한 지역이나 종족을 가리키는 말로 쓰였다. 이를테면, 장타이옌章太炎, 장태염은 고대에는 '하夏'라는 종족 이름과 '화華'라는 나라 이름을 사용했는데, '하'는 '샤수이夏水'에서, 그리고 '화'는 '화산華山'에서 나온 말로, 통상적으로 "화하족이 화산 주변과 샤수이 변두리에 정착했기에 얻은 이름"이라고 했다. 또 젠보짠翦伯贊, 전백찬은 역사상의 하족夏族은 일찍이 오늘날의 간쑤甘肅, 감숙와 허난河南, 하남, 산시山西, 산서 일대에서 활약했는데, 뒤에 자연 환경의 변천에 따라 사방으로 옮겨갔다고 보았다. 판원란范文瀾, 범문란은 '화하華夏' 라는 명칭의 기본적 함의는 역시 문화에 있다고 하면서, 문화 수준이 높은 주례周禮의 지역을 '하' 라 부르고, 그 사람이나 종족은 '화' 로 칭하며, 이 둘을 합쳐놓은 '화하' 라는 말로 중국을 가리킨다고 하였다. 결국 '화하' 는 본래 지명에서 나온 말이지만, 점차 황허 중하류 지역, 곧 '중원' 땅에 거주하면서 '황허 문명' 을 건설했던 이들을 지칭하는 의미로 굳어졌던 것이다.

그렇다면 '화하' 에 속하지 않는 이들은 무엇일까? 아득히 먼 옛날부터 중국 사람들의 생각에는 세상의 중심에서 벗어난 곳에는 오랑캐들이 살고 있는데, 이들은 방위에 따라 각각 '동이東夷', '남만南蠻', '서융西戎', '북적北狄' 이라 하였다. 또 이들을 한데 아울러서 '사방의 오랑캐' 라는 뜻의 '사이四夷' 라고도 불렀으니, 이러한 통칭으로도 알 수 있듯이, "오랑캐는 어떤 특정한 종족이나 집단을 가리킨다기보다는 미개하고 교화되지 못한 족속을 나타내는 말"로 사용되었던 것이다.◉

그런데 중국인들이 이런 식의 '화이' 관념을 오랜 세월 유지할 수 있었던 것은 중국이라는 나라의 지리적 고립성 때문이라는 주장도 있다.◉◉ 곧 중국은 남으로는 히말라야 산맥과 서로는 파미르 고원, 북으로는 알타이 산맥, 그리고 황해와 동중국해 등으로 둘러싸여 있어 이집트나 메소포타미아와 같은 여타의 고대 문명권과 달리 독자적인 문명을 유지할 수 있었다는 것이다. 과연 근대 이전의 중국과 교류할 수 있었던 유일한 통로는 사막이나 초원을 가로지르는 실낱같은 대상隊商들의 길뿐이었다. 물론 그렇다고 중국이 외부 세계와 전혀 교류를 하지 않았다는 것은 아니며, 대표적인 것으로 불교의 전래 등을 들 수 있다. 하지만 1840년 광저

◉ 김월회, 앞의 글, 139쪽.

◉◉ 가이즈카 시게키, 이용범 편역, 『중국의 역사(상)』, 중앙일보사. 1983. 8쪽.

우廣州, 광주 해변에서 울려퍼진 포성으로 시작된 아편전쟁 이전까지 중국이 외부 세계와 접촉을 단절하고 살았던 것은 어느 정도 사실이다.

중국의 고대 문명

제2차 세계대전이 발발하기 이전인 1929년 12월 어느 날 베이징 서남쪽에 있는 조그만 산촌 마을인 저우커우뎬周口店, 주구점에서 세계를 놀라게 할 발굴이 이루어지고 있었다. 혹한을 무릅쓰고 진행된 발굴에서 고고학자들은 구석기시대에 활동했던 인류의 화석을 발견했는데, 이것이 유명한 베이징 원인北京猿人, Sinanthropus Pekinensis이다. 이것으로 중국 대륙에 오랜 옛날부터 사람이 살았다는 사실이 확인되었고, 전후에는 고고학의 비약적인 발전에 힘입어 중국 내의 구석기인에 대한 발굴이 계속적으로 이어졌다. 윈난 성雲南省, 운남성의 위안머우 현元謀縣, 원모현과 산시 성陝西省, 섬서성의 란톈 현藍田縣, 남전현에서 발견된 구석기인들은 베이징 원인보다 훨씬 오래된 약 60~70만 년 전에 살았던 사람들로 추정된다. 이밖에도 수많은 지역에서 구석기시대 사람들의 화석과 문화 유적이 발견되어 중국 대륙 전체에서 많은 사람들이 살고 있었다는 사실이 입증되었다.

베이징 인근 저우커우뎬에 있는 베이징 원인 복원상
ⓒ 조관희

구석기시대는 우리가 잘 알고 있는 신석기시대로 곧바로 넘어가지 않고, 일종의 과도기라 할 중석기시대를 거치게 된다. 이 중석기시대의 유적지 역시 중국 내 여러 지역에서 발견되는데, 대표적인 것이 산시 성 다리 현大荔縣, 대려현과 차오이 현朝邑縣, 조읍현 부근 모래 언덕 지대에서 발견된 사위안沙苑, 사원 문화다. 여기에서는 수많은 돌 조각과 골기,

뼈 조각 등이 발견되기는 했으나, 주거지는 발견되지 않았는데, 이곳에서 발견된 돌칼과 돌도끼 등은 구석기시대보다 가늘고 정교했으며 크기도 작은 세석기였다. 이것으로 이 시기 사람들이 누적된 경험과 기술의 진보로 석기의 사용 범위가 넓어지고 자유로워졌음을 알 수 있다.

중석기시대가 거의 끝날 즈음 중국의 북쪽 지역에서는 다시 추위가 시작되고 몽골 고원에서 불어오는 세찬 바람으로 석회석 가루가 중국 북부를 덮기 시작했는데, 이것이 곧 앞서 말한 바 있는 황토 고원의 형성 원인이었다. 황토가 어느 정도 쌓이고 나자 다시 기후가 따뜻해졌으며 이 시기에 어딘가에서 새로운 인종이 나타나 살기 시작했다.

구석기시대에 완만하게 발전해왔던 인류는 중석기시대를 거쳐 신석기시대에 접어들면서 가히 폭발적이라 할 정도로 급격한 발전과 문명의 개화기를 맞이하게 된다. 흔히 타제석기에서 마제석기로의 전환과 토기의 제작으로 이전 시대와 구분되는 신석기시대의 도래는 인류의 사회 문화에 커다란 변화를 일으킨다. 중국의 신석기문화에 대한 최초의 발굴은 1920년대 스웨덴의 지질학자인 요한 군나르 안데르손Johan Gunnar Andersson, 1874~1960년◉이 허난 성 몐츠 현澠池縣, 민지현 양사오 촌仰韶村, 앙소촌에서 발굴한 이른바 양사오 문화仰韶文化에서 비롯된다. 이곳에서는 약간 붉은 빛을 띤 흙색에 검정색 또는 갈색 문양이 그려진 독특한 대형 토기가 나왔는데, 이것을 채도彩陶라 부른다. 그 뒤 산둥 성 리청 현歷城縣, 역성현 룽산 진龍山鎭, 용산진에서 별개의 신석기 문화가 발굴되었다. 여기에서는 흔히 흑도黑陶라 부르는 토기가 발견되었는데, 검은 빛이 있는 흰 바탕에 대단히 가늘고 복잡다단한 형상을 하고 있어 거의 예술품이라 해도 좋을 정도로 뛰어난 솜씨로 빚어냈으며, 이것은 발굴지의 이름을 따서 룽산 문화龍山文化라고 부른다.

한편 주로 황허 유역에서 발견된 양사오 문화와 룽산 문화와는 별도로

◉ 1914년 베이징 정부의 광정(鑛政) 고문으로 초빙되어 중국 각지의 지질 조사를 하는 한편, 고생물학적 · 고고학적 조사 발굴에 종사하였다. 이 사이에 저우커우뎬 북경원인의 발견과 화북의 신석기시대 유적, 특히 채도 문화(彩陶文化) 발굴 등에 성과를 올렸다. 1925년에 귀국하여 스톡홀름의 극동고고박물관 관장으로서 연구를 계속하여 많은 논문을 발표하였다. 그의 명저 『황토지대의 아이들(Children of the Yellow Earth)』(1934)은 중국 체재시의 조사 개요를 기록한 것이다. (네이버 검색 참조.)

채도

남쪽 창장長江, 장강 유역에도 문화권이 형성되어 있었다. 여기에는 창장 하류 지역인 장쑤 성江蘇省, 강소성과 안후이성安徽省, 안휘성 일대의 칭롄강青蓮崗, 청련강 문화와 후수湖熟, 호숙 문화, 그리고 저장浙江, 절강 지역의 량주良渚, 양저문화와 한수이漢水, 한수 지역의 취쟈링屈家嶺, 굴가령 문화가 이에 속한다. 이들 창장 유역의 여러 문화들은 중원의 양사오와 룽산 문화의 영향을 받아 형성되었다고 할 수 있으며, 이후 양사오와 룽산 문화는 은殷나라의 문화로 그리고 창장 유역의 문화들은 춘추전국시대의 오吳와 월越, 초楚나라의 문화로 발전했다고 할 수 있다.

황색에 대한 단상 – 중국인은 왜 노란색을 좋아할까?

모든 색 가운데에서 가장 상반된 색감을 가지고 있는 것이 황색, 곧 노란색이다. 그만큼 노란색은 우리에게 다양한 느낌을 준다. 순수한 노란색은 진리를 나타내고, 서양에서는 노란색이 그리스 신화에 나오는 아폴론의 색이라 믿었고, 나아가 오늘날에는 흰색과 더불어 교황의 색이 되었다.

노란색은 또 황금 비율과 같이 완벽함을 의미하는 동시에, 관용과 아량, 고귀한 품성과 지혜, 포괄적인 직관, 합리적인 사고, 정신적 성숙, 수확 등과 같은 긍정적인 의미를 갖고 있다. 이에 반해 부정적인 이미지로는 시기나 질투, 또는 부덕의 상징으로 쓰이기도 했다. 하지만 무엇보다 노란색은 부귀를 상징하는 황금을 떠올리게 하는데, 그래서 한 사회의 발전이 최고조에 이르거나 개인의 일생 가운데 가장 빛나는 한 시기를 일러 '황금기'라 일컬었던 것이다. 아울러 노란색을 좋아하는 사람은 밝고 낙천적이며, 호기심이 강하고 태연하다고 하는데, 이것은 대체로 중국인들의 일반적인 성품과 많은 부분 들어맞는 것 같다.

그래서일까? 중국 사람들이 좋아하고, 중국인들을 대표하는 색깔 역시 노란색과 붉은색(이것은 경사스러움과 행운을 의미)이다. 하지만 중국인들이 처음부터 노란색, 또는 황색을 좋아했던 것은 아니다. 한나라 이전의 왕조는 각기 그 나름의 색을 숭배하였다. 이를테면, 갑골문을 만들어 사용했던 상(商)나라는 백색을, 그 뒤를 이은 주(周)나라는 적색을, 그리고 중국 최초로 천하를 통일했던 진(秦)나라는 흑색을 자신들을 상징하는 색으로 삼았다. 진을 뒤이은 한(漢)나라에서도 초기에는 적색을 숭배했다. 곧 한 고조 류방(劉邦, 유방)은 황제 헌원(黃帝軒轅)과 치우 천황(蚩尤天皇)에게 제사지내면서 깃발을 모두 적색으로 했던 것이다. 하지만 한 무제(漢武帝) 때 유가 사상을 국가의 통치 이념으로 삼으면서 황색이 천자를 의미하는 색깔로 확정되었다.

당시 유가 사상을 대표했던 둥중수(董仲舒, 동중서)는 한 무제에게 오행의 이치를 설명하면서 동쪽은 푸른색, 서쪽은 흰색, 남쪽은 붉은색, 북쪽은 검은색이며, 하늘의 아들(天子)로 하늘의 뜻을 대신 집행하는 황제의 땅인 중앙은 황색을 의미한다고 말했다. 이에 한 무제는 달력을 바꾸고 황제의 색깔도 황색으로 바꾸었다.

그런 까닭에 황색은 일차적으로 황제의 색이다. 황색의 기와는 황제가 머무는 궁전이나 기타 황제와 관련이 있는 건물에만 사용할 수 있었고, 황제의 의복이나 수레, 의장이 모두 황색으로 장식되었다. 황색은 일반 백성들이 넘볼 수 없었던 고귀한 색으로, 황제의 신성함을 표현하기 위해 쓰였던 것이다.

하지만 중국인들에게 황색이 어찌 황제에게만 의미 있는 색이었겠는가? 그들의 마음속에 어머니 강으로 남아 있는 황허의 물빛이 그러하고, 황허의 범람으로 비옥해진 황토 고원의 색이 그러하며, 그 땅에 의지해 살고 있는 사람들의 얼굴 색이 그러함에랴!

이때부터 황색은 좁게는 황제를, 넓게는 중국 전체를 대표하는 색이 되었다. '중국'이라는 명칭이 '세계의 중심'이라는 뜻을 갖고 있듯이, 이에 걸맞게 천하의 중심을 의미하는 황색이 자연스럽게 중국을 대표하는 색이 되었다는 것이다.

참고로 현재 중국의 국기는 '오성홍기(五星紅旗)'로, 빨간색 바탕 위에 노란색 별이 다섯 개가 있다. 별의 색깔이 노란 것은 '광명'을 의미하며, 밝은 미래와 사회주의 혁명과 건설에서 새로운 승리를 성취하는 것을 상징한다. 또 가장 큰 노란 별은 중국인민정치협상회의 및 중국공산당을 나타내고, 작은 별 네 개는 중화인민공화국 탄생 당시 노동자, 농민, 지식 계급, 애국적 자본가의 네 계급으로 성립된 인민을 의미한다.

나아가 노란색은 희망과 해방과 자유를 상징하기도 한다. 초봄의 노란 개나리 물결은 곧이어 뒤따라올 초록의 향연을 예고하는 희망의 노래이다. 중국 후한시대에 폭정에 시달리던 농민들이 머리에 노란 두건을 두르고 떨쳐 일어난 황건의 난이나, 필리핀에서 독재자 마르코스를 내쫓은 민중 혁명은 모두 황색 혁명이었다. 우리의 경우, 김대중과 노무현의 노란 목도리 역시 희망과 해방과 자유, 광명 등을 상징하는 것은 아니었을까?

오성홍기

2

신화에서 역사로

하늘에 묻노니天問

아득한 옛날의 일, 세상의 시작에 대해 누가 말해줄 수 있을까?

하늘과 땅 아직 갈라지지 않았음을 무엇으로 알아낼 수 있을까?

모든 것이 어둑한 상태, 뉘라서 그것을 분명히 알 수 있을까?

무엇이 그 속에서 떠다녔는지, 어떻게 확실히 알 수 있을까?◉

◉ 김선자, 『중국 신화 이야기』, 아카넷, 2004. 14쪽에서 재인용.

전국시대 초楚나라의 유명한 시인 취위안屈原, 굴원은 이 세상의 기원에 대해 위와 같이 소박한 질문을 던졌다. '기원에의 노스탤지어'라 할 수도 있는 이런 유의 질문들에 우리가 세계를 이해하는 방식에 대한 중요한 단서가 담겨 있는지도 모른다. 과연 우리가 살고 있는 세상은 어떻게 시작했을까? 나는 어디에서 왔을까? 특히 문자로 기록된 역사적 자료, 곧 우리가 사료라고 부르는 그 무엇이 전혀 존재하지 않는 먼 옛날의 일들은 어떻게 알 수 있을까? 혹자는 "태양에 바래면 역사가 되고, 월광月光에 물들면 신화가 된다"고 말하기도 했거니와, 이런 유의 질문은 인류가 이성적 사고를 하게 된 이래로 끊임없이 제기된 것이었다. 곧 신화는 이 질문의 답을 찾아가는 모색의 과정이라고 할 수 있다. 따라서 신화의 경우 그 사실의 진위를 따지는 것은 무망한 일일 뿐 아니라 애당초 가능한 일이 아닌지도 모른다. 그래서 신화학자들은 신화의 이야기 속에서 그런 사실이 실제로 있었는지 여부가 아니라 그 안에 담겨 있는 의미를 찾아내려 한다.

중국의 경우에도 문자로 기록된 시기보다 앞선 상고시대에 관한 여러 이야기들이 존재한다. 애당초 신화 연구라는 것이 서구에서 시작된 것이었기에 과연 이런 이야기들을 신화로 볼 수 있는가 하는 문제도 제기되었는데, 신화학자들의 말을 빌어 이런 이야기들을 일종의 '집단무의식의 발로'로 이해한다면 큰 무리는 없을 것이다. 여기서 말하는 집단무의식이란 이를테면 이런 것이다. 비가 오면 사람들은 우울한 감정에 빠진다. 하지만 비가 오는 것과 기분이 우울해지는 것 사이의 연관 관계를 명쾌하게 설명하는 것은 쉽지 않다. 왜 꼭 비가 오면 기분이 우울해져야 하나? 환호작약할 수도 있지 않은가? 실제로 오랜 가뭄 끝에 내리는 비는 사람을 기쁘게 하기도 한다. 그런데 일반적으로 비가 오면 사람들은 우울한 기분이 든다고 한다. 그런데 바로 그 이유가 집단무의식 때문이라는 것이다.

인류가 이 땅에 등장한 것은 약 300만 년 전으로, 아프리카의 어느 곳이라 한다. 이제까지 인류학자들의 연구에 의하면 흔히 오스트랄로피테쿠스라 불리는 원숭이 비슷한곧 우리가 유인원(類人猿)이라 부르는 존재가 인류의 기원이라는 것이다. 이 주장에 따르면 인류의 역사 역시 300만 년에 이르게 되는데, 흔히 인류가 동물과 크게 다를 바 없이 수렵 채취 생활을 하다 문명이라고 부를 만한 전환점에 이르게 된 것은 기껏해야 5~6,000년 정도에 지나지 않는다. 인류 중 역사를 5,000년으로 잡는다 해도 300만 년의 시간을 생각하면 전체 역사 중 600분의 1 정도의 시간이 우리가 문명이라 부르는 시기에 해당하는 셈이다. 그나마 문명의 폭발적인 도약이 이루어진 17세기나 20세기 이전에는 인류 문명의 발전이 매우 더디게 진행되었다는 것을 생각하면 인류는 매우 오랜 세월 동안 동물과 별로 다를 바 없는 생활을 영위했음을 알 수 있다. 이야기를 좀더 단순하게 풀어가자면, 인류가 600년을 사는 동안 마지막 1년을 빼놓고 대부분의 시간, 곧 599년 동안 동굴 속에 모닥불을 피워놓고 그날 그날 사냥해온 짐승의 고기를 뜯고 들에서 채취해온 나무 열매로 연명했던 것이다. 그러다 짐승을 잡을 수도 열매를 따올 수도 없는 큰비가 내리는 날, 동굴 입구에서 망연자실 하늘만 바라볼 수밖에 없었던 사람들 기분이 어떠했겠는가? 개구리 올챙이 적 생각을 못한다고 하지만, 599년 동안 집적되어온 기억들이 한순간에 사라질 수는 없는 노릇이니, 굳이 동굴 밖에 나가 오늘의 일용할 양식을 구해올 필요가 없는 현대인들 역시 비가 오면 일종의 조건반사식으로 까닭 모를 우울한 감정에 빠지게 된 것은 아닐까?

각설하고 중국 사람들은 이 세상의 시작을 어떻게 생각했을까?

세상이 처음 열리고

아득한 옛날 모든 것을 품고 있는 알 같은 우주 속에 거인 판구[盤古, 반고]가 잠들어 있었다. 판구는 그 알 모양의 우주 속에서 태어나 잠자면서 1만 8,000년을 보냈다. 그러던 어느 날 그가 잠에서 깨어났다.

판구는 하품을 하며 슬며시 눈을 떴다. 그런데 이상했다. 눈앞에 아무것도 보이지 않는 것이었다.

"이게 뭐야? 왜 이렇게 어두워?"

사방을 이리저리 둘러보았지만 보이는 거라곤 아무것도 없었다. 오직 흐릿한 잿빛 어둠만이 눈앞에 가득했다. 그런데 판구가 잠에서 깨어났기 때문이었을까, 판구를 둘러싼 그 흐릿한 기운들이 스멀스멀 움직이기 시작했다. 판구를 감싸고 있던 달걀 모양의 우주 내부의 기운들이 가만가만 움직이기 시작한 것이다. 그 기운들은 순식간에 둘로 나누어졌다. 맑고 가벼운 기운은 위로 올라가 하늘이 되었고, 탁하고 무거운 기운은 아래로 내려가 땅이 되었다.

"어어, 하늘과 땅이 생겼네? 신기하다."

그런데 신기하다고 생각한 것도 잠시, 판구는 수심에 휩싸였다. 어둡던 기운이 모두 사라지고 하늘과 땅이 생겨난 것은 더 이상 좋을 수 없는 일이었지만 슬며시 걱정스러워지기 시작했다.

"한데 저 하늘과 땅이 예전처럼 다시 붙어버리면 어쩌지?"

막 눈을 떴을 때처럼 세상이 온통 어두운 잿빛으로 뒤덮이면 어쩌나, 하늘과 땅이 지금 겨우 갈라졌는데 다시 붙어 하나가 되어버리면 어쩌나, 그것이 걱정이었다.

"안 돼, 그건 참을 수 없는 일이야. 온통 흐릿하니까 정말 싫던데."

판구는 결심했다. 그리고 하늘과 땅 사이에 팔과 다리를 벌리고 섰다.

"이렇게 하면 되겠군. 내가 하늘과 땅 사이에 서서 하늘과 땅이 다시 붙지 않도록 하는 거야."

판구

그때부터 판구는 하늘과 땅 사이에 굳건하게 버티고 서서 하늘을 떠받치고 땅을 누르고 있었다. 막 갈라진 하늘과 땅은 처음엔 사이가 얼마 벌어지지 않았지만 점차 멀어졌다. 하늘은 하루에 한 길쯤 높아졌고 땅은 하루에 한 길쯤 낮아졌다. 그에 따라 판구의 키도 점점 커졌다.

"아, 힘들어."

옴짝달싹하지 않고 하늘을 받치고 있는 일은 정말이지 쉬운 게 아니었다. 하지만 하늘과 땅이 다시 붙을까봐 걱정된 판구는 잠시도 한눈 팔지 않고 그 자리에 그렇게 계속 서 있었다. 그렇게 다시 1만 8,000년이 지났다. 판구가 달걀 모양의 우주 속에 잠들어 있었던 만큼의 시간이다. 그 정도의 시간이 지나자 하늘과 땅은 더 이상 멀어지지 않아도 되었다. 이제는 다시 붙을 염려가 없어진 것이다. 판구의 키 역시 매일 자라났음은 물론이다. 이때 판구의 키는 구만 길이나 되었다고 하던가.…… 상상을 초월할 만큼 거대한 이 거인이 하늘과 땅을 기둥처럼 떠받치고 서 있으니 우주는 이제 다시 어두운 혼돈 상태로 돌아가지 않게 되었다. 판구는 적이 마음이 놓였다.

"휴, 됐다. 이젠 내가 더 이상 하늘을 받치고 서 있지 않아도 되겠지, 하늘과 땅이 이만큼이나 멀어졌으니…… 그런데, 그런데…… 왜 이렇게 힘이 들까?"

판구는 그 자리에 쓰러졌다. 너무 오랫동안 한 곳에 팔을 벌리고 서 있었던 까닭에, 하늘과 땅이 더 이상 붙지 않게 되자 그만 기력이 다해 쓰러져 죽고 만 것이다.◉

◉ 김선자, 앞의 책, 16~19쪽. 원서에는 '판구(盤古)'의 이름이 우리 한자음 그대로 되어 있으나, 이 책의 중국어 표기의 일관성 때문에 '판구'로 고쳐 적었다. 이하 마찬가지다.

◉◉ 원가, 김선자 옮김, 『중국신화전설 Ⅰ』, 서울: 민음사, 1992. 155쪽.

이것이 중국인들의 창세 신화라 할 수 있는 판구 신화의 대략적인 줄거리다. 하지만 이야기는 여기서 끝나지 않는다. 판구가 죽을 때, 갑자기 그의 몸에 큰 변화가 일어났는데, 그가 입으로 내쉰 숨은 바람과 구름이 되고, 소리는 천둥 소리가 되었으며, 왼쪽 눈은 해, 오른쪽 눈은 달이 되었고, 손발과 몸뚱이는 사방의 명산名山이 되었고, 피는 하천이 되고, 힘줄은 길, 살은 논밭, 머리와 수염은 하늘의 별들, 살갗과 털은 풀과 나무가 되고, 이빨과 뼈, 골수는 반짝반짝 빛나는 금속이나 단단한 돌, 둥근 구슬, 매끄러운 옥이 되었던 것이다. 어찌 그뿐이겠는가? 그가 웃으면 하늘이 개이고, 화를 내면 무거운 구름이 드리운다고 한다.◉◉

판구 신화가 이 세상이 어떻게 생겨났는가 하는 의문에 대한 답이라면, 인류의 탄생과 연관해서는 또 다른 신화가 존재한다. 하나의 설은 판구가 죽어 변신할 때 그의 몸에서 생겨난 여러 가지 벌레들이 변화해서 태어난 것이라고도 하고, 판구에게 원래 부인이 있어 그에게서 태어난 아들이 인류의 기원이 되었다는 설도 있다. 이것은 판구와 연관된 것이지만, 이와 조금 궤를 달리하는 것이 뉘와女媧, 여왜라는 신이 혼자서 인류를 창조했다는 설이다.

뉘와는 문득 잠이 깼다.

그녀는 꿈에서 놀라 깬 것 같았다. 그러나 어떤 꿈을 꾸었는지는 이미 똑똑히 기억할 수가 없다. 단지 뭔가 모자란 듯한, 또 뭔가가 너무 많은 듯한 느낌이 매우 마음을 언짢게 했다.

……

"아아! 여지껏 이렇게 무료했던 적은 없었어."

그녀는 이렇게 생각하며 벌떡 일어났다.…… 단지 아무 까닭도 없이 한쪽 무릎을 꿇고, 손을 뻗쳐 물기 머금은 개흙을 움켜올릴 뿐이었다. 동시에 그 개흙을 몇 번인가 이기니 자신과 비슷한 자그마한 것이 두 손 안에 생겨났다.

……

"응아! 응아!"

그 작은 것들은 그렇게 소리를 지르기 시작했다.

"아아!"

그녀는 또 깜짝 놀랐다. 전신의 털구멍에서 무언가가 모두 날아 흩어지는 것을 느꼈다. 그러자 땅 위에는 젖빛 안개가 가득 끼었다. 그녀가 겨우 정신을 가다듬고 나니 그 작은 것들도 입을 다물었다.

……

그녀는 그것들을 어르면서 또 만들기를 계속했다. 만들어진 것들은 모두 그녀의 주위를 둘러쌌다.……

그녀는 오랫동안의 즐거움 속에서 이미 피로해졌다. 거의 숨을 다 토해냈고, 땀을 죄다 흘려버린데다, 머리마저 어지러워져서 두 눈이 몽롱해지고 양쪽 뺨도 점점 화끈해졌다. 자신이 생각해도 공연한 짓만 같았고, 게다가 귀찮아서 견딜 수가 없었다. 그러나 그녀는 그래도 여전히 손을 쉬지 않고 무의식적으로 만들기만 했다.

……

그녀가 잡아흔들자 등나무는 땅 위로 넘어지면서 반은 자줏빛이고, 반은 흰빛인 꽃잎을 온 땅에 가득 뿌렸다.

이어서 손을 흔들자 자주색 등나무는 개흙이 있는 물 속으로 넘어지고 동시에 물이 섞인 개흙이 튕겨 뿌려져 땅에 떨어졌다. 그러자 아까 그녀가 만든 것과 같은 모양의 작은 것들이 무수히 이루어졌다. 다만 그 대부분은 멍청하고 천한 몰골이어서 밉살맞았다. 그러나 그녀는 그런 일을 알아볼 틈이 없었다. 다만 재미있는 듯이 또 조급한 듯이 장난기마저 섞어가며 마구 손을 휘둘러댈 뿐이었다. 휘두를수록 더욱 빨라져서 그 등나무는 마치 끓는 물에 데인 뱀처럼 개흙투성이 땅바닥 위에서 뒹굴었다. 그러나 개흙덩어리가 폭풍우처럼 등나무 줄기에서 날아 흩어져, 궁중에서부터 이미 으앙으앙 하고 우는 작은 것으로 변하여 땅에 가득히 엉금엉금 기어다녔다.◉

◉ 루쉰, 김시준 옮김, 「하늘을 보수한 이야기(補天)」, 『루쉰(魯迅)소설전집』, 서울; 서울대학교출판부, 1996. 392~395쪽.

그런데 흥미로운 것은 뉘와가 만든 인간이 두 종류라는 것이다. 하나는 뉘와가 정성껏 빚어만든 것이고, 또 하나는 나뭇가지로 되는 대로 휘둘러 만들어 멍청하고 천한 몰골을 한 것들이다. 그래서 혹자는 인간이 다 똑같은 게 아니라 태어나면서부터 존귀한 존재와 미천한 존재로 나뉜다고 주장하기도 한다. 이것은 돈 있고 권세 있어 행세 깨나 해왔던 족속들이 역사의 주인 노릇하면서 자신들을 유별난 존재로 자리 매김하고자 만든 이야기이긴 하지만, 인간의 역사를 되짚어보면 악화惡貨, 개나 쥐같이 미천한 존재가 양화良貨, 존귀한 존재를 배척하고 악착을 떨어 주제넘게 주인 노릇 해온 것이 사실이기에 어찌 보면 누워 침 뱉기가 아닌가 하는 생각을 떨쳐버릴 수 없다. 도대체 누가 귀족이고 누가 천민이란 말인가? 왕후장상의 씨가 따로 있을 리 없는데, 부질없는 이분법으로 제멋대로 인간을 구분하는 것 자체가 가당키나 한 일인지 왠지 씁쓸한 생각이 드는 것은 어쩔 수 없다. 역사는 항상 충신과 현자賢者는 핍박받고 간신과 소인배가 일신의 영화를 누려왔다는 것을 웅변으로 보여주고 있지 않은가?

복희

이제 세상이 만들어졌고, 거기에 살아갈 사람들도 나타났다. 다음 순서는 이들이 한세상 살아가면서 필요한 것들을 만들어내는 일일 것이다. 여기에서 세 명의 인물이 등장하는데, 중국 역사에서는 이들을 일러 '세 명의 황제', 곧 '삼황三皇'이라 하였다. 하지만 이들이 누구인지에 대해서는 여러 설이 분분해 딱 꼬집어 특정하기 어렵지만, 대개 불을 발견한 '수인씨燧人氏'와 사냥하는 법과 그물을 이용해 물고기를 잡는 법을 가르친 '복희씨伏羲氏', 그리고 사람들에게 농사 방법과 의약을 가르쳐준 '신농씨神農氏'를 들고 있다. 또 이들을 단순히 '천황天皇'과 '지황地皇', '인황人皇'으로 부르기도 하는데, 어느 쪽이든 이들은 반신반인적인 존재로 숭배되었다.

'삼황'의 뒤를 이어 나타나는 것이 '오제五帝'인데, 이들에 대한 설 역시 분분하다. 하지만 이 역시 대개 황제黃帝와 소호少昊, 전욱顓頊, 제곡帝嚳, 제요帝堯, 제순帝舜 정도로 정리된다. 중국인들 사이에서도 이들의 실재와 진위 등의 논란이 끊이지 않고 있으니, 이들의 초인적인 신통함에 대한 이야기는 굳이 여기서 자세히 말할 것은 없겠다. 중요한 것은 앞서도 말했듯이 이들의 이야기 이면에 감추어진 의미다. 구제강顧頡剛, 고힐강은 이들의 이야기를 고대에 존재했던 세 개의 큰 씨족 부락 사이의 알력과 갈등에 대한 것으로 해석했다. 그에 따르면 상고시기에 황허 중·하류 유역에 세 개의 큰 씨족 부락이 들어왔는데, 하나는 '염제炎帝'를 우두머리로 하여 서쪽으로부터 온 씨족 부락이고, 둘째는 '치우蚩尤'를 우두머리로 하여 동쪽에서 온 이인夷人 씨족 부락이며, 셋째는 '황제黃帝'를 영수로 하여 서북쪽에서 온 씨족 부락이다. 염제의 성은 강姜으로, 신농씨神農氏라고도

하며, 그의 대 부락은 산시陝西, 섬서로부터 황허를 따라 동으로 이동하여 허난河南, 하남 · 산둥山東, 산동에 이르렀다 한다. 황제의 성은 희姬이고, 호는 헌원 씨軒轅氏라 하는데, 그의 대 부락은 산시 북부로부터 황허를 건너 산시山西, 산서에 이르렀고 다시 타이항산太行山, 태항산을 따라 황허 주변의 각 지역으로 나아가 허베이와 줘루涿鹿, 탁록 지구에 이르렀다고 한다. 한편 치우◉는 이인夷人으로 후에는 '구려족九黎族'이라고 칭했으며, 원래는 산둥 및 동부 지역에 거주했는데, 동쪽으로부터 서쪽으로 이주해 왔다고 한다.◉◉

이 세 부족은 서로 대립하다 싸움을 벌이는데, 처음에는 황제의 부락이 서에서 동으로 이동해 오던 염제 대부락과 충돌하여 전쟁이 일어났다. 반취안阪泉, 판천이라는 곳에서 벌어진 세 번의 싸움 끝에 염제는 패했고, 그 결과 염제 부락의 무리들은 허베이河北, 하북로 물러가 황제 대 부락과 연합했다.

그 뒤에 황제와 염제는 함께 치우와 전쟁을 일으켰는데, 줘루에서 벌어진 전쟁은 서로가 팽팽하게 맞서 승부를 가리기 어려웠다. 초기에는

◉ 치우(蚩尤)는 중국의 여러 고서와 한국의 『환단고기(桓檀古記)』 등에 등장하는 전설적 인물이다. 흔히 군신(軍神), 병주(兵主) 등 전쟁의 신으로 통한다. 치우천왕 · 자오지천왕(慈烏支天王) · 자오지천황 · 자오지환웅(慈烏支桓雄) 등 여러 이름으로 불린다. 중국 먀오족(苗族) 신화에서는 먀오족의 옛 이름인 구려(九麗)의 군주로 등장하고, 쓰마쳰(司馬遷)의 『사기』 「봉선서(封禪書)」에는 한(漢)의 고조 류방(劉邦)이 패공(沛公)으로 칭한 뒤, 곧바로 치우에게 제사지내고 피로 북과 깃발을 붉게 칠했다는 기록이 보인다. 또 『산해경(山海經)』에 따르면, 치우는 줘루의 싸움에서 황제(黃帝)와 싸우다 응룡(應龍)에게 죽임을 당했고 한다.

그러나 한국의 기록은 중국의 자료와 많은 점에서 다르다. 치우가 기록되어 있는 대표적 문헌은 1675년(숙종 1) 북애노인(北崖老人)이 지은 것으로 추정되는 『규원사화(揆園史話)』(상권)와 계연수(桂延壽)가 1911년에 편집한 것으로 보이는 『환단고기』다. 두 문헌에 따르면, 치우는 배달국(倍達國)의 제14대 천왕(천황)인 자오지환웅이다. 기원전 2707년에 즉위해 109년 간 나라를 다스렸다. 6개의 팔과 4개의 눈, 소의 뿔과 발굽, 구리로 된 머리와 쇠로 된 이마를 하고, 큰 안개를 일으킬 수 있었다. 81명의 형제가 있었고, 병기 제작 능력이 뛰어나 활 · 화살 · 창 · 갑옷 · 투구 등 각종 무기를 만들어 신농(神農)을 무찔렀다. 또 12개의 제후국을 합병했는데, 70여 회의 전쟁에서 한 번도 패하지 않았고, 헌원(軒轅)을 황제로 임명하기도 했다. 이처럼 한국의 문헌에서는 치우를 우리 민족 최고의 전쟁 신으로 받들고 있다. 그러나 위의 두 문헌은 학계에서 신빙성이 없는 저술로 여겨 치우의 존재를 받아들이지 않는다. 일부에서는 고대 왕릉이나 기와 또는 민담 등에 등장하는 도깨비의 조상을 치우 또는 치우의 변형으로 보기도 한다. 2002년 제17회 월드컵축구대회(한일월드컵) 때 한국 대표팀의 응원단인 '붉은악마'의 트레이드마크 도안도 치우(도깨비)의 이미지에서 딴 것이다.

◉◉ 구제강(顧頡剛, 고힐강) 구술, 허치쥔(何啓君, 하계군) 정리, 조관희 옮김, 『중국 역사 이야기』, 서울; 학고방. 2007. 138~139쪽.

황제가 맹수와 사방의 귀신들과 인간 세계 부족들의 도움으로 맞서 싸웠으나, 비를 뿌리고 안개를 일으키는 치우의 적수가 되지 못했다. 일설에 치우는 염제의 자손이라고도 하는데, 구리로 된 머리에 쇠로 된 이마를 하고 모래와 돌을 밥으로 먹었다고 한다. 이렇게 치우를 흉악한 괴물의 형상으로 만든 것은 뒤에 중화민족의 시조로 추앙받는 황제와 대비시키기 위해서인데, 결국 역사는 승자에 의해 다시 씌어진다는 사실을 확인하게 된다. 아무튼 각설하고 치우가 피운 안개로 사방을 분간할 수 없게 되자 황제는 항상 남쪽을 가리키는 지남차指南車라는 수레를 타고 안개에서 벗어났으며, 그 후 응룡應龍을 시켜 물을 모아 비를 내리게 했다. 그러나 치우가 풍백風伯과 우사雨師를 통해 비바람을 몰아치게 하니 제대로 버티지 못했다. 그리하여 마침내 황제는 자신의 딸인 발魃, 가뭄의 여신을 시켜 뜨거운 열로 가뭄이 들게 해 치우를 간신히 물리쳤고, 결국 치우는 죽임을 당하게 된다. 구졔강은 치우가 죽은 게 아니라 일부 부락민들을 이끌고 남방의 형초荊楚 지역으로 옮겨가 이때부터 그가 이끌던 구려족은 묘족, 만족과 함께 거주하며 살아갔다고 한다.

염제와 황제의 연합 ⓒ 조관희

아무튼 이 싸움으로 황제는 중원의 지배를 확고히 하고 그 후손들이 오늘의 중국인들이 되었다. 그래서 현대의 중국인들은 우리가 단군을 조상으로 모시듯, 황제를 자신들의 조상으로 떠받들며 중화민족이야말로 황제의 자손이라 자처하고 있다. 아울러 '삼황'과 '오제'에 대한 이야기에는 불의 사용이나 음식 익혀먹기, 수렵과 농경의 발견, 초기 국가의 형성과 왕위 계승 방식 등 역사에서 보편적으로 발견되는 여러 사실이 담겨

산시 성 바오지(寶鷄, 보계)의 염제릉에 있는 염제상 ⓒ 조관희

있으며, 그렇기 때문에 이것은 역사 발전의 단계를 설명하는 하나의 실마리를 제시한 것으로 이해해야 할 것이다.

신화의 역사화-'단대공정'과 '탐원공정'

우리가 잘 알고 있듯이 근대 이후 중국은 서구 열강의 침략을 많이 당해왔고, 20세기 후반까지도 죽의 장막에 갇혀 있는 종이호랑이 취급을 받아왔다. 하지만 1980년대 이후 중국은 개혁 개방의 기치를 높이 들고 무지막지한 속도로 경제 개발을 진행해 21세기, 새로운 세기에 접어들어서는 얼마 전까지도 세계 유일의 초강대국이라 불렸던 미국에 맞설 유일한 대항마로까지 성장하게 되었다.

이렇게 단기간 내에 국가 위신을 회복하고 민족의 자존심을 높이 세운 중국은 여기에 머물지 않고, 자신들의 5,000년 역사를 미화함으로써 위대한 중국, 강한 중국, 하나된 중국을 회복할 것을 주장하게 된다. 이것을 정치적 · 이데올로기적으로 뒷받침하기 위해 자신들의 역사를 공간적으로나 시간적으로 확대하고자 하는 프로젝트를 진행하는데, 이것이 바로 유명한 '동북공정(東北工程)'과 '탐원공정(探源工程)'이다. '동북공정'이야 우리와 밀접하게 관련이 있어 비교적 잘 알려져 있기에 여기서 상세히 언급할 필요가 없을 것이나, 일종의 '민족의 뿌리 찾기'라 할 수

있는 '탐원공정'은 우리와 직접적인 관계가 없어서인지 잘 알려져 있지 않아 그 실체를 아는 이들이 별로 없다.

간단하게 정리하자면, 고구려와 같은 주변국의 역사를 자신들의 역사 속으로 편입시켜 일종의 지방 정권 비슷하게 만들어버려 자신들의 역사 공간을 확대하는 것이 '동북공정'이라면, '탐원공정'은 역사의 상한선을 신화시대로까지 끌어올려 중국의 역사 시기를 확장하는 것이라 할 수 있다. 이를 위해 적극 활용하고 되살려낸 인물이 바로 중국인들이 자신들의 조상으로 떠받들고 있는 황제(黃帝)다. 앞서도 말했듯이 그 실체를 확증할 수 없는 삼황과 오제에 대한 이야기는 그런 인물들의 실재 여부를 따지기보다 그들에 대한 이야기 속에 담겨 있는 의미를 되새겨 당대의 사회상을 미루어보는 것이 더 중요하고 현실적일 것이다. 하지만 위대한 중국을 꿈꾸는 일련의 정치적 의도와 그에 편승한 일군의 학자들에 의해 황제는 역사 속에 실존했던 인물로 부활하게 된다.

이러한 움직임은 비단 20세기 말에 들어서 뿐만 아니라 외세의 침탈로 신음하던 19세기 말과 20세기 초 민족의 현실에 비분강개하던 한 무리의 지식인들에서도 제기되었던 바 있다. 당시 그들이 황제를 되살려냈던 것은 이민족이 세운 왕조라 할 수 있는 만청(滿淸) 제국에 대한 반감과 그 정부를 타도하고 새로운 법통을 세우려는 혁명의 상징으로 활용하기 위해서였고, 혁명 이후 권력자들의 경우에는 자신들의 정통성을 찾기 위한 수단으로 황제를 적극 이용했던 것이라 할 수 있다.◉ 기실 20세기 초반 혁명을 위해 '황제'의 이름이 필요했던 혁명론자들은 의도적으로 '황제 기년(黃帝紀年)'을 만들어냈는데, 이렇게 등장한 '중화문명 5,000년'이라는 말은 이후 "중국인들의 단합을 필요로 하는 순간마다 매우 강력한 힘을 발휘했고, 현대 중국의 보수주의자들은 '5,000년 콤플렉스'에 걸렸다고 해도 과언이 아닐 정도로 '중화문명 5,000년'에 집착"하게 된다.◉◉

앞서도 이야기했듯이 개혁 개방 이후 어느 정도 경제적인 성장을 이루고 한숨을 돌리게 되자, 중국 내부에서는 화려했던 중국 문명과 그 역사를 되살리기 위한 일련의 움직임들이 나타나게 된다. 1997년에 시작된 '하상주단대공정(夏商周斷代工程)'(줄여서 '단대공정'이라 부름)이야말로 이러한 움직임을 극적으로 현실화한 야심찬 프로젝트라 할 수 있다. 이 프로젝트에 의해 중국 역사의 기년은 무려 1,229년이나 앞당겨진 기원전 2070년으로 확정되었다. 당연한 이야기지만 과학적인 근거가 박약한 이 주장에 대해 중국 내외에서 많은 비판이 제기되었다. 하지만 2001년 기왕의 '단대공정'에 만족하지 못한 이 프로젝트의 기획자들은 다시 '중화문명탐원공정(中華文明探源工程)'(줄여서 '탐원공정'이라 부름)이라는 새로운 프로젝트를 가동하기에 이른다. 이것은 단적으로 말해 중국의 역사 기년을 더 위로 끌어올리는 것이라 할 수 있는데, 흔히 중국인들이 '삼대(三代)'라 부르는 하, 은, 주 삼국의 역사 가운데 가장 오래되었고 그렇기 때문에 사료가 가장 부족한 하나라의 역사를 역사 시대로 못박으며, 그 시조라 할 황제 역시 실존 인물로 만들어버리기에 이른다.

이때 이들이 주목한 지리적 공간이 곧 '중원' 땅으로, 산시 성 남부와 허난 성 중서부 지역이다. 이곳은 페이리강(裴李剛, 배리강) 유적지와 양사오(仰韶, 앙소) 유적지 등 신석기 유적지들이 즐비한 곳으로, 바로 이곳에서 신화 속에서 신으로 추앙받는 황제와 신석기시대 유물 사이에 어떤 연관 관계를 만들어낼 수 있는 '그 무엇'을 발견할 수만 있다면, 중국 역사를 1,000년 이상 더 위로 끌어올릴 수 있는 효과를 얻어낼 수 있을 터였다. 하지만 그와 같은 희망사항을 실증하기에 앞서 중국인들은 이 지역에 신화 속의 인물들을 현실로 불러낼 건축물을 먼저 만들어냈다. 곧 산시 성 서남부 린펀 시(臨汾市, 임분시)에는 어마어마한 규모의 요임금의 묘(堯廟)가 지어졌고, 산시 성(陝西省, 섬서성 〔그 이름부터가 황제를 참칭하고 있는〕) 황링 시(黃陵市, 황릉시)에는 황제의 거대한 능이 있으며, 허난 성 링바오(靈寶,

◉ 자세한 것은 김선자, 「황제 신화(黃帝神話)와 국가주의(國家主義)—중국신화 역사화 작업의 배경 탐색: 허신(何新)의 『論政治國家主義』」(《중국어문학논집》 제31호, 중국어문학연구회, 2005년 4월)와 김선자, 『만들어진 민족주의 황제 신화』(책세상, 2007)를 참고할 것.

◉◉ 김선자, 앞의 글, 316~317쪽. 아래 내용은 이 글을 요약 발췌한 것임을 밝혀둔다.

영보) 처우딩위안(鑄鼎原, 주정원)에도 황제의 능이 있다. 이뿐인가? 허난 성 신미 시(新密市, 신밀시)에는 염황광장(炎黃廣場)이 만들어졌는데, 그곳엔 염제와 황제의 거대한 소상이 서 있다. 정저우 시(鄭州市, 정주시) 황허유람구(黃河遊覽區)에도 역시 염황 이제(炎黃二帝)의 상이 있으며, 황제의 고향이라 전해지는 신정 시(新鄭市, 신정 시)에는 허허벌판에 거대한 황제 기념관과 황제 소상, 그리고 엄청난 규모의 정(鼎) 등이 세워져 있다. 이런 건축물들을 한꺼번에 아우르는 건축물이 바로 1998년 허베이 성 줘루에 세워진 '중화삼조당(中華三祖堂)'이다. 이것은 전설 속의 삼황을 한데 모신 것으로, 여기에 황제와 염제, 그리고 치우의 거대한 상을 만들어 놓고 그 상 뒤에 그들의 일생을 화려한 벽화로 그려놓았다. 줘루는 앞서 말한 대로 황제와 치우가 치열하게 전쟁을 벌였던 곳으로 이곳에 건축물을 세운 의도는 충분히 이해가 가지만 과연 과거의 전쟁터가 바로 이곳인지에 대해서는 사실 정론이 없는 실정이다.

중화삼조당

어찌 그뿐이겠는가? 사실을 확증할 수 없는 신화 속의 인물들에 대한 고증 역시 현재로서는 실현 가능성이 거의 없다고도 볼 수 있다. 그럼에도 황제의 무덤과 요 임금의 무덤 등에 집착하는 것은 "바로 그것이 '권력'의 존재를 가능하게 해주고, 그것은 곧 '왕권'과 통하게 되며 왕권의 존재는 바로 '왕조'의 존재를 확인시켜주는 증거가 되기 때문"이라고 할 수 있다. 나아가 "'황제'와의 접점을 찾아내려고 그들이 그렇게 애쓰는 이유도 역사적 혹은 문화적 기억과의 접점을 찾아내어 민족의 동질성을 강화하려는 의도 때문이다. 황제와 복희와 요와 순의 무덤은 바로 민족을 하나의 혈연으로 묶어줄 수 있는 공동의 기억을 기탁할 수 있는 공간"으로 이런 "무덤을 통해 민족은 공공의 기억을 갖게 되고 그 새롭게 창조된 추억을 통해 민족은 동질성을 확보할 수 있"게 되는 것이다.◉

이와 같은 상황을 베네딕트 앤더슨은 '상상적 공동체'라는 용어로 설명했다. 애당초 10억이 넘는 인구의 90퍼센트 이상을 차지하는 '한족(漢族)'이라는 개념이 가능했던 것 역시 '한족'이라는 말이 결국 일종의 '상상적 공동체'가 분명하기 때문이다.◉◉ 어떻게 10억이 넘는 거대한 집단이 인종적으로 민족적으로 동일한 혈연을 갖고 있다고 주장할 수 있겠는가? 고래로 주장되어온 '화이론'적 관념에 입각한 '중화', 또는 '화하'라는 개념이 결국 그들만의 문화를 받아들이고 공유하는지 여부를 잣대로 삼아 성립하듯이 '한족'이라는 개념 역시 상상이나 관념 속에서만 존재하는 개념이라 할 수 있는 것이다.

결국 '중화'니 '한족'이니 하는 것은 단일한 역사 기술 아래 모든 것을 포섭하는 일종의 '민족공동체 형성 과정(ethnic process)'의 한 전략으로 이해할 수 있으며,◉◉◉ '단대공정'이나 '탐원공정'이 노리는 바 역시 바로 이 지점에 있다고 할 수 있다. 과연 그들이 추구하는 것은 신화인가? 역사인가?

◉ 김선자, 앞의 글, 319쪽.
◉◉ 김선자, 앞의 글, 314쪽. 주 15)를 참고할 것.
◉◉◉ 김선자, 앞의 글, 314쪽. 주 15)를 참고할 것.

앞서 삼황과 오제에 대해 간략하게 살펴보았다. 황제는 중국 사람들이 자신들의 시조로 여기는 인물이었는데, 오제의 맨 끝에 있는 야오堯, 요와 순舜, 순은 우리에게도 잘 알려져 있다. 흔히 모든 것이 충족한 태평성대를 '요순시대'라고 하거니와 중국 사람들이 가장 존경하는 성인인 쿵쯔는 시도 때도 없이 그 시절을 그리워했다.

위대하도다. 야오의 임금 되심이여, 높고 높도다! 하늘만이 가장 높고 크나니, 야오 임금만이 하늘을 배울 수 있었느니라. 그의 은혜는 정말 넓으니, 백성들은 그를 어떻게 칭찬해야 할지 모르는구나. 높고 크도다, 그의 공적이여! 빛나도다, 그의 예의 제도여!◉ 『논어』「태백」

◉ 원문은 다음과 같다. "大哉堯之爲君也! 巍巍乎! 唯天爲大, 唯堯則之. 蕩蕩乎, 民無能名焉. 巍巍乎其有成功也, 煥乎其有文章!"

쩡셴즈曾先之, 증선지의 『십팔사략十八史略』에 따르면, "그의 어진 마음은 마치 하늘과 같고, 지혜롭기는 신과 같아서 백성이 모두 그를 사모하고 따르며, 우러러보는 것이 해를 향해 도는 해바라기와 같이 햇볕이 쨍쨍 내리쬘 때 구름을 바라보는 것과 같았다"고 한다. 하지만 그가 살았던 궁전은 지극히 검소하였으니, 띠풀로 지붕을 잇고 너덜너덜한 추녀는 다듬어 자르지도 않았으며, 대궐 정문의 계단은 진흙을 굳혀 세 층을 쌓아올렸을 따름이었다. 임금이 된 지 50년이 지난 뒤 야오는 자기가 백성들을 잘 다스렸는지를 확인하기 위해 직접 검소한 차림으로 사람들의 왕래가 잦은 번화한 거리로 나서니 한 노인이 입 안에 먹을 것을 잔뜩 물고는 배를 두드리고 손으로 땅바닥을 쳐 박자를 맞추면서 다음과 같이 노래했다.

동쪽에서 해가 뜨면 일을 하고 서쪽으로 해가 지면 일을 멈춘다. 우물을 파서

◉ 원문은 다음과 같다. "日出而作 日入而息, 耕田而食 鑿井而飮, 含哺鼓腹,鼓腹擊壤, 帝力何有于我哉."

물을 마시고 밭을 갈아 먹을 것을 얻으며 편안하게 지내니, 임금의 힘이 우리에게 무슨 소용이란 말인가.◉

야오 임금의 위대함은 또 있으니, 그가 물러날 때가 되자 그 자리를 자기 자식에게 주지 않고 덕망이 높은 이를 가려내어 이른바 '선양禪讓'을 했던 것이다. 야오에게서 자리를 물려받은 이는 순舜, 순인데, 그는 맹인 아버지와 포악한 계모에게 지극 정성을 다해 효행을 실천한 인물이었다. 이에 감복해 그를 따르는 이들이 모여들어 얼마 뒤에는 작은 부락을 이루고 나중에는 저잣거리를 이루게 되니, 그 소문을 들은 요 임금은 그를 불러 자신의 두 딸인 어황娥黃, 아황과 뉘잉女英, 여영을 그의 아내로 주어 자신의 후계자로 삼았다.

순 역시 나라를 잘 다스리니 신하들이 다음과 같은 시를 읊어 그를 기렸다.

상서로운 구름이 빛남이여
예절이 바로 서 융중하도다.
해와 달이 함께 아름다움이여
아침은 다시 아침으로 빛나도다.

하지만 순 임금의 아들인 상쥔商均, 상균은 그 아비만 못하니, 순 임금은 사사로운 정리를 끊고 위禹, 우를 후계자로 삼았다. 그 뒤 순 임금은 남방의 여러 제후의 나라들을 순행하다가 창우蒼梧, 창오라는 곳에서 세상을 떠나고, 위가 임금의 자리에 올랐다.

위 임금은 황허의 치수로 유명하다. 본래 그 일은 그의 아버지인 쿤鯤,

곤이 야오 임금의 명을 받아 했던 것인데, 9년 동안 별별 노력을 다했으나 효과를 보지 못하자 그의 아들인 위에게 떨어졌던 것이다. 이에 위는 심혈을 기울여 치수에 힘을 썼는데, 13년 동안 집에 들어가지 않았다 한다. 심지어 자기 집 앞을 지날 때에도 발을 들여놓지 않을 정도로 사사로운 일은 돌보지 않고 오직 황허의 치수만을 생각해 마침내 그 일을 이루었다. 이에 순 임금은 그를 높이 치하하고 자신의 자리를 그에게 물려주었던 것이다. 쿵쯔는 위 임금에 대해 다음과 같이 말했다.

위 임금

> 위 임금에 대해서 나는 달리 비평할 말이 없구나. 그 자신은 소식을 하시되 제사는 풍성히 드리고, 자신은 검소하게 입으시되 제복은 화려하게 하시며, 허름한 궁실에서 거처하시되 모든 힘을 수리사업에 기울이셨다. 위 임금에 대해서라면 나는 달리 비평할 말이 없구나.◉ 『논어』「태백」

위 임금 역시 백성들을 지극히 아끼고 사랑해 나라를 잘 다스리다 구이지 산會稽山, 회계산에서 승하했다. 그가 죽자 아들인 치啓, 계가 그 자리를 물려받았는데, 바로 이때부터 세습 왕조가 시작되었고, 역사상의 하夏나라는 위 임금부터 14대까지 이어지다 마지막 걸왕桀王 때 멸망하게 된다.

중국인들은 지금도 백성을 진정 위하는 성군으로 야오와 순, 위 세 임금을 꼽고 있는데, 그들이 후대 사람들로부터 칭찬을 받은 것은 쿵쯔의 말대로 "천하의 귀함과 사해의 부를 가졌음에도 조금도 자기를 위하지 않았기" 때문이었다. 그리고 하와 은, 주로 이어지는 세 왕조, 곧 삼대三代는 중국인들이 꿈꾸는 이상적인 왕도 정치의 모범으로 받들어지고 있다.

◉ 원문은 다음과 같다. "禹,吾無間然矣. 菲飮食而致孝乎鬼神, 惡衣服而致美乎黻冕, 卑宮室而盡力乎溝洫. 禹,吾無間然矣."

최초의 국가, 은

위禹 임금부터 14대를 이어온 하나라는 앞서 살펴보았던 대로 역사적 사실이기를 간절히 바라는 현대 중국인들의 소망과 무관하게 이제까지의 고고학적 성과로는 그 실재 여부가 불투명한 실정이다. 물론 중국의 각종 문헌에는 역사상 최초의 왕조로 하나라가 존재했다고 기록되어 있으나, 그것을 뒷받침할 만한 근거가 박약하다는 것이다. 하지만 그렇다고 하 왕조를 적극적으로 부정할 만한 근거 역시 없는 게 사실이다. 결국 문제는 문헌에 나오는 내용을 뒷받침할 만한 고고학적인 발견이 있어야 하는 것인데, 하지만 누가 알겠는가? 전설 속의 트로이 목마가 한 고고학자의 필생의 노력에 의해 현실이 되었다면, 언젠가 경천동지할 만한 고고학적 발굴이 이루어져 하나라의 실체가 드러나는 날이 올지도 모를 일이다.

아무튼 현재까지 많은 이들이 인정하는 중국 최초의 국가는 은殷이다. 은은 황하 중하류 지역의 상족商族이라는 부락연맹체에서 시작되었다고 하는데, 그래서 국명을 '상商' 이라고도 한다. 전설에 의하면 상의 시조는 셰契, 설라는 인물인데, 어머니인 젠디簡狄, 간적는 유쑹 씨有娀氏, 유융씨의 여자로 현조玄鳥의 알을 삼키고 셰를 낳았다고 한다.

◉ 원문은 다음과 같다. "天命玄鳥, 降而生商, 宅殷土芒芒,"

> 하늘이 제비에게 명하시어
> 내려와 상나라 조상을 낳게 하시고
> 커다란 은나라 땅에 살게 하셨네.◉ 『시경』「현조」

이 이야기는 사실 현조, 곧 제비를 씨족의 토템으로 삼았던 상족이 모권제 씨족을 탈피하지 못하고 있다가 셰에 이르러 비로소 부자 상속을 위주로 하는 부계 씨족 사회로 진입했다는 것을 말해준다.

상족 사람들은 초기에 자주 이주했는데, 『상서尙書』에 의하면 "설로부터 〔은나라의 시조인〕 청탕成湯에 이르기까지 여덟 번이나 천도를 했다"고 한다. 그 지역은 대체로 오늘날의 허난과 산둥 일대에 해당하며 그 활동 범위가 자못 넓었다. 은의 시조인 탕왕은 이인伊尹, 이윤을 등용해 군사를 일으켜 하의 속국들을 토벌하니 천하에 대적할 이가 없었다 한다. 최후에 하의 마지막 왕인 걸왕을 물리치고 보亳, 박: 지금의 상추(商丘, 상구)에 해당함에 도읍을 세웠다 하는데, 일설에는 시보西亳, 서박: 지금의 허난 성 옌스(偃師, 언사)에 해당함에 도읍을 했다고도 한다. 은나라는 『사기』의 기록에 의하면 시조인 탕에서부터 마지막 왕인 주紂에 이르기까지 17대 31왕이 있었다 하며, 같은 기간을 『죽서기년竹書紀年』에 의하면 496년, 『좌전』에 의하면 600여 년으로 기산하고 있다.

역사 기록으로만 남아 있는 은의 실재에 대해서는 고래로 별다른 의심을 받지 않았지만, 고증학이 발달한 청대에는 몇몇 학자들이 은 왕조의 실재에 대해 회의적인 태도를 취하기도 했다. 그러다 그야말로 우연한 사건으로 인해 은 왕조가 역사적으로 실재했다는 것이 확인되었는데, 그것은 근대 이후 최대의 고고학적 발견이라 할 '갑골문'의 발견이었다. 19세기가 저물어가던 1899년, 당시 유일한 국립대학의 총장이라 할 국자감國子監의 좨주祭酒 왕이룽王懿榮, 왕의영은 말라리아에 걸려 고생을 하고 있었다. 그는 말라리아에 특효가 있다고 소문이 난 용골을 갈아 약재로 쓰고 있었는데, 마침 그의 집에서 기숙하던 류어劉鶚, 유악, 호는 鐵雲가 그 용골 위에서 범상치 않은 글자의 흔적을 발견했다. 고대 문자에 밝았던 그는 직감적으로 이것이 오래된 문자라는 것을 알 수 있었고, 이후 그는 갑골문의 수집과 연구에 몰두해 1903년 『철운장귀鐵雲藏龜』라는 책을 펴내기에 이른다. 이로써 갑골문은 세상 사람들의 주목을 끌게 되었고, 이를 통해 은나라의 역사는 정식 역사로 대접받게 되었다.

갑골문

이후 갑골문의 대표적인 연구자 가운데 한 사람인 뤄전위羅振玉, 나진옥가 역시 뛰어난 갑골문 학자인 그의 제자 왕궈웨이王國維, 왕국유를 데리고 허난 성 안양 현安陽縣, 안양현 샤오툰 촌小屯村, 소둔촌에서 소규모의 발굴을 진행해 은의 역사는 그 실체를 드러내게 되었다. 갑골은 거북의 복부 쪽 껍질甲이나 소의 어깨뼈骨에 글자를 새긴 뒤 불에 구워 생긴 균열을 보고 점을 친 것이었다. 오늘날 점치는 것을 의미하는 '복卜' 자는 갑골에 금이 간 모양을 나타내는 상형문자이고, '복'이라는 글자의 음은 갑골에 금이 갈 때 나는 소리에서 유래한 것이라 한다. 점을 친 뒤에는 복조卜兆의 주변에 점을 친 날짜나 행한 사람의 이름, 점을 친 내용과 결과 등을 새겨 넣었다. 뤄전위와 왕궈웨이의 연구 결과 바로 이 샤오툰촌이 하나라를 쓰러뜨린 은의 시조 탕왕湯王으로부터 19대째인 판경盤庚, 반경에서 시작해 은의 마지막 왕인 주왕紂王 때까지의 수도였던 인쉬殷墟, 은허라는 사실이 밝혀졌다.

갑골문의 발견으로 청대의 고증학자들로부터 실재를 의심받았던 은나라가 실제로 존재했던 왕조이며, 쓰마첸의 『사기』에 실려 있는 은나라 왕의 가계도가 실제와 거의 일치한다는 사실이 밝혀졌다. 특히 1928년부터 1937년까지 중앙연구원中央硏究院 역사어언연구소歷史語言硏究所가 진행한 샤오툰 촌에 대한 발굴을 통해 은대 후기의 역사적 사실들이 대부분 드러나게 되었다. 애석한 것은 1937년 발발한 중일전쟁으로 발굴이 중단되고, 후에 발굴된 자료는 신중국 수립 이후 타이완으로 옮겨져 대륙과 타이완이 서로 고립적으로 연구를 진행했다는 사실이다.

갑골문과 함께 인쉬에서 발굴된 청동기는 당시뿐만 아니라 현재의 시점에서 보더라도 찬탄의 대상이 될 만하다. 그 제작 기술은 현대의 과학으로도 재현하기 어려울 정도로 정교하고 세련된 것이었다. 은대의 청동기 대부분은 귀족들만의 전유물로 주로 제기祭器나 무기로만 사용되었다. 그 가운데 대표적인 것이 '사모무정司母戊鼎'인데, 높이 133센티미터에 길이 79.2센티미터에 이르고 무게는 무려 875킬로그램이나 나가는 현존하는 세계 최대의 정鼎으로 인정받고 있다. '사모무'라는 말은 "어머니 무에게 제사를 지낸다"는 뜻으로, 은의 왕인 쭈겅祖庚, 조경이 그의 모친인 비무를 제사지내기 위해 만든 것이라 한다.

사모무정

주周의 극은克殷과 천명 사상

위대하신 상제께서
이 땅에 위엄있게 임하시어,
사방의 나라들을 살펴보시고
백성들이 안정할 곳을 찾으셨네.
하나라와 은나라가
정사를 제대로 다스리지 못하자,
사방의 나라들을 살피시고 헤아려 보셨네.
상제께서 노하신 까닭은
잘못된 정사를 미워하셨기 때문이라네.
이에 서쪽을 돌아보시고
여기에다 살 곳을 주셨네.◉ 『시경』「황의皇矣」

◉ 원문은 다음과 같다. "皇矣上帝, 臨下有赫, 監觀四方, 求民之莫, 維此二國, 其政不獲, 維彼四國, 爰究爰度, 上帝耆之, 憎其式廓, 乃眷西顧, 此維與宅."

은나라의 뒤를 이은 것이 주나라이다. 모든 역사가 그렇듯 승자는 이전 왕조의 마지막 왕을 매몰차게 몰아붙인다. 하나라의 걸왕桀王이 그랬고, 은의 주왕紂王 역시 천하의 폭군으로 그려졌다. 하지만 백제의 마지막 왕인 의자왕의 삼천 궁녀에 대한 진위 논란이 그렇듯 패자에게는 아무런 항변의 여지가 없고, 단지 역사의 뒤안길로 말없이 사라질 뿐이다.

은을 대신한 주의 기원 역시 분명하지 않다. 『사기』「주 본기周本紀」에는 유타이 씨有邰氏, 유태씨의 딸인 쟝위안姜源, 강원이라는 이가 들에서 거인의 발자국을 밟아 임신해 허우지后稷, 후직라는 이를 낳았다고 한다.

> 처음 이 백성을 낳으신 분은
> 바로 쟝위안일세.
> 어떻게 백성을 낳으셨나?
> 정결하게 제사지내시어
> 자식 없을 나쁜 조짐을 내쫓으시고,
> 하느님의 엄지발가락을 밟으시자 마음 기뻐져
> 그곳에 머물러 쉬셨네.
> 곧 아기를 배고는 삼가시어
> 아기를 낳아 기르셨으니
> 이분이 바로 허우지일세.◉『시경』「생민生民」

◉ 원문은 다음과 같다. "厥初生民, 時維姜嫄. 生民如何? 克禋克祀, 以弗無子. 履帝武敏, 歆攸介攸止. 載震載夙, 載生載育, 時維后稷."

하지만 허우지는 태어나자마자 아비 없이 생겨났다 하여 버림을 받았는데그래서 그의 또 다른 이름은 '치(棄, 기)'이다, 새가 날개로 덮어주고 자리를 깔아주어 키워냈다 한다. 『시경』의 이야기에 의하면 허우지가 심은 곡식은 심는 대로 쑥쑥 잘 자라 농사에 뛰어난 재능을 보였다 한다. 한편 고서에 의하면 야오堯, 요 임금이 치棄, 기를 농사를 담당한 관리로 삼았다는 내용도 있으니, 이런 이야기들은 허우지라는 한 인물에 대한 사실이라기보다 당시 주나라 사람들의 경작 기술이 뛰어났다는 것을 의미하는 것으로 봐야 할 것이다.

초기에 주족周族이 일어난 곳은 웨이수이渭水, 위수 인근이었다. 이곳은 아주 비옥하여 농경에 적합할 뿐 아니라 잘 알려진 대로 간쑤甘肅, 감숙의 허시 회랑河西回廊, 하서회랑의 길목에 위치해 서역으로부터 문화가 들어오는 요충지이기도 했다. 이곳에서 힘을 길러 동쪽의 중원 지역으로 진출해 천하를 지배하게 된 것은 뒤에 진秦이 같은 지역에서 일어나 비슷한 경로를 밟아 천하를 통일했던 것과 궤를 같이한다. 『사기』에 의하면 초기에 융적戎賊 수준에 머물러 있던 주족의 면모를 일신해 화하華夏의 풍속을 받아들인 것은 시조로부터 12대가 지난 구궁단푸古公亶父, 고공단보 때라 한다.

> 구궁단푸께서
> 일찍이 말을 달려오시어
> 서쪽 칠수 가로부터 치산 아래로 오셨네.◉ 『시경』「면緜」

◉ 원문은 다음과 같다. "古公亶父, 來朝走馬, 率西水滸, 至于岐下, 爰及姜女, 聿來胥宇."

기록에 의하면 구궁단푸 때 서쪽의 유목민들이 웨이수이 유역으로 이동하자 이에 주족은 치산郝山, 기산 아래 저우위안周原, 주원; 현재의 산시 성 치산에 해당함으로 천도했다고 한다. 주나라의 이름은 바로 이 지명에서 온 것으로 청동기가 많이 나는 곳으로 유명하다. 주족이 옮겨갈 때 인근의 부족들도 같이 옮겨갔는데, 이들은 힘을 합해 성곽을 비롯해 가옥을 건축하고 관사官司를 지었으며, 각 부락의 백성들을 '읍邑'이라는 조직 속에 귀속시켰다. 이때부터 주는 조악하나마 나라의 꼴을 갖추게 되었던 것이고, 이에 구궁단푸는 뒤에 '태왕太王'이라는 칭호를 부여받아 주의 중흥 시조로 떠받들어지게 된다.

구궁단푸는 타이보泰伯, 태백와 위중虞仲, 우중, 지리季歷, 계력라는 세 아들을 두었다. 나중에 지리는 타이런太任, 태임이라는 여인을 맞아 창昌, 창이라는 아들을 낳았는데, 그의 덕망이 남다른 면모를 보였다. 이에 타이보와 위중은 아버지인 구궁단푸가 장차 지리를 후계자로 삼을 뜻을 갖고 있다는 사실을 알아차리고 가통을 양보하기 위해 미개한 족속들이 사는 형만荊蠻이라는 곳으로 가서 그들의 풍속에 따라 머리를 깎고 몸에 문신을 새겼다고 한다. 후대에 쿵쯔는 이러한 타이보의 행위에 대해, "타이보는 덕이 지극히 숭고했다고 할 수 있느니라. 천하를 몇 번씩이나 지리에게 양보하였으니, 백성들은 어떤 적당한 말로 그를 칭송해야 할지를 모른다"는 말로 찬탄했다.

결국 창은 구궁단푸와 지리가 죽은 뒤, 가업을 이었는데, 사람들로부터 덕망을 얻었으므로 주왕紂王이 서백西伯: 서쪽 지방 제후의 우두머리라는 뜻으로 삼았다. 당시 창의 덕망을 전하는 유명한 이야기가 전하는데, 위虞, 우와 루이芮, 예라는 두 나라 사람이 양국 사이의 경계에 대해 다투다 결말이 나지 않자 덕망이 높은 서백에게 판단을 구하러 주周 땅에 들어섰다. 그런데 그곳에서 농사를 짓던 이들이 농토의 경계를 서로 양보하고 있었다. 이를 본 두 나라 사람은 자신을 부끄럽게 여겨 서백을 만나지도 않고 돌아갔다는 것이다. 바로 이 서백 창이 뒤에 주의 문왕文王으로 추존된 이이다.

한편 서백 창, 곧 문왕이 죽고 그 아들인 파發, 발는 아버지의 뒤를 이어 왕의 자리에 올라 무왕武王이 된다. 무왕은 즉위 후 하오鎬, 호: 현재의 산시 성 시안 서남쪽로 천도하고 적극적으로 은 정벌을 준비했다. 몇 년 후 무왕은 드디어 정벌 전쟁을 본격적으로 시작했는데, 쓰마첸은 『사기』에서 이때의 상황을 매우 세밀하게 기록했다. 그에 의하면 당시 결정적인 전투였던 무예牧野, 목야: 당시 은의 수도였던 차오거(朝歌, 조가)의 교외 전투에 동원된 양쪽 군사의 수는 은이 70만이고, 주가 4만 8천 명으로 은이 절대적으로 우위에 있었다고 한다. 하지만 전쟁의 결과는 정반대로 나타나 이미 국운이 다해 가는 은나라 군사들은 전의를 잃고 패주하였고, 은의 주왕은 녹대鹿臺에서 불 속에 몸을 던져 죽었다.

중국의 사서에서 믿을 수 있는 기년紀年이 나오는 것은 서주시대 공화共和 원년인 기원전 842년부터이다. 주가 은을 멸망시킨 것은 공화 원년에서 소급해 올라가는데, 여기에는 기원전 1122년이라는 설과 1026년이라는 설을 비롯해 많은 설들이 존재한다. 하지만 이에 대해서는 아직까지 정설이 없는 실정이나 최근의 연구에 의하면, 쓰마첸이 제시한 연대의 선후 관계와 이미 밝혀진 천문학 자료들을 조합해 주의 정복이 기원전 1050년에서 1045년 사이에 이루어졌다고 한다.

하지만 중요한 것은 그 시기보다 은주혁명의 성격이다. 쓰마첸은 『사기』에서 주왕의 폭정에 대해 상세히 묘사했다. 쓰마첸에 따르면, 주왕은 왕조의 마지막 왕이 그러하듯 정사를 돌보지 않고 미녀들과 주색에 빠졌는데, 실제로 연못에 술을 채우고 고기를 숲처럼 매달아놓았고주지육림(酒池肉林)이라는 말이 여기서 나왔다, 음탕한 음악을 즐겼다 한다. 이에 백성들의 원성이 높아지자 기름을 바른 구리 기둥을 숯불 위에 걸쳐 달군 뒤 그 위를 맨발로 건너가게 하여 불에 타 죽게 하는 포락炮烙이라는 형벌까지 만들어냈다. 이에 주왕의 숙부이기도 한 비간比干, 비간이 죽음을 무릅쓰고 간하자 주왕은 화를 내며 "성인聖人의 심장에는 구멍이 일곱 개나 있다고 들었다"고 말하고는 비간의 충심忠心이 진짜인지를 확인하겠다며 그를 해부하여 심장을 꺼내도록 하였다. 이 소식을 듣자 무왕은 드디어 군사를 움직여 은을 공격했다.

무왕의 행위에서 주목할 만한 것은 그가 하늘의 뜻이라 할 '천명'을 살폈다는 점이다. 다수의 읍제 국가가 연합한 성격이 농후했던 은 왕조는 갑골로 점을 치는 등 대단히 원시적인 종교관에 기초한 신권적 성격을 지니고 있었다. 이에 반해 주족이 숭배했던 '하늘天'은 우주의 삼라만상을 창조하고 천지자연의 법칙을 운행하고 인간사를 감시 규제하는 절대신으로서의 의미를 갖고 있었다. 이는 조상 숭배에서도 차이를 보이는데, 주술적 신앙에 사로잡혔던 은나라 사람들은 신을 섬기고 죽은 사람의 혼魂인 귀鬼를 소중히 여겼다. 하지만 주술적 신앙에서 벗어나는 과정에 있던 주나라 사람들은 귀신을 공경하되 가까이 하지 않고 그에 대해 예를 다하는 것을 중히 여겼다. 곧 주나라 사람들은 조상의 신이 선의에 차서 넘치는 것으로 생각하고 자손이 예에 따라 제사를 모시면 조상은 자손에게 충언과 축복을 주는 것으로 믿었다. 이렇게 다같이 신권 정치였지만 은의 경우 주술적 신앙과 이에 바탕한 전제주의에서 벗어나지 못했다면, 주의 경우에는 하늘의 뜻天命이라는 보편 이성에 기초해 좀더 합리적이며 민주적인 원리에 따라 운영되었다. 왕의 통치 역시 바로 이와 같은 하늘의 뜻에 부합해야 가능했다는 것이다.

무왕이 나중에 은을 치기로 마음을 바꿔 먹은 것 역시 하늘이 왕이 되고자 하는 그의 뜻을 지지했기 때문이었다. 이러한 '천명天命' 사상은 은주 교체기에 등장했지만 후대에 왕조가 바뀔 때마다 교묘하게 차용되어 새로운 왕조의 정통성을 확립하는 데 결정적인 역할을 했다. 아울러 천명에 의해 왕이 된 자는 '하늘의 아들天子'로서 하늘의 뜻을 받들어 '하늘 아래 모든 존재天下'를 다스렸으며, 이에 '하늘 아래 모든 땅은 곧 천자의 것이고, 사해 안의 모든 존재는 모두 천자의 신하普天之下, 莫非王土. 率士之濱, 莫非王臣'라는 생각이 확립되었다

빛나도다! 주공의 덕이여—창업과 수성의 어려움

앞서 무왕이 수도를 펑豊, 풍에서 하오鎬, 호로 옮겼다고 하였는데, 이것이 은을 멸하기 전인지 즉위한 뒤인지에 대해서도 확실한 정론은 없다. 펑과 하오의 거리가 그리 멀지 않다는 것에 착안하면 아마도 펑을 버리고 하오로 옮겼다기보다는 아마도 수도를 확장한 것으로 이해하는 편이 낫지 않을까 하고 생각하는 이도 있다. 당시 사람들은 수도를 '종주宗周'라 불렀는데, 이는 펑과 하오를 중심으로 한 그 일대를 널리 지칭한 것으로 추측된다. 무왕은 즉위 후 나라의 기틀을 다지기 위해 노심초사 애쓰다 그만 덜컥 병상에 눕게 되었다. 중국의 역사는 항상 창업創業보다 수성守成이 어렵다는 것을 웅변으로 보여주고 있다. 무언가를 이루는 것도 중요하지만 더 중요한 것은 그렇게 어렵사리 이룬 것을 지켜내는 것이다. 이제 막 왕조를 열고 그 기틀을 다져나가려는 참에 주인공 격인 무왕이 병이 나자 주위 사람들이 조바심을 내는 것은 당연지사일 터. 가장 신임하던 무왕의 동생 주공周公 단旦, 단은 차라리 자기가 병들어 죽기를 바랄 정도였다. 하지만 그런 사람들의 소망을 저버리고 즉위한 지 2년 만에 무왕이 죽고 어린 아들인 성왕成王이 왕위에 올랐다.

성왕이 아직 어렸기에 삼촌인 주공 단은 섭정이 되어 왕을 보필했다. 후대의 역사에서도 이와 유사한 장면을 많이 대하게 된다. 곧 왕이나 황제가 된 어린 조카와 야심에 찬 삼촌과의 관계인 것이다. 하지만 주공은 조카를 죽이고 자신이 왕이나 황제의 자리에 올랐던 후대의 많은 삼촌들과 달랐다. 말 그대로 조카를 충심으로 보필해 형이 유업으로 남긴 왕조의 기틀을 공고히 하는 데 결정적인 역할을 했다. 주공의 이와 같은 행동은 쿵쯔를 비롯한 후대 사람들의 칭송의 대상이 되기에 충분한 것이었다.

무왕은 생전에 공신과 일족에 대한 논공행상을 진행했는데, 주왕紂王의 아들인 루푸祿父, 녹보를 놓고 신하들 사이에 갑론을박이 벌어졌다. 무왕의 군사軍師이며 일등 공신인 태공망 뤼상太公望 呂尙, 여상은 후환을 없애기 위해 적을 모두 죽여야 한다고 주장하고, 무왕의 동생인 소공召公은 죄가 있는 자는 죽이고 죄가 없는 자는 용서해 각각 응분의 조치를 취해야 한다는 다소 무색무취한 주장을 편 반면, 주공은 루푸를 제후로 삼아 그 일족을 안심시키고 은의 유민들을 달래야 한다고 주장했다. 무왕은 주공의 뜻을 받아들여 루푸를 은의 수도였던 차오거朝歌, 조가에 분봉해 제후로 삼는 한편, 자신의 동생들인 수셴叔鮮, 숙선을 관管, 관 땅에, 수두叔度, 숙도를 차이蔡, 채 땅에 봉하여 이들로 하여금 루푸를 감시하게 하였다. 그러다 무왕이 죽고 주공이 섭정을 하자 그를 시기하고 의심하는 자들이 주위에 있었다. 이런 분위기가 팽배하자 루푸는 자신을 감시하던 관 수셴과 차이 수두를 충동질해 주 왕조에 반란을 일으켰다. 여기에 훠수霍叔, 곽숙라는 무왕의 또 다른 동생도 이 반란에 가담해 후세의 사가들은 이를 두고 '삼감三監의 난'이라 부른다.

주공은 반란이 일어나자 단호하게 대응해 3년 만에 반란을 진압하고 주모자 격인 루푸와 관 수셴을 처형하고 차이 수두는 추방하는 한편, 은의 유민들을 살던 곳에서 소개해 멀리 송宋 땅으로 보내고 주왕의 또 다른 동생인 웨이쯔카이微子開, 미자개를 제후로 봉했다. 은의 옛 땅은 위衛로 개칭한 뒤, 무왕의 막내 동생인 캉수펑康叔封, 강숙봉에게 주어 다스리게 했다. 난을 진압하고 나라가 안정을 되찾자 주공은 현재의 뤄양을 동방 경략의 전진 기지로 삼아 '성주成周' 성을 쌓고 사람들을 이주시켰다. 천멍자陳夢家, 진몽가는 기왕의 주족의 발상지인 저우위안周原, 주원이 계속 본거지로 존재했으며, 여기에 문왕과 무왕의 전진 기지였던 펑과 하오를 중심으로 한 종주宗周와 성왕 때 건설한 뤄이洛邑, 낙읍 세 곳이 각각의 역할에 맞게 기능했다고 하는 '삼도三都' 설에 가까운 견해를 제시하기도 했다.

성왕이 성인으로 성장해 친정을 할 나이가 되자 주공은 7년에 걸친 섭정을 끝내고 신하의 자리로 되돌아왔다. 그 뒤에도 주공은 주나라의 예악 제도를 제정하고 관제를 새로 만드는 등, 신흥 국가인 주나라가 굳건하게 자리잡을 수 있도록 많은 일을 했다. 주공이 창업보다 어렵다는 수성의 기반을 잘 닦아놓은 탓에 주나라는 국가의 기반을 확고하게 세우고 중원을 지배할 수 있었던 것이다. 이에 훗날 쿵쯔는 주공에게 최대의 찬사를 보내며 그의 공을 기렸다.

봉건 제도의 확립과 종법 제도

주가 중원의 새로운 패자가 되긴 했지만, 교통과 통신이 발달하지 않은 고대에는 직접 통치할 수 있는 영토의 범위가 제한적일 수밖에 없었다. 주나라는 주변의 여러 부족과 국가들을 계속 합병해나갔지만, 그 과정은 서서히 진행되었고 항상 성공적인 것만은 아니었다. 이에 주 왕조의 초기 통치자들은 영토를 직접 통치하지 않고 왕실의 자제들이나 일족, 그리고 군대를 소유한 신임하는 신하를 파견하여 정복한 영토에 성벽을 두르고 요새를 마련하게 하는 동시에, 신하와 친척을 파견해 관리할 수 없는 곳은 그 지역의 토호가 지배하게 했다.

> 이전에 무왕이 상을 누르고 천하를 취하였다. 무왕의 형제로 국을 만든 자는 15명, 주와 동성인 지姬 성으로 국을 만든 자는 40명에 달한다. 모두 그 친족을 등용한 것이다. 『좌전 · 소공 28년左傳 · 召公 28年』

이것이 이른바 '봉건' 제도封建이다. 곧 봉건 제도란 직할지를 제외한 전국의 확장된 영토에 왕실의 혈족이나 공신을 제후로 임명해 다스리게 한 제도로 제후는 왕에 의해 봉해져 해마다 공물을 바치고 유사시에는 병력을 지원했으나, 지역의 내정은 간섭받지 않았다. 제후를 봉건할 때는 정중한 의식을 거행하는데, 이것을 '석명錫命'이라 하고, 의식 중에 수봉자受封者가 주의 천자로부터 책명冊命을 받는 것을 '책봉冊封'이라 한다. 책봉의 주요 내용은 수민受民, 수강토受疆土로서 어떤 지역의 토지와 그 토지에 살고 있는 백성들을 제후에게 사여賜與하여 그들로 하여금 후국侯國을 세우게 했다.

주 왕실은 이렇게 분봉함으로써 야기된 지역 분립을 극복하고 주 왕실의 지배력을 공고히 하기 위해 봉건 제도에 혈연적인 특색을 가미했다. 왕실과 제후는 단순히 정치적인 군신 관계일 뿐 아니라 본가와 분가의 관계, 즉 공동의 조상을 모시는 한 집안이라는 사실이 강조되었다. 이것이 이른바 '종법 제도宗法制度'이다. 종법이란 대대로 주나라의 천자는 적장자가 아비의 왕위를 이어 대종大宗이 되고, 적장자의 동생들은 소종小宗으로 제후가 되는 것이다. 마찬가지로 제후국에서도 제후가 대종이 되고 그 동생들은 소종이 된다. 곧 주왕을 정점으로 한 주 왕국 전체가 한 계통의 혈연 조직 속에 포섭되는 것을 이상으로 한 장대한 국가 지배 이념이 만들어진 것이다.

하지만 이것은 이상적인 기획일 뿐이었으니, 세대가 내려갈수록 주왕의 동생들에게 사여할 봉지를 찾는 게 점점 어려워져갔고, 주왕과 제후의 실제적인 혈연 관계 역시 희박해졌다. 무왕으로부터 불과 4대째인 소왕召王 때에 이르면 이런 상황이 더욱 악화되다가 급기야 소왕이 까닭 없이 사라지는 일이 벌어졌다. 쓰마첸은 『사기』에서 다음과 같이 간단하게 언급했을 뿐이다.

소왕 때 왕도王道는 대단히 기울었다. 소왕은 남방으로 순수巡狩를 나갔다가 돌아오지 못하고 창장長江, 장강에서 죽었다.

일설에는 형초荊楚 사람이 소왕에게 흰꿩白雉을 바치려 하자 그것을 친히 받기 위해 남쪽 지방에 갔는데, 그를 미워한 누군가가 배에 구멍을 내 익사케 했다고 하나 자세한 진위는 알 길이 없다. 하지만 천자가 고작 흰 꿩 한 마리를 받기 위해 먼 길을 떠났다는 게 어쩐지 미덥지 않고, 소왕의 남정南征은 새로 분봉해야 할 동생들의 봉토를 얻기 위해 미 정복지로 출병했다가 실패해 죽은 것은 아닌가 하는 추측을 해볼 뿐이다. 소왕의 뒤를 이은 목왕穆王 때 주 왕실은 잠시 중흥기를 맞게 되나 그 뒤 급속도로 쇠락의 길을 걷게 된다.

3

춘추전국, 또는 선진(先秦)이라 불린 시대

주 왕조의 쇠퇴와 주의 동천

무왕이 주 왕조를 창건한 이래 성왕成王과 강왕康王, 소왕召王, 목왕穆王에 이르는 기간이 주의 최전성기라 할 수 있다. 이 기간은 청동기문화와 거의 일치하며, 새롭게 등장한 철기시대는 농업 생산력의 증대와 수리 관개의 개선, 수공업의 발전, 그리고 화폐 경제의 등장 등을 통해 중국 사회를 송두리째 뒤바꿔놓았다. 아울러 주 왕실이 안고 있던 내외 모순이 점차 격화되어 이후로 주는 쇠퇴의 길에 들어서게 된다.

주 왕실에 의해 분봉을 받은 제후들은 자신들의 봉지에서 살고 있던 기왕의 토착민과 주변의 이적들을 상대해야 하는 부담을 안게 되었다. 이들 가운데 수적으로 열세하고 고립되었던 제후들은 자신의 봉지 내에서 정치 · 군사적 세력 기반을 구축해야만 했다. 이에 전략적 위치에 성읍을 조성했는데, 이것이 바로 '국國'이다. 이와 같이 제후는 자신의 일족과 더불어 현지화 전략을 펼치며 주변의 토착민들을 포섭하는 과정에서 수리 관개 사업을 진행하고 선진 문화를 보급하는 한편 군사적으로 자신의 신민들을 보호하였다. 아울러 토착민들의 신앙을 적극적으로 받아들여 지역신인 '사社'와 농업신인 '직稷'의 제단을 제후의 조상신을 모시는 '종묘宗廟'와 함께 궁궐의 좌우에 안치하니 이로써 제후와 토착민들은 정신적으로 일체감을 형성하게 되었고, 토착민들은 제후의 신민이 되었다. 이런 과정을 통해 기반을 다진 제후들은 시선을 외부로 돌려 주변의 이적들을 정벌하고 영토를 병합하는 한편 황무지를 개간하여 그 세력을 끊임없이 확장하였다.

여기에 시간이 흘러감에 따라 주 왕실과의 혈연 관계 역시 소원해지자 제후들은 점차 주 왕실에서 분화하여 방대한 경제력을 축적하고 무력을 소유한 채 자립의 길을 걷게 되었다. 이에 발 맞춰 서주西周 중기에 이르면 주 왕실의 세력은 급속하게 쇠미해진다. 쓰마첸은 『사기』에서 소왕의 뒤를 이은 목왕에 대해 "왕도가 약간 이지러지는 바가 있다"고 했고, 7대인 의왕懿王 시기에 대해서는 "왕실이 마침내 쇠해버렸다"고 평했다. 하지만 11대인 선왕宣王에 대해서는 "정치를 닦아 문, 무, 성, 강왕의 유풍을 본받아 제후는 종주로 돌아왔다"고 했다. 하지만 선왕의 통치에 대해서는 보는 이에 따라 많은 이견이 존재하고 있다. 그리하여 선왕의 아들인 유왕幽王에 이르면 이제까지의 모순이 한꺼번에 분출되어 주의 역사에 커다란 획을 긋게 된다. 여기서 한 가지 짚고 넘어갈 것은 물이 끓기 위해서는 온도가 100도까지 올라야 하지만, 물의 온도가 단번에 100℃에 오르는 것은 아니라는 사실이다. 유왕 때의 사건이 있기 전에 이미 그것을 예비하는 여러 조짐들이 그 전에 나타났던 것이다.

주대에 여러 제후국들에서 일어났던 역사를 기록해놓은 『국어國語』에는 목왕이 초원의 유목 민족이었던 견융犬戎을 정복하려 하자 차이궁머우푸蔡公謀夫, 채공모부라는 대신이 다음과 같이 간언했다. "옛날 성덕이 있는 왕은 덕德만을 밝혀 빛내려 하는 일은 있었어도 병兵을 과시하는 일은 없었습니다. 대체로 병이라는 것은 보통 때는 간직하여 두었다가 때로 움직이는 것이 위력 있는 것입니다. 그것을 과시하면 어찌 되었든 장난감이 되어버리게 마련인 게지요. 그렇게 되면 상대편이 무서워하지 않게 됩니다." 그러면서 견융은 주 왕조에 때가 되면 공물을 바치는 것을 게을리하지 않았는데, 이쪽에서 우호 관계를 일방적으로 깨고 정벌에 나서는 것은 옳지 않다고 하였다. 하지만 목왕은 그의 말을 무시하고 정벌에 나가 견융의 사냥터에서 그들이 영험한 짐승으로 여기는 흰 이리白狼와 흰 사슴白鹿을 사냥해 돌아왔다. 이 사건으로 변방의 민족들에게 반감을 사 그 뒤로는 누구도 주나라에 공물을 바치러 오지 않았다 한다. 나아가 주의 서북쪽 유목 민족들은 주에 반감을 품고 공세를 강화하였으며, 웨이수이渭水, 위수 중 하류 지역을 공격해 주 왕조에 큰 위협이 되었다.

또 선왕의 아비인 려왕厲王은 약해지는 주 왕실의 세력을 만회하기 위해 적극적으로 사업을 벌여나갔다. 그는 우선 일을 벌이기 위해서는 나라의 재정이 충실해야 한다고 생각해 이재에 밝은 이궁夷公, 이공이라는 자를 등용했다. 원래 영국榮國의 공작이었던 이궁은 노골적으로 백성들을 착취해 많은 원성을 사고 있었기에 루이량푸芮良夫, 예량부와 같은 대신들은 이공을 등용해 나라 살림을 맡기면 위험이 뒤따른다고 간언을 했지만, 려왕은 듣지 않았다. 이궁의 착취 대상은 일차적으로 힘없는 일반 백성들이었다. 하지만 이궁이 제후들의 공동 소유물이었던 산림山林과 천택川澤까지도 왕실 소유로 삼아버리자, 일반 백성들은 말할 것도 없고 제후들까지도 주 왕실에 대해 등을 돌릴 정도가 되었다. 이에 개국 공신이자 주 왕실의 종실인 소공召公이 "이렇게 정치를 하다간 머지 않아 백성들이 어떠한 명령도 따르지 않을 것이며 제후들도 주 왕실을 종주국으로 받들지 않을 것"이라고 간했다. 하지만 려왕은 그의 말에 화를 내고는, "주를 부흥시킬 사람은 나밖에 없소. 이 나라를 부강케 하기 위해서는 비상 수단을 쓰는 것도 부득이한 일"이라며 그의 간언을 일소에 부쳤다.

어찌 그뿐이었겠는가? 려왕은 여기서 한 걸음 더 나아가 치명적인 실수를 저지르게 되는데, 그것은 백성들의 입을 막고 언로를 차단한 것이었다. 려왕의 압제에 대해 백성들의 비난이 높아지자, 려왕은 그들의 말에 귀를 기울이기는커녕 위衛나라에서 영험하다는 무사巫師를 불러들여 왕을 비방하는 자를 잡아들이게 했다. 이에 비방하는 이는 줄어들고 제후들은 조정에 들어가는 것조차 꺼려할 지경이 되었다. 아무리 친한 이를 만나더라도 서로 눈짓으로만 뜻을 주고받는 형편에 이르게 된 것이다. 려왕은 자신에게 비판적인 소공을 불러 "어떤가? 비난이 멈추지 않았는가"라고 자랑했다. 이에 소공은 기가 막혀 말했다. "비난의 흐름을 막았을 따름입니다. 백성들의 입을 막는 것은 강물을 막는 것보다 더 어렵습니다. 강물이 막혀 고이게 되면 결과적으로 반드시 둑이 터져 큰 재앙이 일어나게 됩니다." 소공은 계속 백성들의 생각을 여러 경로로 상주하였으나, 려왕은 끝내 이를 외면하였다. 이런 상태가 3년이나 계속되자 마침내 백성들의 불만이 폭발하게 되었다. 려왕은 난을 피해 즈彘, 체 땅으로 도망치고, 제후들이 '공화백共和伯' 이라는 대신을 내세워 정사를 돌보게 했다. 일설에는 '공화백' 이 특정 인물이 아니라, 제후들이 공동으로 관리하는 '공화共和' 행정을 가리킨다고도 한다. 어찌 되었든 사서에서는 이해를 공화 원년기원전 841년으로 삼고 있으며, 쓰마쳰은 『사기』에서 이것을 역사 연표의 기점으로 삼았다.

공화정은 14년 간 유지되었으며, 이런 와중에 려왕이 망명지에서 죽자, 제후들은 려왕의 아들인 징靖, 정을 옹립해 선왕宣王의 시대가 시작되었다. 앞서 선왕에 대해서는 이런저런 말들이 많다고 했는데, 과연 그는 외적과의 싸움을 통해 중원의 평화를 지켰고 그 나름대로 쇠미해가는 주 왕실을 중흥시키려는 노력을 하기도 했다. 그러나 선왕은 결코 외부의 적들의 위협을 근본적으로 타파할 수 없었으며, 빈번한 전역戰役으로 백성들의 삶은 피폐해졌다.

> 큰 쥐야 큰 쥐야
> 우리 기장 먹지 마라.
> 삼년 너를 사귀었건만
> 나를 돌보려 하지 않는구나.
> 내 이젠 너를 떠나
> 저 즐거운 땅으로 가련다.
> 즐거운 땅, 즐거운 땅이여

◉ 원문은 다음과 같다. "碩鼠碩鼠, 無食我黍, 三歲貫女, 莫我肯顧, 逝將去女, 適彼樂土, 樂土樂土, 爰得我所. …… 碩鼠碩鼠, 無食我苗, 三歲貫女, 莫我肯勞, 逝將去女, 適彼樂郊, 樂郊樂郊, 誰之永號.".

내 편히 살 곳을 얻으리라.

……

큰 쥐야 큰 쥐야

우리 곡식 싹 먹지 마라.

삼년 너를 사귀었건만

내게 위로 않으려누나.

내 이젠 너를 떠나

저 즐거운 들판으로 가련다.

즐거운 들판, 즐거운 들판이여

게서야 누가 긴 한숨지으랴.◉

큰 쥐에 비유된 지배 계급의 착취로 인해 궁핍한 삶을 살아가는 백성들의 염원이 절절하게 느껴지는 시다. 게다가 마지막 연에서는 현실을 벗어나 유토피아로의 도피마저 꿈꾸고 있음에랴! 선왕의 노력은 공허했을 뿐 결국 스러져 가는 국운을 되돌릴 수는 없었다.

선왕이 죽고 유왕이 즉위하자 가뭄과 지진이 번갈아 찾아들어 백성들에게 엄청난 피해를 가져다주었다. 이런 자연 재해에 더해 인재마저 찾아들었으니, 왕실 내부에서 왕위 계승을 둘러싸고 암투가 벌어졌던 것이다. 유왕은 신후申侯의 딸이었던 왕후와 그 소생인 태자 이쥬宜白, 의구를 폐하고 애첩인 바오쓰褒姒, 포사와 그 소생인 보푸伯服, 백복를 왕후와 태자로 삼았다. 이와 같은 상황을 두고 후대의 사관은 "이미 화는 생겨버렸다. 도저히 회복할 수는 없다"고 탄식했다.

왕조 말에는 항상 미인들 이야기가 나온다. 하나라의 걸왕桀王 때에는 당시로서는 고가품이었을 비단 찢는 소리를 즐겨들었다는 모시妺喜, 말희라는 여인이 있었고, 은나라의 주왕紂王에게는 사람들이 괴로워하며 질러대

고대의 정전제는 과연 실행된 적이 있을까?

농업을 근간으로 하는 고대 봉건 사회에서 농사를 짓는 토지의 분배 문제는 한 나라의 명운을 좌우하는 가장 중요한 관건이었다. 그것은 토지가 적절하게 배분되지 않고 어느 한쪽으로 쏠리는 토지 겸병 현상이 진행되면 사회 불안이 일어나고 궁극적으로는 민란으로 발전해 왕조의 명맥을 끊어놓기 일쑤였기 때문이다.

중국에서 가장 이상적으로 여기는 토지 제도는 토지의 한 구역을 우물 '정(井)' 자로 9등분 해 8호의 농가가 각각 한 구역씩 경작하고, 가운데 있는 한 구역은 8호가 공동으로 경작해 그 수확물을 국가에 조세로 바치는 '정전제(井田制)' 였다. 이것은 흔히 태평성대의 모범으로 받들여지는 '하(夏) · 은(殷) · 주(周)' 삼대(三代)의 유제(遺制)라 전해오는데, 실제로 이러한 정전제가 실행에 옮겨졌는지에 대해서는 대부분의 역사학자들이 고개를 가로젓고 있다.

사실상 '정전제' 는 통치자의 의지만 확고하다면 실행에 옮기는 것이 불가능하지는 않았을 것이나, 여기에는 많은 문제점이 내재해 있었으니, 그 가운데 대표적인 것이 인간의 이기심이다. 더 많은 것을 갖고 싶어하는 인간의 욕심은 끝이 없었으니, 자기에게 필요한 이상을 추구하는 인간의 탐욕이 다른 사람의 것을 빼앗아 늘리는 과정이 반복되다 보면 대토지 겸병이라는 병적인 사회 현상이 나타나고 그로 인해 많은 사회 문제가 발생했다. 그러므로 정전제는 역대 왕조가 이상으로 여기는 일종의 입법의 기준이었지, 현실을 고려해 만든 척촌 제도는 아니었다고 할 수 있다. 그럼에도 대토지 겸병이 주는 사회적인 폐해를 줄이기 위해 진(秦)과 한(漢) 이후에 여러 왕조에서는 균전론(均田論)이나 한전론(限田論) 등과 같이 대토지 겸병을 제한하는 방안들이 계속해서 입안되었다.

는 비명 소리에 웃음을 터뜨렸던 다지[妲己, 달기]라는 여인이 있었다. 유왕의 여인 바오쓰 역시 중국 역사에 나오는 유명한 요부 가운데 하나인데, 평소에 웃음을 보이지 않던 그이는 외적의 침입을 알리는 봉화에 놀라 달려온 제후들의 군사가 허둥대는 모습을 보고 웃음을 터뜨렸다 한다. 이에 유왕은 바오쓰의 웃는 모습을 보려고 봉화를 계속 올렸고, 우리가 잘 아는 양치기 소년의 결말처럼 정작 외부에서 적이 침입해 봉화를 올렸을 때는 아무도 나타나지 않았다. 사실은 기원전 770년에 쫓겨난 신후[申侯]의 일족이 은밀히 군사를 모으는 한편, 증[繒]과 서이[西夷], 견융[犬戎] 등 변방의 유목 민족과 일을 도모해 군사를 일으켰던 것이다. 이때 주력이 견융의 군사였으니, 유왕은 도리 없이 사로잡혀 견융의 손에 살해되고 바오쓰와 그 아들인 보푸 역시 이때 죽임을 당했다.

주 유왕과 바오쓰가 봉화를 올려 제후들을 희롱하다.

이렇게 해서 세력을 회복한 신후와 그 일족은 이때를 틈타 중원을 노리던 견융의 세력을 물리치고 이쥬宜臼, 의구를 평왕平王으로 옹립했다. 그러나 제후들에 의해 쫓겨나긴 했지만 견융은 호시탐탐 기회만 있으면 대군을 출동시켜 변방을 어지럽혔다. 이에 견디다 못한 평왕이 오랫동안 주의 수도 노릇을 하던 하오鎬, 호를 버리고 지리적으로 천하의 중심이자 제후들이 왕래하기에 편한 뤄이洛邑, 낙읍(오늘날의 뤄양)로 천도하니 역사가들은 수도의 위치에 따라 이전 시기를 '서주시대'라 부르고 평왕의 동천 이후를 '동주시대'라 부르게 되었다.

춘추시대와 패자의 등장

외적의 침입으로부터 비교적 안전한 뤄이로 옮기긴 했어도 주 왕실은 이

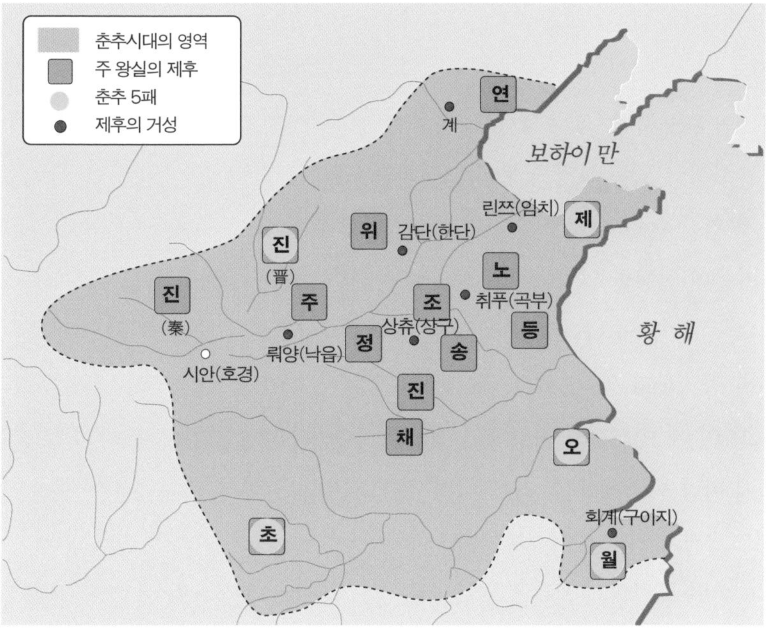

춘추시대의 여러 나라들

미 예전의 위용을 잃어버린 지 오래였고, 그저 명목상의 천자국일 뿐 다른 제후국들과 다를 바 없는 위치를 점하고 있었다. 좁은 분지인 뤄양을 넘어서 세력을 확장한다는 것은 애당초 생각할 수 없는 노릇이었기에 주는 저절로 약소한 도시 국가가 되어버렸던 것이다. 이로써 과거의 봉건 종속 관계로 형성된 통일의 유대는 점차 이완되었고, 중원은 각 제후국들이 천자에 대한 정기적인 조근술직朝覲述職과 공납을 하지 않았다. 그럼에도 강대한 제후국들은 명분을 얻기 위해 천자를 내세울 필요가 있었고, 그만큼의 이용 가치에 따라 나라의 명맥은 이어갈 수 있었던 것이다. 그런 까닭에 이 소도시 국가는 기원전 770년부터 진秦나라에 의해 망한 기원전 256년까지 514년 간을 존속했던 것이고, 역사가들은 이 시기를 '동주東周' 시대라 부른다. 이 시기는 다시 '춘추春秋' 시대와 '전국戰國' 시대로 나뉘는데, 잘 알려진 대로 '춘추'는 쿵쯔가 엮은 노魯나라의 역사 연대기인 『춘추』에서 나왔고, '전국'은 당시 천하를 유세하던 사士들의 담론을 모아놓은 책인 『전국책戰國策』에서 나온 말이다.

사서의 모든 시기 구분이 그러하듯 '춘추시대'와 '전국시대'를 가르는 것 역시 논란의 여지가 있다. 하지만 대부분의 사가들은 춘추시대 열국 가운데 진정한 의미에서의 패자였던 진晋이 내부의 권력 다툼으로 한韓과 위魏, 조趙, 세 나라로 갈라선 일을 춘추와 전국을 가르는 기준으로 삼는 데 동의하고 있다. 춘추 초기에는 열국의 숫자가 100여 개에서 많게는 200여 개 이상까지 이르렀던 것으로 추정되는데, 주 왕실이 힘을 잃어감에 따라 이들 소규모 읍제 국가 간의 겸병이 일어나 춘추 중기에 이르면 그 숫자가 크게 줄어들게 된다.

한편 중원에 자리잡은 열국들은 황허 연안을 중심으로 서로 밀집해 있었기 때문에 그 성장과 발전이 한계에 이르러 상호 인접국이 되었기에 어쩔 수 없이 소국小國으로 전락할 수밖에 없었다. 이에 반해 중원에서 벗어나 주변부에 위치한 제후국들은 오히려 중원의 전통 문화와 관습에 매이지 않고 독자적인 정책을 펴나가는 것이 수월했고, 또한 당시 새롭게 등장한 철기문화로 인한 제2의 농업혁명 덕에 주변의 황무지를 개간해 나라 살림을 튼실하게 만들 수 있었으며, 주변의 미개한 이족을 정벌하거나 포섭함으로써 국력이 팽창 발전할 수 있었다. 이에 따라 주변부 국가인 제齊와 진晋, 초楚와 같은 대국이 나타났다.

우선 동방의 대국인 제나라는 명 재상인 관중管仲, 관중을 등용해 내정을 정돈하고 경제 발전을 꾀해 국력이 충실해졌다. 제의 환공桓公은 이를 바탕으로 적극적인 대외 활동을 전개해나갔는데, 중원의 여러 나라와 연합해 북방의 융적戎狄의 침입을 격퇴하고 몇몇 소국들을 구출함으로써 중원에서의 위엄과 신망을 높였다. 이때 남방의 초나라는 무왕에서 문왕에 이르기까지 나라의 힘을 키워 북진을 해 등鄧과 신申, 식息 등의 소국들을 병탄했고, 성왕 때 이르면 그 세력이 이미 중원에 큰 위협이 될 정도였다. 이로써 북쪽의 제후국들을 대표하는 제와 남방의 신흥 세력을 대표하는 초가 남북을 가르며 대립 항쟁하는 형세가 대두하였다. 혹자는 이를 두고 기장黍이나 좁쌀粟과 같은 밭 작물을 주식으로 하는 황허 중하류 지역과 쌀 농사稻作를 중심으로 하는 창장長江, 장강 중하류 지역이 각각의 경제적 발전을 기반으로 몇 개의 정치 세력으로 결집해가고 급기야 이런 남북의 양대 세력이 대치하게 된 것으로 해석하기도 한다.

서로 견제하던 두 나라는 드디어 기원전 656년, 주변국들의 분쟁을 빌미로 일전을 벌이게 된다. 일단 양자 간에 시비를 건 것은 제나라였다. 제나라는, 첫째, 초가 주나라에 공납을 게을리 했고, 둘째, 서주시대에 주의 소왕召王이 남쪽에 갔다가 사라진 일에 대한 책임이 있다는 것을 토벌의 구실로 내세웠다. 당시만 해도 중원의 제후국들은 예전만 못하다고는 해도 명목상 주 왕실을 존중했는데, 남방의 이민족이었던 초나라는 중원에 비해 상대적으로 독립성을 강하게 보이고 있었다. 일례로 다른 제후국들이 주나라의 왕을 의식해 자신들의 군주를 공公이라 불렀던 데 반해, 초는 왕王; 이를테면 초 장왕(楚莊王)이라 불렀던 것이다. 하지만 두 세력은 서로가 상대방을 압도할 정도의 힘은 갖고 있지 못했기에, 결국 사오링召陵, 소릉에서 강화를 맺게 되었다. 제로서는 초를 완전히 제압하지는 못했지만, 호시탐탐 북진의 기회를 엿보던 초의 의지를 꺾었다는 점에서 전혀 소득이 없었던 것은 아니었다. 오히려 제가 얻은 실리는 다른 데 있었으니, 이를 통해 제의 환공은 중원의 제후국들 가운데 패자覇者가 되었다. '패자'란 글자 그대로 '패권을 잡은 자'를 의미하는데, '대 제후'나 '제후 연합의 수장' 정도를 뜻한다고 보는 게 더 적합할 것이다.

기원전 651년 제 환공은 쿠이츄葵丘, 규구에서 제후국들을 불러모아 회맹

會盟을 하였다. 회맹이란 제후들 사이에 어떤 문제가 발생했을 때, 이것을 회의에 붙여 결론을 내리고 그것을 시행에 옮기는 것을 말한다. 하지만 『맹자孟子』에 의하면 실제로 쿠이츄의 회맹에서 어떤 구체적인 문제가 제기되었던 것은 아니고, 주로 윤리적인 문제가 논의되었다는 것을 알 수 있다. 이때 환공은 관중의 권유에 따라 당에 내려가 천자에게 배례를 올림으로써 제후들의 신망을 얻었으니, 이른바 '주 왕실을 존중하고 이민족을 물리친다尊王攘夷' 는 명분을 실천으로 옮긴 것이다. 하지만 환공이 소집한 회맹에는 주요한 나라들이 참가를 회피해 제 환공은 춘추시대 최초의 패자라는 칭호는 들었을지언정 진정한 패자라 하기에는 약간 부족한 감이 없지 않아 있었다.

제나라를 강국의 지위에 올려놓은 명 재상 관중이 죽고 그 2년 뒤에 환공이 죽자 왕위를 놓고 아들끼리 싸움을 벌이는 통에 제나라는 패자로서의 지위를 상실했다. 하지만 제나라는 '존왕양이尊王攘夷' 라는 명분을 앞세워 중원의 열국을 규합하고 북의 융적과 남의 초나라가 중원을 침입하는 것을 막아냈다.

초의 중원 진출과 진 문공의 패업

제의 패업이 쇠약해진 뒤에는 송의 양공襄公이 패자를 자처했으나, 초와 일전을 벌이다 대패한 뒤 그 싸움에서 얻은 부상 때문에 죽고 말았다. 이 싸움에서 숫적으로 열세였던 송나라 군사는 홍수이泓水, 홍수를 사이에 두고 초와 대치하고 있었다. 이때 초나라 군사는 자신들의 숫자를 믿고 먼저 강을 건너기 시작했는데, 송의 재상이자 양공의 이복 형인 무이目夷, 목이는 초의 군사가 강을 건너느라 대오를 정비하기 전에 초의 군사를 공격해야 한다고 건의했다. 하지만 양공은 이를 묵살하며 다음과 같이 말했다. "군자는 부상자를 공격하지 않으며, 늙은이를 포로로 하지 않는 법이다. 좁은 길목이나 강 가운데서 이기려 하는 것은 옛 어진 사람들의 취한 바가 아니다. 내 비록 망국亡國, 은나라를 가리키는데, 송이 은나라의 후예가 세운 것을 의미함의 후예이긴 하나, 적이 대오를 정비하기 전에 공격 명령을 내리는 치사한 짓은 하지 않을 것이다." 이에 초나라 군사는 모두 강을 건넌 뒤 대오를 정비하고 송나라 군사를 쉽게 물리쳤다.

송의 양공이 죽은 뒤 패업을 이은 이는 본명이 충얼重耳, 중이인 진晋의 문공文公이었다. 그는 일찍이 왕위 다툼에서 밀려나 이곳저곳을 떠돌며 19년 동안 망명 생활을 해야 했다. 이때 초나라에서도 몸을 피했던 적이 있었는데, 당시 초의 성왕成王은 그를 후대하였다. 초의 성왕은 그를 극진히 대접하면서 물었다. "그대가 만약 진나라로 돌아가게 된다면 무엇으로 과인에게 보답하겠소?" 충얼은 잠시 생각하다 대답했다. "주군께서는 어떤 보물도 다 가지고 계십니다. 무엇을 드렸으면 좋을지 선뜻 생각

진 문공과 제쯔투이

제즈투이(介之推, 개자추)는 진 문공이 왕위에 오르기 전에 그 아비인 헌공(獻公)에게 추방되었을 때, 19년 동안 그를 모시며 같이 망명 생활을 하였다. 한 번은 먹을 것을 구하지 못해 진 문공이 허기가 지자 제쯔투이가 어디선가 고깃국을 만들어 와 진 문공이 달게 먹었다. 허기를 면한 진 문공은 그제야 그 고깃국이 제쯔투이가 자신의 허벅지 살을 베어 끓인 것임을 알게 되었다.

나중에 진 문공이 진 목공(秦穆公)의 주선으로 귀국하여 왕위에 오른 뒤 논공행상을 할 때 그에게는 봉록을 주지 않았다. 이에 실망한 제쯔투이는 몐산(緜山, 면산)에 들어가 숨어 살았다. 뒤에 진 문공이 자신의 잘못을 뉘우치고 그를 불렀으나 나오지 않았다. 진 문공이 그를 나오게 하기 위해 산에다 불을 질렀는데도 나오지 않고 그대로 타 죽었다. 진 문공은 제쯔투이가 불에 타 죽은 것을 안타깝게 여겨 이날 불로 익히지 않은 찬밥을 먹었으니, 이것이 한식(寒食)의 유래가 되었다.

제쯔투이가 불에 타 죽었다는 몐산

이 나질 않습니다." "그렇지만 무슨 보답이 있어야 하지 않겠습니까?" 초왕이 이렇게 재차 캐물은 것은 충얼의 동생인 이우夷吾, 이오가 진秦의 목공穆公의 도움으로 진晋으로 돌아가 혜공惠公이 된 뒤 애당초 약속했던 허시河西, 하서의 땅을 주지 않고 진 목공을 배신한 것을 은근히 빗대며 비난한 것이었다. 이에 충얼은 약간 당황한 듯한 표정을 지으며 말했다. "좋습니다. 앞으로 초나라와 싸움터에서 마주칠 일이 있으면, 삼사三舍의 거리를 후퇴하겠습니다." 여기서 '삼사三舍'의 거리란 당시 군사들이 사흘 치의 식량으로 행군할 수 있는 거리로 약 36킬로미터에 해당한다. 그 뒤 약간의 우여곡절을 겪은 끝에 충얼은 진 목공의 후원으로 19년 간의 망명 생활을 끝내고 진晋으로 돌아가니 그의 나이 62세의 일이었다.

이때는 제의 힘이 쇠약해져 예전의 모습을 찾을 길 없었고, 잠시 패업을 추구했던 송 역시 허장성세에 불과했기에 진晋이 이들을 대신해 중원의 새로운 지배자가 될 수 있었다. 진이 이처럼 짧은 시간에 나라의 힘을 키울 수 있었던 것은 물론 문공이라는 걸출한 인물이 있었기 때문이기도 하지만, 어찌 나라의 부강이 단지 한 사람의 힘만으로 가능했겠는가? 진이 강국이 될 수 있었던 것은 앞서도 말한 바와 같이 진이 중원에서 벗어난 주변부에 위치했던 관계로 북방의 이민족인 융적과 경계를 접하고 있어 이들을 적극 받아들여 동화시키는 한편, 수렵에 뛰어난 이민족의 전투력을 조직적으로 받아들여 군사력을 강화할 수 있었기 때문이었다. 또 이민족과 근접한 이 지역은 인구가 드물고 미개지가 넓게 펴져 있었는데, 이것을 적극적으로 개척해 나라 살림을 튼실하게 할 수 있었다. 북방의 진이 그러했다면, 남방의 초 역시 비슷한 여건이었던지라 자연스럽게 두 나라는 남북을 대표하는 주요한 세력으로 발전해 쌍방 간에 끊임없는 격전이 되풀이되었다.

기원전 633년 초는 중원으로 진출해 송나라를 포위하였다. 이에 송은 진에게 위급함을 알렸으니, 진은 송을 돕기에 앞서 초와 동맹국인 조曹와 위衛를 정벌하였다. 기원전 632년 진은 진秦과 제齊, 송宋과 연합해 전차 700대를 출병시켜 초와 청푸城濮, 성복에서 큰 싸움을 벌여 초를 대파하였다. 이 싸움에서 진나라 군사는 본격적인 전투가 벌어지기 전에 일단 멀리 후퇴했다. 이것은 문왕이 초의 성왕에게 약속한 '삼사'의 거리를 후퇴하겠노라고 약속한 것을 지키기 위해서였다. 이 전쟁의 실패로 중원에 진출하려던 초의 야심이 여지없이 꺾여버렸으며, 이후로 초는 더 이상 중원을 넘보지 못했고, 진은 진정한 의미에서 중원의 패자로 올라섰다. 진 문공은 싸움에서 승리한 뒤 돌아오는 길에 젠투踐土, 천토에 왕궁을 짓고 주나라 왕과 제, 노, 송, 위 등 7국을 초청해 회맹하여 주왕의 책명을 받아 중원의 패자로 올라섰다. 하지만 진 문공은 여러 우여곡절을 겪고 진나라에 돌아왔기에 나이가 너무 많아 그가 재위한 것은 고작 9년에 불과했다. 그럼에도 진나라는 문공 사후에도 힘을 잃지 않았으니, 이것은 환공이 죽자 막바로 패자의 위치뿐 아니라 나라의 힘마저도 잃게 된 제나라와 다른 점이었다.

한편 진晋과 초楚라는 남북을 대표하는 두 세력의 교전으로 직접적인 피해를 입었던 곳은 그 중간 지대였던 허난 성 중부에서 남부에 해당하는 송宋과 정鄭, 진陳, 채蔡와 같은 여러 소도시 국가들이었다. 이에 그 가운데 하나인 송의 재상 화위안華元, 화원이 남북연맹의 화평을 제의하여 기원전 579년에 회의가 열렸으나, 실제로 구체적인 성과는 없었다. 이후에도 양국 사이에는 크고 작은 싸움이 연이어 벌어지게 되니, 기원전 546년 송은 또다시 미병弭兵, 곧 정전회담을 제안하였다. 이때는 진과 초가 모두 국력이 잠시 쇠미해진 상태라 정전의 제안을 받아들였다. 회의의 내용은 진과 초를 따르는 나라들은 반드시 서로 예우를 다하도록 규정했는데, 이것은 진과 초를 공동의 패자로 승인한 것이었다. 이 회의 이후 수십 년 간 두 강대국의 역량은 점차 균형을 이루어 전쟁도 이전보다 감소하였다.

그러나 이와 같은 맹약은 결국 중원에 대한 야심을 버리지 않았던 초에 의해 파기되고 또다시 전쟁이 일어났다. 초는 북상하여 진陳과 채蔡를 멸하였다. 그러나 이번에는 진이 수수방관하였기에 초나라는 이러한 기세를 업고 중원으로 진출하였다. 하지만 누가 알았으랴? 이번에는 초의 배후라 할 오吳와 월越이 차례로 일어나 북상함으로써 초는 군사를 돌릴 수밖에 없었고, 이에 초의 패업은 무산되고 말았다.

전국시대와 백가쟁명

춘추시대 초기 200여 개를 헤아리던 제후국들은 이합집산 끝에 말기에 이르면 10여 개 국으로 감소한다. 이런 와중에 열국은 내부적으로 군주와 구 귀족의 세력이 점차 쇠약해지고, 이를 대신하는 신흥의 호족들이 대두함으로써 내분이 일어나게 되었다. 춘추시대 중원 세력의 중심이었던 진晋 역시 예외가 아니어서, 군주의 친족이 완전히 몰락하고 한韓, 한, 웨이魏, 위, 자오趙, 조, 판范, 범, 즈知, 지, 중싱中行, 중행이라는 여섯 개 성씨가 육경六卿을 세습하면서 정치의 실권을 쥐고 있었다. 이들 호족들 사이에서도 격심한 투쟁이 일어나 초기에는 판과 중싱 두 씨족이 망하고, 나머지 네 씨족 가운데 가장 강대했던 즈씨는 한, 웨이, 자오 삼족의 연합군에 의해 망해 진晋은 사실상 세 나라로 나뉘게 된다기원전 453년. 역사가들은 이것을 전국시대의 시작으로 여기고 있다. 이때가 되면 주왕의 권위는 완전히 땅에 떨어져 한낱 소국의 제후로 변해버렸고, 극심한 생존 경쟁에서 살아남은 일곱 나라의 군주는 스스로를 왕이라 칭하며이른바 '전국칠웅(戰國七雄)' 천하의 패권을 놓고 격렬한 싸움을 벌여나갔다.

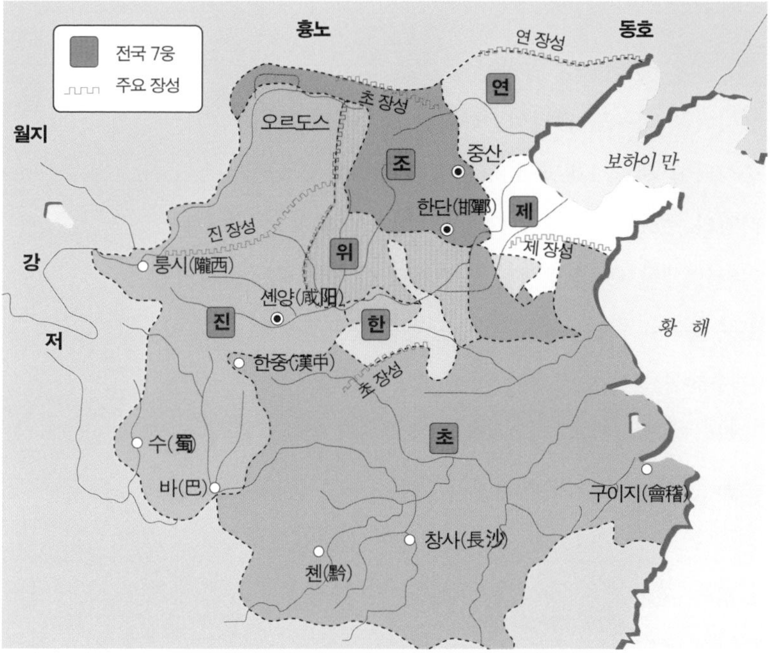

전국 칠웅과 주요 장성

그런데 이 싸움의 성격이나 규모가 이전 시대와는 확연하게 달랐다. 사실상 귀족 정치시대였던 춘추시대의 도시 국가들은 귀족이 전차를 타고 전쟁을 벌였기에 열국의 병력은 전차의 숫자로 헤아릴 수 있었다. 이에 당시에는 나라의 병력 규모를 표현할 때에도 전차 보유수에 근거해 '천승지국千乘之國' 이니 '만승지국萬乘之國' 이니 하는 식으로 불렀다. 아울러 춘추시대 초기에는 전차 1대당 이를 뒤따르는 보병이 10명을 넘지 않았다. 보병과 함께 전차 1대당 3명의 숙련된 전사가 탑승하는데, 운전병이 전차의 균형을 잡으려 애쓰는 동안 지휘관은 왼쪽에 서서 적병을 향해 활을 쏘고, 오른쪽에서는 방패를 든 전사가 지휘관을 보호하였다. 이런 전차는 만드는 데 엄청난 돈이 들었지만 자주 전복되거나 늪에 빠져 옴짝달싹 못하는 상황이 벌어지기도 했다. 전쟁의 양상 역시 전투에 참여한 이들을 중심으로 싸움이 벌어져 실제로 벌판에서 전차부대가 대열을 갖추고 늘어서 전투를 벌이는 동안 먼발치에서 농부들이 느긋하게 싸움을 감상하는 경우도 있었다. 하지만 춘추시대 중기에 이르면 점차 보병이 중시되어 전차 1대당 30명으로 늘었다가 전국시대에는 70명에 이르게 되었다. 그렇게 되자 귀족의 집에서 기숙하던 종신從臣들만으로는 필요한 인원을 채울 수 없어 농민을 주체로 한 징병제가 실시되었다. 아울러 때로 수십만에 달하는 대병력에 군량을 공급하기 위해 전 영토에 걸쳐 새로운 수취 방식을 도입해야 할 필요가 생겼다.

이런저런 이유로 춘추시대의 소도시를 중심으로 한 읍제 국가들은 새로운 통치 제도를 고안해내야 했다. 우선 춘추시대에는 군주와 귀족이 공통의 조상에 제사를 지내는 일종의 제정일치를 통치의 기반으로 삼고 있었다. 하지만 전국시대에 들어서면 전쟁을 통해 정복한 도시 국가를 하나의 현縣으로 삼고, 그 나라와는 혈연적으로 아무런 관계도 없는 자국의 관료를 파견해 다스리는 제도가 만들어졌다. 나아가 이러한 현을 통할하기 위해 군郡이라는 상급의 행정 조직이 생겨 이른바 군현제郡縣制라는 지방 행정 조직이 만들어져 중앙 집권적인 관료 국가가 성립되었다.

이에 따라 나라의 재원을 충당하는 조세 제도 역시 변화하게 되는데, 춘추시대에는 신하들에게 토지와 작위를 부여하고, 다시 신하는 자신의 부하들에게 토지를 분배하는 방식으로 나라 살림을 꾸려나갔다면, 이제는 관할 지역에 파견된 관리들이 직접 농민들을 상대로 곡물로 세금을 받고 군역에 충당했다. 이를테면, 기원전 548년 진晋나라의 강력한 라이벌이었던 초나라의 왕은 나라 전체의 토지를 조사해 과세했고, 기원전 543년에서 539년 사이에는 정나라의 군주가 관개 수로망을 건설하고 군사로 징집하기 위해 농민들을 5호 단위로 편성했다.

이렇듯 농업 생산력과 조세 수입의 증가로 중원의 국가들은 병사의 숫자를 늘릴 수 있었고, 그렇게 편성된 군대를 먹여 살릴 수 있었다. 이에 전국시대에는 병력이 전에 없이 늘어났고 군대는 청동기가 아닌 철제 무기와 개량된 검과 두꺼운 갑옷으로 무장했다. 이렇게 되자 전쟁의 양상은 일변하여 일단 전투가 벌어지면, 대량의 살육전이 벌어져 『맹자』에 기록된 대로, "성을 다투어 전쟁하니 죽은 사람이 성에 가득하고, 들을 다투어 전쟁하니 죽은 사람이 들에 가득했다." 전쟁에 소요된 물자 또한 사람을 놀라게 하기 충분했으니, 『전국책』에 의하면 전쟁 한번 치르게 되면 "10년 간 토지에서 생산해도 보상할 수 없을 정도"의 병갑兵甲과 거마車馬가 없어졌다고 한다.

춘추시대에는 제후들이 그나마 '주 왕실을 존중하고 이민족을 물리친다尊王攘夷'는 생각을 갖고 있었으나, 전국시대에 접어들면 명분은 찾아볼 길 없고, 오직 약육강식의 논리만 남았다. 제후들은 어떻게 하면 나라 살림을 충실하게 하고 군사력을 증강시킬까 하는 생각에 빠져 가문이나 신분의 상하를 불문하고 재능에 따라 인재를 등용하는 기풍이 확립되었다. 아울러 열국의 겸병에 의해 멸망한 국가의 귀족들은 다른 나라로 눈을 돌려 살 길을 찾게 되니, 이들은 통치자가 나아갈 방향을 제시하고 서로의 생각을 논박하는 과정을 통해 웅변술을 익히고 논리학이 발전하게 되었다.

아울러 사회 전체로는 춘추시대라는 구 체제의 몰락과 이에 따른 구 질서 및 전통적 관념의 붕괴와 혼란이 야기되어 많은 사람들이 극심한 충격과 절망에 빠지기도 했다. 그 와중에 일군의 보수적인 사상가들은 구 질서 회복과 복구를 꾀하기도 하고, 또 다른 사상가들은 이에 대한 통렬한 비판과 반성 속에 새로운 개혁과 쇄신을 도모하였으니, 춘추전국시대는 중국 역사상 전무후무한 학술과 사상이 만개한 시기라 할 수 있다. 실로 '제가백가諸子百家'가 등상해 '백가쟁명百家爭鳴'하던 시기였던 것이다. 공교로운 것은 비슷한 시기에 세계 각 지역에서도 이와 유사한 상황이 벌어졌다는 사실이다. 곧 고대 그리스의 소크라테스기원전 469~399년나 석가모니기원전 563?~483?년 등이 바로 이 시기에 활약했으니, 아마도 이 시기는 인류 역사상 인간의 자유로운 정신활동이 최초이자, 최고조로 발휘되었던 시기라 할 수 있을 것이다. 아무튼 이 시기 중국에서는 쿵쯔를 대표로 하는 유가뿐 아니라, 잘 알려진 대로 도가나 묵가, 농가, 심지어 잡가 등 가지각색의 생각을 가진 이들이 나와 서로 자신의 주장을 펼쳐나갔다.

왕도인가 패도인가?

그러한 백가쟁명의 선두에 선 이가 잘 알려진 쿵쯔孔子이다. 쿵쯔는 자신의 선구자 격인 쯔찬子産, 자산; 기원전 554~552년으로부터 합리적인 인도주의 사상을 물려받았으나, 쯔찬 자신이 입안한 성문법에 바탕해 법치를 해야 한다는 주장에 대해서는 반대 입장을 취했다. 그는 신비주의를 배척하고 춘추시대 본연의 읍제 국가의 제정일치에 의한 귀족 정치의 형식을 보존하면서도 실질적으로는 그 문화의 전통을 섭취한 신흥의 사士 계급에게 정치를 담당케 하고자 했다. 아울러 그 자신은 이러한 사 계급을 양성해 유교적인 교양을 받은 관료제에 의한 문치적文治的 봉건 국가를 세우고자 했다. 쿵쯔에게서 이러한 교육을 받은 제자들은 여러 나라로 흩어져 새로운 집권 국가를 운영하는 관료로 채용되었다. 이들은 춘추전국시대의 혼란한 사회상을 직접 목도하고 겪은 터라 무력과 권력을 배제한 도덕과 예를 바탕으로 한 도덕 정치, 곧 '덕치德治'를 주장했다. 아울러 이상적인 정치 제도는 도덕적 봉건 계급 사회를 전제로 한 것이었는데, 이런 정치 제도 하에서는 혈연 관계나 무력과 권력에 의해 결정되지 않고 덕의 유무와 우열에 의해 사회 관계가 결정된다.

이러한 덕치 사상을 구체화한 이는 쿵쯔의 재전제자再傳弟子인 멍쯔孟子, 맹자: 기원전 372~289년였다. 그는 자신에게 부국강병책을 묻는 양혜왕梁惠王에게 "왕께서는 어찌 '이익'을 말씀하십니까? 오직 인의만이 있을 뿐"이라고 대답하면서, "왕께서 '어떻게 하면 내 나라를 이롭게 할 수 있을까' 하시면, 대부들은 '어떻게 하면 내 집안을 이롭게 할까' 라고 합니다. 위와 아래가 서로 이익을 다투면 나라는 위태로워"진다고 설파했다. 바로 이 대화가 멍쯔의 사상을 한 마디로 요약해 보여주는데, 쿵쯔가 말한 '인仁'에 '의義'를 더해 자신의 '왕도王道' 정치를 완성한 것이다. 그는 빈틈없는 구성과 논리, 그리고 박진감 넘치는 논변으로 자신의 주장을 펼쳐 보였다. 그의 주장은 인간의 본성이 본질적으로 선하다는 것을 전제로 인간에 대한 적극적인 신뢰를 주장한 '성선설性善說'과 민의民意에 의한 폭군의 교체를 합리화한 '혁명론革命論'을 중심 기둥으로 삼고 있다. 이에 따르면 한 사람이 자신의 몸을 닦아 타고난 착한 본성을 발현하면, 그의 집안이 안정되고, 나아가 나라가 잘 다스려지고 천하가 편안해지게 된다修身齊家治國平天下. 곧 그가 말하는 '왕도' 정치란 한 사람이 도덕적으로 완성되면 그것이 주위 사람들을 교화해 선정善政으로 나타나는 것으로, 나아가 모든 백성들이 안정된 생활과 풍부한 교양을 지니고 도덕적 질서를 지켜 나간다면 '왕도' 정치가 실현될 수 있다는 것이다. 당연한 말이지만 이것은 이상적인 생각에 불과하고 인간의 본성을 지나치게 긍정적이고 낙관적으로 파악했다는 단점이 있다. 그렇기 때문에 쿵쯔와 멍쯔를 비롯한 유가의 주장은 당시에는 받아들여지지 않았다.

쿵쯔 강학도(孔子講學圖, 공자강학도)

쿵쯔는 기원전 479년 몇몇 제자들에 둘러싸여 뜻을 이루지 못한 채 사망했다. 쿵쯔 사후에도 유가는 아직 하나의 학파를 이루

지 못했고, 그의 어록이라 할 수 있는 『논어』 역시 제자들의 손에 의해 만들어지는 중이었다. 아울러 기원전 2세기 무렵 한漢나라에 의해 그의 사상이 국가 이념으로 채택되기 이전까지도 수많은 수정이 이루어졌고, 일련의 복잡한 사건들이 발생하였다. 그러니 당시만 하더라도 쿵쯔를 시조로 하는 유가의 사상이 이후 중국 역사에 그토록 엄청난 영향을 미치리라는 것을 예상한 사람은 아무도 없었다. 이후에도 유가의 '왕도' 사상이 역대 왕조에 의해 국가의 통치 이데올로기로 받아들여졌지만, 현실에서는 항상 명목상 추구해야 할 이념으로만 남아 있을 뿐 제대로 실현된 적은 없었다.

오히려 춘추전국시대 당시나 그 이후에 현실 정치에서 가장 큰 힘을 발휘했던 것은 법가法家의 '법치法治'였다. 당시 전국시대 칠웅七雄 가운데 가장 먼저 두각을 나타냈던 나라는 다름 아닌 위魏나라였다. 위의 문후文侯는 리쿠이李悝, 이회와 시먼뱌오西門豹, 서문표를 등용해 내정을 다지고 농업 생산력을 증진시키는 한편, 우치吳起, 오기와 웨양樂羊, 악양과 같은 장수들을 기용해 영토를 확대해나갔다. 이들 가운데 리쿠이는 쿵쯔의 제자들 가운데서도 사회 개혁의 의욕이 가장 강했던 쯔샤子夏, 자하의 제자였기에 법률 개정, 곧 변법 운동의 선구가 될 수 있었다. 리쿠이의 『법경法經』은 그 내용이 '도법盜法', '적법賊法', '수법囚法', '포법捕法', '잡법雜法', '구법具法' 등 6편으로 구성되었는데, 이것은 중국 최초의 성문의 형법 법전이라 할 만하다. 이 가운데 '구법'은 형법 총칙에 해당하며 다른 5편과 긴밀하게 연결되어 있다. 뒤에 이 『법경』을 바탕으로 법가의 중요 인물 가운데 한 사람인 상양商鞅, 상앙이 3편을 보태 진秦나라의 법률을 완성했고, 이것을 한나라와 당나라가 이어받았다. 리쿠이가 법가의 선구였다면 상양은 리쿠이의 성문법을 계승 발전시켜 변방의 별 볼일 없는 후진국에 불과했던 진나라가 뒤에 전국을 통일하는 대국이 될 수 있는 기틀을 마련했던 실질적

계승자였다.

상양은 본래 중원의 소국이었던 위나라 종실의 자손으로 본명이 궁쑨양[公孫鞅, 공손앙]이었다. 뒤에 진[秦]에서 활동하다 공을 인정받아 상[商, 상: 오늘날 산시 성 상현] 땅에 봉해졌기에 상양이라 불렸다. 처음에는 위나라에서 벼슬을 했지만, 재능을 인정받지 못하다 진[秦]의 효공[孝公]에 의해 발탁되었다. 위나라에 있는 동안 리쿠이의 변법에 대해 공부한 적이 있었기에, 진나라에 와서는 자신이 생각했던 개혁 방안을 실천에 옮겼다. 그는 법령이 실행되기 위해서는 사람들의 신뢰가 중요하다고 생각했다. 이에 먼저 그는 수도의 시장 남문에 길이 약 7미터의 나무를 세워두고 이를 북문으로 옮기는 자에게 상금으로 10금[金: 약 3.5킬로그램]을 준다는 방을 내걸었다. 사람들은 그렇게 많은 상금을 준다는 말 자체를 믿지 못하여 아무도 나무를 옮기려 하지 않았다. 하지만 상양은 상금을 오히려 50금으로 올렸다. 그러자 한 사람이 반신반의하면서 나무를 북문으로 옮기니 상양은 즉석에서 그에게 상금을 주어 자신의 말이 헛말이 아니라는 것을 확인시켰다.

상양

효공의 신임을 뒤에 업고 상양은 두 차례에 걸쳐 과단성 있는 개혁을 시행했다. 효공 3년[기원전 359년]에 시행된 1차 변법에서는 당시 씨족제를 유지시키고 있던 대가족 제도를 폐지하고 소가족으로 분해해 이를 바탕으로 다섯 가구를 일오[一伍]로, 다시 열 가구를 일십[一什]으로 묶어 서로 감시하도록 하여 만약 한 가구가 법을 어겼을 경우 고발하지 않으면 열 가구가 연좌되도록 했다. 그리고 군공[軍功]을 장려하여 전투에서 베어온 적의 목에 따라 작위를 주고 군공이 없는 귀족 영주의 특권을 폐지했다. 그리고 백성들의 상업 행위를 금지시키고 농업과 수공업을 권장해 생산력 증대에 힘썼다. 효공 12년[기원전 350년]의 2차 변법에서는 전국을 현[縣]

으로 통합하고 관료에 의한 군현제를 확립해 예로부터 영주나 공동체에 점유되어 있던 미개지를 개방하고 농지의 사유권을 주어 개척을 하게 했다. 아울러 수도를 치산祁山 기슭의 융雍; 오늘날 산시 성 펑샹현(鳳翔縣, 봉상현)에서 셴양咸陽, 함양으로 옮겨 동방 진출의 발판을 마련했다. 진나라는 중원에서 볼 때 서쪽으로 치우진 변방에 있었기에 미개척지가 많았고, 이에 비해 인구는 드물었기에 상양이 밀어붙인 전체주의적인 정책이 적절하게 먹혀

리쿠이의 변법變法

전국시대에 이르자 남을 속이는 능력을 귀하게 여기고, 어진 것과 마땅한 것을 천하게 생각하며, 부유한 것을 우선시하고, 예의와 양보를 뒷전으로 생각하게 되었다. 이때 리쿠이는 위나라 문후를 위해 땅의 힘을 다 끌어낼 수 있는 방법을 만들어냈다.

제방을 막아서 사방 100리 땅을 9만 경으로 만들고, 산과 택지, 읍 가운데 3분의 1을 제거하여 밭 600만 무를 만들었다. 밭을 부지런히 가꾸면 한 무마다 3승(升)을 더 수확할 수 있고, 부지런히 하지 않으면 그만큼 덜 수확하게 된다. 그리하면 사방 100리의 땅에서 늘거나 줄어드는 수확량이 속(粟)으로 180만 석(石)이 된다.

또한 곡식의 가격이 높으면 백성을 다치게 하고, 낮으면 농사짓는 이들을 해치는데, 백성이 다치면 여기저기 흩어지고, 농사짓는 이들이 상하면 나라가 가난해진다. 곡식 값이 아주 비싸거나 싸면 어느 한쪽이 다치기 때문에 나라를 잘 다스리는 사람은 백성을 다치지 않게 하면서도, 농사짓는 이들이 더욱 부지런히 일할 수 있도록 만들어야 한다.

지금 한 명의 장정이 다섯 식구를 거느리고 살면서 밭 100무를 가꾼다면 곡식 150석을 수확할 터인데, 여기서 10분의 1인 15석을 세금으로 제하고 나면 135석이 남는다. 한 사람이 한 달을 먹는데 1석 반이 드니, 다섯 명이 1년을 먹으려면 90석이 들어 나머지는 45석이 된다. 그런데 1석에 30전이므로 45석은 1,350전인데, 토지신과 정초, 봄 가을로 지내는 제사에 300전을 써야 하니 나머지는 1,050전이다.

또한 옷을 해 입는 데 한 사람이 평균 300전을 쓴다면, 다섯 명이 1년에 1,500전을 써야 하므로 450전이 부족하다. 불행히 질병이 있거나 사람이 죽어서 장례를 치를 때 드는 비용과 나라에 바치는 세금은 여기에 포함되지 아니한다. (반구(班固, 반고), 『한서(漢書)』 「식화지(食貨志)」에서)

미국에서 활동했던 역사학자 레이 황은 위의 내용을 통해 "당시의 소규모 소작농이 세금을 납부했다는 것과 고도로 집약적인 경작을 했다는 것, 그리고 각 농가는 매우 적은 수입으로 근근이 살았다는 것을 알 수 있다"(앞의 책, 29쪽)고 하였다. 그런데 우리는 오히려 이러한 상황이 수천 년 지난 요즘에도 별반 달라지지 않았다는 사실을 확인하게 된다. 여러 가지 어려운 가운데 근근히 명맥을 이어가는 농촌의 현실을 볼 때마다, 그럼에도 가장 핍박받는 위치에 처한 농민들이 되려 지배 계급의 이익을 대변하는 정당을 무조건적으로 지지하는 현실을 마주할 때마다, 우리는 역사가 진보하는 것인지에 대해 심각한 회의에 빠지게 된다.

들어 큰 효과를 거두었다.

그러나 이와 같은 개혁안들이 모두 상양의 머리에서 나온 것이라고 생각할 수는 없다. 아마도 상양이 벼슬을 했던 위魏나 다른 제후국들에서 이미 시행하던 제도를 받아들인 것으로 추측된다. 상양의 변법은 그 목적이 씨족제로부터 해방된 독립 소농민을 기반으로 부국강병을 꾀하고 군주를 정점으로 하는 강력한 중앙 집권 체제를 공고히 하는 데 있었다. 따라서 농민을 억압하는 상인이나 기득권 세력인 종실이나 귀족들의 격렬한 반발 또한 만만치 않았다. 뒤에 상양의 후견인 역할을 하던 효공이 죽고 태자인 혜문왕惠文王이 즉위하자, 상양은 변법에 불만을 품고 있던 구 지배 계급의 손에 의해 수레에 사지를 묶어 찢어 죽이는 거열車裂형에 처해졌고, 일족이 모두 주살당하는 등 비참한 최후를 맞게 된다. 하지만 상양이 실시했던 변법만큼은 진의 정치 기본 노선으로 자리잡아 뒤에 진이 천하를 통일하는 큰 원동력이 되었다.

앞서도 말했듯이, 상양의 변법과 같이 금령이나 법률 등에 의한 '신상필벌信賞必罰'을 강조해 나라를 다스리는 것을 '법치'라 하고, 이와 같은 '법치'에 기대 나라는 다스리는 것을 '패도霸道' 정치라 한다. 이와 같은 '법치' 또는 '패도'의 주요 내용을 구성하는 것은 다시 '세勢'와 '술術'과 '법法'으로 나뉜다. 여기서 '세'는 천하의 백성들이 추대하고 옹립해 등극한 군주가 부여받은 고유한 통치권을 말하고, '술'은 군주가 부하 신료들을 통제하고 다스리는 일종의 테크닉이며, '법'은 인간사에서 일어나는 여러 가지 상황에 대한 잣대를 문서화한 '성문법'을 말한다. 중국 역사를 돌아보면 어느 왕조나 백성들의 뜻을 중시하고, 제왕이 된 자의 덕망에 천하가 교화되어 태평성대가 이루어지는 '왕도' 정치를 표방한다. 하지만 실제로는 권모술수와 잔혹한 형벌에 기대 어리석은 군주의 실정을 호도해 나가는 '패도' 정치가 시행되었다. 결국 '왕도' 정치와 '패도'

정치는 이후 펼쳐지는 역사의 무대에서 끊임없이 제기되고 갈마드는 영원한 딜레마에 지나지 않는다.

합종과 연횡, 그리고 최후의 일전

진秦이 상앙의 변법 등에 힘입어 강대국으로 성장하자, 인접한 위나라는 이에 위협을 느껴 수도를 중원 쪽으로 옮겼다. 이것은 진을 제외한 나머지 육국이 모두 진의 위협으로부터 안전하지 않다는 것을 의미해, 육국이 서로 싸우다가는 도저히 진에 대항할 수 없다는 현실 인식이 그들 사이에 팽배하게 되었다. 이러한 국제 정세에 발맞추어 나라 사이의 외교 전술을 구사하는 유세객들이 등장하게 되는데, 이들을 종횡가縱橫家라 부른다. 그 가운데 유명한 이가 바로 쑤친蘇秦, 소진과 장이張儀, 장의다. 『사기』에 따르면, 쑤친은 뤄양에서 태어났다고 한다. 하지만 관직을 얻지 못한데다 농사도 지을 줄 몰라 매우 궁핍하게 살았는데, 형제 가족들의 냉대와 조소에 분발하여 드디어 군주를 설득하는 유세술을 터득했다 한다. 쑤친은 우선 연燕의 문후文侯를 설득하고 다시 한韓과 위魏, 제齊, 초楚를 차례로 돌며 군주를 설득해 마침내 육국을 종으로 묶어 진에 대항하는 합종책合縱策을 완성했다. 아울러 자신은 이러한 합종연합의 장이 되었을 뿐 아니라 육국의 재상을 겸하였다.

이러한 육국의 합종책에 대항해 나온 것이 연횡책連橫策, 또는 연형책連衡策이다. 이것을 주장한 이는 장이인데, 그 역시 젊어서는 이곳 저곳을 떠돌며 자신을 써줄 곳을 찾아다녔다. 그러다 기원전 328년에 진秦의 혜문왕惠文王에게 발탁되어 재상이 되자 진을 제외한 나머지 육국을 설득해 진과 동맹을 맺는 연횡책을 제시하고 실행에 옮겼다. 장이는 먼저 위魏

왕을 설득해 합종책의 한귀퉁이를 허물고 다시 뛰어난 외교 전술로 초楚를 농락해 연맹에서 이탈시켰으며, 이어 한과 제, 조, 연을 설득해 마침내 연횡책을 완성했다고 한다. 이들 쑤친과 장이에 대한 이야기는 후세에 많은 사람들에 의해 회자되면서 일종의 전설이 되었다. 그래서 이 두 사람의 행적은 과장이 많고 사실과 일치하지 않는 내용도 더러 있다. 가장 문제가 되는 것이 장이의 연횡책에 앞서 합종책을 제안했다는 쑤친이 사실은 장이보다 늦게 역사의 무대에 등장했다는 것이다. 결국 전국시대라는 격동의 역사적 전환기에 활약했던 이 두 사람에 대한 사람들의 관심이 이러저러한 이야기들을 만들어낼 것으로 보아야 할 것이다.

장이의 연횡책에 이어 기원전 266년 진의 소양왕昭襄王은 판쑤이范雎, 범수를 등용해 재상으로 삼고 먼 곳의 국가와는 외교 관계를 맺고 가까운 나라는 공격하는 '원교근공遠交近攻'의 계책을 채택하였다. 이에 따라 진나라와 인접한 한韓과 위魏는 적극 공략하고, 멀리 있는 조趙, 초楚와는 친목을 도모해 한과 위를 고립시켰다. 하지만 전국시대 말기 열국의 다툼을 매조지하는 결정적인 사건은 창핑長平, 장평에서 벌어진 진과 조의 일전이었다.

조나라는 무령왕武靈王 때에 이르러 일찍이 승마에 적합한 호인胡人의 의복을 착용하고 말 위에서 싸우는 이른바 '호복기사胡服騎射'의 전술을 받아들여 점차 세력을 키워나갔다. 무령왕은 왕위를 아들인 혜문왕에게 물려준 뒤에도 친히 호복을 입고 서북의 오랑캐 땅을 침략하여, 당시 열국 가운데에는 제나라를 제외하고 국력이 가장 강력했다. 여기에 현상賢相인 린상루藺相如, 인상여와 명장 롄포廉頗, 염파의 도움으로 진과의 싸움에서도 전혀 밀리지 않았다. 기원전 260년 진나라는 대군을 이끌고 조를 공격해 조나라 군사와 창핑에서 대치하였다. 하지만 백전노장인 롄포의 작전에 말려 고전을 면치 못했는데, 이에 진은 반간계反間計를 써 혜문왕의 뒤를 이은 조의 효성왕孝成王으로 하여금 렌포를 해임하고 역시 명장이었던 자오서趙奢, 조사의 아들 자오쿼趙括, 조괄를 후임으로 임명하게 했다. 하지만 자오쿼는 한낱 이론가에 지나지 않아 실제 전투 경험은 없었기에, 진의 계책에 말려 우왕좌왕하다 보급로가 끊기고 자오쿼는 그 와중에 전사했다. 그 결과 오갈 데 없는 조나라의 40만 군사는 전군이 항복하였다. 진의 장군 바이치白起, 백기는 조의 40만 군사를 생매장해 몰살시켜버렸다.

이렇게 되자 조나라는 회복할 수 없는 치명적인 타격을 입게 되고, 그나마 진에 대항할 수 있는 힘을 가졌던 조나라가 허망하게 무너지자 나머지 육국의 운명 역시 풍전등화의 신세가 되어버렸다. 결국 전국시대 열국들의 치열한 쟁패는 이 창핑의 전투로 결정이 난 것이라 할 수 있다. 이제 남은 것은 진이 나머지 육국을 하나씩 멸망시키고 천하를 통일하는 것뿐이었으니, 동주東周의 평왕平王으로부터 23대 514년 간 이어오던 주 왕실 역시 기원전 256년 진의 침략으로 역사의 무대에서 사라지게 된다.

4

제국의 탄생—진의 천하통일과 한 제국의 건설

혹자는 말한다. 제1차 세계대전은 세르비아 왕세자의 암살 때문에 일어났다. 하지만 역사가 그렇게 단순한 것일까? 반대로 세르비아의 왕세자가 암살당하지 않았다면 제1차 세계대전은 일어나지 않았을까? 우리가 품는 의문은 여기에 그치지 않는다. 오랫동안 크고 작은 나라로 분열되어 있던 나라들을 하나로 합쳐 명실상부한 통일 제국을 최초로 세운 것은 진시황이다. 이 말은 어디까지가 진실일까? 과연 진시황이 없었다면 통일은 이루어지지 않았을까?

춘추시대 후반에 이르면 청동기시대가 막을 내리고 철기시대가 본격적으로 문을 열었다. 철기의 사용은 특히 농업 분야의 발전을 촉진시켰고, 수공업 분야 역시 전에 없는 변화를 겪게 되어 생산력 수준은 인류 역사상 그 유례를 찾아보기 힘들 정도로 높아졌다. 이에 따라 경제와 문화는 번영을 구가했고, 생산물의 유통도 왕성해져 상업이 발달했다. 하지만 춘추전국시대에는 각 나라가 서로 다른 화폐를 사용하고 도량형도 각기 달랐으며 국경마다 세금을 징수해 국가 간의 활발한 상품 교역에 큰 장애가 되었다. 아울러 홍수나 가뭄 등과 같은 자연 재해에 대한 대책 마련이나 북방의 강대한 유목 민족인 흉노의 침입에 대한 방위 등도 절실하게 요구되었다. 더구나 몇백 년 동안 이어온 열국 간의 전쟁으로 인해 백성들 삶은 갈수록 피폐해져 전국 말기에 이르면 왕과 귀족, 평민을 막론하고 누구나 통일 국가의 출현을 갈망하게 되었다. 곧 춘추와 전국시대를 거치며 중원 땅에는 각국의 분열로 인한 사회 · 경제적 불편을 해소하고 일상화된 전쟁의 참상에서 벗어나고자 하는 백성들의 열망 등이 팽배해 있었으며, 누군가 나타나 현 상황을 타파해 평화롭고 안정된 사회에서 살아갈 수 있게 해주기를 소망했던 것이다. 진秦이 육국을 병합하고 중원 땅을 통일할 수 있었던 것은 이와 같은 사회적 분위기와 전혀 무관하다고 할 수 없다.

전국시대 후반에 상앙 등의 변법으로 국력을 키워나가던 진은 기원전 246년 진왕秦王 정政, 정이 즉위하면서 하나의 전기를 맞이한다. 정의 선왕인 장양왕莊襄王 쯔추子楚, 자초는 당시 관습대로 조趙나라에 인질로 가 있을 때, 후원자 노릇을 하던 뤼부웨이呂不韋, 여불위의 도움을 받았다. 이때 뤼부웨이는 자신의 애첩을 쯔추에게 바쳤는데, 당시 애첩은 이미 뤼부웨이의 아이를 가졌으며, 쯔추가 귀국하고 막바로 낳은 것이 바로 진왕 정이었다 한다. 『사기』「뤼부웨이 전」에 나오는 이 전설의 진위를 확인할 길은 없다. 하지만 많은 사람들은 나중에 시황제가 되는 진왕 정의 냉혹한 성격이나 정치가로서 보기 드문 왕성한 기업가적 정신을 고려할 때, 상인 출신으로 거부가 되었던 뤼부웨이의 아들일 수도 있다는 사실을 긍정적으로 받아들이기도 한다.

시황제의 통일 정책

즉위할 때 13세에 불과했던 정政은 뤼부웨이를 재상으로 삼았고, 뤼부웨이는 천하의 빈객들을 초빙해 육국 병합을 준비했다. 기원전 236년 성인이 된 진왕 정은 친정을 하게 되자 가장 먼저 뤼부웨이와 그 일족을 처단하고 초楚나라 출신 객경客卿 리쓰李斯, 이사를 발탁해 재상으로 삼았다. 리쓰는 각국에 간첩을 보내 군신을 이간시키고 뒤에 군대를 파견해 신속히 열국을 평정해야 한다고 진언했다. 진왕 정은 그의 계책을 실행에 옮겨 육국 평정길에 올랐다. 먼저 기원전 230년 한韓을 멸했고, 기원전 228년에

진시황

는 조趙를 공격했으며, 기원전 226년에는 위魏를 멸했다. 기원전 223년에는 진의 장군 왕젠王翦, 왕전이 병력 60만을 이끌고 초楚를 공략하니 초는 멸망하고 말았다. 기원전 222년 진은 연왕을 사로잡고, 대代로 도망가 왕 노릇하던 조趙의 공자 쟈嘉, 가를 사로잡으니 연과 조나라 역시 망하고 말았다. 그 다음해인 기원전 221년에 제나라가 망하자 천하는 분열의 시대를 끝내고 진왕 정은 통일의 대업을 완수했다.

마침내 천하를 통일한 정은 스스로를 '시황제始皇帝'라 칭했다. 기왕의 왕王이라는 호칭이 천하 통일의 위업을 달성한 자신에게 걸맞지 않다고 생각했던 정은 '황제皇帝'라는 새로운 호칭을 만들어냈던 것이다. '황皇'은 전설상의 위대한 성왕들을 지칭하는 말이었고, '제帝'는 하늘의 신이라는 뜻이었으니, 이것은 그야말로 전 세계를 지배하는 유일의 절대자라는 강한 자부심의 표명이라 할 수 있다. 아울러 왕의 사후에 신하가 그 왕에 대한 '시호諡號'를 붙이는 것을 불경하다 여겨, 첫 번째 황제라는 의미에서 자신을 '시황제'라 불렀다. 아울러 당시 유행했던 오덕종시설五德終始說에 입각해 황실 의복과 의장의 색을 모두 검은색으로 통일했다.

한편 자칭 시황제는 천하를 통일한 뒤 즉시 권력의 집중을 위한 사업에 착수했다. 가장 먼저 신생 통일 국가를 어떻게 통치할 것인가 하는 문제를 놓고 갑론을박이 벌어졌는데, 왕족과 공신들에 대한 분봉分封을 시행해야 한다는 신하들의 건의를 물리치고 리쓰의 주장대로 군현제郡縣制를 시행했다. 이에 전국을 36군으로 나누고, 군 아래에는 현을 두었으며, 그 장관인 군수와 현령은 중앙에서 파견했는데, 이들은 중앙에서 봉급을 받는 관리로서 세습이 허락되지 않았다. 아울러 중앙 정부의 기구는 황제 아래 행정 · 사법 · 감찰의 최고 책임자로 승상丞相 · 태위太尉 · 어사대부御史大夫라는 이른바 '삼공三公' 을 두었다. 삼공 아래에는 구체적인 정무를 담당하는 '구경九卿' 을 두었으니, 모든 정치 권력은 황제에게 집중되었고, 황제의 명령이 말단에까지 이르는 전제주의적 중앙 집권 국가 체제가 비로소 확립되었다.

군현제의 시행에 이어 전국시대까지 많은 혼란과 불편을 주었던 각종 제도와 관습에 대한 통일이 이루어졌다. 우선 각국에서 서로 다르게 사용했던 '도량형度量衡' 을 통일했고, 화폐 역시 통일해 '원형방공圓形方孔' 이라는 중국의 전통적인 화폐 양식이 이때 처음 나타났다. 또 중앙 집권적 통치 체제하에서 주고받는 모든 문서 행정을 제대로 시행하기 위해 그때까지 제멋대로이던 글자체를 리쓰가 고안했다는 '소전체小篆體' 로 통일했다.

시황제는 몸소 전란을 치르며 통일의 과업을 수행했기에 지방 정권의 반란을 방지하는 데에도 세심한 주의를 기울였다. 그리하여 민간에서 소유하고 있던 무기를 모두 거두어들인 뒤 녹여서 종거鍾鐻라는 악기와 12

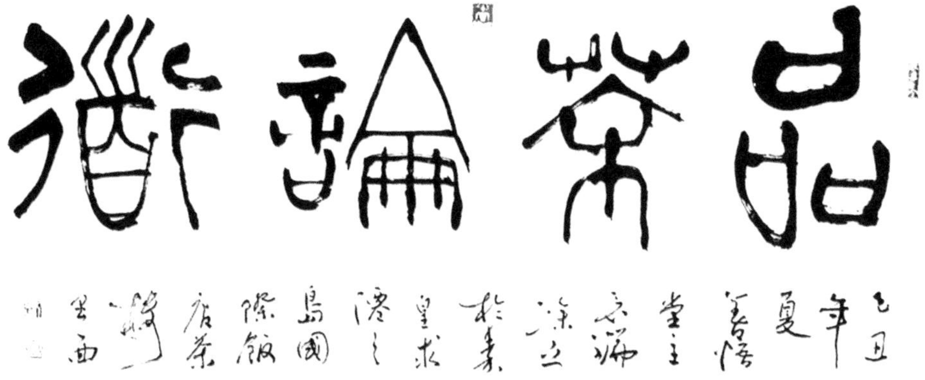

소전체. '차를 품평하며 도를 논하다(品茶論道)

금인金人을 만들었고, 각지의 구 귀족이나 대 상인 등 12만 호를 수도인 셴양咸陽, 함양 등지로 강제 이주시켰다. 또 지방에서 반란이 일어났을 때 신속히 이동해 진압할 수 있도록 '치도馳道'를 개설했는데, 그 폭이 50미터에 달했고 수레가 잘 다닐 수 있도록 바닥을 잘 다져 길 위에는 풀 한 포기 뿌리를 내리기 어려울 정도였다고 한다. 치도는 수도인 셴양을 기점으로 동남쪽으로 뻗어나갔는데, 동로는 연燕과 제齊 지역까지 횡단하였고, 남로는 오吳와 초楚, 월越 지방을 관통했다.

이렇듯 내치를 위한 통일 정책의 시행은 사람들의 생각까지도 획일화하는 사상의 통일까지 미쳤다. 본래 진나라는 외래의 사상에 대해 관대한 편이었다. 특히 시황제 초기 막강한 권력을 휘둘렀던 뤼부웨이의 경우 자신의 권력과 재력으로 여러 나라에서 불러들인 학자들을 결집해 『여씨춘추』라는 책을 엮어내기도 했다. 하지만 진시황이 강력한 중앙 집권 정책을 펴자, 이에 불만을 품은 이들이 『시경』과 『서경』의 내용을 인용해 비방한 사건을 빌미로 기원전 213년 리쓰는 『시경』과 『서경』을 소각하고 사학史學을 소멸할 것을 주장하였다. 이에 시황제는 진의 역사서나 의약, 점술, 농업 등 실용서 이외의 모든 서적을 불태우고 고서에 대해 논하는 자는 사형에 처하고 옛것을 찬미하고 진을 비방하는 자는 일족을 멸한다는 법령을 반포했다.

분서령이 내려진 이듬해에는 시황제가 선약을 구해오라고 명을 내린 방사方士들 가운데 시황제를 비방하고 도망치는 자들이 나오자, 시황제가 직접 어사를 파견해 셴양에 있는 유생儒生과 방사들 가운데 죄가 있다고 생각되는 460여 명을 잡아다 산채로 묻어 죽였다. 이것이 유명한 '분서갱유焚書坑儒'이며 이것 때문에 진시황은 한漢 이후의 유자儒者들로부터 가혹한 비판을 받게 된다. 물론 분서갱유로 인해 막대한 양의 고문헌이 망실되고 학술 사상이 끊기는 손실이 생기기는 했지만, 시황제의 다소 극단적일 수도 있는 이 정책으로 인해 암중모색하는 가운데 부활을 꿈꾸던 봉건 귀족 정치가 결정적인 타격을 입기도 했다.

대규모의 토목 공사와 예고된 몰락

시황제는 중국 최초의 황제라는 자신의 지위에 걸맞는 건축물을 계속 세워나갔다. 우선 수도 셴양 부근에 화려하고 웅대한 아방궁阿房宮을 지어 인간 상제上帝가 거처하는 곳으로 삼고, 사후를 대비해 리산驪山, 여산에 자신의 능침을 조성하였으니, 그 내부는 수은으로 백천百川과 강하江河, 대해大海를 만들고 위에는 천문天文을 아래는 지리地理를 갖추었다. 기록에 의하면 아방궁과 리산릉을 건축하는 데 70여만 명이 동원되고 건축 자재는 전국에서 징발했는데, 이 모든 것이 새로운 제국의 위엄과 권위를 과시하기 위한 것이었다.

아방궁은 진의 멸망과 함께 사라졌지만, 작은 산만한 리산 릉은 현재까지도 남아 있는데, 여러 가지 문제로 본격적인 발굴은 이루어지지 못하고 있다. 하지만 진시황의 능묘를 지키기 위해 조성한 병마용兵馬俑은 우연한 계기로 발견되었는데, 현재 발굴된 도용陶俑 역시 그 일부에 지나지 않고 현재도 계속 발굴이 진행되고 있다. 이것으로 시황제의 절대 권력이 얼마나 강대한 것이었나 하는 것을 미루어 알 수 있다.

한편 춘추시대로부터 전국시대에 걸쳐 중원에서 여러 나라가 대립하는 동안 북방의 유목 민족들은 수시로 중원을 침입하였다. 하지만 전국시대 초 열국이 병합을 통해 7개의 주요 국으로 재편되자 각기 이민족을 격퇴하고 그 침입에 대비하기 위한 장성을 쌓았다. 전국시대가 끝나고 진이

진시황 병마용의 위용
ⓒ 조관희

천하를 통일하자 이에 큰 위협을 느낀 북방의 유목 민족들도 단결하여 흉노 민족을 결성하고 그들의 말로 천자를 뜻하는 '선우單于' 를 추대하고 진에 대항했다. 이에 시황제는 노장군 멍톈蒙恬, 몽념에게 태자인 푸쑤扶蘇, 부소와 함께 흉노를 격퇴하게 하고 옛 육국이 쌓아올린 장성을 보수하는 한편 서로 연결해 약 5,000여 리에 이르는 장성을 구축했다. 시황제가 새로운 제국을 수립한 뒤 여러 토목 공사를 벌였지만, 공사 규모나 그 의의를 놓고 볼 때 장성을 능가할 만한 것이 없을 정도로 장성의 규모는 대단했고, 그에 따른 부작용 또한 만만치 않았다. 아울러 이후 중국의 역대 왕조 가운데 대규모 토목 공사를 일으킨 왕조는 대개 그로 인한 부담을 이기지 못해 단명했다는 것 역시 역사의 교훈이라 할 만하다. 그 대표적인 예가 '대운하' 를 만든 수隋나라이다.

닝샤(寧夏) 지역에 남아 있는 전국시대 진 장성 ⓒ 조관희

강력한 중앙 집권책으로 국내의 통치가 안정을 찾고 궤도에 오르자 시황제는 문무백관을 수행하고 동방의 각지를 순행巡行하였다. 그는 타이산泰山, 태산 등 명산에 올라 자기의 공적을 찬미하는 글을 돌에 새겨 후대에 영원히 남기는 비를 세웠다. 시황제가 이러한 공적을 남길 수 있었던 것은 우연이 아니었으니, 그는 자신에게 무척 성실한 군주였다. 날마다 정해진 양의 문서를 읽고 일을 할 정도로 정력적인 활동을 했던 시황제였지만, 점차 노쇠해가는 육신을 의식해 불로장생을 꿈꾸고 생에 대한 강한 집착을 갖게 되었다. 하지만 그와 같은 집착이 자신의 사후에 대한 대책 마련에 소홀하게 만들었고, 이 때문에 어렵사리 수립된 중국 최초의 제국인 진은 돌이킬 수 없는 운명을 맞이하게 된다.

원래 시황제는 자신의 후계를 분명히 해두지 않았다. 자신의 불로장생을 믿었기 때문이기도 했지만, 후계자의 옹립으로 불필요한 다툼이 일까 저어해서이기도 했다. 하지만 기원전 211년 10월 동방 순행에 오른 시황제는 핑위안平原, 평원에 이르렀을 때 병이 들었고 사츄沙丘, 사구에 도착했을 때는 병세가 악화되었다. 자신의 죽음을 감지한 시황제는 자신의 명에 의해 멍톈과 함께 변방에서 흉노를 대비하고 있던 장자 푸쑤에게 "군은 멍톈에게 맡기고 셴양으로 돌아와 짐의 관을 맞아 장례를 치르라"는 조서를 남겼다. 하지만 조서를 사자에게 넘겨주기 전에 숨을 거두니, 기원전 210년 7월로 향년 50세였다. 천하 통일의 위업을 달성하고 불로장생을 꿈꾸었던 '황제'의 최후로는 너무도 느닷없고 허망한 최후였다.

시황제의 임종을 함께한 것은 둘째아들인 후하이胡亥, 호해와 자오가오趙高, 조고, 리쓰 등이었다. 평소 야심을 품고 있던 자오가오는 사람들로부터 덕망이 높아 자신이 다루기 힘들다 판단한 푸쑤 대신 평범한 인물인 후하이를 내세워 국정을 농단하기 위해 리쓰와 모의해 조서를 위조하였다. 위조한 조서에 의해 푸쑤는 자살을 하고, 멍톈은 반항하였으나 체포되었다가 그 역시 결국 자살했다. 어리석은 2세 황제는 실상 자오가오의 꼭두각시에 불과했고, 유일한 대항마였던 리쓰마저 자오가오의 음모에 걸려들어 비참한 최후를 맞게 되자 더 이상 거리낄 게 없는 자오가오는 마음껏 제 욕심을 채워나갔다. 이때 자오가오가 2세 황제를 무시하고 자기 마음대로 국정을 오로지하던 것에 대해 『사기』에는 다음과 같은 기록이 남아 있다.

"자오가오가 모반을 일으키려 하였다. 그러나 여러 신하들이 따라주지 않을 것이 두려웠다. 이들을 시험하기 위해, 사슴을 2세 황제에게 바치면서 말하였다. '이것은 말입니다.' 2세 황제가 웃으며 말했다. '승상이 잘못 본 것이오. 사슴을 일러 말이라 하오?' 趙高欲爲亂 恐群臣不聽 乃先設驗 持鹿獻於二世曰馬也 二世笑曰 丞相誤邪 謂鹿爲馬"

그런데 2세 황제가 말을 마치고 주위를 둘러보니 잠자코 있는 이도 있었지만, 황제의 말에 긍정하는 이도 있었고, 아니라고 부정한 사람도 있었다. 자오가오가 나중에 자신의 말을 부정한 이들을 죄를 씌워 죽여버리니, 그 뒤 궁중에는 자오가오의 말에 반대하는 이가 없었다고 한다. 유명한 "사슴을 가리켜 말이라 한다指鹿爲馬"는 고사가 바로 여기서 나온 것이다.

시황제는 통일을 완성한 뒤 이를 유지하기 위해 군대와 관료 기구를 만들고, 대규모의 전쟁을 일으키는 한편, 대형 토목 공사를 크게 일으켰다. 여기에 소요되는 엄청난 비용과 인력을 충당하기 위해 백성들에 가해진 수탈은 극에 달했지만, 법치를 앞세운 가혹한 폭정 앞에 불만을 드러낼 수 없었다. 곧 진나라 왕조의 붕괴는 겉으로 드러나지 않은 내부적 모순과 폭정에 의해 사실상 시황제의 통일 사업의 완성과 동시에 진행된 것이라고도 할 수 있다. 그래서 서한西漢의 자산賈山, 가산은 문제文帝가 자신에게 난을 다스리는 방책을 묻자, 진대에 "도적의 무리가 산에 가득했던" 상황을 말하면서, "시황제가 자리에 있던 바로 그때, 천하는 이미 무너지고 있었으나, 황제 자신은 그것을 알지 못했다秦皇帝身在之時, 天下已壞矣, 而弗自知也"고 말했던 것이다. 또 진나라 말기에 태어났던 한대의 유명한 학자 쟈이賈誼, 가의; 기원전 201~169년는 진나라의 통치에 대한 비판적 성찰을 담은 자신의 글, 『과진론過秦論』에서 다음과 같이 말한 바 있다.

> 본래 작은 영토와 만승의 군사력밖에 없었던 진나라가 8주의 동급인 여섯 제후로부터 조회를 받은 지 100여 년이 되었다. 그 뒤 여섯 방향 내의 모든 것을 다 집으로 삼고, 샤오산殽山, 효산과 한구관函谷關, 함곡관을 요새로 삼았는데, 일개 필부가 난을 일으키자 칠묘七廟가 무너지고 천자天子가 다른 사람의 손에 의해 죽임을 당하여 천하의 웃음거리가 되었다. 어째서인가? 인仁과 의義를 베풀지 않고 천하를 공격하

> 여, 권력을 탈취하는 것과 권력을 지킬 때의 차이를 인식하지 못했기 때문이다.

자이의 글은 정확한 현실 인식에 바탕하고 있다는 장점 외에도 중요한 사실 한 가지를 시사하고 있다. 그것은 바로 창업創業의 어려움보다 수성守成의 어려움이 더 크다고 하는 역사의 교훈이다. 물론 육국의 혼란을 종식하고 중국 최초의 통일 제국을 세우는 것도 어려운 일이긴 하나, 그보다 더 중요한 것은 그렇게 이룬 패업을 유지하고 지켜나가는 것이라는 사실을 이후의 중국 역사에서 여러 번 확인하게 된다. 시황제의 생존 시에는 그의 위엄과 권위에 눌려 겉으로 드러나지 않았던 불만과 원한이 시황제의 사후 어리석은 2세 황제가 즉위하고 권력욕에만 눈이 멀어 있던 자오가오가 정권을 농단하자 기다렸다는 듯이 한꺼번에 분출하게 된다.

홍문지회와 패왕별희

최초의 반란은 2세 황제가 즉위한 다음해인 기원전 209년에 일어났다. 주모자였던 천성陳勝, 진승과 우광吳廣, 오광은 수졸戍卒의 편성 단위인 둔屯; 1둔은 5명의 장이었다. 당시 700여 명의 동료 수졸들과 위양漁陽, 어양: 오늘날 베이징 서북쪽 미윈(密雲, 밀운)으로 향하던 중, 다쩌샹大澤鄕, 대택향: 오늘날 안후이성 쑤현(宿縣, 숙현)에 이르렀을 때, 큰 비를 만나 지체하는 바람에 기일 내에 도착할 수 없는 지경이 되었다. 이에 천성과 우광은 어차피 제때 도착하지 못해 죽게 되나 모반죄로 사형을 당하나 마찬가지이니 인솔자를 죽이고 봉기할 것을 모의했다. 이때 천성은 겁에 질린 농민들에게 "왕이나 제후, 장군이나 재상이라 해도 모두 우리와 같은 인간"이라고 설득해 중국 역사상 최초의 대규모 농민 기의를 일으켰다. 순식간에 세력을 불린 기의군은 기세를 올려 진을 공격했으나, 애당초 큰 군사를 이끌 만한 경험이 부족한 데다 결단력까지 약한 천성과 우광의 기의는 실패로 돌아가고 말았다. 하지만 기의군은 비록 실패했어도 진나라에 반대하는 세력들은 오히려 곳곳에서 떨치고 일어나 진나라에 타격을 입혔다.

그 가운데 가장 큰 세력이 옛 초楚의 명장이었던 샹옌項燕, 항연의 아들 샹량項梁, 항량과 그의 조카 샹위項羽, 항우였다. 신장이 8척이고, 동으로 된 정鼎을 쉽사리 들어올릴 정도의 괴력을 지녔던 샹위는 어려서 고아가 되었는데, 초가 망하자 숙부인 샹량을 따라 우吳, 오; 오늘날 장쑤 성(江蘇省, 강소성) 쑤저우(蘇州, 소주) 땅으로 망명했다. 어렸을 때 문자나 검술을 익혔지만 어느 것 하나 제대로 하는 게 없어 질책을 받자, "문자는 자신의 이름을 쓸 정도면 충분하고, 검술은 한 사람만을 상대할 수 있을 뿐이다. 나는 만인을 상대하는 방법을 배우고 싶다"고 호언했다 한다. 또 시황제가 순행 도중 우 땅에 들렀을 때, 샹위는 행렬을 보고 "저 놈을 대신해 내가 천하를 취하겠다"고 외쳤다 한다. 조용히 때를 기다리던 샹량과 샹위 두 숙질은 천성 등이 봉기했다는 소식을 듣고, 그 해 9월 구이지會稽, 회계 태수를 죽이고 거병하여 강동江東의 청년 8,000명을 이끌고 북으로 진격했다.

비슷한 시기에 페이沛, 패 땅의 펑이豊邑, 풍읍 출신인 류방劉邦, 유방이라는 자가 있어, 현의 하급 관리였던 샤오허蕭何, 소하와 차오찬曹參, 조참, 판콰이樊噲, 번쾌 등과 함께 페이 출신의 젊은이 3,000명을 모아 기병하였다. 류방은 원래 정장亭長이라는 말직을 맡고 있었는데, 2세 황제 초에 인부를 리산릉驪山陵, 여산릉의 공사에 징발하는 임무를 맡았다. 그런데 도중에 인부들이 잇달아 도망치자 어차피 인솔자로서 죄를 면하기 어렵다고 판단한 류방은 전원에게 술자리를 베풀어 풀어주고는 자신은 숲 속으로 도망쳐 초적이 되었다. 마침 천성이 봉기했다는 소식을 듣고 사람들과 협력해 페이의 현령을 죽이고 스스로 페이 공沛公, 패공이라 칭하고 거병한 것이다.

천성이 거병했다는 소식을 듣고 그에게 달려가던 샹량과 샹위는 기의한 지 반년 만에 천성이 죽었다는 소식을 듣고 각지의 반란군을 결집해 초왕의 손자를 회왕懷王으로 옹립하고 자신들의 맹주로 삼았다. 그러나 이듬해에 샹량이 전사하자, 초나라 군사는 샹위와 류방이 중심이 되었다. 회왕은 펑청彭城, 팽성: 오늘날 장쑤 성 쉬저우 시(徐州市, 서주시)에서 셴양을 치기 위해 길을 나서는 샹위와 류방 두 사람에게 먼저 한구관函谷關, 함곡관에 들어가 관중關中을 평정하는 이를 왕으로 삼을 것을 제안했다. 북으로 향한 샹위는 쥐루鉅鹿, 거록: 오늘날 허베이 성 핑샹 현(平鄕縣, 평향현)에서 진나라 군사를 격파하고 20만 대군을 이끌고 있던 진의 맹장 장한章邯, 장한의 항복을 받아냈다. 하지만 셴양에 먼저 도착한 것은 남로를 택한 류방의 군사였다.

당시 진은 3세인 진왕秦王 쯔잉子嬰, 자영이 막 즉위해 있었다. 원래 2세 황제 즉위 후 자오가오와 리쓰 두 사람이 권력을 장악했다가 둘 사이에 불화가 생겨 자오가오의 손에 리쓰가 죽임을 당하고 자오가오가 정권을 장악하고 전횡을 일삼았다. 하지만 반란군이 셴양을 노리고 압박해오자 책임 추궁을 면하기 위해 자오가오는 2세 황제를 죽이고 그 아들인 쯔잉을 진왕으로 옹립했던 것이다. 뒤에 쯔잉은 자오가오를 의심해 그와 그 일족을 주살하고, 이미 관중에 들어선 류방의 군사에 항복하니, 천하 통일의 위업을 이룬 진秦 왕조는 만세까지 가리라던 시황제의 호언에도 불구하고 3세 16년 만에 망하고 말았다.

셴양에 들어선 류방은 관대한 처분을 내렸다. 항복한 진왕 쯔잉을 죽이지도 않았거니와, 함부로 백성들의 재물에 손대지 못하게 하여 인심을 얻었다. 아울러 진의 가혹한 법을 폐지하고 단지 살인자에게는 사형을 내리고, 사람을 해치거나 도둑질한 자는 그에 상응하는 벌을 줄 뿐이라는 '약법 3장約法三章'을 선포해 사람들을 안심시켰다. 그러나 류방은 자신이 보유한 세력으로는 천하를 제패할 수 없다는 사실을 정확히 알고 있었다. 이에 샹위의 군대가 셴양에 들어오기 전에 자신의 군대를 셴양 동쪽의 바상灞上, 파상으로 물리고 샹위를 기다렸다. 한 걸음 늦게 입관한 샹위의 40만 군사는 바상에서 20여 킬로미터 떨어진 훙먼鴻門, 홍문에 진을 쳤다. 파죽지세의 샹위 군대는 일거에 류방의 군사를 쓸어버리고 셴양으로 진격할 태세를 갖추고 있었다. 절체절명의 위기에서 류방은 샹위의 진영에 들어가 자신은 샹위에 대항할 뜻이 없다는 의사를 밝힌다. 이것이 유명한 '훙먼의 만남鴻門之會, 홍문지회' 이다.

이때 자만심으로 가득찬 샹위는 모사謀士인 판쩡范增, 범증이 이 기회에 류방을 죽여 후환을 없애라는 충고를 듣고도 우유부단하게 머뭇거렸다. 판쩡이 사태를 그르칠까 두려워, 샹위의 사촌동생인 샹좡項莊, 항장을 시켜 검무를 추게 하니, 류방이 위태롭다고 판단한 류방의 모사 장량張良, 장량이 밖에 대기시키고 있던 판콰이를 불러들였다. 일촉즉발의 순간 짐짓 호기를 부리며 샹위가 판콰이에게 술을 내리자, 판콰이는 그가 내리는 한 말들이 큰 술잔을 단번에 들이켜고 피가 뚝뚝 떨어지는 돼지고기를 칼로 썰어 모조리 먹어치웠다. 그 기세에 눌린 샹위가 "장사로다. 다시 한 잔 할 수 있겠는가?"라고 묻자, 판콰이는 다음과 같이 대답한다.

> "죽음도 두려워하지 않는 제가 어찌 술을 사양하겠습니까? 저의 주군인 페이 공은 먼저 진군을 쳐부수고 셴양에 들어왔습니다. 어려움도 많이 겪었고 공로도 누구보다 많습니다. 당연히 영토와 작위를 받아야 할 것이거늘 그것이 없을 뿐 아니라 오히려 장군께서는 하찮은 인간들의 말을 참말로 받아들여 이렇게 공이 많은 페이 공을 죽이려 하십니다. 그렇다면 이미 망해버린 진나라의 방도와 다를 게 무엇입니까? 결국 진나라의 행패와 같아질 것이니 그 결과가 좋지 않을 것은 뻔합니다. 진정으로 장군의 행동에 찬성할 수 없습니다."

홍먼지연도(鴻門之宴圖)

이에 샹위가 아무 말 못하고 머뭇거리는 사이 류방은 자리를 떠나 말을 타고 바상의 자기 진영으로 돌아와 위기를 벗어난다. 흔히 '초와 한의 싸움楚漢之戰' 이라 부르는 샹위와 류방의 천하를 두고 벌이는 건곤일척의 쟁패는 사실상 여기서 그 승부가 갈렸다고 봐야 한다. 류방이 탈출한 뒤 샹위의 모사인 판쩡은 발을 동동 구르며 애석해했지만 이미 지나간 일이 되어버렸다.

뒤늦게나마 셴양에 들어간 샹위는 항복한 진왕 쯔잉과 진의 종족들을 죽이고 셴양의 궁궐을 모두 불태워버린 뒤 재물을 약탈해 부하 장수들에게 나누어주었다. 이때 아방궁도 불타 없어졌다. 샹위는 회왕을 의제義帝에 봉한 뒤 자신은 '서초 패왕西楚霸王' 이라 칭하고 펑청彭城, 팽성에 도읍했다. 아울러 시황제가 확립한 군현제를 부정하고 전국시대의 옛 체제를 부활시켜 공적이 있는 장군 등 18명을 왕으로 삼아 전국에 분봉했는데, 류방은 당시로서는 오지인 바수巴蜀, 파촉와 한중漢中, 한중 땅을 분봉받았다. 하지만 역사의 흐름을 거스르는 구 체제앙샹 레짐로의 복귀를 뜻하는 샹위의 이러한 조처들은 결국 많은 사람들의 불만을 샀을 뿐 아니라 전국시대의 군웅할거의 국면이 재연된 결과가 빚어졌다. 한중 땅에서 5년 간 권토중래하며 힘을 기르던 류방은 드디어 논공행상에 인색한 샹위의 처사에 불만을 품고 있던 제국諸國과 연합해 샹위에 대항했는데, 이것은 사실상 진이 망한 뒤, 샹위를 주축으로 하는 구 귀족 세력과 류방을 앞세운 신흥 농민 세력 간의 싸움이라 할 수 있다.

비록 전투에서는 샹위가 류방을 압도했으나, 안정된 보급로를 확보하지 못했던 샹위의 군사는 시간이 갈수록 장기 소모전을 치르며 곤경에 처했다. 이에 반해 류방은 장량의 지모와 한신韓信, 한신의 용병, 그리고 샤오허蕭何, 소하의 보급을 바탕으로 시시히 샹위의 목을 졸랐다. 기원전 202년 류방과 한신, 펑웨彭越, 팽월 등은 샹위를 공격해 가이샤垓下, 해하: 지금의 안후이성 링비현

(靈壁縣, 영벽현)에서 상위의 군사를 포위했다. 궁지에 몰린 상위의 군사를 흔드는 것은 사방에서 들리는 초나라 노래였다. 이른바 '사면초가四面楚歌' 에 몰린 상위는 한밤중에 일어나 주연을 차리고 만감에 젖어 시를 읊었다.

힘은 산을 뽑을 정도고 기세는 천하를 뒤덮었다네.
사세가 불리해서일까? 주이騅, 추마저 달리지 않네.
주이마저 달리지 않으니, 내 이를 어찌 할 거나.
위虞, 우여, 위여! 그대는 또 어찌할 거나.

주이는 상위가 타고 다니던 천하의 명마이고, 위는 상위가 아끼는 애첩이었다. 상위가 노래를 마치자 위는 칼을 뽑아 자신의 목을 찔러 자결하고 만다.

상위는 그날 밤을 도와 800기를 데리고 포위망을 뚫고 남쪽으로 향했다. 하지만 한나라 군사의 추격에 병사를 잃어 우장烏江, 오강에 이르렀을 때는 28기만 남아 있을 뿐이었다. 중국의 유명한 학자인 궈모뤄郭沫若, 곽말약는 이때의 정황을 특유의 필치로 절절하게 그려냈다.◉

◉ 궈모뤄, 신진호 옮김, 「하늘은 초패왕을 버렸는가?」, 『족발』, 사회평론, 1995. 71쪽~84쪽.

연일 내린 폭설로 우쟝 포烏江浦, 오강포 부근의 강변이 온통 새하얗게 덮였다. 맞은 편의 뉴주산牛渚山, 우저산과 바이비산白壁山, 백벽산 일대는 고만한 기운의 흰빛을 띠며 이제 막 솟아오른 이른 아침의 태양에 저항하고 있었다.

온 사방에 인적은 끊어지고 새 한 마리조차 날지 않았다.

주변의 마을은 요사이 치러한 전쟁 때문에 사람들이 모두 도망가버린 상태였다. 귀와 눈이 미칠 수 있는 영역 안에서는 한 줄기 밥짓는 연기도 보이지 않았고 새소리도 들리지 않았다.

……

패왕별희(霸王別姬)

갑자기 서북쪽으로부터 희미한 소리가 들려왔다. 그것은 넓은 바다 한가운데서 강가로 밀려오는 파도소리와도 같았다. 계속해서 밀려오던 소리는 점점 커지면서 또렷해졌다.

어지러운 말발굽소리였다.

이 말발굽소리는 마침내 강변까지 밀려왔고 사람과 말들이 시야에 들어왔다. 모두 스물일곱 명의 사람과 스물일곱 마리의 말이었다.

……

달려올 때 그들의 기세는 맹렬했지만 일단 말에서 내리고 나자 사람이며 말의 모습은 매우 지쳐 보였다. 스물일곱 명의 사람과 스물일곱 마리의 말은 모두 상처를 입고 있었다.

……

우두머리인 그 거한은 키가 7척 정도 되어 보였으며, 그들 가운데 가장 힘이 세어 보였다. 그의 말 역시 주인에게 걸맞는 준마였다. 말은 마치 눈 앞의 장강이 그의 빠른 걸음을 제지시킨 것을 원망하는 것 같았다. 우뚝 서서 계속 앞발로 모래톱을 차면서 뿌연 김을 뿜어대며 줄곧 울부짖었다.

……

그 거한은 잔뜩 충혈된 두 눈을 치켜 뜨고는 분노하듯 장강을 노려보았다. 그리고는 다시 동행한 사람들을 내려다보았다.

하지만 울부짖고 있는 말 이외에는 아무도 소리를 내지 않았다.

얼마 지나지 않아 근방에 있는 조그만 나룻터에서 노 젓는 소리가 들려왔다.

……

나룻터에서 덮개가 없는 조그마한 배 한 척이 오고 있었다. 노를 젓고 있는 사람은 중년의 남자였다. 뱃사람처럼 차리기는 했지만 풍모가 여느 뱃사람과는 달라 보였다. 그의 생김새는 여위었으나 넓은 이마 아래 두 눈에선 지혜 어린 광채가 발하고 있었다.

"대왕."

사공이 말했다.

"제가 틀리지 않았을 거라 믿습니다. 당신은 분명 우리의 서초패왕이십니다. 어서 배에 오르십시오. 뒤를 쫓아오는 병사들이 곧 들이닥칠 것입니다."

'대왕' 이라 불리운 그 거한은 바로 '서초패왕' 이라 자칭하던 샹위項羽, 항우였다. 긴장하고 있던 그의 얼굴은 점점 놀라고 의아해 하는 기색이 역력해졌다.

"그대는 도대체 누구인가?"

침착하고 중후한 목소리로 배를 향해 소리쳤다.

"저는 이 우쟝의 정장입니다. 이름은 나중에 말씀드리지요. 여기 우쟝 근처에 살고 있던 사람들이 일찌감치 모두 다 도망가버려 이 조그만 배 한 척만이 겨우 남아 있을 뿐입니다. 어젯밤에 대왕 일행께서 진에 도착하셨을 때 저는 야음을 틈타 이 배를 마련하여 잘 치워놓고 여기서 기다리고 있었습니다. 어서 배에 오르십시오.……"

하지만 샹위는 배에 올라 몸을 피하라는 정장의 말을 거부한다. 궈모뤄는 이 대목을 쓰마첸이 『사기』 「샹위본기項羽本紀, 항우본기」에서 기록한 것으로 대신하고 있다.

'이것은 저항할 수 없는 것이다. 저항할 수 없는 것이다. 하늘이 나를 망하게 한다면 저항할 수 없는 것이다. 나는 숙부와 더불어 구이지會稽, 회계에서 군사를 일으켰다. 우리가 8,000명의 강동 젊은이를 이끌고 강을 건너 싸우기를 8년, 70여 차례의 싸움을 치르고 난 지금엔 모두들 죽고 아무도 남지 않았다. 숙부께서도 일찍이 딩타오定陶, 정도에서 전사하셔서 이제 나 혼자만이 남았다. 나 혼자 강동으로 돌아가 설령 강동의 노인들이 나를 가엾게 여겨 왕으로 추대할지라도 내가 무슨 면목이 있어 그들과 만날 수 있겠는가?

결국 샹위는 뒤쫓아온 한나라 군사와 마지막 일전을 치르고 스스로 생을 마감한다.

샹위가 치열한 접전을 벌이는 동안 부하 스물다섯 명은 이미 모두 전사하였다. 그리고 그 자신도 머리와 발에 숱한 상처를 입었다. 그는 짧지만 굵게 살아왔던 그의 생애도 곧 마감해야 한다는 것을 잘 알고 있었다.

……

정장이 외쳤다.

"대왕께서 목을 베셨습니다. 검은 투구와 갑옷의 시체 더미 속에 쓰러지셨습니다."

정장의 얼굴에도 비통에 젖은 눈물이 흘러내렸다. 그는 차마 더 이상 볼 수가 없는 듯 말에서 내려 닻을 올리고는 강심을 향해 배를 저었다.

사서에 의하면 그의 목을 차지하기 위해 다투다 수십 명이 밟혀 죽었으며, 상위의 시신은 다섯 동강이로 나뉘었고, 시신의 각 부분을 차지한 장수들은 공훈을 인정받아 후한 상을 받았다고 한다.

최후의 승자가 된 류방은 기원전 202년 여러 제후들과 장수들의 추대로 딩타오 근처 쓰수이氾水, 사수에서 황제의 자리에 올랐다.

전제 군주의 이상형, 한 고조 류방

애초에 시골의 하급 관리에 불과했던 류방이 혼란기를 틈타 자기 세력을 구축하고 마침내 천하를 제패하여, 이후 전한前漢 207년, 후한後漢 195년, 도합 402년에 걸쳐 중국 역사상 최장 기간 존속했던 왕조를 수립할 수 있었던 것은 그의 정치 감각이 그만큼 탁월했다는 것을 의미한다. 중국 최초의 통일 제국을 수립했던 진시황 역시 개인적인 능력이나 역사상 이룬 공적은 대단했지만, 그가 세운 제국은 고작 16년 만에 역사의 뒤안길로 사라져버렸으니, 이것이야말로 새롭게 이루는 것創業보다, 이룬 것을 지키는 게守成 더 어렵다는 것을 여실히 보여주는 또 하나의 예라 하겠다.

일시적으로 중국사에 명멸했던 수많은 왕조들 가운데 진시황이 천하를 통일한 이후 일정 기간 중국 땅 전체를 지배했던 왕조는 막상 그리 많지 않은 게 사실이다. 기껏해야 618년으로부터 907년까지 289년 간 이어온 당唐이나, 1616년부터 1911년까지 295년의 청淸, 1368년부터 1644년까지 276년의 명明, 960년부터 1127년까지 167년의 북송北宋, 1260년으로부터 1367년까지 107년의 원元, 265년부터 316년까지 51년의 서진西晉

정도가 있을 뿐이다. 그리고 이들 왕조를 열었던 인물들은 대부분 귀족 출신이나 최소한 지방의 호족 출신이었다. 명 태조 주위안장朱元璋, 주원장만이 탁발승이라는 비천한 신분이긴 했어도 무학에 가까운 류방에 비하면 그나마 식견이 있는 지식 계층이라 할 만하다.

그럼에도 류방이 천하를 제패할 수 있었던 것은 주위 사람의 의견을 받아들이는 포용력이 있었고, 능력 있는 자가 자신의 실력을 마음껏 발휘할 수 있게 했기 때문이다. 한번은 유가 쪽 인물인 루자陸賈, 육가가 『시경』과 『서경』의 한 대목을 인용해 상주하자, "나는 말 위에서 천하를 제패했으니, 『시경』이나 『서경』과 같은 따위의 덕을 본 게 아니다"라고 말했다. 이에 루자는 "말 위에서 천하를 취할 수는 있어도 말 위에서 천하를 다스릴 수는 없다"고 대답했다. 류방은 그의 간언을 받아들이고 그에게 천하를 다스리는 계책을 세우도록 했다.

하지만 이 정도에서 그쳤다면 아마도 그 역시 역사의 무대 위에 조연으로 남았을 것이다. 류방은 제업帝業을 완수할 때까지는 정치나 군사를 담당한 장상將相들에게 거의 전권을 맡겨놓았지만, 일단 황제의 자리에 오른 뒤에는 자신의 후손들에게 조금이라도 위협이 될 만한 이들은 가혹하게 제거하는 냉혹한 모습을 보였다. 그 대표적인 인물이 류방의 측근 가운데 가장 군공軍功이 컸고 그에 걸맞는 강한 군사력을 보유했던 한신이었다. 류방은 결국 계책을 써 한신을 사로잡아 수도인 창안長安, 장안으로 데려왔다. 이때 한신은 자신의 처지를 한탄하며 말했다. "날쌘 토끼를 모두 잡고 나니 그 토끼를 쫓던 개가 쓸모 없게 되어 삶아 먹히고, 하늘 높이 나는 새를 모두 잡고 나니 그 새를 잡는 데 사용했던 강한 활도 창고에 처넣어진다. 적국을 멸망시키고 나니 지략이 뛰어난 신하는 더 이상 소용이 없어 죽이는구나!" 이것이 유명한 "토사구팽兎死狗烹"이라는 고사의 유래이다.

이후 전개되는 중국 역사에서는 창업과 수성을 두고 벌어지는 드라마틱한 장면들이 계속해서 반복해 나타난다. 진秦나라의 뒤를 따랐던 수隋나라는 수성守成에 실패해 겨우 2대에서 명맥이 끊겼고, 류방을 군주의 이상형으로 여기고 그를 따랐던 명 태조 주위안장은 즉위한 뒤 "날쌘 토끼" 격인 공신들과 주변인물들을 약 10만 명 가량을 처단했다. 하지만 주위안장의 경우 너무 많은 사람들을 죽여 후대 역사가들로부터 후한 평가를 받지 못했다. 류방의 경우에는 잔인하다는 느낌보다 어쩔 수 없는 상황 때문에 그렇게 해야만 했다는 인상을 주었는데, 이 때문에 류방은 중국 역사상 최대의 정치가로 평가되기도 한다. 고조는 사람을 등용해 부릴 때는 관인대도寬仁大道한 면모를 보였지만, 그 이면에서는 철저하게 이해득실을 따졌던 것이다. 동시에 이 모든 것을 자연스럽게 진행했기에 중국 역사에서 류방은 이상적인 군주의 전형으로 떠받들어지고 있다.

고조의 사후 병약한 혜제惠帝가 즉위했으나, 모후母后인 뤼 태후呂太后, 여태후가 권력을 휘둘렀고 혜제가 일찍 죽자 다시 나이 어린 황제를 세우고 뤼씨 집안 일족이 정권을 휘둘렀다. 하지만 뤼 태후가 세상을 떠나자 한의 공신들이 문제文帝를 옹립하고 뤼 씨 일족을 남김 없이 제거해 다시 황제의 권위를 세울 수 있었다.

한 무제의 치적

한 고조는 오랜 전란으로 피폐해진 백성들 삶을 회복하는 것을 우선 순위로 삼았다. 그리하여 요역이나 조세의 부담을 경감시키고 진의 가혹한 법도 대부분 폐지하거나 완화하였다. 아울러 루자陸賈, 육가의 진언을 받아들여 '황로무위黃老無爲'의 정치 사상을 주요 정책 기조로 삼았으니, 이러한 기풍은 이후 문제文帝와 경제景帝가 계승해 한초漢初 '여민휴식與民休息'의 각종 조치가 시행되어 한동안 평안한 시기가 이어졌다. 그리하여 한 왕조가 세워진 지 50여 년 만에 제국은 생산 기능을 회복하고 전쟁의 상흔 역시 치유되었다.

무제武帝는 이런 시기에 즉위해 한 왕조 역사상 최전성기를 구가하게 된다. 쓰마첸은 『사기』에서 무제가 황제의 자리에 올랐을 당시의 사회 상황을 다음과 같이 묘사했다.

> 백성의 부뚜막은 풍성하며, 군이나 현의 창고에는 곡물과 화폐가 충만해 있다. 중앙의 국고에는 매우 많은 돈이 쌓였고, 돈을 꿰는 끈이 썩어 셀 수 없었다. 또한 조정의 곡물 창고에는 곡물이 산처럼 쌓이고 또 쌓여 남는 곡물은 비를 맞아 부패해 먹을 수 없는 지경이었다.

◉ 발레리 한센, 신성곤 옮김, 『열린 제국: 중국 고대—1600』, 까치, 2005. 147쪽.

마왕두이 한묘漢墓의 발굴

문화대혁명이 한창이던 1972년 중국 후난성(湖南省, 호남성) 창사 시(長沙市, 장사시) 인근 마왕두이(馬王堆, 마왕퇴)에서는 오래된 무덤들을 발굴하고 있었다. 무덤의 주인은 한나라 초기 창사국(長沙國, 장사국) 승상으로 임명되고 열후(列侯)를 제수받은 리창(利蒼, 이창)이란 인물이었다. 리창의 무덤은 이미 오래전에 도굴되어 남아 있는 게 별로 없었지만, 그 옆에 있는 1호 묘와 3호 묘의 경우는 묘의 깊이가 깊어 도굴을 피할 수 있어 거의 온전하게 남아 있었다. 모든 발견이 그러하듯 이 묘 역시 우연한 사건으로 세상에 모습을 드러냈다. 바로 전 해인 1971년 인근에서 방공호를 파던 군인들이 잠시 휴식하느라 담뱃불을 부치는 순간 갑자기 한 줄기 가스가 지하에서 솟구쳐 올라 담뱃불에 옮겨 붙었다. 이렇게 해서 발견된 마왕두이 한묘는 한대 초기 무렵 사람들의 생활상에 대해 많은 것을 우리에게 알려주었다.

특히 사람들의 주목을 끌었던 것은 1호 묘의 주인인 리창의 아내 다이후(軑侯, 대후) 부인의 시신이었다.

"관 안에는 여성의 시신이 자수를 놓은 비단과 직물로 스무 겹이나 둘둘 말려 싸여 있었다. 사망한 여성은 키 154센티미터, 몸무게 34.3킬로그램이었다. 시신의 외형은 본래대로 완전하였고, 피부는 말랑말랑하였으며, 근육은 탄력이 있었다. 옅은 황색의 피부와 검은 머리털을 가진 이 사체는 속눈썹이 뚜렷하였고, 왼쪽 귀의 고막도 완전하였으며, 굳은 피가 동맥에 그대로 있을 정도였다. 2.000년 이상이나 시신이 썩지 않고 이렇게 잘 보존된 것은 기적이었다."◉

혈액형이 A형인 다이후는 나이가 약 50여 세로 추정되었고, 가발을 쓰고 있었으며, 선천적 담낭 기형에 결핵을 앓은 적이 있었고 동맥경화에 류머티즘을 앓고 있었다. 지문을 채취할 수 있을 정도로 시신이 완벽하게 보존될 수 있었던 것은 그의 무덤이 외부 세계와 철저하게 차단되어 거의 밀봉 상태를 유지할 수 있었기 때문이었다. 묘실은 땅을 파서 조성된 것이 아니라 판축 공법으로 땅 위 2배 정도의 높이로 쌓아올

마왕두이 백화(帛畵)

려 굳힌 뒤, 그 위로부터 파내려 가는 방법으로 조성되었다. 스무 겹으로 둘러싸인 시신이 네 겹의 목관에 안치되어 다시 곽에 넣어졌다. 최고 품질의 목재는 휘거나 갈라짐이 없었고, 이음새 부분은 못을 사용하지 않고 요철로만 처리했는데, 한 치의 오차도 없이 딱 들어맞았다. 관곽은 옻칠로 마감되었고, 이것을 5톤 정도의 두터운 목탄 층으로 둘러싼 뒤 다시 백토로 채웠다.

출토된 껴묻거리(副葬品)도 거의 완벽하게 원형을 보존하고 있었다. 그 가운데 다이후 부인의 관 위에 덮혀 있는 3개의 다른 직물을 합쳐서 만든 T자형 비단 그림(帛畵)은 당시 사람들의 세계관을 여실히 보여주고 있다.

"백화는 위아래로 장면이 나뉘어 있다. 하단의 좁은 부분의 그림에는 다이후 부인이 지팡이를 짚고 서 있고, 두 남자가 앞에서 무릎을 꿇고 있으며, 그녀의 뒤쪽에는 3명의 여성이 서 있는 모습이 그려져 있다. 이 광경은 그녀의 백(魄)이 지하 무덤에서 살아갈 예정임을 보여준다. 그녀의 모습 아래에는 연회 장면이 보이는데, 땅 위에 커다란 의례용 용기가 모두 갖추어진 그런 연회이다. 시종들은 평평한 낮은 탁자의 측면에 서 있다. 똑바로 세워진 젓가락을 넣은 그릇은 이것이 죽은 자에게 바치는 것임을 보여주며, 실제로 둘둘 말아서 싼 시신은 낮은 탁자에 놓여 있는 둥근 물체이다. 그녀의 친척들은 백화에서 묘사하고 있듯이 그녀의 백이 무덤에 남을 수 있기를 바랐고, 바로 밑에 보이는 지하 세계로 여행하지 않기를 희망하였다. 지하 세계는 서로 꼬여 있는 쌍둥이 물고기 옆에 두 마리의 염소가 그려진 형상이다.

모든 연구자들은 위쪽 부분이 불사의 세계를 보여준다는 견해에 동의하였다. 불사의 세계 입구는 모자를 쓴 두 명의 인물이 지키고 있다. 이 인물들은 각 개인에게 할당된 수명을 기록한 책자를 가진 저승신들일 것이다. 위쪽 부분의 왼쪽에는 달이 걸려 있는데, 달 거주자의 상징은 두꺼비와 토끼이다. 위쪽 부분의 오른쪽은 태양이고, 이에 상응하는 상징은 까마귀이다. 태양 아래 비어 있는 10개의 둥그런 원반은 까마귀가 머무는 여러 장소를 나타내는 것 같다. 백화의 위쪽에 그려진 뱀을 타고 있는 인물은 불가사의하다. 어떤 학자들은 이 인물이 불사의 세계를 관장하는 여신인 서왕모(西王母)를 형상화한 것이라는 의견을 제시하였다. 그러나 좀더 설득력 있는 견해는 그녀가 바로 다이후 부인의 미래의 모습, 곧 불사의 여신을 보여준다는 것이다. 왼쪽에 있는 두 마리의 새와 오른쪽에 있는 세 마리의 새는 두 장면 밑 부분의 그림에서 그녀를 둘러싼 다섯 인물을 묘사한다. 지팡이는 사라지고 그녀는 더욱 젊어진 것 같다.

세 번째 장면은 죽음 이후의 다른 세 단계를 보여준다. 시신의 매장, 지하 세계에서의 생활, 불사신으로의 승천, 이 세 단계 사이의 관계를 설명할 만한 아무런 자료도 없지만, 이전에 청동기에 새겼던 다양한 문양과 같은 형식인 것으로 보아 밀접한 관련이 있을 것 같다. 말하자면 연대순으로 연속해서 일어난 것이 아니라, 거의 동시에 존재하는 행위이다. 다이후 부인의 백이 공포의 지하 세계로 여행하지 않고 무덤에 머무른 반면, 혼은 불사의 세계로 올라갔을 것이다. 그렇다면 T자형 백화는 다이후 부인의 사후 세계에 대한 모든 가능성을 설명해준다. 그러나 사람이 어떻게 불사의 세계로 올라갈 수 있는지는 설명하지 않았다. 이 질문은 아마도 모든 사람들의 가장 절실한 의문일 것이다."◉

아들의 무덤, 곧 3호 묘에서는 비단에 씌어진 책, 곧 '백서(帛書)'가 발견되었는데, 『노자(老子)』나 『춘추(春秋)』, 『전국책(戰國策)』과 같은 희귀본 등이 포함되어 있다. 흥미로운 것은 『노자』의 경우 현재 전하는 것은 순서가 「도경(道經)」과 「덕경(德經)」의 순으로 되어 있는데, 백서본은 반대로 「덕경」과 「도경」의 순서로 되어 있다는 것이다. 하지만 내용은 현전하는 책과 거의 완벽할 정도로 일치한다. 마왕두이 백서는 기왕에 전하는 책들의 경우 그 판본의 정확성을 뒷받침해주는 한편, 현재 전하지 않는 책들은 우리가 알지 못했던 사실들을 새롭게 알려주고 있다.

그러나 그런 와중에도 국내외적으로 모순과 갈등이 내재해 있었으니, 대표적인 것이 제후들의 세력이었다. 본래 한 왕조는 진의 제도를 대부분 계승했으나, 공신들에 대한 논공행상을 진행하면서 그들을 제후로 분봉했다. 그리하여 군현제와 옛 봉건 제도가 혼재하는 '군국제郡國制' 라는 어정쩡한 제도가 확립되었다. 이후에 고조는 앞서 살펴본 '토사구팽'의 술책으로 공신 제후들을 제거해나가는 한편, 그 자리를 류 씨 성바지로 충당함으로써 후환을 없애나가, 고조 말년에는 한초에 분봉한 류 씨 아닌 다른 성바지 제왕들이 거의 대부분 없어졌다. 하지만 같은 류 씨 성이라 해도 항상 관계가 좋을 수만은 없는 것이며, 특히 제후국의 힘이 강한 경우는 조정에 큰 위협이 되는 존재가 되었다. 이를 억누르기 위해 경제 때 제후들을 억압하는 정책을 시행했다가 제후국들이 들고일어나 반란을 일으켰다. 초기에는 한나라 조정이 제후국들의 위세에 눌렸으나, 개국 공신 저우보周勃, 주발의 아들 저우야푸周亞父, 주아보의 지연 전술에 말려 결국

◉ 발레리 한센, 앞의 책, 151~154쪽.

반란을 일으켰던 제후들이 모두 살해되고 반란은 3개월만에 평정되었다. 이것이 이른바 '오초칠국吳楚七國의 난' 이다.

경제의 뒤를 이어 기원전 141년 16세의 어린 나이로 황제의 자리에 오른 무제武帝는 48년이라는 보기 드문 장기간의 치세 동안 정치 · 문화적으로나 군사적으로 빛나는 업적을 남겼다. 그가 가장 먼저 힘쓴 것은 군국제의 폐해를 없애기 위한 강력한 중앙 집권제의 완성이었다. 오초칠국의 난 이후 제후들의 세력은 확실히 감소하였으나 완전히 없어진 것은 아니었다. 이에 제후 왕이 사망한 뒤에는 그 영지를 적장자뿐 아니라 다른 아들들에게도 나누어주도록 하는 '추은령推恩令' 을 반포해 봉지를 세분함으로써 제후국들이 세력을 키워 조정에 위협이 될 여지를 없애버렸다.

이와 함께 새로운 제국을 이끌어갈 관료 제도를 구축하기 위해 능력 있는 참신한 인재의 등용을 목적으로 하는 '선거 제도選擧制度' 를 실시했다. 이것은 지방마다 효행이나 덕행이 있고, 염치를 알며 직언과 극간極諫을 할 수 있는 인물을 추천케 하는 제도로 한 고조 때부터 시행되었으나, 초기에는 그 책임을 물을까 두려워 추천을 기피하였다. 이에 무제는 엄명을 내려 각 군국郡國에서 기준에 맞는 효렴孝廉을 한 명씩 추천하도록 하고, 추천된 사람들을 어전에 불러모아 『효경孝經』을 비롯한 경서와 정치에 대한 시험을 치르고 그 성적에 따라 소임을 주었다.

이로써 중국 역사상 최초로 황제를 정점으로 한 전제주의적 중앙 집권 국가 체제가 명실상부하게 확립되었는데, 이는 이 제도를 최초로 고안했던 진시황도 이루지 못한 것이었다. 이후 중국 역사상 명멸했던 수많은 왕조들은 비록 각각의 인재 선발 방식은 달랐으나, 기본적으로는 이러한 관료제를 유지하였고, 중국뿐 아니라 동아시아 주변국들에게도 막대한 영향을 주었다.

무제의 이러한 전제주의적 중앙 집권 국가 체제에는 이를 뒷받침하는 통치 이데올로기가 필요했는데, 그것이 바로 유교의 국교화였다. 무제 당시에는 고조 이래로 황로 사상이 팽배해 사회적으로 사뭇 무력한 기풍이 조성되었던 데 반해 수공업과 상업의 발달로 사치와 방종이 늘어갔다. 이에 느슨해진 사회 기강을 바로잡고 백성들을 교화하는 데 필요한 사회 지도 이념과 효렴제를 통해 방대해진 관료 계층에 걸맞는 정치 이념이 필요하게 되었다. 또 한漢나라 통치의 정당성과 왕조의 정통성을 이론적으로 뒷받침해줄 새로운 사상이 절실하게 요구되기도 했다.

당시에는 때에 맞추어 현량賢良이나 문학의 선비들을 소집한 뒤, 무제가 정치나 학문에 대해 출제하여 의견을 개진토록 하는 제도가 있었다. 이를 '대책對策'이라 하는데, 이러한 대책을 세웠던 사람들 가운데 동중수董仲舒, 동중서라는 이가 있었다. 그는 본래 『춘추 공양학』을 익혀 경제 때 박사가 된 학자였는데, '천인감응설天人感應說'이라는 독특한 주장을 펼쳤다. 이에 따르면, 우주의 주재자인 하늘로부터 명天命을 받은 황제는 하늘의 의사에 따라 지상을 지배하기에 황제는 인간 세계의 일뿐 아니라 자연 현상의 정상적이거나 비정상적인 운행에 대해서도 책임을 져야 한다. 만약 황제가 정치를 잘못하거나 부덕한 행위를 하게 되면 하늘은 재해를 내려 이에 대해 경고를 한다는 것이다.

하지만 '천인감응설'은 사실상 유가의 정통 이념이라기보다는 유가 가운데서도 동중수를 위시한 공양학파가 주장한 학설이었다. 유가의 본래 학설은 삼강오륜의 의해 존비고하尊卑高下의 차등적 사회질서를 윤리적으로 강조하고, 군주를 정점으로 한 사회의 가부장적 질서를 옹호하며, 충효를 역설하고 한의 통치자를 천명을 받은 군주로 부각시키는 것이었으니, 앞서 말한 한대 사회가 절실하게 요구했던 정치 사회 이데올로기로 부족함이 없었던 것이다. 특히 황제를 정치뿐 아니라 윤리나 종교 등의 중심에 두었기에, 중앙 집권 체제의 확립을 꾀했던 무제에게 강한 호소력을 가질 수 있었다. 한 무제가 둥중수에게 치세의 방책을 묻자, 둥중수가 이에 답한 내용이 『자치통감資治通鑑』 17권에 다음과 같이 기록되어 있다.

"『춘추』에서 말한 대일통大一統이라는 것은 천지의 상경常經이며, 고금을 관통하는 마땅한 도리입니다. 그런데 지금 스승들은 도를 달리하고, 사람들은 논지를 달리하며, 백가들은 다른 방향으로 나아가서 가리키는 것이 다르고 같지 아니합니다. 이렇게 해서는 위에서 일통을 가질 수 없어서 법률과 제도가 자주 바뀌고, 아래에서는 무엇을 지켜야 할지를 알지 못하게 됩니다. 신은 어리석지만 육예六藝의 과목 가운데 쿵쯔의 학술에 들어 있지 아니한 것은 모두 그 도를 끊어버리고, 아울러 그것들이 나아가지 못하게 해야 한다고 생각합니다. 그렇게 되면 사악하고 치우친 논설들은 사라질 것이고, 그런 다음에야 통일된 기강이 하나가 되고, 법과 제도는 밝아지며, 백성들은 무엇을 좇아야 할지 알게 될 것입니다."

무제는 둥중수의 건의에 따라 유학儒學을 국학으로 받들고, 유가의 경서인 『시詩』, 『서書』, 『예禮』, 『역易』, 『춘추春秋』를 연구하는 오경박사五經博士를 두었다. 아울러 '태학太學'을 설치하여 귀족의 자제들과 지방에서 추천을 받아 선발된 인재들에게 유가의 경전을 교수했다. 또 황실에서는 유가의 의례와 관습이 소개되어 실행에 옮겨졌고, 진시황의 분서갱유로 망실되었던 유가의 전적들을 수집 정리하기 시작했다. 이와 같이 유학이 국가의 중심 이데올로기로 떠받들어지고, 관리 임용을 위한 중요 시험과목이 됨에 따라 유학의 윤리와 도덕 및 관습이 사회에 침투 확산되기 시작했다. 하지만 여기서 한 가지 짚고 넘어가야 할 것은 앞서의 장에서 '왕도' 정치와 '패도' 정치에 대해 말한 바와 같이 중국은 명목상 내세우는 것과 실제로 시행하는 것 사이에는 항상 괴리가 있고, 이러한 양면성을 절묘하게 조화시키는 것이야말로 중국인들의 고유한 특성이라는 사실이다. 곧 겉으로 지향하는 것은 인의仁義에 입각한 백성들의 교화를 중시한 왕도王道 정치인지 모르지만, 실제로는 권모술수와 '토사구팽' 식의 냉엄한 현실 논리에 바탕한 '패도霸道' 정치로 나라를 통치해나갔다는 것이다.

같은 의미에서 무제 이후로 중국의 여러 왕조들이 겉으로는 '유가' 사상을 나라의 통치 이념으로 내세웠는지 모르지만, 일반 백성들은 오히려 도교道教나 불교와 같은 신앙에 의지해 살아갔으며, 통치자 역시 법가의 냉혹한 법치에 기대 나라를 다스렸다. 아무튼 무제 이후 국가의 지배 이데올로기가 된 유가 사상은 이후 2,000년 동안 중국 왕조 국가의 성격을 결정하게 된다. 이를테면, 서양이나 일본의 중세 봉건제 국가에서는 정치가 기사나 무사와 같은 전문 군인의 손에 의해 이루어진 데 반해, 중국에서는 정치가 기본적으로 유가적 교양을 받은 문인의 손에 의해 좌지우지되는 문관 우위의 전통이 세워졌다. 나아가 이것은 동아시아 문화권의 한 특징을 이루는 '유교 문화권儒教文化圈'의 기반이 되기도 했다.

국력이 정점에 이른 시기에 황제의 자리에 올랐던 무제는 그와 같이 여유 있는 국력을 바탕으로 적극적인 대외 경략經略에 나서게 된다. 북쪽의 유목 민족은 한 고조 때 묵특冒頓, 모돈 선우單于가 세를 모아 장성을 넘어와 핑청平城, 평성; 오늘날 산시 성 다퉁(大同, 대동) 부근에서 한나라 군사를 대파한 이후 계속 중원을 침범했다. 하지만 핑청에서 겨우 살아 돌아온 고조는 화친 정책을 펼 뿐 적극적인 대응을 하지 않았고, 이후에도 소극적으로 대했다. 이에 반해 무제는 작심하고 흉노 정벌에 나서 명장 훠취빙霍去病, 곽거병과 대장군 웨이칭衛青, 위청을 앞세워 전후로 두 번에 걸친 대회전을 승리로 이끈다. 이로써 한나라는 허시회랑河西回廊, 하서회랑 지역의 주요 길목을 모두 장악해 우웨이武威, 무위, 장예張液, 장액, 쥬취안酒泉, 주천, 둔황敦煌, 돈황까지 허시사군河西四郡, 하서사군을 두었다. 하지만 흉노뿐 아니라 한나라 역시 피해가

한 무제의 묘인 마오링(茂陵, 무릉)에 있는 '말이 흉노를 밟고 서다(마답흉노(馬踏匈奴))' 석상. 당시 한대인들이 얼마나 흉노족을 증오했는지 알 수 있다. 아울러 마오링 옆에는 훠취빙(霍去病)의 묘가 있는데, 황제의 무덤에 같이 합장될 정도로 한 무제는 훠취빙을 아꼈던 것이다.

ⓒ 조관희

커 양측은 기원전 103년까지 약 16년 간 소강 상태를 유지했다.

하지만 무제는 이에 만족하지 않고 흉노와의 일전을 대비하는 중 전투에서 사로잡힌 흉노의 병사로부터 솔깃한 이야기를 들었다. 그것은 이전에 흉노의 공격을 받았던 대월지국大月氏國이 서쪽으로 천도한 뒤 흉노에 대해 보복하려 한다는 것이었다. 무제는 대월지국과 연합해 흉노를 협공할 생각을 갖고 대월지국에 사신으로 보낼 인물을 찾았다. 하지만 아무도 자원하지 않은 가운데, 한중漢中 출신으로 낭중郎中 벼슬을 하던 장첸張騫, 장건이 홀로 나섰다. 호인 출신 통역인 간푸甘父, 감보와 종자 100여 명을 이끌고 길을 떠난 장첸은 흉노 땅으로 넘어가자마자 흉노에 사로잡혔다.

장첸을 유능한 인재로 보아 이용하려던 선우는 장첸을 억류하고 흉노 여인을 아내로 맞게 해 자식까지 낳고 살게 했다. 흉노 땅에서 10년을 살던 장첸은 감시가 소홀한 틈을 타 몇 명의 종자와 함께 탈출해 서역의 대완국大宛國에 도착했다. 장첸은 대완국 왕의 호의로 통역과 길 안내인을 대동하고 대월지국에 도착했으나, 대월지국은 새로 이주한 땅이 기후가 좋고 물산이 풍부해 안정적인 생활을 하고 있어 한과 연합해 흉노에게 복수하려는 의지를 완전히 잃고 있었다. 그곳에서 다시 1년을 체류한 뒤 소득 없이 귀국길에 오른 장첸은 이번에는 파미르에서 타림분지의 남쪽 가장자리를 따라 티베트 땅을 통과하는 길을 택했으나 다시 흉노에게 잡혀 1년 남짓 억류되어 있다가 흉노의 내분을 틈타 다시 탈출해 창안長安, 장안으로 돌아왔다. 결과적으로 장첸은 소기의 목적을 달성하지 못했지만, 잘 알려져 있듯이 이때부터 서역으로의 교통로가 개척되어 흔히 말하는 '실크로드絲綢之路'가 열리게 되었다. 서역의 교통로가 열리자 중원과 서역 간에도 경제 · 문화적으로 밀접한 관계가 맺어져 서역의 다양한 물산이 중원으로 들어오고 중원의 물산 역시 서역으로 전파되었다.

무제의 거듭된 외정外征과 방만한 토목 공사로 인해 나라의 재정 상태는 파탄이 날 지경에 이르렀다. 당시 한나라 군사의 전술은 막대한 물량작전을 바탕으로 한 인해전술에 가까웠다. 따라서 한번 전쟁을 치를 때마다 엄청난 군비가 소요되었고, 전쟁이 끝나면 그에 따른 논공행상이 진행되었다. 아울러 상림원上林苑과 건장궁建章宮의 건설 등으로 즉위 초에 어느 정도 풍요롭던 국고가 바닥을 드러내게 되었다. 무제는 이러한 재정상의 위기를 타파하기 위해, 소금과 철, 술에 대해 전매 제도를 시행했고, '균수법均輸法'과 '평준법平準法'을 시행했다. 균수법은 각 지방의 경제적 중심지에 관리를 두어 그 지방의 특산품이나 잉여 산물을 세금 대신 싸게 납부시켜 그 물품의 수요가 많은 수도와 그 밖의 지방에 비싸게 팔

양관박물관(陽關博物館)에 있는 장첸(張騫, 장건)의 상
ⓒ 조관희

아 그 이익을 정부 국고에 납입하는 것으로, 쉽게 말해서 정부에 필요한 물자를 상인이 아니라 정부가 직접 나서 구입하는 것이다. 평준법은 물가를 평균한다는 뜻으로, 정부 주도하에 물자의 물가가 떨어졌을 동안에는 물자를 보관해두었다가 물자가 부족해 값이 오르면 보관했던 물자를 풀어 이익을 취하는 것이다. 이런 시책들은 상인의 고유 영역을 침범하는 것으로 당시 상인에 대한 중과세를 위해 그들의 재산을 신고하게 한 '고민령告緡令'과 함께 상인들에게 큰 타격을 입혔다. 이로 인해 무제는 국가의 재정적 위기를 넘길 수 있었지만, 이후 중류 이상의 상인 대부분이 파산해버려 중국에서의 상업 자체의 성격마저 변질되었다. 아울러 이를 피해 토지에 투자해 지주가 된 호족들은 뒤에 토지 문제를 일으켜 한나라의 향촌 사회의 근간을 허물게 된다.

왕망의 이상주의

개인의 일생이든 한 나라의 역사든, 모든 일에는 부침이 있게 마련이다. 그리고 하강기를 거쳐 바닥에 떨어졌을 때 왜 이런 지경에 이르렀나 돌아보면 모든 것은 잘 나가던 시절에 그 빌미가 만들어진 것임을 뒤늦게 깨닫게 된다. 한 무제 때가 전한의 전성기라 한다면, 이후에 겪게 되는 어려운 시절은 사실상 이때부터 그 빌미가 만들어진 것인지도 모른다. 안팎으로 거칠 것 없는 행보를 보였던 무제였지만, 실제로는 방만한 국가 운영으로 인해 문제와 경제 이래로 축적해놓은 국고가 거의 다 소진되어 일반 백성들의 부담이 가중되었다. 이에 무제 말년에는 농민 폭동이 여러 군데서 일어났는데, 일일이 상대해서 진압하기 어려울 정도였다. 이것을 계기로 무제는 자신을 돌아보고 백성들의 삶을 안정시키니 소요 사태는 잠시 진정 국면으로 접어들었다.

무제 사후 소제昭帝와 선제宣帝 때에는 백성들을 안정시키는 정책을 계속 실행해 한 왕조는 중흥기를 맞게 된다. 하지만 실제로는 한대 사회가 안고 있는 모순들이 모두 해소된 것은 아니었으니, 선제를 뒤를 이은 원제元帝와 성제成帝 때에는 이러한 모순이 한층 더 깊어갔고, 다음의 애제哀帝와 평제平帝 때에는 주로 외척과 환관들에 의한 정치의 부패와 농지의 겸병으로 사회에 빈부의 차가 확대되어 큰 사회적 불안을 낳기에 이르렀다. 토지 겸병 문제는 무제 때 이미 동중수가 그 폐해에 대해 심각하게 문제 제기를 한 적이 있었고, 후대의 제왕들도 이를 제한하는 법령을 반포하기도 했으나, 외척과 고관 등 기득권 세력의 반대에 부딪혀 실행에 옮겨지지 않았다.

이런 가운데 외척인 왕 씨 일족은 사교를 잘 하고 유능한 선비를 보호하며 돈을 잘 써서 세간에 인망이 높았다. 원제元帝의 왕 황후의 동생 왕만王曼, 왕만이라는 자가 있었으니, 그 아들 왕망王莽, 왕망은 일찍이 아비를 여의고 불우했던 환경에서도 유학에 정진하고 어미에 대한 효를 다해 주위에서 신망이 높았다. 왕망은 숙부인 왕평王鳳, 왕봉의 추천으로 벼슬길에 오른 뒤 주위 사람들을 잘 관리해 순조롭게 승진하여 기원전 16년에는 신도후新都侯에 봉해졌다. 기원전 8년에는 38세의 젊은 나이에 대사마大司馬의 지위에 올랐다가 이듬해 성제가 죽고 애제가 즉위하자 봉국인 신두新都, 신도로 은퇴했으나, 다시 애제가 죽자 왕태후의 부름을 받아 재차 대사마가 되어 아홉 살인 평제를 옹립하고 자기 딸을 황후로 들여보내 실권을 장악했다. 그 뒤 황실과 대관들에게 은사를 내리고 태학太學을 확장해 학생의 정원을 1만 명으로 늘리는 등 유학을 장려하여 민심을 얻었다. 이에 천하의 사람들이 그의 덕을 주공周公에 비기며 천자에게 상소를 올려 그의 덕을 찬양했다. 하지만 곧 야심을 드러낸 왕망은 오래지 않아 평제를 시해하고 선제의 현손인 두 살짜리 젖먹이를 내세운 뒤 스스로 가황제假皇帝라 칭하며 섭정을 하였다. 그런 중에 여러 가지 상서로운 길조를 조작해 한나라의 수명을 다했다 하여 스스로 진천자眞天子의 자리에 올라 국호를 '신新'이라 하였다서기 8년.

왕망이 추구했던 것은 유가가 떠받드는 성인인 주공이 제정한 『주례周禮』에 입각한 이상적인 사회 건설이었다. 그 가운데 핵심은 주대에 실시되었다고 하는 정전법井田法에 바탕한 토지 개혁으로, 천하의 토지를 모두 왕전王田으로 하고 노비의 매매를 금지했다. 하지만 이것은 개인의 토지 소유권을 진정으로 변화시키려 한 게 아니라, 단지 토지와 노비의 매매를 동결해 토지 겸병과 농민의 노예화 과정을 완화하려 한 것에 지나지 않아 애당초 그 한계가 분명하게 드러났다. 이후 현실적으로 지주와 관료들 사이에 토지와 노비의 매매가 계속되자 죄를 지은 자가 헤아릴 수 없을 정도로 많아져 이에 대한 반대의 목소리가 천하를 뒤덮어 법령은 결국 3년 만에 폐지되었다. 제도의 실패는 이에 그치지 않았으니, 결정적인 것은 화폐 제도와 관제의 개혁이었다. 곧 무제 이래로 통화로 정착되었던 오수전五銖錢을 폐지하고 금, 은, 동, 귀龜, 패貝 등 28종류의 화폐를 발행했으나, 오히려 혼란을 느낀 백성들은 여전히 오수전을 사용했다. 이에 왕망이 이를 더욱 엄금하니 농민과 상인은 업을 잃고 식량과 재화가 유통되지 않아 백성들이 피눈물을 흘렸다. 또 중앙과 지방의 관제와 관명 등을 『주례』에 의거해 고쳤으나, 이에 따른 혼란으로 행정이 마비가 될 지경이었다. 여기에 외교적인 실패까지 가중되었으니, 이제까지 관례상 왕으로 부르던 주변 여러 나라들의 군주를 '후侯'로 격하해 주변 제국들은 이에 불만을 품고 이반했다. 특히 항상 중국에 위협이 되어왔던 흉노의 경우 그 호칭을 '흉노선우匈奴單于'가 아닌 '항노선우降奴單于'고 고쳐 부르자, 이에 격분한 흉노로 인해 북쪽 지역은 또다시 군사적으로 긴장 상태가 조성되었다. 적반하장 격으로 이런 흉노를 정벌하겠다고 왕망이 30만 대군을 출병시키려 했으나, 이를 강행하기 위해 지방에 파견한 관리들이 이때를 틈타 가렴주구를 일삼자 백성들은 견디지 못하고 초적이 되어 반란을 일으켰다.

다시 일으켜진 역사

왕망 이전부터 중원 지역 곳곳에는 여러 초적들이 활동하고 있었다. 왕망의 실정은 이를 확대시킨 것일 따름이었다. 이렇게 일어난 세력 가운데 가장 컸던 것으로 서기 17년 신스新市, 신시; 후베이 성 징산 현(京山縣, 경산현) 사람인 왕쾅王匡, 왕광과 왕펑王鳳, 왕봉을 우두머리로 삼아 루린산綠林山, 녹림산; 후베이 성 당양 현(當陽縣, 당양현)에서 활동했던 '녹림군綠林軍'과 이들보다 조금 늦게 산둥山東, 산동 지역에서 기의한 '적미군赤眉軍'이 있었다.

먼저 세력을 떨친 것은 '녹림군'으로, 여기에 허난 성 난양南陽, 남양의 호족인 류슈劉秀, 유수 형제가 합류해 세력을 키워나갔다. 류슈 형제는 녹림군이 10만으로 늘어나자 농민들로부터 차츰 지도권을 빼앗아 자신들의 일족인 류쉬안劉玄, 유현을 황제로 추대해 경시제更始帝라 칭했다. 이에 왕망은 위협을 느껴 42만에 달하는 대군을 보냈으나, 쿤양昆陽, 곤양에서 류슈에 의해 격파되어 치명적인 타격을 입었다. 하지만 류슈 형제의 활약에 자신의 자리를 빼앗길까 두려워했던 경시제는 류슈의 형인 류옌劉縯, 유연을 죽이고 류슈는 목숨을 살려 허베이河北, 하북로 보내버렸다. 그리고 서정군西征軍을 일으켜 창안을 공격하니 성내의 백성들도 이에 호응해 들고 일어나 왕망은 하릴없이 참살되고 말았다. 창안에 입성한 경시제는 자신이 이룬 작은 성취에 만족해 향락에 빠져 정사를 돌보지 않으니, 결국 나라는 다시 혼란에 빠져 동맹군이었던 적미군赤眉軍은 류펀쯔劉盆子, 유분자를 천자로 추대하고 창안을 공격해 경시제를 죽였다. 하지만 20만에 이르는 농민군은 통제가 없고 약탈을 일삼아 경시제와 마찬가지로 백성들의 신망을 잃었다.

이때 허베이 일대를 진압한 류슈는 독자적으로 강대한 세력을 구축하고 있었으니, 드디어 서기 25년 6월에 장수들의 추대로 쟈오鄗, 호: 오늘날 허베이 성 가오이 현(高邑縣, 고읍현)에서 황제의 자리에 올라 연호를 건무建武라 칭하고 10월에는 뤄양을 공격해 그곳을 수도로 삼아 한 제국을 다시 일으켜 세웠다. 이렇게 해서 세워진 한을 후한後漢이라 부르고 왕망 이전 시대를 전한前漢이라 부르는데, 또는 수도의 위치에 따라 전한의 수도인 창안이 후한의 후도인 뤄양보다 서쪽에 있기에 전한을 서한西漢, 후한을 동한東漢이라 부르기도 한다.

황제의 자리에 오른 류슈는 적미군은 격파하고 각지의 할거 세력을 평정하여 전국 통일을 실현했다. 후한을 일으킨 광무제光武帝 류슈는 전한의 경제景帝에게서 갈려나온 황족의 일파로 허난 성 난양 일대에서 세력을 떨쳤던 호족 출신이었다. 결국 광무제가 성공했던 것은 이들 류 씨 일족과 관계를 맺고 있던 지방의 토착 호족 세력의 절대적인 지원을 받았기 때문이었다. 이에 농민 출신의 류방을 우두머리로 한 평민 정권에서 시작한 전한 제국과 지주 호족 출신들이 주력이 된 후한 제국은 그 성격이 달랐으니, 이것은 후한의 조정이 펼친 정책에서도 확연하게 드러난다. 광무제는 즉위한 뒤 혼란을 서둘러 봉합하고 백성들을 안정시키기 위해 다양한 정책을 펼쳤으나, 토지 소유의 제한에 대해서는 전혀 손을 대지 않았다. 바로 이 점이 호족 지주 정권인 후한 왕조의 성격을 여실히 드러내는 것이다. 그렇다고는 해도 젊은 시절 창안의 태학太學에 유학해『상서尙書』 등 유가 경전을 공부해 중국의 역대 군주 가운데서는 최고 수준의 교양을 갖추고 있으면서 왕망 시절 도탄에 빠진 백성들의 어려운 처지를 몸소 체험한 바 있는 광무제였기에 농민들의 어려움을 이해하고 그들의 고통을 감소하기 위한 정책을 많이 시행했다.

후한의 역사를 통틀어 그 업적을 거론할 만한 군주는 한나라의 중흥 군주인 광무제와 그의 뒤를 이은 명제明帝와 장제章帝를 들 수 있다. 광무제의 뒤를 이은 명제는 엄격한 법치로 제국의 기반을 공고히 하고 여러 가지 건축과 의례를 통해 군주권을 신비화했다는 평을 들었고, 장제는 유가의 기본 원리를 제창해 도덕적인 권위로 정치를 뒷받침했다는 평을 들었다. 따라서 광무제에서 명제와 장제에 이르는 동안 나라는 급속도로 안정을 찾아 전한 말의 상황까지 회복되었다. 문제는 후한이 지나치게 이전 시대를 이어받는 데에만 골몰해 새로운 시대를 여는 데에는 실패했다는 데 있다. 이러한 한계는 결국 후한의 역사를 질곡하는 걸림돌로 작용해 장제 이후에는 또다시 혼란한 국면이 전개되었다.

외척과 환관 세력의 갈등

전한과는 계급적 성격이 달랐다고는 해도 후한 역시 많은 점에서 전한의 역사를 반복하고 있다는 것을 확인할 수 있는데, 이것은 후한 왕조뿐 아니라 중국의 전제 왕조가 대부분 반복하고 있는 일종의 패턴이었다고도

할 수 있다. 그러한 패턴 가운데 하나가 강력한 지도자에 의해 창업이 이루어지면, 그것이 강력한 한 여성에 의해 계승되는 것인데, 한나라 역사야말로 이러한 패턴이 만들어진 최초의 사례라 할 수 있다. 여기에 외척과 환관의 발호가 추가되는데, 후대의 왕조의 경우 두 집단 가운데 하나가 득세하면 다른 한쪽은 힘을 쓰지 못했던 반면, 한나라의 경우는 최초의 사례라 그런지 두 집단이 번갈아가며 정권을 농단했다.

후한 정권의 모태가 되었던 호족 세력은 토지 문제에 대한 조정의 무대책을 틈타 토지를 겸병하여 세력을 확장했는데, 이러한 경제적 기반을 바탕으로 당시로서는 출세의 지름길이었던 유학儒學적 교양을 몸에 익혀 군현의 속관이 되거나 효렴 등의 선거 제도를 이용해 중앙의 관계로 진출했다. 이 과정에서 지연이나 혈연 등을 통해 호족들끼리 끈끈한 유대 관계를 맺어 권력을 분점했다. 호족들 가운데 세력이 컸던 이는 자신의 딸을 황후로 들어앉힘으로써 국정을 오로지하는 지경에 이르렀으니, 이른바 외척이 출현하게 된 것이다. 여기에 나라가 안정이 되면서 황제 역시 안일해져 구중궁궐 안에 깊숙이 파묻혀 바깥출입을 거의 하지 않고 호의호식하며 많은 후궁들을 거느리다 신체가 허약해져 일찍 죽는 경우가 많아졌다. 황제가 일찍 죽으면 그 뒤를 어린 나이의 태자가 잇게 되고 그 어미인 황태후가 섭정을 하게 되니 이로써 그 실권이 외가로 넘어간다. 하지만 황제가 성장하면 이에 불만을 갖고 측근인 환관의 손을 빌어 외척을 몰아냈던 것이니 중국의 봉건 왕조는 이러한 악순환이 끝없이 이어진 역사라 해도 과언이 아니다.

후한의 외척 가운데 가장 강대했던 것은 량지梁冀, 양기이다. 그는 순제順帝 황후의 오빠로서 전면에 나선 뒤 충제冲帝와 질제質帝, 환제桓帝 등 4대에 걸쳐 20년 가까이 권력을 쥐고 조정을 마음대로 휘저었다. 그 일문에서 전후 7명의 제후와 3명의 황후, 6명의 귀인貴人, 2명의 대장군, 경卿 · 장

將 · 윤尹 등 고급 관료가 57명이나 나왔다 한다. 량지는 자신의 누이동생을 14세 어린 나이의 환제와 결혼시킴으로써 권세를 이어가려 했으나 불행하게도 황후는 일찍 세상을 떠나고 이것을 기회로 환제는 환관들의 세력을 빌어 량지 일족을 주살하였다. 하지만 늑대를 피하려다 호랑이를 만난 격으로 제 세상을 만난 환관들은 정권을 독점하고 온갖 악행을 저질렀다.

후한을 세운 광무제는 젊은 시절 태학에서 유학을 공부한 적이 있는 지식인이었던지라 황제의 자리에 올라서도 태학太學을 세우고 유학을 장려하였다. 이러한 풍조가 후대에도 이어졌으나, 오히려 후한 중기 이후에는 정치 실무 능력은 제쳐두고 도덕의 수양 정도나 명절名節의 고하로 관리를 임용하는 데까지 이르렀다. 하지만 이런 주관적인 능력을 객관화할 수 있는 잣대라는 게 애당초 없었으니, 학자들 가운데 출세에 뜻을 둔 이들은 학문보다는 극단적인 언론으로 세상 사람들의 허명을 얻어 명사가 되고자 하였다. 환제 시대에 이르면 당시 공분을 사고 있던 환관들에 대한 비판으로 명성을 얻고자 하는 이들이 많이 나왔으니, 이들은 자신들을 '청류淸流' 라 부르고 비판의 대상이었던 환관 일파는 '탁류濁流' 라 불렀다. 이에 분개한 환관들은 이들을 불순한 의도로 '당黨' 을 만들어 조정에 반항하는 세력으로 몰아붙여 환제로 하여금 이들을 체포하게 했다. 하지만 막상 체포하고 나자 이들이 황제 앞에서 굽히지 않고 환관들의 잘못을 낱낱이 파헤칠 것을 두려워한 환관들은 외척인 더우우竇武, 두무가 이들이 잘못이 없다는 상주를 올린 것을 빌미로 이들을 방면하되 향리에서 죽을 때까지 나오지 못하도록 하였다. 이것이 이른바 '당고黨錮의 화禍' 이다서기 166년.

환제가 죽고 다시 12세 어린 나이의 영제靈帝가 즉위하자 더우 태후竇太后, 두태후의 섭정인 더우우는 당인黨人들의 금고를 풀고 환관을 죽이고 외척의 세력을 회복하려 했다. 하지만 사전에 기밀이 누설되어 도리어 환관들의 반격으로 더우우 일족은 패배했다. 환관들은 이에 그치지 않고 이 참에 청류의 씨를 말리기 위해 제2의 당고를 일으켰으니, 이때 사형에 처한 이가 100여 명, 구금은 600에서 700명에 이르렀고, 다시 1,000여 명의 태학생이 체포되었다. 이들 청류의 정치 주장이 모두 순수한 것만은 아니었다 해도, 이러한 '당고의 화'는 진시황의 분서갱유 이래 제2의 사상 탄압이라 할 수 있으니, 무제와 광무제 이래 유학을 나라의 통치 이데올로기로 삼았던 한나라 왕조가 이와 같은 일을 저질렀다는 것은 자신의 존립 근거를 허무는 것이라 할 수 있다. 비록 싸움에서 승리한 환관 세력은 온갖 영화를 다하며 무소불위의 권력을 휘둘렀으나, 잇따른 정쟁으로 인해 피폐해질 대로 피폐해진 백성들의 고단한 삶은 오히려 한 나라의 존립을 뒤흔드는 심각한 위협이 되어 이제 천하는 또다시 혼란에 빠지게 된다.

5

중원을 넘어서 — 삼국통일과 위진남북조시대

난세의 시작과 삼국정립

"천하의 대세는 분열된 상태가 오래되면 반드시 통일이 되고 통일된 상태가 오래되면 반드시 분열하게 된다."

天下大勢, 分久必合, 合久必分. 『삼국연의(三國演義)』 제1회

천하가 어지러워지면 백성들 삶이 고단해지고 이것을 틈타 혹세무민의 무리가 등장하게 되는 것이 역사의 순리인가? 후한 중반 이후 호족들의 토지 겸병으로 농지를 빼앗긴 농민들의 고통스러운 삶은 외척과 환관들의 발호로 더욱더 가중되었다. 여기에 천재로 인한 기근으로 갈 데 없이 내몰린 농민들은 각지에서 난을 일으켰다. 이때 쥐루鉅鹿, 거록: 오늘날 허베이 성 핑샹 현 사람 장줴張角, 장각가 부적과 신령한 물로 백성들의 질병을 치료하고 구제해 사람들의 마음을 사로잡았다. 장줴는 스스로 '대현량사大賢良師'라 칭하며, 10여 년 만에 거의 전국에 걸쳐 수십만의 신도를 모았다. 그는 1만 명을 하나의 '방方'으로 삼아 전국을 36방으로 조직한 뒤, '갑자 대길甲子大吉'의 해가 되는 184년에 머리에 '황건黃巾'을 두르고 일제히 봉기했다.

당시 영제靈帝는 영을 내려 반란군을 진압하게 했으나, 황건의 무리는 쉽게 진압이 되지 않았다. 무엇보다 무지한 환관들 역시 장줴가 내세운 '태평도太平道'에 빠진 이가 적지 않아 조정 안에서 내응하고 나아가 군국郡國의 환관 당에게 지령을 내려 도피하게 하였으니, 오히려 영제가 고립무원의 처지에 빠지게 되었다. 견디다 못한 영제는 사족들의 힘에 의지하려 당인黨人의 금고禁錮를 풀고 그들에게 의용군을 조직해 황건적에 대항하도록 했다. 이때 장줴는 병사하고 그의 동생인 장량張梁, 장량이 우두머리가 되었는데, 허베이 출신 당인인 황푸쑹皇甫嵩, 황보숭이 황건적의 본거지

를 습격해 10만여 명의 목을 잘라 뤄양으로 개선하였다. 이로써 황건적의 주력은 진압이 되었으나 지방에 남아 있던 황건군이나 이에 호응해 일어난 지역의 농민군은 여전히 건재했다.

이런 와중에 189년 영제가 죽고 류볜劉弁, 유변이 소제少帝로 즉위하니, 그 외척인 허진何進, 하진이 실권을 장악했다. 허진은 위안사오袁紹, 원소와 결탁해 환관들을 모두 제거하려 하는 동시에 빙저우목幷州牧, 병주목 둥줘董卓, 동탁를 은밀히 수도인 뤄양에 들어오게 해 환관 세력을 제거하도록 했다. 하지만 사전에 눈치를 챈 환관들이 허진을 죽이자, 위안사오는 군사를 이끌고 궁궐로 들어가 환관들을 모조리 죽였다. 뒤늦게 뤄양에 들어간 둥줘는 소제 류볜을 폐하고, 류셰劉協, 유협를 황제로 내세우니, 이 사람이 곧 후한의 마지막 황제인 헌제獻帝이다. 둥줘는 정권을 틀어쥐고 포악한 짓을 일삼으니, 각지에서는 그를 토벌하고자 하는 동맹군들이 일떠섰다. 이에 두려움을 느낀 둥줘는 백관들의 반대를 무릅쓰고 창안으로 천도했는데, 떠나면서 뤄양에 불을 지르니 170년 간 후한의 수도였던 뤄양은 한갓 잿더미로 변해버렸고, 한나라 왕조는 사실상 이때부터 망한 것이나 다름없는 지경이 되었다.

그러나 192년 둥줘가 부하의 손에 의해 살해되자, 말 그대로 천하는 군웅할거의 각축장으로 변했다. 헌제는 이름뿐인 황제가 되어 차오차오曹操, 조조에게 이끌려 다니다 결국 차오차오가 죽은 뒤 서기 220년 그 아들인 차오피曹丕, 조비에 의해 황제 자리에서 쫓겨났다. 이로써 광무제 이후 196년, 한 고조로부터 422년이라는 장기간에 걸쳐 통일 정권을 유지해온 한나라는 막을 내리고, 이제 역사는 위魏와 오吳, 촉蜀 삼국정립鼎立의 시대를 거쳐 장기간 분열의 시대로 접어들게 된다.

후한의 마지막 황제인 헌제가 둥줘에 의해 창안으로 옮아간 뒤에는 전국이 무정부 상태에 빠졌는데, 중원 땅에서는 군벌들이 벌떼같이 일어나 12년 동안 격렬한 전쟁이 끊이지 않았다. 차오차오는 황건적을 치기 위해 일어났다가 나중에 둥줘의 토벌군에도 가담했다. 차오차오는 뛰어난 식견과 지략을 갖추고 점차 자신의 세력을 넓혀가던 중, 196년 창안을 탈출해 뤄양에 와 있던 헌제를 자신의 근거지인 쉬창許昌, 허창에서 맞아들였다. 이것으로 "천자를 옹위하여 제후를 거느린다"는 명분을 얻은 차오차오는 정치적 영향력이 확대되었다.

한편 차오차오가 중원의 패자로 올라서기 위해서는 반드시 허베이河北, 하북 지역 최고의 실력자인 위안사오를 넘어서야 했다. 하지만 당시 차오차오의 상황은 위안사오보다 불리했다. 군사의 숫자도 적었으며, 그나마도 기병보다 보병이 주력이었다. 또 배후에는 징저우荊州, 형주에 류뱌오劉表, 유표가 있었고, 쉬저우徐州, 서주에는 류베이劉備, 유비가 있었으며, 무엇보다 강남의 쑨처孫策, 손책가 호시탐탐 차오차오를 노리고 있었다. 그러나 쑨처가 자객의 습격으로 죽고, 나이 어린 쑨취안孫權, 손권이 그 자리를 잇자 사태를 수습하기 위해 차오차오와 동맹을 맺게 된다. 아울러 쉬저우 전투에서 잠시 관위關羽, 관우를 얻게 되자 중요한 일전을 앞두고 있던 차오차오의 군대는 위안사오와의 전투에 전력을 집중할 수 있게 되었다. 서기 200년 차오차오의 군대는 드디어 관두官渡, 관도에서 위안사오의 대군과 맞섰다삼국시대 3대전 가운데 첫 번째인 '관두의 싸움(官渡之戰, 관도지전)'. 위안사오의 군대는 군사력이 월등하게 우월했으나 통솔이 잘 안 되어 제대로 힘을 쓰지 못했다. 이에 반해 차오차오의 군대는 여러 가지로 불리한 상황에서도, 차오차오의 뛰어난 통솔과 지략으로 위안사오의 군대를 궤멸시켰다. 이 싸움을 통해 차오차오는 중원을 통일하고 패자의 지위를 확고히 할 수 있었다. 차오차오는 여세를 몰아 위안씨의 잔여 세력과 결탁한 오환烏桓을 복속시키고 동북쪽의 패자 궁쑨두公孫度, 공손도 역시 굴복시켜 화북華北 지역을 거의 평정했다.

한편 위안사오의 편을 들었던 류베이는 남쪽 징저우荊州, 형주로 달아나 류뱌오에게 몸을 맡기고 있었다. 208년 차오차오는 남하를 개시해 병사한 류뱌오의 아들 류쭝劉琮, 유종의 항복을 받아냈다. 류베이는 다시 몸을 피해 쟝링江陵, 강릉으로 남하하다 당양當陽, 당양에서 차오차오의 군사에게 패했다. 차오차오 군의 기세에 놀란 쑨취안은 류베이의 모사인 주거량諸葛亮, 제갈량의 건의를 받아들여 츠비赤壁, 적벽에서 차오차오의 군사와 일전을 벌인다. 당시 차오차오의 군사는 30만이었고, 쑨취안과 류베이 연합군의 군사는 5만에 불과했지만, 차오차오 군은 먼길을 오느라 피로했고, 군중에 유행병이 돌아 전투력이 강하지 못했다. 드디어 오吳의 주장 저우위周瑜, 주유는 동남풍을 타고 불을 놓아 차오차오의 수군을 불태웠고, 류베이의 군대와 함께 수륙 양면으로 진격해 차오차오를 북방으로 철수하게 했다삼국시대 3대전 가운데 두 번째인 '츠비의 싸움(赤壁大戰, 적벽대전)'. 이 싸움의 실패로 차오차오는 당분간 남쪽 지방에 대한 공략을 중단하고, 그 사이 힘을 기른 류베이는 징저우를 점령하고 다시 이저우益州, 익주에 할거하던 류장劉璋, 유장의 세력을 소멸시켰다. 이렇게 되자 삼국정립의 대세가 사실상 정해졌다.

216년 차오차오는 예鄴, 업에서 위왕魏王에 봉해졌으나, 얼마 안 되어220년 뤄양에서 병사했다. 같은 해 10월 그의 아들 차오피曹丕, 조비가 뤄양에서 헌제에게 황제의 자리를 물려받아 위 문제文帝가 되었다. 이듬해에는 류베이가 청두成都, 성도에서 황제를 칭하고 국호를 한漢이라 했는데, 흔히 촉蜀이라고들 불렀다. 쑨취안은 차오피가 내린 오왕吳王이라는 칭호를 그냥 받아들였다가, 229년 졘예建業, 건업에서 황제를 칭하고 오나라를 세웠다.

삼국 가운데 위나라가 가장 국력이 강성했으나, 통치 지역인 북방은 한말漢末 이래 오랫동안 군웅이 할거하며 쟁패하느라 사회·경제적으로 피폐해져 남방의 두 나라를 없애고 중원을 통일할 여력이 없었다. 남방에서는 촉과 오, 두 나라가 동맹을 맺고 위나라에 대항했기에 한동안 이러한 대치 국면이 계속되었다. 하지만 그러한 균형을 깨고 전 중국의 통일

류베이의 '삼고초려'와 주거량의 '룽중대책'

위, 오, 촉 세 나라가 천하를 삼분하고 각축을 벌이는 이야기는 우리에게 잘 알려져 있다. 류베이는 원래 후한의 유명한 학자인 루즈(盧植, 노식)에게 경학을 배워 그 나름대로 학식을 갖추고 있었다. 하지만 초기에는 자기 세력이 없어 두각을 나타내지 못했는데, 나중에 주거량이라는 걸출한 모사(謀士)를 만나면서 면모를 일신해 삼국정립의 주인공이 된다. 류베이가 주거량을 모셔오기 위해 그가 살고 있는 룽중(隆中, 융중)에 세 번이나 찾아갔다(三顧草廬)는 유명한 일화이다. 짐짓 그의 의중을 떠보려고 두 번씩이나 류베이를 물리친 주거량은 그럼에도 불구하고 세 번째 찾아온 류베이의 정성에 감복해 자신의 천하 삼분의 계책을 올린다. 이것이 주거량의 '룽중대책(隆中對策, 융중대책)'이다.

흔히 '룽중대책'을 '천하삼분지계(天下三分之計)'라고도 하거니와, 주거량이 당시 천하의 대세에 의거해 정치, 경제, 군사, 지리, 인사 등 각각의 측면을 분석해 그 나름대로 정합성이 있는 전략을 내세운 것을 말한다. 우선 주거량은 단기적으로 당시 할거한 세력들 가운데 가장 힘이 약한 류베이가 자체적으로 자립하기 위해 징저우(荊州, 형주)와 이저우(益州, 익주)를 취하고, 쑨취안과 동맹 관계를 맺어 위에 대항해야 한다고 주장했다. 이렇게 삼국이 힘의 균형을 이룬 상태에서 장기적으로 촉(蜀)의 힘을 길러 그 다음 단계에 중원을 북벌하고 궁극적으로는 한나라 왕실의 부흥을 도모해야 한다고 하였다. 과연 그 뒤에 벌어지는 상황은 주거량이 예상한 것과 정확하게 맞아떨어져 천하는 차오차오의 위(魏)와 쑨취안의 오(吳), 그리고 류베이의 촉으로 나뉘어 삼파전을 벌이게 된다.

〈삼고초려도〉

을 실현하려는 시도는 계속 이어졌다.

이들 삼국간의 힘의 균형이 깨진 것은 촉蜀의 지나친 욕심 때문이었다. 원래 삼국 가운데 가장 힘이 약했던 촉은 뛰어난 모사인 주거량의 계책으로 땅이 비옥한 징저우와 이저우 두 곳을 근거지로 삼아 힘을 길렀다. 하지만 츠비의 싸움에서 이긴 뒤 오만해져 오나라와의 연맹을 깨고 관위가 상양襄陽, 양양을 되찾아 오고 내친김에 위의 수도인 쉬창許昌, 허창으로 쳐들어가려 했다. 이에 놀란 차오차오는 쑨취안을 설득해 협공으로 관위를 죽였다. 의형제를 잃은 탓에 자제력을 잃은 류베이는 오나라를 공격했으나, 위와 오의 연합 작전으로 뜻을 이루지 못한다. 하지만 류베이는 고집스럽게 싸움을 계속하다가 이링夷陵, 이릉에서 루쑨陸孫, 육손에게 결정적인 패배를 맛보고삼국시대 3대전 가운데 세 번째인 '이링의 싸움(夷陵之戰, 이릉지전)' 촉으로 귀환하는 길에 233년 바이디청白帝城, 백제성에서 병사한다. 류베이가 죽고 그 아들이 류찬劉禪, 유선이 즉위하자 주거량은 오와 화평을 맺고 먼저 나라의 힘을 기르는 한편, 남방의 이민족들을 정복하여 후환을 없앤 뒤 위나라 정벌에 나섰다. 비옥한 땅을 근거지로 했다고는 하나 지역이 워낙 협소하다 보니 촉은 항상 삼국 가운데 국력이 가장 약했다. 그런 촉나라가 위나라를 몇 차례에 걸쳐 정벌했던 것은 약한 나라의 입장에서는 공격이 오히려 최선의 방어책일 수 있었기 때문이었다. 228년 주거량은 유명한 『출사표出師表』를 후주인 류찬에게 올리고 치산祁山, 기산을 공격했다. 이후 3년 간 여러 차례 출병했으나, 모두 군량 부족으로 지탱하지 못하고 철수했다. 이 전쟁 동안 주거량은 탁월한 군사 역량을 발휘했으나, 결국 중원 정벌의 뜻을 이루지 못하고 234년 우

난징의 쑨취안(孫權, 손권) 묘에 있는 쑨취안 입상
ⓒ 조관희

장위안五丈原, 오장원에서 병사했다.

위의 무제武帝인 차오차오는 '간웅奸雄' 이라는 별칭 그대로 뛰어난 지략을 가졌지만, 좀처럼 남을 믿지 않아 주위에 자기 세력이 없었다. 그의 뒤를 이은 문제文帝 이하 여러 황제들 역시 마찬가지여서 주위에 자기 사람을 만들지 않았으므로 오히려 황제의 직계는 고립되어 힘을 쓰지 못하는 실정이었다. 이에 반해 차오차오의 시절부터 여러 차례 군공軍功을 세웠던 쓰마이司馬懿, 사마의는 백성들 사이에 신망이 높았다. 그러한 명성은 쓰마이가 죽고 나서도 그 후손인 쓰마스司馬師, 사마사와 쓰마자오司馬昭, 사마소에게까지 계승되었다. 쓰마자오는 263년 주거량 사후 간신히 명맥을 이어오던 촉을 멸하고, 그 공으로 20군을 거느린 진왕晋王이 되었다. 쓰마자오의 아들인 쓰마옌司馬炎, 사마염은 265년에 급기야 위의 원제元帝에게 퇴위를 강요하고 스스로 제위에 올라 무제武帝라 칭했다. 이로써 위나라는 차오피가 황제의 자리에 오른 지 45년만에 멸망하고 말았다. 이제 남은 것은 오나라뿐이었으니, 오나라는 조금 더 명맥을 유지하다 쑨취안의 손자인 쑨하오孫皓, 손호가 폭정으로 인심을 잃자, 이것을 빌미로 281년, 무제는 도강 작전을 개시해 오의 수도인 졘예를 공략해 오를 멸했다. 진이 다시 천하를 통일한 것은 둥줘가 뤄양에 들어가 자기 멋대로 헌제獻帝를 옹립해 중원을 군웅할거의 각축장으로 만든 지 91년째, 그리고 위와 오, 촉 삼국이 정립한 지 59년만의 일이었다. 이것으로 한말부터 이어온 분열의 시대는 막을 내리는 듯 보였다.

천하는 다시 혼란 속으로

위나라를 대신한 진은 위 문제가 기왕의 지방별 추천제를 불신해 만든

'구품중정제九品中正制' 라는 독특한 제도를 계승했다. 이것은 지방의 행정 단위인 주州나 군郡의 명망가에게 '중정中正' 이라는 벼슬을 주어 각각 그 지방의 인물들을 아홉 등급, 곧 구품으로 나누어 등용하는 것이었다. 하지만 이 제도는 '중정' 벼슬을 맡은 이의 주관적인 평가가 때로 객관성을 잃게 된다는 치명적인 약점을 갖고 있었다. 과연 애당초 실력 있는 사인士人들을 발탁하고자 하는 의도로 시작된 이 제도는 급기야 호족들이 인재 추천권을 독점함으로써 자기 세력을 확고하게 굳히는 제도로 변질되어버렸다. 문제는 중정관의 자질이었는데, 지방의 호족들이 중정관을 독점해 자기 일족들은 처음부터 '상품' 에 올리고, 한미한 집안 출신은 그가 아무리 유능하다 해도 '하품' 을 벗어날 수 없었다. 이에 구품중정제는 서진西晋에서 동진東晋을 거쳐 남북조시대를 관통하는 귀족제를 뒷받침하는 유력한 도구가 되었다.

한편 위 무제 차오차오는 여러 차례 군현의 관리들에게 농상을 권장하라는 책령을 내리고, 토지 소유와 세제를 개편하여 백성들의 부담을 덜어주었다. 앞서 삼국시대의 사회 혼란으로 중원은 주인 없는 황폐한 땅이 늘어갔는데, 차오차오는 호족의 힘을 누르기 위해 이처럼 주인 없는 땅을 나라 소유로 하고 둔전屯田을 설치했다. 둔전의 효과를 목도한 바 있는 진 무제는 위의 멸망으로 붕괴된 둔전제를 대신할 '호조식戶調式' 이라는 조세와 농지에 관한 법령을 반포했다. 이것은 다시 '점전제占田制' 와 '호조제戶調制', 그리고 '품관점전음객제品官占田蔭客制' 세 부분으로 되어 있다. '점전제' 는 남자는 70무, 여자는 30무의 토지를 점유할 수 있다고 규정한 것으로, 정남丁男은 과전課田 50무, 정녀丁女는 20무 등으로 규정했다. 여기서 점전이란 농민이 보유한 토지 수량을 가리키는 가정 전체의 지표이고, 과전이란 농민이 전조를 부담해야 하는 토지 수량을 가리킨다. 이것은 애당초 대토지 소유자의 전지와 농노를 제한하고, 황폐한 전지를 개간하는 것을 의무로 부과해 농업 생산성을 높이고자 한 데 그 목적이 있었다. '호조제'는 말 그대로 백성들을 모두 호적에 올리게 해 그들이 멋대로 이탈하는 것을 방지하고자 한 것이었다. '품관점전음객제'는 관품의 고저에 따라 토지의 점유를 규정한 것이었다. 그러나 이러한 제도가 실효를 거둔 것 같지는 않다. 그것은 기득권을 가진 관료 지주의 토지 겸병을 엄격하게 제한하고자 했던 법령 취지가 시행 초부터 타협적으로 흘러간 데다, 실행을 한다 해도 현실과 동떨어진 부분이 많았기 때문이다.

결국 진 무제가 시행한 제도들은 기득권을 가진 호족 세력을 키우는 작용을 해 이들은 전에 없는 권세와 부를 누리게 되었다. 여기에 더해 무제는 애당초 왕조 수립에 공이 있는 여러 신하들과 쓰마 씨司馬氏, 사마씨 일족에게 군현을 단위로 하는 봉토를 수여하고 일정한 병력마저 보유하게 했으니, 이들은 마치 하나의 독립국처럼 행세해 중앙의 정치에도 아랑곳하지 않았다. 하지만 다행인지 불행인지, 무제 초기에는 사회가 안정되어 농업 생산력이 획기적으로 증가해 경제가 부흥했다. 이러한 태평성대를 맞이해 기강이 해이해진 귀족들은 전에 없는 호사를 부리면서도 부를 축적해 나갔다. 일례로 조정의 고관인 허청何曾, 하증이라는 자는 부자가 하루 식비로 2만 전을 썼고, 당시 징저우荊州, 형주 자사刺史였던 스충石崇, 석숭이란 자는 뤄양 교외에 대저택을 짓고 비단으로 40리를 둘러쌌다고 한다. 이 모두가 사람들을 놀라게 할 만한 것이었으나, 당시 통치자들은 오히려 이상하게 여기지 않았다.

이때 뜻이 있는 선비들은 이 추한 세상이 보기 싫다며 속세를 등지고 도피하였다. 그 가운데 유명한 이들로 '죽림칠현竹林七賢'이 있는데, 이들은 조정의 부름에도 응하지 않고 산림 속에 은거하며 청담淸談을 논했다. 역사는 우리에게 하늘 아래 새로운 것은 없고 모든 것은 반복된다는 사실을 말해준다. 세상이 난세가 되면 무능하되 욕심은 하늘만큼 높은 이들이 능력 있으나 세속적인 이해득실에 욕심이 적은 이들을 내치고 천하를 농단하는 법이다. 곧 흔히 말하는 악화가 양화를 구축하는 것이다. 이때도 마찬가지였다. 진 무제 시기는 겉보기에는 천하가 태평한 듯 보였지만, 실제로는 사회가 부패할 대로 부패해 숨이 넘어가기 직전의 상태였다.

음탕하기로 말하면 중국 역사상 둘째가라면 서러워할 진 무제가 무절제한 생활 끝에 55세의 나이로 죽자, 정신박약아였던 혜제惠帝가 등극하고 태후의 아비인 양쥔楊駿, 양준이 외척으로 정권을 틀어쥐었다. 이에 황후인 쟈 씨賈氏, 가씨가 양쥔을 죽이고 동맹 세력이었던 여남왕汝南王 량亮, 양과 웨이관衛瓘, 위관을 제거하자 쟈 씨 일족이 득세했다. 하지만 그것도 오래가지 못해 301년 무제의 숙부인 조왕趙王 룬倫, 윤이 거병하여 쟈 씨 집안을 멸하고 혜제를 폐위한 뒤 자신이 황제가 되었다. 이것을 시작으로 16년 동안 중원은 다시 혼란 속에 빠져들었으니, 여기에 연루된 8왕 가운데 7명의 왕이 피살되고 혜제 역시 뤄양과 창안을 오가던 중 의문사했다. 이것을 '팔왕의 난'이라 하는데, 결국 306년 동해왕東海王 웨越, 월가 회제懷帝를 옹립함으로써 겨우 사태가 수습되었다.

죽림칠현

오호십육국과 페이수이의 전쟁

'팔왕의 난'이 진행되는 동안 화북 지역은 전쟁에 휘말려 제대로 생산 활동에 전념할 수 없었을 뿐 아니라, 치수 시설 역시 방치된 상태로 남아 있어 수해와 가뭄에도 적극적으로 대처할 수 없었다. 이런저런 사정으로 이 지역의 농지는 황무지로 변해 도저히 일상적인 삶을 꾸려나갈 수 없었던 농민들은 북에서 남으로 이주를 시작했다. 이때 유민들의 숫자는 30여만 호에 100만 명 이상이었다고 하며, 이렇게 남으로 이주한 이들이 후대에 '커쟈客家' 집단의 유래가 된다는 게 통설이다.

이때 북방에는 기왕에 있던 흉노匈奴와 선비鮮卑, 저氐, 갈羯, 강羌 등 다섯 민족이 저마다 활동을 하고 있었으며, 이들을 통칭해 '오호五胡'라 불렀다. 중원에서는 부족한 노동력을 보충하고 전쟁을 치를 군사를 충당하기 위해 이민족의 유입이 적극 진행되었는데, '팔왕의 난' 때에는 각각의 왕들이 우위를 점하기 위해 이들을 용병으로 끌어들였다. 하지만 결국 이민족들의 신분이나 대우는 최하층을 면치 못해 거의 노예나 다름 없는 경우도 있었다. 결국 나중에 서진의 붕괴를 촉진한 '오호'의 침입이란 사실상 후한 말 이후 진행된 이민족의 중원 이주로 인해 내재해 있던 비한족 계열 여러 민족의 저항과 자립 운동의 결과라 할 수 있다.

이러한 이민족의 저항과 반란은 특히 '팔왕의 난' 이후 본격적으로 진행되었는데, 그 가운데 류위안劉淵, 유연이라는 자가 있었다. 진의 혜제는 흉노 선우의 자손인 류위안을 오부五部의 도독都督으로 임명했다. 그는 한족의 말을 할 줄 알았고, 스승에게서 유가 교육을 받아 손자 병법에도 익숙할 정도로 한 문화에 동화되어 진의 귀족들로부터 교양과 재능을 인정받고 있었다. 그러던 중 '팔왕의 난'으로 중원이 어지러워지자, 흉노 부족의 추대로 304년 산시山西, 산서 펀수이汾水, 분수 유역 쭤궈청左國城, 좌국성에

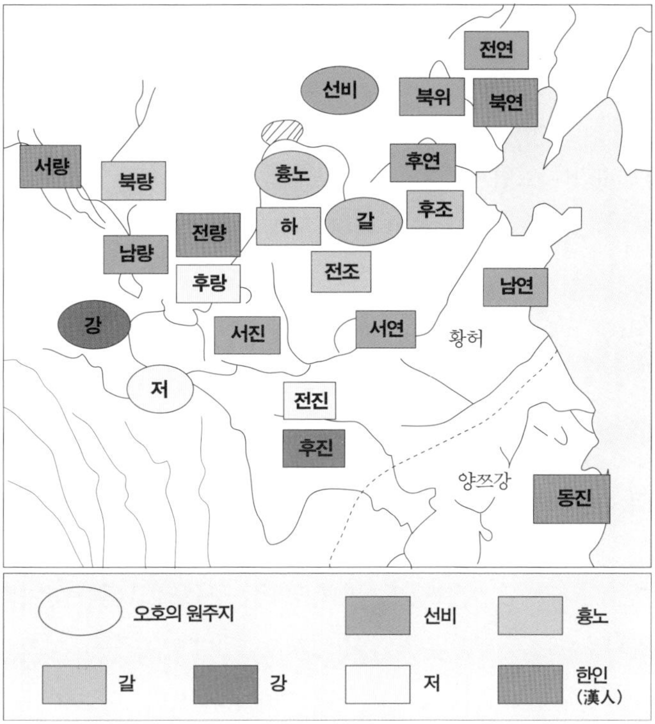

오호십육국 형세도

서 자립했는데, 자신이 한나라 왕조의 성인 류 씨인 것을 강조해 국호를 '한漢'이라 했다. 한편 동해왕에 의해 옹립된 회제는 연호를 '영원히 아름답다'는 뜻의 '영가永嘉'로 바꾸고 국정의 쇄신을 꾀했다. 아이러니한 것은 애당초 의도와 달리 '영가' 시대는 영원히 아름다운 시기가 아니라 천하의 동란이 본격화하는 시기가 되었다는 것이다.

서기 310년 류위안이 죽고 류충劉聰, 유총이 즉위했다. 류충은 류야오劉曜, 유요와 스러石勒, 석륵 등을 보내 먼저 허난 등지를 약탈해 뤄양을 고립시키는 작전을 폈다. 당시 진에서는 회제를 옹립했던 동해왕 웨가 내분으로 뤄양을 떠나, 류야오와 스러는 별다른 저항 없이 뤄양에 입성해 왕공과 백관, 사민 등 3만여 명을 학살하고, 성 안에 불을 지르니 후한 말 둥줘에 의해 파괴된 뒤 위와 진 양대에 걸쳐 재건된 뤄양은 또다시 잿더미가 되어버렸다. 회제는 탈출에 실패해 포로로 잡혀갔다가 결국 살해되었다. 이것을 세칭 '영가의 난'이라 부른다. 뤄양 함락이 전해지자 당시 창안에 피신해 있던 태자가 즉위해 민제愍帝가 되었으나, 창안이라고 다를 게 없었으니, 5년 만에 창안 역시 류야오의 손에 함락되어 서진 왕조에 의한 통일 국면은 36년 만에 막을 내리고 남북조시대가 본격적으로 열리게 된다.

남조의 경우, '팔왕의 난' 이후 천하가 어지러워지자, 강남의 호족들은 불안한 마음으로 그들 나름의 대책을 강구했다. 아울러 일가 권속이나 그 무리들을 이끌고 강남으로 도망쳐온 권문세가들도 많았다. 당시 낭야왕瑯邪王 쓰마루이司馬睿, 사마예는 종실의 내분을 피해 근거지를 확보한다는 명목으로 강남으로 물러나 있었다. 316년 민제가 납치되자 드디어 쓰마루이는 왕조 부흥을 앞에 내걸고 스스로 진왕晋王을 자처하고 백관을 정비했다. 317년 민제의 죽음이 전해지자, 쓰마루이는 젠예에서 황제의 자리에 올라 원제元帝라 칭하고 뒤에 동진東晋이라 부르는 왕조를 수립하였다. 원래 쓰마루이는 당시로서는 변방이라 할 창장 이남에 근거하고 있었던 별로 신통치 않은 인물이었다. 그가 서진을 대신하는 동진을 세워 한족 왕조의 법통을 이을 수 있었던 것은 왕다오王導, 왕도를 대표로 하는 왕씨와 셰안謝安, 사안을 대표로 하는 셰 씨 등 강남의 호족 출신 귀족들의 비호를 받았기 때문이었다.

이들 귀족들은 삼국시대부터 이어온 구품중정제를 통해 형성되었는데, 앞서도 살펴본 바와 같이 객관적으로 인물을 검증해 등용한다는 본래의 취지와 달리 구품중정제는 오히려 특수한 계층의 인물들이 자신의 기득권을 지키기 위해 패거리를 만드는 제도로 악용되었다. 곧 인재를 품평하고 선발하는 중정관이 사심을 갖고 자신의 일족을 위해 인물을 가려 뽑았으니, 이런 일이 누대에 걸쳐 일어나자 고관대작을 세습하는 귀족 계층이 생겨나게 되었던 것이다. 심지어 이들은 왕조가 바뀌어도 그 세력을 잃지 않아 누가 황제가 되든 아랑곳하지 않고 초 왕조적인 특권과 지위를 누리게 되었다. 쓰마루이는 이런 귀족들의 지지와 비호를 등에 업고 황제 자리에 올라 황제를 정점으로 하는 통일 권력을 세울 수 있었던 것이다. 이로써 삼국을 통일했던 진의 역사는 일획을 긋고 그 이전을 서진西晋이라 부르게 되었다. 이후 남조는 동진 이후에 송宋, 제齊, 양梁, 진陳 네 왕조로 명맥을 이어가게 된다.

난징(南京, 남경)에 있는 왕다오와 셰안 기념관
ⓒ 조관희

한편 서진이 와해되고 강남의 동진 왕조가 이를 대신하자, 화북 지역에서는 흉노 출신의 류 씨가 일으킨 한이 득세하였다. 하지만 318년 한의 통치자인 류충이 병사하자, 그 수하에서 활약하던 류야오와 스러가 각각 독립하여 전조前趙와 후조後趙를 세워 서로 각축을 벌이다 결국 329년에 스러가 승리해 화북 지역을 통일하였다. 원래 갈羯족 출신으로 흉노에 편입되어 젊은 시절 노예로 비참하게 지냈던 스러는 흉노와 한족 지배자에 대한 증오심이 대단해 성을 함락할 때마다 대량 학살을 자행하거나 강제로 이주시켰다. 그럼에도 뛰어난 장수이자 정치가였던 스러로 인해 전란이 휩쓸던 분란의 시대는 잠시 소강小康 국면을 조성할 수 있었다. 하지만 그의 사후 대를 이은 스후石虎, 석호가 사치와 탐욕에 빠져 백성을 돌보지 않자, 한족 장군인 란민冉閔, 염민이 쿠데타를 일으켜 후조는 2대로 멸망하게 된다. 하지만 란민이 세운 위魏 역시 3년만에 망하고, 이후에는 선비鮮卑족 무룽慕容, 모용 씨가 동쪽 지역에서 전연前燕을 세우고, 서쪽 지역에서는 저氐족이 전진前秦을 세우고 선비족 퉈바拓跋, 탁발 씨는 전량前凉을 세워 천하

동진(東晋)의 구카이즈(顧愷之, 고개지)가 그린 〈여사잠도(女史箴圖)〉. 현재 영국박물관에 소장되어 있다.

를 삼분했다. 이 가운데서도 전진의 푸젠符堅, 부견은 한족 빈민 출신인 왕멍王猛, 왕맹이라는 명 재상의 도움으로 국력을 충실히 해 오호시대를 통틀어 가장 강력한 왕조를 수립했다. 계책에 뛰어났던 왕멍은 전진의 군사를 이끌고 전연과 전량을 치고 동진으로부터 량저우梁州, 양주: 오늘날 산시 성 남부 지역와 이저우를 탈취하고 서역의 여러 나라를 자신의 세력 아래 둠으로써 376년 화북 전역을 통일할 수 있었다.

전진의 계몽 군주 푸젠은 한족 지식인 못지 않은 교양을 갖추었고, 나라를 잘 다스려 백성들로부터 신망이 두터웠다. 어떤 면에서 그는 철저한 이상주의자라 할 수 있다. 자신에게 귀순한 자에게는 한없는 자비를 베풀고 중요한 직책을 맡겼다. 이것은 자신이 이런 식으로 은혜를 베풀어 상대방을 감동시키면 그들 역시 다른 마음을 먹지 않고 귀순할 것이라는 생각 때문이었다. 하지만 현실은 그리 녹록한 것이 아니었으니, 세상에는 면종복배面從腹背하고 구밀복검口蜜腹劍하는 자가 얼마나 많은가? 이런 측면에서 그가 나중에 가장 후회했던 것이 선비족인 무룽 씨의 척족으로 무룽핑慕容評, 모용평과 공을 다투다 불화해 전진으로 귀순한 무룽추이慕容垂, 모용수 부자를 받아들인 것이었다. 푸젠은 이들 부자를 받아들여 수도의 행정과 치안을 담당하는 경조윤京兆尹에 임명했다. 나중에 전연前燕을 멸망시킨 뒤에는 무룽 씨 일족 모두를 거두어 그들에게 벼슬을 주었다. 사람을 믿을 때는 항상 그 뒷감당을 할 수 있을 정도여야 하는데, 푸젠의 이런 일련의 행위들은 확실히 도를 넘은 감이 없지 않다. 한편 호인胡人 출신 푸젠에게는 종족적 콤플렉스도 있었다. 중국 역사에서 중원을 불안에 떨게 했던 북방 이민족들에게는 문화적인 면에서 일종의 열등감이 있었으니, 그것은 호족 출신들은 절대 중국 통일 왕조의 천자가 될 수 없다는 생각이었다. 푸젠은 이런 콤플렉스를 극복하기 위해 동진을 정벌해 천하를 통일하고자 하는 꿈을 펼쳐 보였다. 하지만 주위의 참모들은 모두 이런 생각을 말렸다. 그의 생각에 동의했던 것은 다름 아닌 선비족 출신 무룽 씨 일족뿐이었다. 그럼에도 불구하고 푸젠은 동진 정벌을 실행에 옮겼다.

당시 동진 역시 북쪽에서 전진이 통일 왕조를 세우자 이에 대한 대비를 게을리 하지 않았다. 귀족 세력이 득세했던 동진은 정규군보다 이들 귀족이 사적으로 보유하고 있던 군대가 주력군이었다. 그중 가장 유명했던 것이 셰안의 조카 셰쉬안謝玄, 사현이 광링廣陵, 광릉: 오늘날의 양저우(揚州, 양주)에 군부를 열고 북방에서 피난 내려온 젊은이들을 훈련시켜 조직한 '북부병北府兵'이었다. 383년 푸젠은 90만 대군을 동원해 남하를 개시해 화이허淮河, 회하 중류의 서우춘壽春, 수춘에 주력을 두고 남에서 화이허로 흘러들어가는 페이수이淝水, 비수를 따라 25만의 병력을 배치했다. 이들에 맞서기 위해 출병한 동진의 군사는 북부병이 주축이 된 8만에 불과했다. 페이수이의 전쟁은 삼국시대 초기 관두官渡, 관도의 전쟁과 함께 숫적으로 열세이면서 약한 군대가 군사가 많고 강한 군대를 이긴 전쟁으로 잘 알려져 있다. 동진의 셰쉬안은 전진의 군대가 아직 전열을 가다듬지 않은 것을 간파하고,

야간에 군사를 풀어 아무런 대처도 하지 않고 있던 전진의 군사 5만 명을 괴멸시켰다. 어떻게 보면 이것으로 전투는 끝난 거나 다름없었으니, 동진 군은 이 승리를 계기로 강변을 따라 군진을 배치하고 본군을 신속하게 불렀다.

"동진과 전진 두 진영은 페이수이를 사이에 두고 포진했다. 셰쉬안은 푸룽苻融, 부융; 푸젠의 친동생에게 서로 이렇게 대치하고 있으면서 시간만 끌 것이 아니라 전진 군대를 뒤로 약간 철수시킨다면 동진군도 페이수이를 건너게 할 것이니 그런 후에 한판 붙어 결판을 내자고 제의했다. 푸젠은 병사의 수도 많았기 때문에 동진군이 페이수이를 건너는 중간에 일거에 전멸시킬 요량으로 셰쉬안의 제의를 따라 철수할 것을 명령했다. 후퇴를 진행하자 주쉬朱序, 주서; 전진에 포로로 잡혀와 있던 동진의 장수와 그 부하들이 전진군이 건너편에서 패했다고 선동했다. 그러자 전진군의 전열이 갑자기 흐트러지면서 질서를 잃고 말았다. 반대로 동진군은 그 틈을 타 강을 건너 전진군을 무찌르니 그 시체가 들판에 가득하고 피가 강을 이루었다. 도망가는 전진 병사들은 '바람 소리와 학 우는 소리'를 동진 병사들이 뒤쫓아오는 것으로 여겼다. 푸룽은 이 전투에서 피살되고 푸젠은 어깨에 화살을 맞아 부상당한 몸으로 창안으로 말머리를 돌릴 수밖에 없었다. 출병할 당시 100만의 군대는 겨우 10만이 남았을 뿐이다."◉

◉ 박한제, 『박한제 교수의 중국 역사 기행 1, 영웅시대의 빛과 그늘』, 사계절, 2003. 231~232쪽.

◉◉ 박한제, 앞의 책, 232쪽.

전진군의 대패로 북에서는 더 이상 남진을 수행할 여력이 없어지게 되어 이때부터 화이허를 경계로 남북이 서로 대치하며 병립하는 시대를 맞게 되었다. 한편 "푸젠은 결국 385년 8월, 한량없는 은신을 베풀었던 적들인 선비족 무룽추이와 강羌족 야오창姚萇, 요장에 의해 나라를 빼앗기고 살해되고 말았다. 페이수이의 전쟁이 끝난 지 꼭 2년 후의 일이다."◉◉

결국 페이수이의 전투로 남북은 대치 상황으로 접어들어 589년에 수 문제 양젠楊堅, 양견이 천하를 통일할 때까지 206년 동안 교착 상태에 놓여 있었다. "이 200여 년 동안 남북 양쪽은 항상 화이난淮南 지역을 제외한 후베이의 샹양 일대에서 전투를 벌였다. 북쪽 사람들의 기병 전술도 여기에 이르면 효력을 잃었다. 남쪽은 수군이 능했는데, 이는 전장에서의 주동적인 지위를 가졌을 뿐만 아니라, 병력을 배로 이동시켜 장교와 사병이 행군하는 수고를 없앴으며, 양식을 신속히 운반하는 효과도 있었다. 그러나 이 모든 장점을 북진에는 사용할 수 없었다는 점이 문제였다." 그래서 "동진군은 유례 없는 큰 승리를 얻었으면서도, 이러한 전과를 확대시키지 못한 채 창장의 왼쪽 땅江左에 치우쳐서 만족하며 편안히 지냈다."◉

한편 오호십육국으로부터 페이수이 전쟁까지 중국은 오랜 분열로 인한 혼란기를 거치게 된다. 이 시기는 중국 역사에서 대단히 중요한 의미를 갖는다. 역사학자들은 특히 페이수이 전쟁에 대해 이구동성으로 그 의의를 강조하고 있다. 레이하이쭝雷海宗, 뇌해종이라는 사학자는 페이수이의 전쟁이 일어난 383년이야말로 중국 역사를 양분하는 획기적인 의미가 있다고 주장했다. 그의 주장에 따르면, 중국 역사의 제1분기는 역사의 시초부터 383년 페이수이의 전쟁까지로 대체로 순수한 화하족華夏族이 문화를 창조 발전시킨 시기이고, 제2분기는 383년부터 오늘날에 이르는 시기다. 제1분기는 외래의 혈통과 문화가 중요한 역할을 하지 못한 시기로 '고전적 중국'이라 칭할 수 있으며, 제2분기는 북방의 호족이 누차 중국에 침입하고 인도의 불교가 중국 문화에 심각한 영향을 준 시기로, 중국인의 혈통과 중국 문화상 커다란 변화가 발생하였다.◉◉ 물론 호족의 중국 침입은 그 이전인 '영가의 난'으로 거슬러올라간다. 페이수이의 전쟁은 이런 장기간에 걸친 북방 이민족의 남진의 결과를 응축해서 보여주는 하나의 사건일 뿐인 것이다. 그래서 혹자는 표현을 달리해 다음과 같이 주장

◉ 레이 황, 권중달 옮김, 『허드슨 강변에서 중국사를 이야기하다』, 서울: 푸른역사, 2001. 186쪽.

◉◉ 박한제, 앞의 책, 209쪽.

하기도 했다.

"'영가의 난'이 중국 역사에 끼친 영향은 실로 다대하다. 만약 같은 시대 호족의 중원 침입이 없었다고 가정한다면, 오늘날의 중국은 북중국으로 한정되어 있을지도 모를 일이기 때문이다. 그도 그럴 것이 이 사건 이전 중국의 남북 사이에는 지리 · 자연 · 인문상에서 너무나 큰 차이가 있었다. 그러나 호족의 침입은 중원 지역에서 한족을 남방으로 밀어냈고, 밀려난 한족은 남방에서 다시 새로운 '중국'을 건설했다. 이로써 남중국이 명실공히 중국의 강역으로 들어와 자리잡게 된 것이다. '영가의 난'은 단순한 하나의 반란이 아니라 한인 남진의 추동력이 되었던 것이다."◉

◉ 박한제, 『박한제 교수의 중국 역사 기행 2, 강남의 낭만과 비극』, 사계절, 2003. 158쪽.

아울러 페이수이의 전쟁은 이른바 중국 역사상 최초로 이민족 군주에 의해 추진된 통일 전쟁이었다는 점도 지적해두어야 한다. 그런데 흥미로운 것은 이후 역사에서 순수하게 한족 중심의 왕조가 중원 땅에 세워진 것은 송宋과 명明 두 왕조밖에 없었다는 사실이다. 위진남북조 이후 나타난 수隋나 당唐을 비롯해 요遼, 금金, 원元, 청淸 등은 모두 북방 이민족 계열의 민족이 세운 왕조였던 것이다. 하지만 이들 이민족들은 중화中華라는 용광로 속에 용해되어 지금은 흔적도 찾아볼 수 없고, '한족漢族'이라는 모호한 용어에 매몰되어 있다. 새삼 중화주의, 또는 중국 중심주의Sino-centrism의 놀라운 잡식성에 전율할 따름이다.

남북조의 분립과 수隋의 재통일

결국 전진이 이룬 화북 지역의 통일 국면은 페이수이 전쟁 이후 공중분해되고, 이후 북방에는 전후로 후연後燕과 후진後秦, 서연西燕, 서진西秦, 북위北魏, 후량後凉이라는 여섯 정권이 생겨났다가, 395년에는 후연이 북위를 공격하다 대패해 남북으로 분열한 뒤, 다시 남량南凉과 서량西凉, 북량北凉, 하夏 등이 명멸했다. 이 가운데 두각을 나타낸 것이 퉈바拓跋, 탁발씨의 선비족이었다. 퉈바 씨는 원래 동진 시대인 338년에 퉈바스이졘拓跋什翼犍, 탁발십익건이 대大라는 나라를 세웠는데, 전진의 푸졘에게 멸망당했다가, 페이수이 전쟁으로 전진이 몰락하자, 스이졘의 손자인 퉈바구이拓跋珪, 탁발규가 대국을 다시 일으켰다. 398년 퉈바구이는 도읍을 핑청平城, 평성: 오늘날의 다퉁으로 옮기고, 국호를 대위大魏라 고치고는 스스로 도무제道武帝라 칭했다. 이후 3대째인 태무제太武帝 퉈바다오拓跋燾, 탁발도가 오호五胡제국諸國을 차례로 평정해 439년 또다시 화북 지역을 통일하니, 류위안劉淵, 유연이 한漢을 세우고 칭제한 뒤, 136년 간 지속되어오던 '오호십육국'◉의 시대가 막을 내리게 된다.

◉ '오호십육국'의 구체적인 내용을 부족별로 구분하면 다음과 같다. 흉노(匈奴)족의 한(漢)과 북량(北凉), 하(夏), 갈(羯)족의 후조(後趙), 선비(鮮卑)족의 전연(前燕), 후연(後燕), 남연(南燕), 서진(西秦), 남량(南凉), 강(羌)족의 후진(後秦), 저(氐)족의 전진(前秦), 후량(後凉), 여기에 한족이 세운 전량(前凉)과 서량(西凉), 북연(北燕)이 그것이다.

북위의 통치기는 160여 년에 달해 오호십육국의 분란기보다 더 긴 시간 동안 안정적인 정권을 유지했다. 여기에는 그만한 이유가 있었으니, 우선 북위 정권은 다른 호족들과 달리 농경 문화를 받아들여 나라를 농업국으로 바꾸었고, 이를 위해 선비족 고유의 부족제 조직까지 내버리고 한족 전통의 전제주의적 중앙 집권 국가 체제를 적극 받아들였다. 이 과정에서 한족이라도 유능하기만 하면 차별 없이 등용해 정치에 참여하게 했으니, 당시 황폐한 화북 지역을 유랑하던 한족 출신의 명문가들이 귀순해 '문벌 귀족'을 이루기도 했다. 아울러 이적夷狄은 황제가 될 수 없다는 유가의 논리에 맞서기 위해 태무제太武帝 때에는 도교를 채용해 황제 자신은 도교의 최고 신인 태상로군太上老君에게서 천명을 받았다고 선전했다. 이때만 해도 불교는 도교에 밀려 철저하게 탄압을 받았으나, 태무제가 죽고 불교 신자였던 태자 황晃, 황의 아들인 문성제文成帝가 즉위하자 불교는 전에 없는 부흥기를 맛보게 된다. 태무제 때 '폐불廢佛'에 가까운 탄압을 받은 바 있는 불교는 그 교리로 북위 황제의 절대적인 권위를 인정하고 원조하는 입장을 취하고, 국가의 안녕을 기원하는 호국불교의 성격을 띠게 되었다. 이에 불교는 일시에 홍성했고, 이 시기에 많은 불사가 이루어졌다. 대표적인 것이 중국 삼대 석굴 가운데 하나라는 '윈강雲崗, 운강' 석굴이며, 그밖에도 북위시대에 만들어진 석굴이 중국 각지에 많이 남아 있다.

471년 북위의 중흥주인 효문제孝文帝가 즉위하였다. 즉위 당시 다섯 살에 불과했기에 초기에는 문성제의 황후인 펑 씨馮氏, 풍씨가 막후에서 정치를 했다. 펑 씨는 가오뤼高閭, 고려나 리충李沖, 이충과 같이 뛰어난 한족 관료가 마음껏 자신들의 솜씨를 발휘할 수 있는 바탕을 만들어주었다. 펑 씨가 죽고 친정을 시작한 효문제는 즉시 여러 가지 개혁책들을 내놓았다. 그 가운데 가장 중요하면서도 장기간에 걸쳐 중국 사회에 깊은 영향을 끼친 것이 균전제均田制의 실시다. 이것은 모든 토지를 국가 소유로 하되, 백성들은 15세가 되면 남자의 경우 40무를 여자는 20무의 땅을 받고, 그 사

오호십육국의 하나인 하(夏)의 허롄보보(赫連勃勃)가 세운 퉁완청(統萬城)의 잔해 ⓒ 조관희

람이 죽거나 70세가 되면 국가에 소유권을 반환하는 것이다. 이와 같이 이상적인 사회주의 형식의 농지법이 제대로 시행되었는지는 현재로서는 논란의 여지가 없는 것은 아니나, 이것으로 백성들의 삶이 안정적인 기반을 얻을 수 있었다는 점은 분명해 보인다. 아울러 이 같은 제도가 시행될 수 있었던 것은 '오호십육국'을 거치면서 장기간의 전쟁과 이민족의 중원 이주 등으로 토지의 소유권을 확정하기 어려웠기 때문이기도 하다. 균전제와 함께 백성들의 호적제도 역시 정비되었는데, 5가마다 인장隣長, 5린마다 이장里長, 5리마다 당장黨長을 두는 '삼장제三長制'가 그것이다. 이들 삼장의 임무는 민전民田을 나누어줄 때 근거가 되는 호적을 정비하고, 국가의 명령에 따라 조세를 징수하고 요역이나 병역을 할당하며, 치안을 유지하는 것 등이었다. 곧 삼장제를 통해 지역 공동체를 구축하고 균전제를 통해 농업 생산력을 회복함으로써 사회를 안정시키고 국력을 신장시킬 수 있었던 것이다.

이렇게 하여 경제적인 기반을 마련한 효문제는 좀더 적극적인 개혁을 단행하게 되는데, 그것은 적극적으로 한족 문화를 받아들이는 것이었다.

중국 4대 석굴 중 하나인 윈강 석굴 ⓒ 조관희

이를 위해 수도를 좀더 중원에 가까운 뤄양으로 옮기고, 선비족 고유의 풍속을 금하고 호어胡語 역시 쓰지 못하게 하는 등 전례 없이 강력한 '한화漢化' 정책을 시행했다. 심지어 '퉈바'라는 성마저 '위안元, 원'이라는 한족풍의 성으로 바꾸고, 호인胡人과 한인漢人 사이의 통혼도 장려하였다. 위진남북조라는 중국 역사상 가장 오랜 혼란과 분열의 시기에 북위가 160여 년이라는 장기간에 걸쳐 안정된 정권을 수립할 수 있었던 것은 바로 이런 적극적인 개혁책 덕분이라 할 수 있다.

하지만 효문제가 33세라는 젊은 나이에 사망하자 북위는 급전직하해 그동안 잠재되어 있는 여러 가지 사회적인 모순들이 곳곳에서 분출했다. 뤄양으로 천도한 뒤 북방을 방비하던 육진六鎭은 상대적으로 홀대를 받아 군사들 사이에 불만이 팽배해 있었다. 여기에 조정의 황족과 왕, 귀족들이 권력을 농단하면서 부정과 부패를 일삼아 축적한 부로 사치스러운 삶에 빠져들었다. 드디어 참다 못한 육진의 병사들이 난을 일으키고, 이 반란을 평정한 얼주룽爾朱榮, 이주영은 이것을 기화로 군권을 손에 넣었다. 당시 어린 나이에 즉위해 후 태후胡太后, 호태후의 섭정하에 있던 효명제孝明帝는 이미 장성해, 후 태후가 국사를 오로지하는 것에 불만을 품고 이에서 벗어나기 위해 얼주룽과 손을 잡으려 했다. 하지만 이를 탐지한 후 태후가 먼저 황제를 독살하니, 황제의 밀명을 받았지만 한 발 늦은 얼주룽은 이내 군사를 일으켜 뤄양에 들어와 후 태후를 죽이고 효장제孝莊帝를 세웠다. 효장제는 얼주룽을 두려워해 그를 암살하니, 이에 분개한 얼주 씨 일족이 들고 일어나 황제를 죽이고 민제閔帝를 옹립했다. 이때 얼주 씨 일족과 손을 잡고 있던 가오환高歡, 고환은 이렇듯 어지러운 상황을 틈타 군사를 일으켜 얼주 씨 일족을 쳐부수고 황제를 폐한 뒤 효무제孝武帝를 옹립한다. 효무제는 또 가오환을 제거하려다 실패하고 관중關中 지역에서 세력을 쌓고 있던 위원타이宇文泰, 우문태에게 의지하고, 가오환은 새로 효정제孝

靜帝를 세운다. 이렇게 하여 뤄양의 가오환과 관중의 위원타이는 제 각각 북위의 황제를 옹립한 형세가 되어, 북위는 534년에 동위東魏와 서위西魏로 갈라지게 된다. 비록 위魏라는 국호는 그대로 남아 있었으나, 실권은 가오환과 위원타이에게 있었으니, 오랜 시간 유지되어왔던 북위의 운명은 풍전등화와 다를 바 없었다.

결국 550년에는 가오환의 아들 가오양高洋, 고양이 동위를 폐하고 문선제文宣帝가 되니 이것이 북제北齊의 시작이다. 뒤이어 557년에는 위원타이의 아들 위원줴宇文覺, 우문각가 서위를 멸하고 북주北周의 효민제孝閔帝가 되었다. 하지만 이러한 형세는 오래 가지 않았으니, 북제의 국세는 남조 진陳의 북벌로 인해 급속도로 국력이 쇠약해져 겨우 28년 만에 북주 무제武帝에 의해 멸망했다. 이로써 화북은 전진前秦 이후 북주에 의해 다시 한번 통일이 되었다. 흥미로운 것은 여러 가지 여건이나 환경으로 볼 때, 동위-북제가 서위-북주보다 나았지만, 결국 불리한 조건에 있던 북주가 북제를 멸했다는 점이다. 동위-북제의 중심부는 황허 중하류의 대평원 지역으로 전한 시대부터 많은 사람들이 살고 있었던 데 반해, 서위-북주의 북쪽 땅은 농경에 적합하지 않은 벌판이나 사막이 대부분이었다. 하지만 이런 불리한 점을 딛고 위원타이는 북위 때부터 계승한 기왕의 균전제와 새롭게 창시한 징병제의 일종인 부병제府兵制 등의 개혁을 통해 국력을 키워 화북을 통일할 수 있었다. 이것은 마치 전국시대에 지리적으로나 경제·문화적으로 낙후된 지역이었던 진秦이 그런 불리한 조건을 약진의 발판으로 삼아 결국 당시로서는 선진국이었던 나머지 육국을 병합했던 것과 비견할 만하다.

한편 남쪽에서는 페이수이 전쟁 이후 잠시 동안의 태평성대가 이어졌으나, 동진 사회 자체가 안고 있는 모순에 의해 곧 분란에 휩싸였다. 귀족 사회인 동진은 중앙 집권적 관료 사회를 표방하긴 했으나, 엄밀한 의미에서 지방에 할거하고 있던 호족 세력에 의해 권력이 분점되어 있었다. 그 가운데서도 가장 세력이 컸던 곳이 징저우와 양저우로, 양대 세력이 나라의 권력을 분점하고 있었다 해도 과언이 아니었다. 여기에 대토지 소유제로 인한 일반 농민의 몰락과 북방으로부터 끊임없이 유입되는 유민의 무리는 사회적인 불안을 야기했다. 398년에는 징저우 자사荊州刺史, 형주자사 인중칸殷仲堪, 은중감이 회계왕會稽王 다오쯔道子, 도자를 제거한다는 명분으로 거병을 하고, 비슷한 시기에 오두미도五斗米道를 신봉하는 쑨언孫恩, 손은이 무리를 모아 저장浙江, 절강 일대의 연안 지역을 석권했다. 이때 북벌군의 수장이었던 환원桓溫, 환온의 아들인 환쉬안桓玄, 환현 역시 이 틈을 타 병사를 일으켜 인중칸을 살해하고 징저우 자사의 지위를 탈취한 뒤 급기야는 수도인 젠캉建康, 건강에 들어가 당시 황제였던 안제安帝를 폐하고 스스로 황제가 되었다403년.

이것으로 동진 왕조는 막을 내린 셈이었으나, 혼란이 끝난 것은 아니었다. 무뢰한 출신으로 군인으로 입신한 류위劉裕, 유유라는 자가 있어 쑨언의 난에 전공을 세우더니, 환쉬안의 제위 찬탈을 무력으로 진압하고 안제安帝를 복위시킨 것이다. 류위는 이 공으로 도독중외제군사都督中外諸軍事라는 군대를 총괄하는 직위에 올라 한 나라의 군사력을 한손에 거머쥐었다. 욱일승천의 기세를 타고 류위는 서진 멸망 이후 동진으로 천도했던 한족들의 열망인 북벌을 단행해 남연南燕을 멸하고 북위군北魏軍을 격파하는 등 큰 공을 세웠다. 하지만 중원 회복이라는 큰 뜻 대신 정권 탈취욕에 눈이 멀어 군사를 되돌려 수도에 돌아와서는 당시 황제였던 공제恭帝를 폐위하고 자신이 황제에 올라 송宋을 건국했다. 이렇게 하여 북의 북위와 남의 송이 서로 대치하는 남북조시대가 본격적으로 시작된다.

하지만 류위는 교양이 없는 하급 무사 출신이었다. 창업은 했으나 그것을 유지해나갈 능력이 애당초 없었던 것이다. 이에 비해 무제의 뒤를 이은 문제文帝 때에는 오히려 후대에 '원가의 치세元嘉之治' 라 불리는 소강小康 상태가 이어지기도 했다. 하지만 황제에게 집중된 권력과 부는 조정의 부패와 타락으로 이어져 이내 황제의 자리를 놓고 피비린내 나는 살육이 벌어졌다. 그리하여 송 무제의 아홉 아들과 40여 명의 손자, 67명의 증손 가운데 제 명에 죽은 이가 3명에 불과했다. 마지막 황제인 순제順帝는 한족 출신의 무장武將인 샤오다오청蕭道成, 소도성에게 황제의 자리를 선양할 때 겨우 13세였는데, "후세에 두 번 다시 천자의 집안에 태어나지 않을 것"이라고 절규했다 한다. 그리하여 당시 어떤 이는 다음과 같은 시를 읊기도 했다.

멀리 젠캉성을 바라보니
작은 강이 거꾸로 흘러 휘감고 있도다.
앞을 보니 아들이 아비를 죽이고
뒤돌아보니 동생이 형을 죽이고 있네.
遙望建康城
小江逆流縈
前見子殺父
後見弟殺兄◉

◉ 박한제, 『박한제 교수의 중국 역사 기행 2, 강남의 낭만과 비극』, 사계절, 2003. 211쪽.

송을 이은 제齊 역시 이에 못지 않았으니, 샤오다오청의 뒤를 이은 무제 시기의 '영명의 치세永明之治' 가 잠시 있었으나, 이후에는 전 왕조인 송과 다를 바 없이 부자와 형제간의 골육상쟁이 벌어졌다. 특히 5대인 명제明帝는 자신의 직계 황태자를 지키기 위해 경쟁 상대가 될 만한 황족을 27명이나 살해했다고 한다. 송 왕조 8대와 제 왕조 7대가 이어진 기간이 불과 82년에 불과하니, 이 가운데 비교적 안정적이었던 송 문제의 원가元嘉

시기 29년과 제 무제의 영명永明 시기 11년을 빼고 나면, 각각의 황제에게 주어진 시간은 평균 3년 남짓이 된다. 골육상쟁뿐 아니라 이들 황제들의 기행은 중국 역사에 두 번 다시 없을 정도였는데, 정사인 『송서宋書』나 『남제서南齊書』 등에 기록된 내용은 그야말로 목불인견일 지경이다.◉

◉ 자세한 사정은 박한제의 앞의 책, 211~222쪽을 참고할 것.

남조에서 그나마 황제로서의 체면을 세운 이는 양梁의 무제武帝이다. 양 무제는 중국 역사상 손꼽히는 문학자였는데, 그가 재위했던 48년 간은 국내외로 태평성대를 구가했다. 여기에는 북조의 북위北魏가 동위東魏와 서위西魏로 분열했던 시기라 남쪽에 신경 쓸 겨를이 없었다는 점도 호기로 작용한 측면도 있다. 하지만 평화로운 시기가 오래 이어지고 치세가 길어지자 만년에는 불교에 빠져 실정을 거듭했다. 그 가운데 결정적인 것이 선비족에 동화된 갈羯족 출신 야심가 허우징侯景, 후경을 지나치게 믿고 그에게 북벌을 맡겼다는 것이다. 동위東魏와의 전투에서 패배한 뒤 복귀하던 허우징은 돌연 반기를 들고 젠캉성을 포위했다. 이 와중에 무제는 굶어죽고 허우징은 이를 대신해 간문제簡文帝를 세웠으나, 곧 그를 죽이고 스스로 제위에 올라 한漢을 세웠다. 하지만 새로운 체제를 세울 역량이 없었던 허우징은 곧 상동왕湘東王 샤오이蕭繹, 소역를 추대한 왕썽볜王僧辯, 왕승변과 천바셴陳霸先, 진패선에 의해 폐위되고 샤오이가 쟝링江陵, 강릉에서 즉위해 원제元帝가 되었다. 이때 양 왕조는 일시 회복되었으나, 원제는 서위의 위원타이에 의해 살해되고, 다시 원제의 아들을 옹립했던 천바셴은 자신이 황제의 자리에 올라 진陳을 세웠다. 이때가 되면 송과 제 왕조까지 근근히 유지되었던 남조와 북조의 힘의 균형이 완전히 허물어져 창쟝 상류 지역의 이저우와 샹양, 우한武漢, 무한 지역을 빼앗긴 진 왕조는 창쟝 하류 지역에 옹색하게 움츠러들어 간신히 명맥을 잇게 되었다.

이제 위진시대 이후 남북으로 나뉘어 오랜 기간 혼란과 분열의 시간을 보내던 역사의 흐름은 다시 통일 국면에 접어들게 된다. 우선 북조의 북주는 위원타이의 여러 정책으로 국력이 고양되어 577년에 오랜만의 화북 통일을 이룩했으나, 이후에는 못난 군주가 잇달아 나와 결국 581년 외척인 양젠楊堅, 양견에게 나라를 빼앗겨 5대 26년의 짧은 역사를 뒤로하고 종말을 고했다. 수隋는 기세를 몰아 589년 진왕晋王 양광楊廣, 양광; 뒤에 양제(煬帝)가 됨이 군사를 몰아 진陳을 공격하니 진은 아무런 저항도 하지 못하고 후주後主 천수바오陳叔寶, 진숙보가 포로로 잡혀 멸망했다. 이로써 동진東晋 원제元帝 쓰마루이司馬睿, 사마예가 즉위한 이래 273년 간, 후한 말 오의 칭제로 삼국이 정립한 것까지 치면 370여 년 만에 분열 상태에 놓여 있던 중국은 또다시 수에 의해 통일되었다.

6

창안의 봄—당의 번영과 몰락

수隋나라가 천하를 통일했으나 단명 왕조로 끝나고 당唐나라가 그 과실을 취한 것은 여러 모로 진한秦漢 교체기의 상황과 흡사한 면이 있다. 거칠게 한 마디로 개괄하자면, 곰은 재주가 넘고 돈은 다른 사람이 버는 형국이 재연된 것이다. 우선 통일하기까지의 간난신고艱難辛苦로 말하자면, 진나라나 수나라가 들인 공력을 어찌 한나라나 당나라가 따라잡을 수 있겠는가? 아울러 통일 이후에 여러 가지 제도를 새로 만들고 정비한 것 역시 마찬가지다. 한漢은 진秦이 군현제郡縣制 등을 통해 세운 중앙 집권 관료 체제를 그대로 계승했고, 당 역시 수가 닦아놓은 기반 위에서 동아시아 최강의 세계 제국이 될 수 있었다. 천하를 재통일한 수 문제 양젠楊堅은 내치에도 수완을 발휘해, 여러 가지 새로운 제도를 창안했는데, 당 제국의 기초는 사실상 수 문제 시대에 완비되었다고 해도 과언이 아니다.

흥미로운 것은 수나 당이나 모두 혈통이 북방 이민족 계열로, 북조의 문벌 귀족이라는 사실이다. 이들 북조 문벌 귀족들은 한족과 호족의 결합에 의해 탄생했으므로, 순수한 한족 혈통과 달리 호풍胡風이 강하게 남아 있었다. 아울러 이들의 세력 기반이 되었던 것은 북주北周 정권의 중심지였던 관룽關隴, 관롱, 또는 관중關中, 관중으로 이곳은 오늘날의 산시 성陝西省과 간쑤 성을 잇는 웨이허渭河, 위하 일대를 가리킨다. 앞서 살펴본 대로 이곳은 일찍이 진秦이 일어났고, 한漢 왕조가 터를 잡았던 곳으로, 서위나 북주, 수, 당의 영고성쇠가 모두 이곳에서 이루어졌다. 그러므로 혹자는 수당제국을 진한제국과 같은 계열에 속하는 것으로 보아, 진한제국이 위진남북조 300여 년의 단절된 역사를 딛고 수당제국으로 다시 태어난 것으로 여기기도 한다.

같은 '관룽' 집단이었기에 북주와 수, 당은 혈연적으로도 밀접한 관계를 맺고 있는데, 그 중심에는 두구신獨孤信, 독고신이라는 인물이 자리하고 있다. 북위가 육진의 난 등으로 동위와 서위로 나뉠 때, 위원타이를 도와 서위 정권에 힘쓴 이들이 '여덟 개의 주국柱國'을 분봉받았다. 두구신은 이 가운데 한 사람이었다. 하지만 지나치게 세력이 커지자 이를 견제한 위원 씨宇文氏, 우문씨 일족 때문에 자살을 시도한다. 하지만 그는 중요한 유산을 한 가지 남겨놓았으니, 그것은 그의 세 딸이 이후 역사를 좌지우지하게 될 인물들과 혼인했다는 것이다. 이를테면 장녀는 위원타이의 장남인 북주北周의 명제明帝에게 시집가 황후가 되었고, 4녀는 여덟 주국 가운데 하나인 당국공唐國公 리빙李昞, 이병의 왕비가, 그리고 7녀는 북주北周의 대장군 양중楊忠, 양충의 아들로 나중에 수 문제가 되는 양젠의 황후가 되었다. 뒤에 당을 건국한 리위안李淵, 이연이 리빙의 아들이니, 결국 당 고조와 수 문제의 아들 양제煬帝는 이종사촌이 된다. 이런 일이 벌어질 수 있었던 것 역시 북조의 문벌 귀족들이 서로 혈연적으로 얽혀 있었기에 가능했다.

수 문제는 즉위한 뒤 바로 이 점을 중요하게 생각했다. 자신이 관룽 집단 출신이긴 했지만, 이들의 세력을 꺾지 않고는 황제의 권위를 세울 수 없다고 생각한 문제는 귀족들의 세습 수단으로 전락한 위진시대 이후의 구품중정제를 폐지하고 과거제科擧制라고 하는 새로운 인재 등용 방식을 채용하였다. 이것은 중원의 한족 문화 전통을 이어받아 사회적으로 존경받고 있었던 북제北齊 계열의 산둥 출신 귀족들과 남조의 강남 출신 귀족들의 정치 참여를 유도하고, 궁극적으로는 가문 위주가 아니라 능력 위주로 인재를 선발하기 위한 것이었다. 과거 제도는 양제 대에 완성이 되는데, 이로써 과거 제도는 청 말까지 중국의 주요한 인재 등용 제도로 자리잡게 된다.

아울러 한족들의 여망에 부응해 이민족의 관제인 북주의 관제를 폐지하고 한漢과 위魏의 관제를 회복했는데, 당대唐代의 '3성 6부' 제도의 원형이 이때 만들어지고 황제의 행정을 지지하는 중앙 관제가 확립되었다. 지방 행정에서는 유명무실해진 '주·군·현州郡縣' 제도를 간소화해 군의 구획을 폐지하고 주현양제는 이것을 군현으로 바꿨음 제도로 개편했다. 전란으로 망실되거나 인멸된 호구를 바로잡기 위해서는 북위의 삼장제三長制를 발전시킨 인보제隣保制를 실시해 국가에 의한 인원 파악을 강화하고 이것을 기초로 조용조租庸調와 부병제府兵制를 시행했다. 조용조는 일종의 징세 체계로 조租는 토지에, 용庸은 사람에게, 조調는 호戶에 부과하는 조세 제도이고, 부병제는 균전제를 바탕으로 한 병농일치兵農一致를 추구하는 징병제의 일종이다. 또 이전에는 뚜렷하게 분화되어 있지 않던 형법을 가리키는 '율律'과 행정 관제를 규정한 '령令'을 구분함으로써 율령을 기본으로 하는 국가의 행정과 사법 조직을 완비하였다.

이로써 율령이라는 성문법을 바탕으로 한 중앙 집권 국가가 국가 시험인 과거로 채용한 유교와 문학적 교양이 몸에 밴 고급 관료의 손으로 운영되는, 황제를 정점으로 한 왕조 국가의 통치 시스템이 갖추어지게 된다. 나아가 이러한 율령 국가의 성립은 동아시아 여러 나라에도 영향을 주어 특유의 중앙 집권적 관료 국가의 탄생으로 이어진다. 이런 여러 가지 시책으로 정치는 눈에 띄게 안정되고 경제 역시 급속도로 발전해 문제 시기는 혼란기 이후에 찾아온 중흥기로 여겨진다. 그리하여 당시 전국의 주요한 창고에는 조정에서 5, 60년은 충분히 쓰고도 남을 만한 양의 곡물이 비축되었다고 한다.

하지만 이러한 치세도 오래가지 못했다. 문제의 뒤를 이은 양제는 여러 가지 실정으로 문제가 이루어놓은 것들을 한순간에 탕진해버렸다. 하지만 그렇다고 양제에 대해 그렇게 가혹한 평을 내릴 필요는 없다. 대부분의 경우와 마찬가지로 왕조의 마지막 황제는 그 다음 왕조의 사관들에 의해 사소한 악행도 침소봉대되는 경향이 있기 때문이다. 그런 측면에서 보자면 양제는 상대적으로 다른 황제에 비해 그렇게 악랄하거나 우매한 황제가 아니었는지도 모른다. 이를테면, 양제는 황제의 자리 때문에 황태자였던 자신의 형과 아비를 죽였다고 하지만, 이 행위 하나만 놓고 보자면 마찬가지로 황태자인 자신의 형 리졘청李建成, 이건성을 죽이고 아비를 겁박해 황제의 자리에 오른 당 태종의 행위와 다를 게 없다. 다만 한 사람은 망국의 군주이고 다른 한 사람은 역사의 승자로 자신의 기호에 맞게 역사를 기술하게 할 능력이 있다는 차이가 있을 뿐이다.

과연 양제는 대부분 문제의 치세를 계승해 적어도 고구려 원정 이전에는 특별히 지탄을 받을 만큼 어리석은 일을 하지는 않은 듯하다. 흔히 대운하의 개착이나 뤄양을 동도東都로 삼아 궁전을 지은 것 등을 실정의 예로 들기는 하나, 대운하는 남북조시대를 거치며 중원에 편입된 남방의 조운漕運을 위해 문제 때 시작한 일을 계승해 완성한 것이고, 그 연장선상에서 양저우에서 시작하는 운하의 종착지인 뤄양을 개발한 것일 뿐이었다. 오히려 위진남북조라는 오랜 혼란기를 단시간 내에 수습하느라 급속하게 펼친 중앙 집권화의 여러 폐단과 모순들이 어떤 계기에 의해 폭발한 것은 아닌지 하는 생각이 들기도 한다. 물론 양제 자신이 지나치게 사치스러운 생활을 하느라 국고를 탕진해 그런 모순을 심화시킨 점이 전혀 없다고는 할 수 없으나, 수나라의 명운을 결정적으로 좌우했던 것은 오히려 고구려 원정이었다. 크게 두 차례에 걸쳐 벌인 고구려 원정의 실패로 문제 이후 축적해놓은 국력을 소진했을 뿐 아니라 전쟁에 동원된 백성들의 삶마저 피폐하게 만들어 중국은 또다시 반란의 소용돌이에 휘말리게 된다.

수나라가 망하게 된 결정적인 원인이 고구려였다면, "만약 양제가 고구려를 치지 않았다면"이라는 가정이 성립할 수 있을까? 역사에 가정이란 없다지만, 과거에 일어난 사건들은 사실상 불가피한 주변 정세 때문에 어쩔 수 없이 일어난 경우가 많다. 고구려 원정만 해도 그에 대한 부담감을 양제라고 몰랐을 리 없었을 것이고, 그보다 자기 앞에 늘어서 있는 국내 문제만 해도 처리하기 바빴을 터인데도 원정을 감행했던 것은 분명 그럴 만한 이유가 있기 때문이었다. 당시 국제 정세는 중국이 바야흐로 오랜만에 중원을 통일하고 사방으로 지배력을 뻗치려 했으나 무룽 씨慕容氏, 모용씨가 중국 내지로 이주한 틈을 타 세력을 확장한 고구려가 가로막고 서 있었다. 고구려는 이에 그치지 않고 랴오시遼西, 요서 지역에 진출하기 위해 먼저 기병을 했으되, 문제에 의해 격퇴당했다. 결국 고구려와의 일전은 양제가 아닌 다른 황제였다 해도 피할 수 없었던 게 당시 상황이었다. 그것은 수나라가 망한 뒤에도 마찬가지여서 결국 당이 들어선 뒤에도 당 태종 역시 고구려 정벌에 나섰다가 처참한 패배를 맛보게 된다.

이렇게 전국이 반란에 휩싸여 극도로 혼란에 빠졌을 때, 진양晋陽, 진양; 오늘날의 타이위안(太原, 태원) 유수留守 리위안李淵, 이연도 거병을 했다. 리위안은 진군하는 중에 국가의 곡물 창고를 열어 백성에게 나누어주고 군율을 엄중히 하여 민심을 얻어 급속하게 세를 불렸다. 617년 11월 창안長安, 장안에 들어간 뒤에는 황제의 자리를 물려받기 위해 양제의 손자 가운데 한 사람을 공제恭帝로 옹립하고 양제는 전 황제를 뜻하는 태상황太上皇으로 물렸다. 쟝두江都, 강도에서 머물던 양제는 이 소식을 듣고 분기탱천했으나 어쩔 도리가 없었다. 그 다음해인 618년 그의 나이 오십이 되던 해에 양제는 황실의 호위를 맡은 금군禁軍 장수 위원화지宇文化及, 우문화급에게 살해되었다. 죽기 직전 "주모자가 누구냐?"는 양제의 물음에, "온 천하가 똑같이 원망하고 있습니다. 어찌 한 사람에 그치겠습니까?"라는 대답이 돌아왔다고 한다.

앞서도 말한 바와 같이 진한과 수당의 관계는 여러모로 흡사한 측면이 많다. 특히 창업(創業)에 성공했으면서도 수성(守成)을 제대로 하지 못해 그 과실을 후발 주자에게 빼앗겼다는 점에서 진과 수는 이곡동공(異曲同工)이라 할 수 있다. 아울러 중국 역사상 위대한 토목 공사를 벌였다는 점에서도 공통점이 있다. 진은 만리장성을 쌓고, 수는 대운하(大運河)를 건설한 것이다.

대운하는 남쪽의 항저우(杭州, 항주)에서 북의 베이징까지 이어지는데, 총 길이가 1,800킬로미터에 이른다. 대운하는 크게 네 부분으로 이루어져 있는데, 첫째, 뤄양에서 황허로 들어가 다시 황허에서 화이수이(淮水, 회수)로 들어가는 퉁지취(通濟渠, 통제거) 둘째, 화이수이에서 창장으로 통하는 산양두(山陽瀆, 산양독, 또는 한거우(邗溝, 한구)라고도 함), 셋째, 전장(鎮江, 진강; 옛이름은 징커우(京口, 경구))에서 동남쪽으로 항저우(杭州, 항주; 옛이름은 위항(余杭, 여항))로 통하는 장난허(江南河, 강남하), 넷째, 황허에서 북상해 허베이(河北, 하북)의 줘쥔(涿郡, 탁군; 베이징 인근)에 이르는 융지취(永濟渠, 영제거)가 그것이다. 이 가운데 첫째와 둘째 구간이 가장 중요하다고 볼 수 있는데, 춘추시대부터 한대에 걸쳐 부분적으로 개통되었으나, 그 가운데 절반은 자연적인 하천이고 나머지가 인공 수로였다. 그런 의미에서 양제의 역사(役事)는 기왕의 물길에 새로 수로를 내고 전체적인 하도를 확대한 것에 지나지 않는다고 볼 수도 있다.

"중국어에 '남수북조(南水北調)' 라는 말이 있는데, 이것은 남쪽의 물을 북쪽으로 옮긴다는 뜻으로, 역대로 남북의 물길을 온전하게 보존하는 것이 국가적인 대사였음을 잘 드러내주고 있다. 중국이 이런 식으로 남북의 물줄기를 중요시한 것은 중국의 대부분의 자연 하천이 서에서 동으로 흐르기 때문에 동서로의 수운은 발달한 반면, 남북으로의 물자 수송이 원활하지 못했기 때문이었다. 이러한 상황

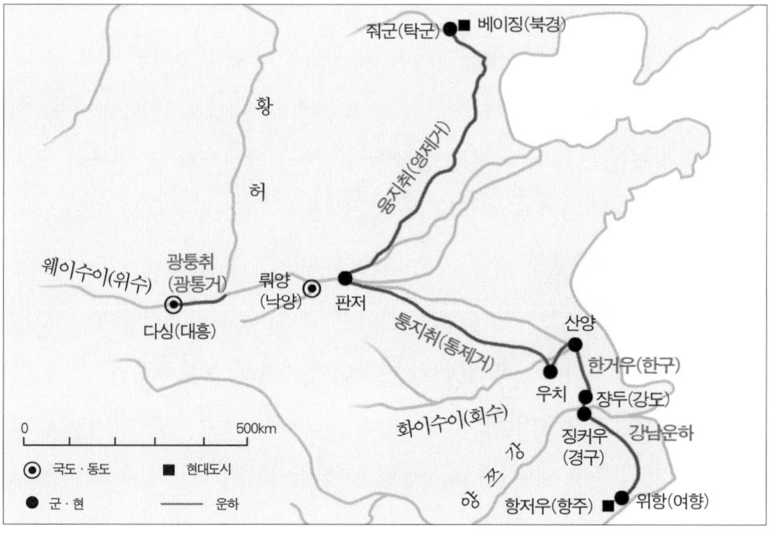

은 현재까지도 변하지 않아 운하는 남북을 잇는 대동맥 역할을 해왔다."◉

대운하의 개통으로 수(隋)나라는 남방 지역의 정치와 경제, 군사를 통제하고 강남의 물자를 뤄양과 창안으로 운송하는 등, 남북의 교통과 교류에 물꼬를 텄다. 남북조 이래로 중국에 편입된 강남의 경제적인 중요성은 이미 중원을 능가할 정도였는데, 특히 창쟝 유역의 대표적인 생산물인 쌀을 수도인 뤄양과 창안 등 북방의 소비 도시로 직송하는 문제는 국가의 명운을 좌우할 정도였다. 대운하의 개통으로 보급로가 확보되자 수 양제는 곧바로 고구려 원정길에 오를 수 있었다. 문제는 이렇게 만들어진 대운하가 양제 때에는 순전히 황제가 강남의 풍경을 유람하면서 전국을 순시하는 데 쓰였다는 것이다. 이렇듯 관용 수로로 출발했던 대운하가 민간 교역의 수단이 되어 중국 내 문물의 교류를 촉진하고 사회를 통합하는 등의 결실이 맺어진 것은 100여 년 뒤인 당대에 이르러서였다.

하지만 만리장성과 마찬가지로 이와 같은 대공사는 백성들의 피와 땀의 결정체였다. 대운하의 양 언덕에는 공사에 동원되었다가 죽어간 백성들의 시체가 여기저기 뒹굴었으며, 노역을 피하기 위해 아예 자신의 손과 발을 자르는 경우까지 있었으니, 이렇게 잘려진 수족을 복수(福手) 또는 복족(福足)이라 불렀다 한다.

당나라 때 시인 피르슈(皮日休, 피일휴)는 수 양제의 공과에 대해 다음과 같이 노래했다.

수나라 망한 것이 이 운하 때문일지라도
이제까지 천리나 그 물길따라 파도를 헤쳐나가고 있으니
만약 물 위의 궁전이니 용의 배니 하는 것이 없었다면
우임금과 공을 같이 논해도 적고 많음을 따질 수 없으리

盡管隋亡爲此河
至今千里賴通波
若無水殿龍舟事
共禹論功不少多

◉ 조관희, 『세계의 수도 베이징』, 창비, 2008. 132쪽.

당의 건국과 정관의 치세

양제가 죽자 리위안은 공제에게서 황제의 자리를 선양받고 공제는 그 다음해 15세의 나이에 살해되었다. 이후 몇 년 간의 크고 작은 전투를 치른 뒤 당 왕조는 드디어 천하를 통일했다. 중국 역사에서 당 왕조는 국력이 가장 강성했던 시기로 꼽힌다. 아울러 당대唐代는 중국 역사 발전상 하나의 전환점으로 '고대 제국'이 무너지고 새로운 통치 체제가 들어섰던 시기였다. 당대 중엽에 일어났던 '안사의 난'이야말로 그러한 변혁의 갈림길에서 여러 가지 모순과 갈등이 한꺼번에 분출한 상징적인 사건이었다.

당 고조唐高祖 리위안의 둘째아들인 리스민李世民, 이세민은 뛰어난 무공에 지략까지 갖추고 있어 주위 사람들의 신망이 높았다. 이에 질투를 느낀 황태자 리젠청李建成, 이건성과 동생인 리위안지李元吉, 이원길는 은밀히 리스민

의 세력을 꺾으려 했으나, 이것을 미리 탐지한 리스민은 창안 궁성의 쉬안우먼玄武門, 현무문에서 정변을 일으켜 그들을 죽였다. 얼마 뒤 고조는 어쩔 수 없이 황제의 자리를 리스민에게 물려주고 태상황이 되었다.

626년 리스민은 연호를 정관貞觀으로 고치고 황제의 자리에 오르니, 곧 태종太宗이다. 태종이 전란을 평정하고 막 새로 시작한 왕조를 추스려 훗날 '정관의 치세貞觀之治' 라고 하는 중흥기를 마련할 수 있었던 것은 그가 뛰어난 무공뿐 아니라 적재적소에 인재를 배치하고, 스스로 검소한 생활을 하는 동시에 주위 사람들의 말을 듣고 자신의 허물을 인정하고 고칠 줄 알았던 개방적인 사고를 갖고 있었기 때문이었다. 이를테면 자신이 제거한 큰형 리젠청의 모사謀士인 웨이정魏徵, 위징을 간관諫官으로 중용해 자신의 잘못을 지적하게 했다. 물론 리스민의 이러한 행위는 형제를 죽이고 황제의 자리에 올랐다는 오명을 벗기 위한 것이라는 측면에서 작위적인 것이었다는 평가를 내리기도 한다.

당 태종

당대는 위진남북조 이래 혼란기를 벗어나려 여러 나라에서 새롭게 만들어낸 갖가지 제도들이 수나라에서 정비되어 정착한 시기라 할 수 있다. 곧 당 왕조는 3성 6부를 근간으로 하는 중앙 관제와 균전제라는 토지 제도를 기반으로 조용조租庸調의 세제, 그리고 병농일치를 추구한 부병제府兵制의 병제가 시행되었다. 이렇듯 당은 형법인 율律과 행정 조직인 령令, 그리고 임시법인 격格과 시행 세칙인 식式이 완벽하게 갖추어진, 당시로서는 가장 선진적인 제도를 자랑하는 율령 국가였다. 한편 이와 같이 정비된 중앙과 지방의 여러 제도를 시행하는 데 가장 중요한 요소가 되는 것이 바로 관료들이다. 중국 역사에서 인재의 등용은 한 나라의 명운을 좌우하는 중요한 사항이었기에, 각 시대마다 그 나름의 선발 제

도를 고안해 시행했다. 수隋는 기왕의 선발 방식들이 갖고 있는 폐단을 일소하기 위해 당시로서는 획기적이라 할 만한 '과거' 제도를 창안했으며, 당은 이것을 그대로 이어받았다. 물론 당시에도 고급 관료나 귀족의 자제들은 추천을 통해 관리로 임용될 수 있는 음관蔭官 제도가 있긴 했으나, 어쩔 수 없이 이들은 공식적으로 실력을 검증받아 임명된 과거 출신자들에게 열등감을 갖고 있었다. 이러한 당의 통치 체제는 이후 중국 역대 왕조의 모범이 되었을 뿐 아니라 우리나라를 비롯한 동아시아 여러 나라에 큰 영향을 끼쳤다.

정치적인 안정과 사회 경제의 발전에 더해, 실크로드를 통해 들어온 서역 제국과의 교역을 통해 당의 수도인 창안은 국제 도시로서의 면모를 갖추고 있었다. 당 태종은 또 적극적인 외정外征을 통해 북쪽 지역의 돌궐을 복속시키고, 서쪽의 탕구트黨項와 고창高昌국을 정복하는 등, 중앙아시아와 파미르 고원 일대까지 진출해 광대한 지역을 통치하는 세계 제국을 건설했다. 실로 당은 이후에 등장하는 중원의 제국을 대표하는 '팍스 시니카Pax Sinica'의 모범이 되는 왕조라 할 수 있다. 당시의 성황은 당대의 대표적인 문학 장르인 시詩에 수없이 많이 묘사되어 있다.

◉ 少年行二首 其二

五陵年少金市東
銀鞍白馬度春風
落花踏盡遊何處
笑入胡姬酒肆中

오릉五陵의 공자가 금시金市의 동쪽을
은안장 백마에 얹고 봄바람에 건너간다
낙화 두루 밟고서 어디로 놀러 가나?
웃으며 들어가네, 호희胡姬의 술집 안으로◉
—리바이李白, 이백, 『소년행少年行』

오릉은 창안의 교외에 있는 한나라 다섯 황제의 능이 모여 있는 곳이다. 한나라 원제元帝 때 이곳에 능묘를 세우면서 전국의 부호와 왕의 외척들을 이주시키고 링 현陵縣, 능현이라 하였으니, 훗날 오릉의 공자는 부잣집 자제들을 뜻하는 관용적 표현이 되었다.◉ 부잣집 난봉꾼 자제들이 술을 먹으러 가는 곳은 어디인가? 호희胡姬들이 있는 술집인데, 혹자는 호희가 이란 계통의 서역인이라고 주장하기도 한다. 그 당시 세계 최대의 도시였던 창안은 각지에서 몰려온 외국인들로 붐비고, 서역풍의 음악이나 복식服飾과 같은 이국적인 취향이 넘쳐났던 국제 도시였던 것이다.

◉ 이시다 미키노스케, 이동철 · 박은희 옮김, 『장안의 봄』, 서울: 이산, 2004. 49쪽.

하지만 '정관의 치세'를 이룬 당 태종도 만년에는 대신들의 간언을 잘 받아들이지 않았고, 백성들의 부담을 경감시키는 정책을 버리고 전쟁과 요역을 자주 일으켰다. 그 가운데 하나가 수 양제의 뒤를 이은 고구려 침략이었다. 하지만 안시성安市城을 굳게 지키고 있던 고구려 군사와의 치열한 공방전 끝에 아무런 소득도 얻지 못하고 철수를 하니 이로 인한 국력의 손실은 말할 수 없을 정도였다. 태종은 함대를 조직해 다시 고구려 정벌을 나서려다 649년 51세의 나이로 죽음을 맞게 된다.

우쩌톈의 무주 혁명

태종이 죽자 태자인 리즈李治, 이치가 즉위하여 고종高宗이 되었다. 고종 초기에는 태종 대의 위업이 잘 계승되어 별 다른 문제없이 나라가 잘 다스려졌다. 하지만 고종이 황후인 왕씨王氏를 폐하고 우 후武后, 무후를 황후로 내세운 뒤부터는 당 황실에 내분이 일게 되었다. 우 후는 본래 태종의 후궁이었으나, 태종 사후에 관례에 따라 많은 후궁들과 함께 여승이 되었다. 하지만 뛰어난 미모가 고종의 눈에 들어 부름을 받고 황후의 자리까지 오른 뒤에는 능력을 발휘해 고종의 총애를 받고 급기야는 고종을 대신해 정무를 돌보는 지경에까지 이르렀다. 이것은 우 후가 총명했기 때문이기도 했지만, 당 왕조가 여인들의 집안 내 가사에 대한 발언권이 강했던 북방 이민족의 피가 섞여 있었기 때문이기도 했다. 그런데 여기서 한 가지 짚고 넘어갈 것은 우 후에 대한 호칭이다. 우쩌톈武則天, 무측천은 후술하듯이 뒤에 정식으로 황제가 되는데, 그럼에도 후대의 역사가들은 그를 부를 때 우 후나 쩌톈우 후則天武后, 측천무후라 불렀다. 이것은 남존여비가 엄존하는 시대에 살았던 역사가들이 여자가 황제에 올랐다는 사실을 받아들이기 어려웠기에 그리한 것으로 해석할 수 있다. 따라서 그런 명칭보다는 좀더 중립적인 의미에서 우쩌톈이라 부르는 게 온당할 것이다.

본래 한미한 집안 출신인 우쩌톈은 점차 세력을 형성하고 있던 과거 시험 출신 신흥 관료들을 자기편으로 끌어들여 관중關中의 구 귀족을 견제하고자 했다. 이 때문에 과거 제도는 우쩌톈의 시대에 한 걸음 더 발전하고 공고해졌다. 태종의 치세 23년 동안 과거 시험에 합격한 진사는 모두 205명이었던 데 반해, 고종과 우 후의 치세 55년 간의 진사는 모두 1,000여 명에 이르렀으니, 그 숫자가 얼마나 많이 늘었는지를 가늠해볼 수 있다. 아울러 시詩와 부賦, 잡문雜文으로 시험을 치르는 진사 제도 역시 고종 때 확정된 것이다. 곧 우쩌톈의 치세는 구 귀족으로부터 과거 출신의 신흥 관료 집단으로 지배권이 바뀌는 과도기를 의미한다고 볼 수도 있다. 당연하게도 이에 불만을 품은 세력이 곳곳에서 난을 일으켰는데, 이러한 난을 모두 평정하고 난 뒤 우쩌톈은 밀고를 장려하고 비밀 조직을 통해 정보를 얻어내 반대파들을 제거했다. 우쩌톈이 제거한 대상은 반항할 의사를 지녔던 황실과 귀족 관료들은 물론이거니와 일반 관료들까지 그 범위가 상당히 넓었다. 아울러 여기에는 구 귀족인 관룽關隴, 관룽 출신들도 다수 포함되어 있었는데, 그때까지 숱한 변란에도 꿋꿋하게 지위를 잃지 않았던 그들도 이때만큼은 박해를 피해가지 못했으니, 이후로 구 귀족들은 정치적으로 영향력을 잃고 말았다.

비록 권력을 위해서는 자신의 자식도 눈 하나 깜짝하지 않고 죽여버릴 정도로 냉혹한 성격을 지니고 있던 우쩌톈이었지만, 정치 면에서는 인재를 등용해 그들의 능력을 발휘하게 하는 등 업적이 적지 않았으니, 실제로 그의 치세를 잇는 현종玄宗의 '개원의 치세開元之治'를 이끌었던 많은 신료들이 우쩌톈 시대에 등용되었던 인물들이었다. 한편 정권을 장악한 우쩌톈은 자신의 소생인 대왕代王 훙弘, 홍을 태자로 내세웠다가 뒤에 독살하고 그 동생인 셴賢, 현을 태자로 삼았다. 하지만 셴마저 나중에 자살하자 다시 영왕英王 저哲, 철를 태자로 삼았다. 683년 고종이 죽자 태자인 저를 중종中宗으로 옹립하고, 자신은 섭정이 되어 정권을 오로지하였다. 중종은 성격이 우유부단하여 외척인 웨이쉬안전韋玄貞, 위현정을 시중으로 삼으려 하다, 우쩌톈의 노여움을 사 폐위되고 예왕豫王 단旦, 단이 예종睿宗으로 등극했다. 천성이 그랬는지 그렇지 않으면 어미인 우쩌톈을 거스르지 않기 위해서인지 모르겠으나, 예종은 애당초 정치에 흥미가 없었기에 우쩌톈은 모든 정치의 실권을 한손에 쥐고 마음대로 국사를 돌봤다. 그런 와중에 자신을 반대하는 종실이나 귀족을 대량으로 살해하고 배제하고는 690년에 드디어 스스로 황제의 자리에 올라 성신황제聖神皇帝라 칭했다. 아울러 국호를 주周로 바꾼 뒤, 황제인 예종은 자신의 후사後嗣로 삼으니, 중국 역사상 유례가 없고, 전무후무한 여자 황제가 탄생한 것이다.

우쩌톈은 야심가였고 냉혹한 승부사이기도 했지만, 유능한 정치가이자 그 나름대로 문학적 소양을 갖춘 교양인이기도 했다. 이를테면 당의 종실인 리징예李敬業, 이경업가 난을 일으켰을 때, 뤄빈왕駱賓王, 낙빈왕이라는 문사가 우쩌톈을 비난하는 격문을 썼는데, 그 내용을 읽어본 우쩌톈이 뤄빈왕의 문재에 감탄해 비록 난을 진압하고 그 사람은 죽였지만, 뤄빈왕이 남겨놓은 시문을 모아 출판했다고 한다. 이와 같이 우쩌톈의 치세에 대해서는 공과가 엇갈리는데, 그럼에도 그 과정에서 너무 많은 사람

우쩌톈의 무자비無字碑

고종이 병사하자 우쩌톈(武則天)은 당시 도읍지였던 창안에서 서북쪽으로 약 80킬로미터 정도 떨어진 곳에 위치한 첸 현(乾縣, 건현)의 량산(梁山, 양산)에 능묘를 조성하니 이것이 '첸링(乾陵, 건릉)'이다. 우쩌톈 역시 사후에는 이곳에 고종과 함께 합장되었는데, 이때 첸링의 주췌먼(朱雀門, 주작문) 동쪽에 높이가 6m 30cm, 넓이가 1m 80cm, 두께가 1m 30cm나 되는 높고 큰 석비를 세웠다. 이 비는 비석 전체가 하나의 돌로 되어 있고, 머리 부분에 여덟 마리의 '뿔 없는 용(螭獸)'이 서로 교합하는 조각만 있을 뿐이다. 특이한 것은 이 비에는 원래 글자가 하나도 새겨져 있지 않다는 사실이다.

이렇게 글자가 없는 비석을 일러 '백비(白碑)' 또는 무자비(無字碑), 몰자비(沒字碑)라고 한다. 비석에 글자를 새기지 않는 이유는 다양하다. 우선 세상을 통치하던 제왕일 경우에는 그 절대적인 권위를, 그리고 청백리나 충신의 경우에도 마찬가지로 그 많은 공적과 충성됨을 몇 마디 문구로 작은 빗돌 위에 새길 수 없기 때문에 무자비를 만들었다는 것이다. 또 도가(道家)적인 차원에서는 유한한 인생이긴 하지만, 그 안에 담겨 있는 무한한 함의를 몇 마디 수식어로 기록할 수 없기 때문에 무자비를 만들기도 했다. 반면에 공을 크게 이루었으나(功業隆重), 덕을 더럽히고 패륜을 자행(穢德悖行)하여 세상사람들의 지탄을 받을 경우에 그 공과를 어떻게 평가할 수 없어 비석에 차마 글자를 새기지 못하는 경우도 있다.

우쩌톈의 '무자비'의 경우, 이에 대한 구구한 설들이 많은데, 우선은 그가 생전에 누렸던 절대적인 권위와 영화를 다 새길 수 없다는 것이 첫 번째 이유가 될 것이다. 혹자는 우쩌톈이 살아생전에 이미 고종을 위해 주췌먼(朱雀門, 주작문) 서쪽에 약 8,000여 자의 비문을 친히 찬술하고 새겨 이른바 '술성기비(述聖記碑)'를 세웠는데, 여기에 이미 우쩌톈이 하고 싶은 말을 다 했고 나아가 우쩌톈보다 더 잘 쓰는 문장가를 찾을 수 없어 무자비를 세운 것이라고 해석하기도 했다. 또 우쩌톈이 죽기 전에 그 비석에 "한 글자도 붙이지 않은 것은, 후세 사람들이 평하여 하는 소리에 양보(不着一字, 讓後世評說)"하기 위함이라는 유언을 남겼다고도 한다.

하지만 1,300여 년이 지난 오늘에 이르러서는 이 비석은 글자 없는 비석이 아니다. 그것은 송나라 이후 여러 왕조에 걸쳐 수많은 문인과 유객(遊客)들이 자신들의 감회를 시로 읊어 무자비 위에 새겨놓았기 때문이다. 현대 중국의 대학자이며 정치가인 궈모뤄(郭沫若, 곽말약; 1892~1978) 역시 우쩌톈의 무자비를 보고 〈영건능(詠乾陵)〉이라는 시를 지었다.

선사(禪師)가 용맹정진하던 천추의 공안(公案) 한갓 구름과 비가 되었나니
드넓은 능원 역시 그저 흙밭으로 변했다네
몰자비 머리말에 가득 새겨진 글자들
뉘라서 그 옛날 우쩌톈이 한 일을 알 수 있으리

千秋公案翻雲雨
百頃陵園變土田
沒字碑頭鐫字滿
誰人能識古坤元

무자비 ⓒ 조관희

들을 죽였기에 백성들로부터 신망을 잃었고, 말년에는 사치를 일삼아 경제적인 혼란이 가중되었다. 이에 705년 우쩌톈이 고령으로 와병 중인 것을 틈타 재상 장졘즈張柬之, 장간지 등이 복벽復辟을 꾀해 우쩌톈은 폐위되고 중종이 다시 황제의 자리에 복귀하였다.

중종이 황제의 자리에서 물러나 있을 때 황후인 웨이 씨韋氏, 위씨는 꿋꿋하게 그의 곁을 지켰다. 중종이 다시 황제의 자리에 오르자 웨이 후韋后, 위후는 무능한 중종을 대신하여 국정을 농단했다. 웨이 후는 여기에 만족하지 않고 급기야는 중종을 독살하고 아직 어린 넷째아들 중마오重茂, 중무를 소제少帝로 등극시킨 뒤 자신은 태후가 되어 섭정했다. 그 뒤로는 조정의 크고 작은 중요 직책을 모두 웨이 씨 일족에게 맡기고 우쩌톈의 뒤를 밟아 스스로 황제의 자리에 오르고자 하였다. 이에 예종睿宗의 셋째아들인 리룽지李隆基, 이륭기가 근위군단을 움직여 궁성으로 들어가 웨이 후와 그 일족을 몰살하고 자신의 아비인 예종을 다시 황제로 옹립했다. 712년 예종은 이내 자신의 제위를 아들인 리룽지에게 양위하니 이 이가 바로 당 현종玄宗이다.

당 현종과 창안의 봄

현종의 치세는 크게 둘로 나뉜다. 즉위 초에는 백성들의 부담을 줄이고 관리들의 부패를 엄단하는 등 내치에 힘써 사회가 급속도로 안정을 되찾았다. 이에 따라 농업 생산도 획기적으로 증가하고, 치안도 안정되어 당시 천리를 여행하는 데도 무기를 몸에 지니고 다닐 필요가 없을 정도였다. 이에 당 왕조는 최극성기를 맞이하게 되어, 이 시기를 당시 현종의 연호를 따 '개원의 치세開元之治' 라 부른다.

◉ 長安春

長安二月多香塵
六街車馬聲轔轔
家家樓上如花人
千枝萬枝紅艷新
簾間笑語自相問
何人占得長安春
長安春色本無主
古來盡屬紅樓女
如今無奈杏園人
駿馬輕車擁將去

창안의 2월 향기 섞인 먼지 자욱하고
번화한 육가六街에는 마차소리 요란하네
집집마다 누각 위엔 꽃 같은 여인들
천만 가지 붉은 꽃처럼 어여쁜 모습 싱그럽네
주렴 사이로 웃고 떠들며 서로들 묻나니
창안의 봄은 누구 차지일까?
본래 창안의 봄빛은 임자가 없으니
옛날부터 모두 홍루의 여인들 차지라네
이제 어찌하나, 행원杏園, 과거 급제자들이 연회를 열던 곳 사람들이
멋진 말과 수레에 태워 호위해 가버리니!◉
—웨이좡韋莊, 위장, 『창안의 봄長安春』

하지만 모든 것은 영고성쇠가 있고, 달이 차면 이지러지는 법이니, 이러한 태평성대는 다른 측면에서 보면 위기의 전조라 할 수도 있는데, 문제는 그 당시는 누구도 그것을 간파할 수 없다는 것이다. 세상사가 늘 그러하듯 위기에 빠져 생각해보면, 그 위기의 씨앗은 항상 자신이 잘 나간다고 생각했던 바로 그때 뿌려진 것인지도 모른다.

현종은 초기에는 신하들의 간언을 잘 받아들여, 언행에 조심했던 바, 그 전전긍긍하는 모습이 신하들에게 안쓰럽게 느껴질 정도였다. 이에 보다 못한 신하 하나가 "간언을 잘 하는 한슈韓休, 한휴가 재상이 되고 나서 폐하께서 조금 여위셨습니다"라고 진언하니, 현종은 "짐이 여위어도 천하의 백성이 그 덕분으로 살찐다면 그것으로 좋지 않은가"라고 대답했다 한다. 하지만 현종의 치세 후반기인 천보天寶 시기에 접어들자 오랜 태평성대에 마음이 느슨해진 현종은 정치에 싫증을 내고 도교에 몰두해 점차 사치스런 생활에 탐닉하니 주위에는 리린푸李林甫, 이림보나 가오리스高力士, 고

력사와 같은 소인배들이 모여들게 되었다.

하지만 왕조 시대에 황제의 권위가 절대적이라 하나, 역사의 흐름이 어찌 한 사람의 태도 변화에만 좌지우지되겠는가? 현종의 '개원의 치세' 중에도 앞서 이야기한 위기의 전조가 당시 사회에 나타나게 되었으니, 사회 전체에서 늘어난 부가 백성들에게 고루 나누어지지 않고 어느 한쪽에 치우치면서 나라의 근간이 될 백성들 삶이 피폐해졌던 것이다. 신흥 관료 계층은 자신들이 갖고 있는 특권을 이용해 토지를 겸병하고, 지주 계층은 황무지를 개간하고 새로운 작물을 재배하는 등의 노력을 통해 새롭게 부를 축적했다. 그리하여 일종의 수도권이라 할 관중 지역에서는 이윽고 균전에 충당할 토지가 만성적으로 부족해지는 현상이 나타났다. 원래 토지가 없는 이에게 고루 땅을 나누어주고 그들로부터 조용조租庸調의 세금을 거두는 균전제는 백성들로 하여금 어느 정도 경제적인 기반을 갖추게 하고 나라 살림을 충당하기 위한 것이었다. 그러나 점차 번다한 세목의 증가로 과중해진 세금은 일반 백성들의 삶을 근본부터 뒤흔들었고, 무거운 세금을 감당할 수 없는 영세한 농민들은 지주들에게 고리채를 쓰다가 그나마 갖고 있던 토지를 지주에게 빼앗기고 그들의 소작인이 되거나 산림에 들어가 도적이 되었다. 이런 식으로 자작농이 몰락해 균전제가 서서히 붕괴하자, 이를 기반으로 하는 병농일치의 부병제 역시 흔들리게 된다.

본래 부병제는 식량과 장비의 일부를 자신이 마련하는 부병府兵을 근간으로 했기에, 어느 정도 경제력이 있는 자작농이나 중농 출신 가운데서 뽑았다. 하지만 경제력이 있는 이들은 뇌물을 써서 빠져나가고 빈농들은 소작농이 되거나 야반도주를 하니, 군역을 충당할 부병을 선발할 수 없는 지경에 이르렀다. 이에 부병제는 아예 유지가 불가능할 정도가 되었다. 상황이 이럴진대, 리린푸는 현종을 부추겨 서북 지역에 대대적인 출병을 건의했다. 리린푸는 부족한 병사를 충당하기 위해 병사를 모병하니 주로 오갈 데 없는 무뢰배들이 응모했다. 이들은 변경의 요지에서 정치 · 군사 등의 전권을 행사하며 지역 군벌로 군림하고 있던 절도사節度使 밑으로 떠났다. 당시 10곳에 절도사가 있었는데, 그 가운데서도 내몽골 동부의 핑루平盧, 평로 절도사와 현재 베이징 인근의 판양范陽, 범양 절도사, 그리고 산시山西, 산서의 타이위안太原, 태원 인근의 허둥 절도사는 허베이의 요충이었다. 그런데 소그드인 아비와 돌궐계 어미 사이에서 태어난 안루산安祿山, 안록산이 바로 이 지역에서 군공을 세워 신임을 얻더니 리린푸의 연줄로 허베이 3진의 절도사를 겸하게 되었다.

하지만 자신을 끌어주었던 리린푸가 죽고 현종의 총애를 받던 양귀비楊貴妃의 일족인 양궈중楊國忠, 양국충이 재상이 되자 이에 불안을 느낀 안루산이 755년에 반란을 일으켰다. 당대唐代에 들어서는 태평성대가 이어져 군사들이 대규모의 전쟁을 치러본 경험이 없는지라, 안루산은 눈 깜짝할 사이에 중원을 공격해 뤄양을 함락했다. 반란군이 창안을 위협하자 이에

마웨이에 있는 양귀비의 묘
ⓒ 조관희

놀란 현종은 황급히 청두成都, 성도로 도피하다 마웨이 역馬嵬驛, 마외역에서 따르는 군사들의 요구로 양궈중과 양귀비를 죽였다.

반란군이 창안을 함락시키자, 현종이 퇴위하고 태자가 즉위해 숙종肅宗이 되었다. 다음해인 756년에 안루산은 뤄양에서 칭제하고 국호를 연燕이라 하였다. 그러나 이민족 출신으로 평생을 싸움터에서 보냈던 안루산은 정치적으로는 아무런 능력도 발휘하지 못했다. 창안을 함락시켰음에도 불구하고 현종과 숙종을 추격해 당 왕조를 없애고 백성들을 위무하는 등 창업을 뒷받침할 만한 계책은 하나도 갖고 있지 못하고 자신이 이룬 작은 성취에 도취했던 것이다. 또 애당초 점령지의 행정을 운영할 만한 능력이 부족했던지라 관료와 호족들을 위협하고 백성들을 착취하고 약탈을 자행해 민심을 잃고 점차 고립되어갔다. 상황이 뜻대로 진척되지 않자 초조해진 안루산은 작은아들을 후계로 삼으려다 이에 불만을 품은 장자 안칭쉬安慶緖, 안경서와 측근들의 손에 피살되었다. 안루산의 오른팔 노릇을 했던 스쓰밍史思明, 사사명 역시 작은아들을 편애하다 장자인 스차오이史朝義, 사조의에게 피살되자, 762년에 8년 간 계속된 전란이 드디어 평정되었다.

당의 멸망과 고대 세계의 종언

당 현종의 '개원의 치세'로 정점에 이르렀던 당의 국세國勢는 안사의 난을 이후로 급전직하하게 된다. 이 대란으로 황허 유역 중원 지역의 백성들은 천하를 떠돌며 의지할 바를 잃고 나라의 생산력은 크게 저하했다. 하지만 창장 이남 지역은 상대적으로 전란의 영향을 비교적 덜 받았기에 당나라 조정은 이곳에 의지해 명맥을 이어갔다. 위진남북조 시기 북방 유목민의 남진으로 비로소 중국의 영역에 편입되었던 강남 지역은 다시 안스安史, 안사의 난으로 일약 경제의 중심지로 떠올랐다. 바야흐로 유사 이래 화북 지역을 중심으로 펼쳐졌던 중국의 역사가 본격적으로 화중과 화남 지역으로 확대된 것은 바로 이때부터였다.

전란을 벗어난 당 왕조가 당면한 가장 큰 문제는 역시 전쟁통에 일시에 무너져버린 국가 재정을 재건하는 일이었다. 하지만 기왕의 부병제를 기반으로 하는 조용조 제도는 이미 유명무실해져버려 새로운 조세 제도가 필요했으니, 이때 등장한 것이 바로 지세地稅와 호세戶稅에 기반을 둔 양세법兩稅法이다. 이 법의 구체적인 내용은, 첫째, 중앙은 재정 지출 규모에 근거해 총 세액을 정하고 각각의 지역에서는 중앙에서 배분한 액수에 따라 그 지역의 호戶에 세를 징수하고, 둘째, 토착호와 객거호客居戶는 현재 거주하는 주현의 호적에 편입되어 장정과 재산의 다과에 따라 호등戶等을 정하며, 셋째, 세금은 여름과 가을 두 차례에 나누어 징수하되 하세는 6월을 기한으로 하고 추세는 11월을 기한으로 하며, 넷째, 그 밖의 조용조와 일체의 잡요 및 잡세는 모두 폐지하며, 다섯째, 호등에 따라 돈으로 내고 토지에 따라 곡식으로 세금을 내며, 여섯째, 상주하지 않는 상인은 소재하는 주현에서 그 수입에 따라 30분의 1에 해당하는 세를 징수한다는 것이다.

이 가운데 여름과 가을 두 차례에 걸쳐 세금을 징수한다는 것이 '양세'라는 명칭의 유래가 되었는데, 이 양세법은 단순히 세금의 징수 방법이 바뀌었다는 것만을 의미하지 않는다. 일단 양세법은 기왕의 세금에 비해 백성들에게 돌아가는 부담이 전란 이전에 비해 몇 배나 증가한 것이었고, 무엇보다 역대 왕조가 이상으로 삼았던 평균주의와 평등주의에 기반을 둔 균전제의 이념이 무너졌다는 것은 자산이 있는 가家와 자산이 없는 가家, 곧 예농隷農과 전호佃戶의 존재를 국가가 공개적으로 인정했다는 것을 의미한다. 결국 국가의 재정 회복을 위한 고육책이었던 '양세법'으로 당 왕조는 국력을 잠시 회복했지만, 그 이면에는 고대 제국으로서의 당 왕조의 기반이 뿌리째 흔들리고 있다는 현실이 감추어져 있었다.

한편 부병제가 유명무실해지자, 매년 중앙의 경비를 위해 지방의 군대가 상경하는 대신 징집되지 않은 용병 위주의 진병鎭兵이 그 수령인 절도사 아래서 현지에 주둔하게 되었다. 이것을 번진藩鎭이라 하는데, 이들 번진들은 안스의 난 이후에도 세력이 약화되지 않고 서로 긴밀하게 협조 관계를 맺어 중앙의 명령을 멋대로 무시하며 현지의 행정과 사법, 재정권을 장악하여 거의 독립 왕국처럼 행세하였다. 오랜 전란으로 국가 재정은 파탄에 이르고 백성들의 원망 소리가 하늘을 찔렀지만, 쇠락의 길로 접어든 당 왕조는 더 이상 번진의 세력에 제동을 걸 힘조차 남아 있지 않았다. 여기에 북방의 유목 민족들은 다시 세력을 회복하고 중원을 압박했다. 이 가운데서도 위구르와 토번지금의 티베트, 남조南詔: 지금의 윈난성 다리(大理, 대리)를 중심으로 한 지역 등이 대표적이다. 당 왕조는 무력과 화친 두 가지 방법으로 이들 세력을 다독이고 안정을 찾았다.

하지만 당 왕조가 마주한 위협은 오히려 내부에 있었다. 중국의 역대 왕조 가운데 한漢과 당唐은 중앙 집권적 통치 체제를 완비하여, 후대의 모범이 되었다. 하지만 권력의 정점에 있는 황제는 그 지위 때문에 오히려 고독한 존재였는지도 모른다. 정치를 보좌하는 재상과 문관들은 뛰어난 학식과 덕망으로 천자를 대신해 나랏일을 보살피는 데에는 유능했는지 모르지만, 역시 평범한 한 인간에 불과했던 황제가 마음을 터놓고 기댈 수 있는 존재는 아니었다. 모든 사람 위에 군림해 절대적인 권한을 휘둘렀지만, 그 대가는 오히려 가혹해 천자의 곁에는 그의 뜻을 거스르지 않으려는 무수한 비빈들만 있을 뿐이었다. 그렇기에 황궁을 아무런 제약 없이 무시로 드나들 수 있는 유일한 존재였던 환관은 황제가 곁에 두고 부리기에 적합했던 것이고, 그들을 어떻게 장악하는가 하는 것 역시 중국의 역대 왕조가 마주해야 했던 문제 가운데 하나였다. 그래서 천자가 총명하고 재상을 비롯한 국가의 통치 시스템이 제대로 작동될 때에는 환관들이 제 분수에 맞게 행동했으나, 천하가 어지러워지면 환관들이 득세해 국사를 장악하는 일이 반복되었던 것이다.

당 왕조 역시 예외는 아니었으니, 전란으로 나라가 혼란에 빠지자 환관들이 발호해 조정의 대권을 두고 자기들끼리 서로 싸우는가 하면 아예 황제를 폐하고 새로운 황제를 옹립하기도 했다. 안스의 난 이후 중흥 군주로 이름이 높았던 헌종마저도 만년에 환관의 손에 목숨을 잃었고, 목종이나 문종, 무종, 선종, 의종, 희종, 소종 등의 황제들은 모두 환관이 옹립한 황제들이었다. 이들 환관들은 각 도에 있는 군대와 출정 중인 군대에까지 감군監軍이라는 명목으로 손을 뻗쳐 이들 감군들의 위세와 권력은 절도사를 능가할 지경이었으니, 그로 인해 군대의 전투력이 크게 감소하는 일까지 벌어졌다.

이렇게 되자 조정의 대신들마저 환관과 합세하여 서로 당쟁을 벌이는 지경이 되어 당 왕조는 명목만 남은 허수아비와 같은 신세로까지 전락했다. 이미 파탄에 이른 국가의 재정은 이들 붕당으로 인해 늘어난 관료와 군대를 먹여 살릴 수가 없었고, 관리들의 부정부패로 말미암아 나라의 근간인 중앙 집권 관료 제도하의 이치吏治가 무너졌다. 관리가 되기 위해서는 뇌물이 필요했고, 그 뇌물과 축재를 위해 백성들에 대한 가렴주구가 성행했으니, 견디다 못한 백성들은 도망쳐 호족의 장원에서 소작을 하거나 그도 안 되면 산림에 숨어들어 도적떼가 되었다. 이들 가운데 저둥浙東, 절동에서 츄푸裘甫, 구보가 이끄는 농민기의를 필두로 팡쉰龐勛, 방훈 등의 쉬쓰徐泗, 서사 지역 반란까지 온 나라가 혼란에 휩싸였다.

희종僖宗이 즉위한 뒤에는 가뭄으로 인한 흉년이 연이어 찾아들어 백성들은 초목근피로 끼니를 이을 정도가 되었으나, 관리들의 가렴주구는 그치지 않아 백성들은 처자식을 팔아서도 세금을 낼 도리가 없게 되었다. 이에 산둥 지역에서 왕셴즈王仙芝, 왕선지가 반란을 일으키자 수천 명이 호응하여 자못 큰 세력으로 발전했다. 여기에 황차오黃巢, 황소가 자신의 무리를 모아 합류하니 수 개월 사이에 반란군은 수만 명으로 늘었다. 하지만 관군의 회유책에 속아 넘어간 왕셴즈가 자신의 무리를 이끌고 이탈했다가 전사한 뒤에는 황차오가 기의군의 총사령관이 되어 반란군을 이끌었다. 황차오는 본래 사염상이었다. 당 왕조는 재정 수입을 위해 소금을 정부에서 전매했는데, 가격이 터무니없이 높았기 때문에 민간에서는 사사로이 소금을 만들어 유통시키는 염상이 생겨났다. 물론 조정에서는 이들을 엄하게 단속해 적발될 경우 사형으로 다스렸으나, 사염을 완전히 근절할 수는 없었다. 황차오는 사염상을 하면서 여러 곳을 돌아다녔기에 각지의 정황을 잘 알고 있었다. 이에 황차오는 한 군데 근거지를 두지 않고 이곳저곳을 전전하면서 서서히 북상해 880년에 창안에 입성했다. 이때 희종은 환관의 호위를 받으며 쓰촨으로 도망쳤는데, 창안에 입성한 황차오는 황제로 즉위해 국호를 대제大齊라 하고 연호를 금통金統이라 하였다.

쓰촨으로 도망친 희종은 각지의 절도사에게 구원을 요청했으나, 이에 응하는 자가 없었다. 이즈음 서돌궐계에 속하는 사타沙陀 부족이 세력을 키우자 위구르와 토번이 협공을 해오는 바람에 중원으로 쫓겨 들어와 산시山西, 산서에 터를 잡으니 당 왕조는 부족장인 주예츠신주사적심, 朱邪赤心에게 리궈창李國昌, 이국창이라는 이름을 하사했다. 하지만 리궈창은 반란을 일으켰다 다시 변방으로 쫓겨가니 희종은 그의 아들 리커융李克用, 이극용을 회유해 황차오를 공격하게 했다. 리커융은 2년 4개월 만에 창안을 회복하니 황차오는 산둥으로 도망쳤다가 얼마 뒤인 884년에 스스로 목숨을 끊었다.

황차오의 난은 수습이 되었으나, 이 사건을 통해 당 왕조는 완전히 힘을 잃고 천하는 번진 세력의 손아귀에 떨어졌다. 이 가운데 가장 강력한 세력이 황차오 반란군의 잔당으로 당에 항복한 뒤 그 전공으로 선무宣武 절도사로 임명되어 볜汴, 변; 지금의 카이펑(開封, 개봉)에 자리를 잡은 주취안중朱全忠, 주전충과 산시山西, 산서의 진양晋陽, 진양을 근거지로 한 리커융이었다. 한편 희종의 뒤를 이은 소종昭宗은 당 왕조의 권위를 다시 세우기 위해 주취안중을 창안으로 불러들여 환관들을 모두 죽이게 했다. 그 공으로 양왕梁王에 봉해진 주취안중은 자신이 황제에 오를 야심을 품고 우선 소종으로 하여금 여러 차례의 전란으로 황폐해진 창안을 떠나 자신의 근거지인 볜과 가까운 뤄양으로 천도하게 한 뒤, 그를 시해하고 태자를 옹립해 소선제昭宣帝로 삼았다. 그 다음에는 기득권 세력이라 할 당 왕조의 귀족과 고관들을 황허黃河, 황하 나루터에 모이게 한 뒤 모조리 물에 던져 죽이니 고립무원에 빠진 황제는 어쩔 수 없이 황제의 자리를 주취안중에게 양위했다. 이로써 당 왕조는 고조로부터 20대, 289년 만에 멸망하고 말았다.

당나라의 멸망은 단순히 하나의 왕조가 끝났다는 것만을 의미하지 않는다. 우선 이 시기에 이르면 농업과 수공업 등 전 부문에 걸친 생산력 수준이 이전에 비할 수 없을 정도로 진보해 중국 사회는 질적으로 다른 사회로 변모했다. 아울러 위진남북조를 관통하며 사회의 지배층 노릇을 했던 문벌 귀족들이 몰락하고 새롭게 대두한 지주 계층이 과거 제도의 시행을 통해 사회의 지배 계층이 되었다. 또 당 왕조 이후에는 북방의 유목 민족들이 단순히 새외塞外에서 유랑하며 약탈을 일삼는 오랑캐에 머물렀던 게 아니라 독자적인 세력을 구축하고 중원에 적극 진출해 한족들을 지배하려 했다. 이를테면, 요遼와 서하西夏, 금金, 원元 등은 단순히 무력만을 앞세운 것이 아니라 독자적으로 고유의 문자를 만드는 등 중원의 제국諸國과 차별성을 지닌 자신들만의 문화를 만들려고 했다. 중원을 벗어나 동아시아 전체로는 당 왕조 이후로 앞선 문명 국가인 중국과 다른 주변국들이 책봉冊封을 통한 조공朝貢 관계를 성립해 이후 동아시아 세계 질서의 기본 틀을 완성했다. 이러한 책봉 관계는 단순히 군사적인 의미뿐 아니라 통상을 매개로 한 경제적인 관계로 나아가게 되었다. 곧 당 왕조의 멸망은 춘추전국시대 이래 진한秦漢 제국과 위진남북조의 혼란기를 거쳐 당 왕조에 완성되었던 고대 제국의 세계 질서가 종말을 고하고 새로운 단계로 도약하는 하나의 계기가 되었다는 것을 의미하는 것이다.

7

후삼국시대의 도래 — 송, 요, 금 그리고 서하

다시 찾아온 분열의 시대, 오대십국

서기 907년 주취안중朱全忠, 주전충은 당 왕조를 멸하고 후량後梁을 세웠다. 이후로 959년 송 태조 자오쾅인趙匡胤, 조광윤이 후주後周 군사들의 추대로 황제의 자리에 오르기까지 50여 년 동안 황허 유역인 카이펑開封, 개봉과 뤄양洛陽, 낙양을 중심으로 한 중원 땅에서는 후량과 후당後唐, 후진後晋, 후한後漢, 후주後周의 5개 왕조가 일어섰다 스러졌다. 그 밖에도 쓰촨四川, 사천 지역의 전촉前蜀, 후촉後蜀과 화중華中 지역의 오吳, 남당南唐, 초楚, 형남荊南, 오월吳越, 그리고 푸젠福建, 복건의 민閩, 광둥廣東, 광동과 광시廣西, 광서를 포괄하는 남한南漢과 산시山西, 산서의 북한北漢 등 열 개의 지방 정권이 할거했으므로, 이 시대를 오대십국五代十國이라 부른다. 하지만 이 가운데 오대는 정식 국가로 정통성을 인정받고 있으나, 십국에 속하는 나라들은 심지어 후량과 후당으로부터 책봉을 받는 등 독자적인 나라로 보기에 어려운 점이 있어 사가들은 이들을 당말 번진藩鎭의 일부로 보기도 한다.

당을 멸망시킨 후량의 태조 주취안중은 당 왕조 멸망의 원인이던 환관과 조정의 고급 관료들을 일소하고, 수도를 벤징汴京, 변경으로 옮기는 등 새로운 정치 질서를 세우려는 노력을 기울였으나, 이내 백성들에 대한 잔혹한 수탈과 난폭한 정벌로 민심을 잃었다. 여기에 산시의 타이위안太原, 태원 지역에 할거했던 진왕晋王 리커융李克用, 이극용과 대립하여 끊임없이 싸움을 벌였다. 얼마 되지 않아 리커융이 죽고 그 아들인 리춘쉬李存勗, 이존욱가 그의 뒤를 이었다. 군사 방면에서 뛰어난 재능을 발휘했던 리춘쉬는 주취안중의 군대에 심각한 타격을 입혔고, 주취안중은 실의에 빠져 있다 후계를 다투던 아들 가운데 하나에게 목숨을 잃었다. 그의 뒤를 이어 말제末帝가 등극하나, 허베이河北, 하북에 진출한 리춘쉬에 의해 피살되고 후량은 불과 16년 만에 문을 닫는다.

후량을 멸하고 화북華北 지역을 거의 평정한 리춘쉬는 923년 뤄양에 후당後唐을 세우고 장종莊宗이 되었다. 본래 북방 유목 민족 계통의 사타沙陀족 출신인 그의 아비 리커융이 당 왕조로부터 리씨 성을 하사받았기에 당나라를 계승한다는 의미로 후당이라 했던 것이다. 하지만 정작 리춘쉬 자신은 한자를 해독할 수 없을 정도로 무학에 가까웠기에 타고난 전투 능력으로 나라를 일으켜 세우기는 했으나 그 나라를 다스릴 재목은 애당초 못 되었다. 925년에 후당은 쓰촨으로 군사를 보내 전촉前蜀을 멸했는데, 오히려 통치 집단 내부의 갈등으로 재위 3년 만에 리춘쉬가 암살 당하고 리쓰위안李嗣源, 이사원이 그의 뒤를 이으니 후당의 명종明宗이다. 이 즈음에 허둥河東, 하동의 절도사로서 산시 타이위안에 세력을 갖고 있던 스징탕石敬塘, 석경당은 옌윈燕雲 16주의 토지와 백성들을 거란에 넘겨주고, 그 대가로 원병을 청하여 후당을 멸하고 후진後晋을 세웠다. 하지만 스징탕의 아들인 출제出帝가 즉위한 뒤 그 아비가 거란에 약속한 바를 이행하지 않자, 거란의 태종은 대군을 이끌고 내려와 수도인 다량大梁, 대량, 곧 볜징에 입성해 출제를 포로로 잡아가니 후진은 겨우 10년 만에 멸망했다.

947년 봄 거란 황제 예뤼더광耶律德光, 야율덕광은 다량에서 황제에 올라 국호를 요遼로 바꾸었다. 하지만 유목 민족인 거란으로서는 중원의 농경 민족들의 조세 제도를 이해하지 못하고 병사를 풀어 백성들을 약탈했다. 이에 맞서싸울 세력이 전무한 상태에서 백성들은 많으면 수만 명, 적으면 천 명이나 백 명을 넘지 않는 숫자의 무리가 규합하여 요에 타격을 주었다. 이를 견디다 못해 요의 태종은 이내 다량에서 철수해 본거지로 돌아가다가 병사했다. 이때 타이위안을 근거지로 삼고 있던 사타족 출신 후진의 장수 류즈위안劉知遠, 유지원이 요가 북으로 돌아간 틈을 타 다량에서 즉위하니, 곧 후한의 태조이다. 하지만 즉위 1년 만에 태조가 죽고 그의 뒤를 이은 은제隱帝는 대장大將 궈웨이郭威, 곽위의 손에 피살되니 후한은 4년 만에 멸망했다.

궈웨이는 후량으로부터 후한에 이르기까지 이어오던 이민족 왕조를 끝내고 한족 왕조인 후주後周를 세웠는데, 그가 후한 조정에서 권력을 잡고 있을 때 타이위안의 유수留守였던 류충劉崇, 유숭이 스스로 힘을 기르고 있다가 궈웨이가 칭제하자 자신도 나라를 세우니 이것이 북한이다. 후주의 태조 궈웨이는 하급 군인 출신이었기에 전란기 백성들의 어려움을 잘 이해하고 있어 곧 내정 개혁에 착수하였으나 재위 3년 만에 죽고, 그가 양자로 들인 차이룽柴榮, 시영이 즉위해 세종世宗이 되었다. 이에 북한이 요나라의 후원을 등에 업고 진격해오자 세종은 오히려 반격에 나서 북한의 근거지인 타이위안을 포위했다. 후주의 세종은 농업 생산력을 회복시킬 정책들을 잇달아 폈는데, 백성들의 조세를 경감하고, 황폐한 전지의 개간을 장려하였으며, 조세를 면하기 위해 멋대로 삭발해 승려가 되는 것을 엄금하고 구리 불상을 모두 녹여 화폐로 만들었다. 후주 세종의 폐불은 중국 불교사에서는 불교가 정부로부터 탄압을 받은 법난 가운데 하나로 여기지만, 당시로서는 전란 중에 피폐해진 농업 생산력을 일으키는 데 긍정적인 작용을 했다.

주 세종은 무엇보다 천하를 어지럽히는 전란의 원인 제공자 노릇을 했던 번진 세력의 주축인 무뢰한 출신 용병들의 군기를 다잡고 새롭게 근위군인 금군禁軍을 편성해 이들을 견제했다. 이어 세종은 분열 상태에 놓여 있던 중국을 통일하기 위한 군사 행동을 시작해 쓰촨에 할거했던 후촉後蜀의 배후 지역을 빼앗고, 남당으로부터 화이난淮南, 회남과 창장長江, 장강이북의 땅을 얻었으며, 요와 싸워 옌윈 16주 가운데 2개 주를 회복하는 등 일정한 성과를 얻었다. 하지만 세종은 결국 자신의 뜻을 이루지 못하고, 959년 요를 북벌하기 위해 일으킨 전투 중에 중병을 얻어 이해 여름 병사하니, 그 뒤를 이어 7세의 공제恭帝가 즉위하였다. 이때를 틈타 요나라가 북한과 함께 군사를 일으킨다는 첩보가 전해지자 어린 황제에 불안을 느낀 금군의 장수들은 그 다음해인 960년 정월 초 그들 가운데 군공이 높고 신망이 두터웠던 자오쾅인趙匡胤, 조광윤을 황제로 추대하니 이 사람이 곧 송의 태조이다. 이로써 후주는 3대 10년의 역사를 뒤로하고 문을 닫았으며, 분열 할거 상황에 놓인 천하를 통일하는 대업의 임무는 북송에게 넘겨지게 되었다.

북송 정권의 성립과 중앙 집권 체제의 완성

송의 태조 자오쾅인이 황제의 자리에 오른 것은 비록 선양의 형식을 취했다 하나, 그 내막에 대해서는 여러 가지 뒷말이 있다. 그의 조상은 대대로 줘저우涿州, 탁주에서 살았는데, 아버지인 자오훙인趙弘殷, 조홍은 대에 뤄양으로 이주했다. 자오훙인은 후진과 후한, 후주 삼대에 걸쳐 금군의 장령莊領을 지냈는데, 아비를 따라 군인의 길을 걸었던 자오쾅인은 후한의 대장 궈웨이의 휘하에 있다가 그의 눈에 들었다. 나중에 궈웨이가 정변을 일으켜 후주를 세우자 전장금군典掌禁軍에 중용되었다가 그의 뒤를 이은 세종 차이룽 때에 혁혁한 전공을 세워 전전도점검殿前都点檢: 황제 친위군의 최고 장수으로 승진하여 후주의 병권을 장악했다. 여기에 쑹저우宋州, 송주: 지금의 허난 성 상츄 현(商丘縣, 상구현) 남쪽 귀덕군절도사歸德軍節度使를 겸임하여 수도 볜징의 방위를 책임졌으니, 천하의 군권이 그의 손에 들어간 셈이었다. 세종이 요를 정벌하러 가는 길에 병사하자, 그의 아들 차이쭝쉰柴宗訓, 시종훈이 7세의 어린 나이로 황위를 계승하였다.

960년 정월 전저우鎭州, 진주: 지금의 허베이 성 정쭝현(正宗縣, 정종현)와 딩저우定州, 정주: 지금의 허베이 성 딩현(定縣, 정현)에서 북한과 요나라의 연합군이 남하하여 후주를 침공해 들어온다는 첩보가 들어왔다. 하지만 그 첩보가 사실인지 여부를 확인하지도 않고 후주의 푸 태후符太后, 부태후와 재상 판즈范質, 범질, 왕푸王溥, 왕부 등은 황급히 자오쾅인에게 대군을 거느리고 북상해 적을 방어하게 했다. 자오쾅인의 부대가 천챠오 역陳橋驛, 진교역: 지금의 허난 성 카이펑 시 동북 40리 지점에 이르러 숙영을 하였는데, 다음날 새벽 천챠오 역에서는 갑자기 사방에서 큰 함성소리가 울려퍼졌다. 전날 마신 술에서 막 깨어난 자오쾅인이 밖으로 나와 보니 그의 동생인 자오광이趙光義, 조광의와 모신인 자오푸趙普, 조보를 필두로 한 장수들이 한 손에 무기를 들고 대오를 지어 뜰 앞에 서서 일제히 소리쳤다.

"저희에겐 주인이 없으니 점검点檢: 즉 자오쾅인께서 천자가 되어주십시오!"

이에 자오쾅인이 아무 대답을 하지 않자 장수들은 미리 준비해둔 황제의 옷인 황포黃袍를 그의 몸에 입힌 후 일제히 절을 올리고 "만세萬歲"를 소리 높여 외쳤다. 자오쾅인은 사람들에게 "그대들이 자신의 부귀를 위하여 나를 천자로 세운 것이나, 나의 명령을 듣지 않으면 결코 군주가 되지 않을 것"이라고 거절 의사를 밝혔으나, 사람들이 재차 권하자 "후주의 태후와 어린 황제, 그리고 고관들에게 절대 위해를 가하지 말 것이며, 조정이나 시장의 창고 등을 약탈하면 엄벌에 처한다"는 약속을 받아내고서야 제위에 올랐다 한다. 하지만 후대 사람들은 이 모두가 자오쾅인 일파가 꾸며낸 한 편의 연극이라 여기고 있다.

자오쾅인은 곧바로 군대를 돌려 볜징으로 향했으니, 그렇다면 요와 북한의 연합군이 쳐들어온다는 첩보는 애당초 사실이 아니었단 말인가? 아무튼 정변이 일어났다는 소식에 후주의 대신 한퉁韓通, 한통이 급히 군대를 조직해 대항할 준비를 하던 중 자오쾅인의 부하에게 피살되고, 재상인 판즈와 왕푸는 협박에 못 이겨 굴복하였다. 정월 5일 오후에 자오광인은 어린 황제를 폐위시키고 황제에 올라 국호를 송宋이라 하고, 연호를 건륭建隆이라 하며, 볜징을 도읍으로 삼았다.

북송 초년에는 전국에 걸쳐 할거 정권이 여전히 세력을 갖고 있었고, 북방에는 요遼가 강대한 힘을 과시하고 있었다. 북송이 세운 통일 전략은 우선 중원과 남쪽의 할거 세력들을 평정한 뒤, 힘을 길러 요와 일전을 벌인다는 것이었다. 이에 963년 북송은 군대를 파견해 징난荊南, 형남과 후난湖南, 호남을 정벌하고, 965년에 다시 출병해 후촉을 멸했으며, 971년에는 남한을, 975년에는 남당을 멸했다. 창장 유역에 할거했던 오월吳越의 경우는 정치적인 압력을 써서 영토를 바치고 귀순하게 했다. 하지만 북쪽 지역에 있는 북한은 968년과 969년의 출병에 이어 976년에 이르기까지 세 차례에 걸쳐 출병했으나, 그때마다 요가 구원에 나서 성공하지 못하다가, 979년에 이르러서야 송 태종 자오광이가 직접 대군을 이끌고 정벌에 나서 십국 가운데 마지막 남은 왕국을 정벌했다.

통일의 위업을 달성한 송 정권이 마주한 현안은 두 가지였다. 첫째, 어떻게 해야 당 왕조 이래 장기간 계속되어온 번진藩鎭 세력의 발호를 막을 것인가? 둘째, 어떻게 해야 어렵게 중원을 통일한 북송 제국을 단명한 왕조가 되지 않게 할 것인가? 이 두 가지 문제는 사실상 하나였으며, 송 태조 역시 이에 대해 많은 고민을 했다. 특히 바로 이전 왕조인 당의 번진 세력은 역대 왕조 가운데 가장 군사력이 강했기에 송 태조 자오광인의 고민은 그만큼 더 컸다고 할 수 있다.

태조는 개국 공신이자 모신인 자오푸趙普, 조보에게 이에 대한 대책을 물었다. 자오푸는 오대 쟁란의 원인은 번진의 세력이 너무 강대한 결과였으니, 그들의 권력을 빼앗고, 재정 처분권을 제한하며 정예 병사들을 중앙에 불러들여 천하를 안정시키라는 진언을 하고 태조는 이를 받아들였다.

그가 취한 첫 번째 조치는 오대를 이어오는 동안 변란의 중심에 있던 금군禁軍을 손보는 것이었다. 하지만 이것은 송 태조 자신이 금군의 수장으로 쿠데타를 통해 집권했다는 점에서 아이러니한 측면이 있다. 아마도 금군 출신이었기에 금군의 생리를 누구보다 잘 알아 자신의 집권을 도왔던 금군이 나중에 자신에게 반기를 들 수도 있다는 사실을 일찍부터 간파했기 때문이었으리라. 금군 세력을 잠재우기 위해 자오쾅인은 연회를 열어 금위군의 장수인 스서우신石守信, 석수신 등을 불렀다. 한참 주흥이 무르익을 때 송 태조가 입을 열었다.

"그대들의 도움이 없었다면 지금의 나는 없었을 것이오. 그러나 황제의 자리도 그리 즐거운 것이 아님을 알았소. 밤에 편안하게 잠을 잘 수가 없으니 말이오."

이에 스서우신 등이 "폐하께서 이제 귀하신 천자가 되셨는데, 무슨 걱정이 있겠습니까?"라고 되묻자, 태조는 "그대들 가운데 황제가 되고 싶지 않은 이가 누가 있겠소?"라고 대답했다. 이 말뜻을 알아들은 이들은 "폐하, 무슨 말씀이시온지요? 폐하의 지위는 하늘이 정하신 것인데 누가 감히 다른 마음을 품을 수 있겠습니까?"라고 대답했다. 태조는 다시 "알겠소. 여기에 있는 경들이야 그런 생각을 하지 않을 것이지만, 만약 어느 날 아침 부하들이 그대들에게 황포를 입힌다면 그대들은 어찌하겠소? 고개를 가로저을 까닭이 없지 않겠소?"라고 말했다. 이 말을 들은 스서우신 등은 태조 앞에 무릎을 꿇고 눈물을 흘리며 말했다. "어리석은 신들이 거기까지 생각이 미치지 못했습니다. 신 등이 어찌해야 할지 하교를 내려주소서." 이에 태조는 말했다. "사람의 일생이란 짧은 것이오. 그저 편안하게 부귀영화를 누리고 살아가면 그뿐인 게지요. 경들은 군사에서 손을 떼고 토지와 집을 마련해 매일 노래와 춤으로 평생을 즐겁게 보내는 게 좋을 것이오." 다음날 스서우신을 비롯한 장군들은 모두 중병이 들었다는 핑계로 자진 사퇴하고 군대의 통수권을 태조에게 넘겼다.

이밖에도 오대를 거쳐오며 임명되었던 지방의 절도사와 관리들을 점차 송조의 문관들로 바꾸고 사정상 급하게 교체할 수 없는 경우에는 문관인 통판通判이라는 감독관을 파견해 견제하였다. 아울러 독자적으로 운용되고 있던 재정권을 중앙에 환원시키기 위해 문관인 전운사轉運使를 두었으니, 무관의 군사권과 문관의 정치, 재정권이 분리되어 당말 이후 번진 세력에게 집중되었던 지방의 권력을 중앙에서 통제할 수 있게 되었다. 그리고 당대 최고의 집행 기관이었던 상서성尙書省과 중서성中書省, 문하성門下省이라는 3성을 폐지하고 군사 통수권은 추밀원樞密院에서 맡고, 재정권은 호부사戶部司와 염철사鹽鐵司, 탁지사度支司 3사로 나뉘어 위임되었다. 무엇보다 천자의 실책을 지적하고 바로잡도록 하는 간관諫官을 간원諫院이라는 독립 기구로 분리시키니 이제까지 황제 다음 가는 위치에서 존중받았던 재상의 지위가 격하되어 황제의 독재권이 더욱 강화되었다.

이렇듯 당말 이후 군벌 세력의 발호를 지켜보았던 송 왕조는 무관 대신 문관을 우대하고 번진의 권력을 빼앗아 중앙에 힘을 집중시켰다. 하지만 이로 인해 송 왕조는 변방에 외적이 침입했을 때 신속하게 대처할 수 없었고, 군사 통솔권이 추밀원에 귀속되어 있어 재상은 군사적으로 무력할 수밖에 없었다. 때마침 동북 지역에서는 거란이 세운 요遼와 여진족이 세운 금이 일어나고 서남 지역에서는 탕구트족黨項族의 서하西夏가 일어나 끊임없이 송의 변경 지역을 위협했으나, 이에 적절한 대처를 하지 못해 송 왕조 내내 이들의 침입에 시달리다 급기야 남쪽으로 천도를 한 끝에 결국 멸망하고 말았던 것이다.

이민족의 흥기와 후삼국의 성립

오대와 십국을 거쳐 송이 천하를 다시 통일하는 동안 북방의 유목 민족들은 스스로 힘을 키워가고 있었다. 그 가운데서도 거란족이 세운 요의 세력이 가장 강대하였는데, 송 초기에는 요와 친선 관계를 유지하고 있었다. 송 태조의 전략은 우선 내부를 단도리한 뒤 외부의 적을 친다는 것이었다. 그리하여 군사를 동원해 남방의 여러 나라들을 공략하는 한편, 북쪽 변방 지역에는 주요 거점에 군사를 배치하고 방어에만 힘썼다. 그러면서도 특정 지역에 '봉장고封樁庫'를 두어 많은 금백金帛을 쌓아놓고 옌윈燕雲, 연운 지역과 교환할 비용으로 비축해두었는데, 만약 요가 교환에 응하지 않으면 이것을 군비로 전환해 요를 공격할 요량이었다. 하지만 아직 국내 통일이 완수되지 않은 상황에서 976년 태조는 '도끼 소리'와 '촛불 그림자' 아래서 의문의 죽음을 맞는다.

송의 2대 황제인 태조의 동생 자오광이趙光義, 조광의, 곧 태종은 국내 통일의 완수를 위해 힘을 써 979년 드디어 마지막으로 남은 북한을 멸했다. 태종은 기세를 몰아 군사를 허베이로 이동시켜 여러 주州를 항복시켰다. 하지만 유저우를 포위하고 공격했지만, 보름이 지나도록 함락시키지 못했다. 그 사이 요의 원병이 도착하자 가오량허高梁河, 고량하 상류에서 벌어진 전투에서 송나라 군사는 크게 패했고 태종은 간신히 탈출했다. 이 패전으로 송 왕조는 금金과 몽골 등 북방 민족의 무력에 겁을 집어먹고 이후로는 군사 작전을 소극적으로 펴게 되었다. 옌윈 16주 회복을 위한 요와의 전투는 이후에도 10여 년을 더 끌었으나, 송은 패배만을 거듭했고, 이 사이 서북 지역에는 서하가 등장하니, 송은 이에 대비하느라 요와의 싸움은 잠시 소강 상태에 접어들었다. 요 역시 한반도 남쪽을 통일한 고려에 대한 대책을 세우느라 송과의 싸움에 적극 나설 수 없어 이후로는 송

'도끼 소리'와 '촛불 그림자', 송 태조의 의문의 죽음

송 태조 자오쾅인은 재위 17년이 되는 해인 서기 976년 10월에 오십의 나이로 갑자기 사망했다. 나이도 그리 많지 않은 데다 평소 건강했기에, 태조의 죽음은 당시에도 많은 의혹을 불러일으켰다. 그래서 정사에서는 단순히 객관적인 사실만 담담하게 전하고 있지만, 야사에서는 여러 가지 설이 분분했다.

전하는 말로는 어느 눈 오는 날 밤에 태조가 아우인 자오광이를 불러 침궁에서 내관들을 물리고 같이 술을 마셨는데, 한참 있다 침궁 안에서 촛불에 흔들리는 그림자가 보이다가 도끼가 바닥에 찍히는 소리가 들렸다 한다. 그리고 자오광이가 사람들을 불러 들어가 보니 태조가 이미 죽어 있었다는 것이다. 혹자는 이것을 근거로 몇 가지 추론을 했다. 우선 자오광이가 같이 술을 마시다 태조가 설핏 잠이 들자 후궁을 희롱하다 태조가 깨어나 그 상황을 보고 크게 노하여 자오광이에게 도끼를 집어던져 바닥에 찍혔다는 설도 있고, 또 자오광이가 태조를 죽이려 도끼를 휘두른 것이라는 설도 있다.

태조가 죽자 동생인 자오광이가 형의 뒤를 이어 황제의 자리에 올라 태종(太宗; 재위 기간은 939~997년)이 되었다. 이것 역시 후대 사람의 의혹을 사기에 충분한 것으로, 태조에게 두 아들이 있었는데도 불구하고 동생인 자오광이가 황제가 된 것은 누가 봐도 의심을 살 만했다. 혹자는 그들 형제의 모친인 더우태후(竇太后, 두태후)가 평소에 후주(後周)가 천하를 잃은 것은 나이가 어린 황제를 세웠기 때문이라 생각해 태조에게 형제간에 나이순으로 황제의 자리를 물려주라고 했기 때문이라고 했다. 하지만 태조가 생전에는 이에 대해 아무런 말도 하지 않았고, 태조가 죽은 뒤 뒤늦게 달려온 황후가 시동생인 자오광이가 이미 궁궐을 장악하고 있다는 사실을 알고 살려달라고 애원하자, 자오광이는 걱정 말라고 안심시켰다고 한다.

이런 여러 가지 설들은 그야말로 전설에 불과하고 진실이 무엇인지는 알기 어렵다. 공교로운 것은 자오광이에게 어머니가 부탁한 대로라면 자신이 죽은 뒤 황제의 자리에 오르게 될 쾅메이(匡美)라는 아우가 있었는데, 천하 통일을 완수한 자오광이가 곧바로 죄를 뒤집어씌워 동생인 쾅메이를 죽였다는 사실이다. 그리고 태조의 둘째아들인 더팡(德芳)도 죽인다. 숙부와 동생이 죽은 것을 보고 (어쩌면 황제가 될 수도 있었던) 태조의 첫째아들 더자오(德昭)는 지레 자살하고 만다. 그러고 보면, 천쟈오(陳橋, 진교)에서의 한바탕 소동을 연출한 것도 동생인 자오광이었다. 이런 일련의 사실들로 미루어볼 때, 애당초 황제가 되고 싶었던 것은 송 태조 자오쾅인이 아니라 동생인 자오광이였는지도 모른다는 생각이 들기도 한다. 하지만 지금까지도 그날 밤의 '촛불 그림자'와 '도끼 소리'는 풀리지 않는 수수께끼로 남아 있을 뿐이다.

태조와 태종의 이야기는 여기서 끝나지 않는다. 태조 자오쾅인은 황제가 되어 오히려 자신의 자식들을 죽음으로 내몰고, 후손들은 권좌에서 철저히 배제됐다. 그러나 훗날 휘종(徽宗)과 흠종(欽宗)이 금나라에 포로로 잡혀가 북송이 망하고, 휘종의 아들 중 하나인 강왕 자오거우(趙構, 조구)가 고종(高宗)으로 즉위한 뒤 그의 아들이 죽자, 신하들은 더 이상 태종의 자손 중에서 황제를 내는 것을 거부하고 태조의 후손 중에서 양자를 선택해 제위를 물려주도록 강요한다. 고종은 할 수 없이 태조의 후손 가운데서 양자를 들여 황태자로 삼으니, 이 사람이 효종(孝宗)으로 남송 시기 현군으로 이름이 높았다. 이후로는 태조의 후손이 남송이 망할 때까지 황제의 자리를 지켰다. 세상사는 돌고 도는 것일까?

과 요, 서하가 정립하는 일시적인 소강 국면이 나타났다. 이것은 위魏와 오吳, 촉蜀 이후 새로운 삼국정립의 세계 질서라 할 수 있는 바, 혹자는 이를 두고 '후삼국시대' 라 부르기도 한다.

그러는 사이 송에서는 태종이 죽고 그 아들인 진종眞宗이 즉위했으며, 요에서는 용렬한 군주인 경종景宗이 죽고 성종聖宗이 즉위하자 모후인 샤오 태후蕭太后, 소태후가 섭정을 했다. 1004년 샤오 태후는 대군을 이끌고 침략을 개시했는데, 허베이에 이르러 송의 방어선을 깨고 황허 북안北岸 찬저우澶州, 전주까지 이르렀다. 이 소식에 송의 조정은 크게 동요했다. 그리하여 수도인 벤징을 버리고 창장 이남으로 천도하자는 주장까지 나왔으나 재상인 커우준寇準, 구준의 의견에 따라 일단 황제와 대신들이 찬저우에 진주하여 저항할 뜻을 드러내는 한편, 사신을 보내 교섭을 진행했다. 이때 요나라 역시 송 왕조가 쉽게 굴복하지는 않을 것이라는 사실을 알고 있었기에, 사신을 통한 교섭은 쉽게 이루어져 송이 매년 요에게 은 10만 냥과 비단 20만 필을 바치는 것을 조건으로 요의 군사는 물러갔다. 이것을 '찬위안澶淵, 전연의 맹盟' 이라 한다.

중국의 역사가들은 이에 대해 싸워보지도 않고 성급하게 화의를 제안한 것이라는 의견부터 당시로서는 어쩔 수 없는 선택이었다는 의견까지 다양한 해석을 내렸다. 분명한 것은 이 찬위안의 맹이 맺어진 1004년부터 송 휘종徽宗 선화宣和 4년1122년까지 약 119년 간 송과 요 사이에는 시종 평화적인 소강 상태를 유지했다는 것이다. 사실상 요가 송을 자주 침입했던 데에는 군사적인 이유뿐 아니라 경제적인 요인도 크게 작용했다. 부족 국가에서 벗어난 요는 문화적인 면에서 빠른 속도로 한화漢化가 진행되었다. 이러한 한화에 따라 점차 중국적인 생활에 젖은 거란족 가운데서도 귀족들은 한족과 같은 문화 생활을 유지하기 위해 여러 가지 물자를 중국으로부터 들여올 필요가 있었는데, 오히려 중국 측에서는 요와의 무역을 제한하는 경우가 많았다. 곧 요의 중원 침입은 송의 경제 봉쇄에 맞서 송과의 무역을 확대하기 위한 목적이 깔려 있었던 것이다.

한편 송의 진종이 죽고 인종仁宗이 즉위하자 서북쪽에 있는 서하의 침략이 빈번해졌다. 서하의 탕구트족은 본래 티베트 계통인 강羌족의 일파로 쓰촨의 변경 지역에 살다가 8~9세기경 닝샤寧夏, 영하와 산시陝西, 섬서 북부 일대로 이주했다. 당과 송 등 중원의 왕조는 이들을 복속시키려 노력했으나, 오히려 1020년대 말과 1030년대 초 량저우涼州, 양주; 지금의 우웨이(武威, 무위)와 간저우甘州, 감주; 지금의 장예(張液, 장액)가 이들의 손에 떨어지고, 1032년 리위안하오李元昊, 이원호가 왕위에 올라 계속 정복에 나서 과저우瓜州, 과주; 지금의 안시(安西, 안서), 사저우沙州, 사주; 지금의 둔황(敦煌, 돈황), 쑤저우肅州, 숙주; 지금의 쥬취안(酒泉, 주천)를 점령했다. 이로부터 서하의 국경은 "동으로는 황허까지, 서로는 위먼玉門, 옥문을 경계로 하고, 남으로는 샤오관簫關, 소관에 접하고, 북으로는 사막에 이르는" 영토를 확보하였고 허란산賀蘭山, 하란산에 의지했다. 황허가 동진하다 몽골 쪽으로 북진하면서 만들어진 오르도스의 기름

서하(西夏) 문자 ⓒ 조관희

진 땅 싱칭부興慶府, 홍경부: 지금의 인촨(銀川, 은천)에 도읍한 리위안하오는 송 조정을 모방하여 예악 제도를 정하고, 서하 문자를 제정하는 등 송과 대등한 지위를 세운 뒤, 1038년 스스로 황제의 자리에 올라 국호를 대하大夏로 고쳤다.

서하는 서역 제국과의 교통의 요지에 자리잡고 있으면서 중원 지역에 군마를 공급하는 등 군사적으로나 경제적으로 무시할 수 없는 세력을 구축하고 있었다. 이러한 지리적 이점을 바탕으로 송과 요 사이에서 일종의 캐스팅 보트를 행사하면서 자신의 지위를 높였던 것이다. 여기서 자신감을 얻은 리위안하오는 송에 대해 강경책을 써 전후 6년여에 걸친 전투 끝에 서하가 승리했다. 하지만 서하 역시 전쟁으로 얻은 것은 별로 없었기에, 1044년 서하는 송의 화의를 받아들여 황제의 칭호를 취소하고 예전처럼 송의 책봉을 받아 하국왕이 되었고, 송의 조정은 매년 각종 명목으로 서하에 은 7만 냥, 비단 15만 필, 차 3만 근을 주고 민간의 교역을 허용하였다. 이로써 서북쪽의 변경 지역은 평온을 되찾았으나, 재정적으

동방의 피라미드라 불리는 서하 왕릉 ⓒ 조관희

로는 큰 부담을 지게 되었다. 이후 서하는 유교와 불교를 적극 받아들여 그 경전들을 서하 문자로 번역하는 등 독자적으로 세력을 확장해가다가 1227년 칭기즈 칸에게 멸망당할 때까지 190여 년 동안 명맥을 이어갔다.

북송의 번성과 왕안스의 신법

당 왕조의 몰락이 고대 세계의 몰락을 의미한다면, 송의 건국과 번성은 이전과는 질적으로 다른 생산력 수준에 바탕한 새로운 사회의 출현을 의미한다. 10세기 전후 동아시아 전역에서는 농업 생산력이 비약적으로 발전했는데, 특히 중국의 경우 강남 지역의 농업 생산력은 화북 지역을 능가해 경제와 국가 재정의 중심이 명백하게 강남 지역으로 옮겨가게 되었다. 수공업 역시 발달하여 양조업이나 제당업이 성행했고, 비단을 비롯한 직물업도 흥성했다. 하지만 송대에 가장 괄목할 만한 발전을 한 것은 도자기업이다. 송대에 만들어진 청자와 백자는 품질 면에서 현재까지도 사람들의 찬탄을 자아낼 정도로 높은 수준에 이르렀다. 현대 중국인들의 일상에서 빼놓을 수 없는 품목인 차는 당대 이후 현저하게 보급되어 송대에 이르면 대중적 음료로서 확고하게 자리를 잡게 된다.

이렇게 농업과 수공업 등의 산업이 일어나자 이것을 유통하기 위해 도시가 발달했는데, 송대의 도시는 그 이전 시기의 도시 기능과 자못 다른 면모를 보이게 된다. 당대까지는 도시가 기본적으로는 정치와 군사의 중심지로서 기능했다면, 송대에는 상품의 유통 등 상업 도시로서의 성격이 강하게 나타났던 것이다. 물론 당대에도 많은 도시가 있었지만, 이들 도시에서 상행위는 '시市' 라는 특정 지역에서만 이루어졌고, 국가에서 임명한 관리들에 의해 통제를 받았다. 하지만 송대에는 '시' 이외의 지역에서도 비교적 자유로운 상행위가 행해지고 야간 영업도 할 수 있게 되었다.

주췌먼朱雀門, 주작문을 나와 곧바로 가면 룽진교龍津橋, 용진교가 나온다. 주교州橋에서 남쪽으로 가면 길거리에서 미음水飯, 불고기爊肉, 건포乾脯를 팔았다. 왕루王樓 앞에서는 오소리貛兒와 들여우 고기野狐肉, 닭고기 포脯鷄를 팔았다.……겨울에는 반토盤兎, 즉석에서 구워주는 돼지껍질旋炙猪皮肉, 야생 오리고기野鴨肉, 적소수정회滴酥水晶鱠, 전협자煎夾子, 돼지 내장猪臟 같은 것들을 팔았는데, 룽진교龍津橋, 용진교에 있는 수뇌자육須腦子肉에서 끝이 났다. 이것들을 일러 막먹거리雜嚼라고 불렀는데 밤 12시경三更까지 장사를 하였다.

……

쉬안더러우宣德樓, 선덕루에서 동쪽으로 가면 나오는 둥줴러우東角樓, 동각루는 황성의 동남쪽 모서리에 있다. 십자가十字架에서 남쪽으로 내려가면 생강 파는 가게薑行가 나온다. 가오터우제高頭街, 고두가에서 북쪽으로 가면 견직물 파는 가게紗行에서 시작해 둥화먼제東華門街, 동화문가, 천후이먼晨暉門, 신휘문, 바오루궁寶籙宮, 보록궁이 나온다. 곧바로 가면 쥬쏸짜오먼舊酸棗門, 구산조문이 나오는데 이곳의 상점들이 가장 번화하고 시끌벅적하다. 선화宣和 년간 협성夾城 관도官道를 뚫었다. 동쪽으로 가면 판러우제潘樓街, 반루가가 나오는데 판러우제의 남쪽을 매가게鷹店라 불렀고, 매나 송골매와 관련한 손님들만을 상대로 장사를 하였다. 그 외에는 모두 진주眞珠, 비단疋帛, 향료香藥 등을 파는 가게들만 있었다. 남쪽으로 거리가 하나 있었는데 제선界身이라고 불렀다. 여기도 금, 은, 채색 비단采帛을 사고 파는 곳이었다. 건물이 웅장하고 상점의 문이 커다래서 멀리서 바라보면 위엄이 있어 보였다. 한번 물건을 사고 팔면 보통 천만千萬을 헤아리기에 이를 들은 사람들이 모두 놀라 자빠졌다.◉

◉ 김민호 역주, 『동경몽화록』, 소명출판, 2010년. 94~100쪽.

위의 글은 수도인 볜징의 모습을 그린 『동경몽화록東京夢華錄』이라는 책의 한 대목이다. 여기서는 주로 먹을거리를 위주로 묘사하고 있는데, 당시 시가지의 번화함을 잘 표현하고 있다.

상업의 발달에 따른 인구 증가 역시 주목할 만한데, 당대에는 인구 10만의 도시가 10여 곳에 불과했지만, 송대에는 40여 곳 이상으로 늘었다. 이들 도시에는 대로변에 오늘날 '상점'이라는 말의 어원인 된 '점店'이 들어서 도시 전체가 상점에 의해 시가화市街化되었다. 물론 이러한 상행위가 오늘날과 같은 의미를 지닌 것은 아니었고, 봉건적 전제 국가였던 송조의 경우 상품의 유통은 국가의 세물稅物이나 각종 전매 대상으로 취급되었다.

한편 도시가 발달하자 시민市民이라는 새로운 계층이 등장했고, 이들 도시민들의 문화적 욕구를 충족시키기 위한 여러 가지 새로운 시민 문화가 송대에 나타나게 되었다.

> 북쪽 근처에는 중와中瓦, 그 다음에 리와裏瓦가 있었는데, 그 안에는 크고 작은 구란勾欄이 50여 개 있었다. 그중 중와자 안에는 련화붕蓮花棚, 모란붕牡丹棚이 있었고, 리와자 안에는 야차붕夜叉棚과 상붕象棚이 있었는데 이 둘이 제일 커서 수천 명을 수용할 수 있었다. 딩셴셴丁先現, 정선현, 왕퇀쯔王團子, 왕단자, 장치싱張七聖, 장칠성 등의 무리들을 뒤이어 나중에 여기서 공연을 벌이는 사람들이 있었다. 와자 안에는 약을 팔고, 점치고, 헌옷을 소리쳐 팔고, 음식을 팔고, 전지화剪紙花를 팔고, 곡자曲子들을 공연하는 사람들이 하루 종일 머물고 있었기에, 구경꾼들이 날이 저무는지도 모르고 멍하니 정신을 놓고 있었다.◉

성 내에는 일종의 번화가라 할 수 있는 와자瓦子가 생겨났고, 여기에는 시민들이 공연을 즐길 수 있는 구란勾欄이라는 것이 있어 큰 것은 수천 명을 수용할 수 있을 정도였다고 한다. 구란에서는 잡극雜劇과 잡기雜技를 공연했고, 이야기꾼들이 각종 설화說話를 사람들에게 들려주었다. 이러한

◉ 김민호, 앞의 책, 101쪽.

민중 연예는 도시뿐 아니라 향촌에서도 성행하여 주로 사묘寺廟를 중심으로 많은 연극이 공연되었다. 이러한 상황은 단순히 백성들에게 오락거리를 제공했다는 차원을 넘어서 백성들의 사회 문화 의식을 일깨우는 데 중요한 역할을 했다.

당시 한림학사였던 장쩌돤張擇端, 장택단은 청명절 때 수도 볜징의 번화한 정경을 묘사한 〈청명상하도淸明上河圖〉를 그려 당시 도성의 번화한 모습을 생생하게 후대에 전했다. 그림은 폭이 24.8센티미터에 길이는 528.7센티미터 크기의 얇은 비단에 그려졌다. 여기에는 각양각색의 점포와 형형색색의 인물들이 등장하고, 거대한 조운선이 무지개다리 밑을 지나는 가운데 배와 다리 위에는 여러 사람들이 바쁘게 오가는 모습 등이 생동감 있게 묘사되어 있다. 그림에 등장하는 인물은 550여 명이고, 동물은 60여 마리이며, 마차 및 교량은 20여 개, 선박은 20여 개가 등장해 중국 고대 최대 규모의 풍속화이다. 당연한 애기지만 〈청명상하도〉는 현재까지 매우 귀중한 역사적 가치를 지니고 있고, 이를 통해 당시 사람들의 생활상을 엿볼 수 있다.

하지만 이러한 번영의 이면에는 송대 사회가 안고 있는 여러 가지 문제가 잠복해 있었다. 무엇보다 재정적인 압박은 심각한 수준에 이르렀는데, 이른바 '삼용三用'이라 불리는 '용병用兵'과 '용관用官', '황실의 비용 낭비'가 큰 구실을 하였다. 용병은 당말 이후 병농 일치의 부병제가 무너지고 용병으로 군사를 대치할 때부터 문제가 되었던 것인데, 송 초에는 요와 서하를 상대로 전쟁을 치르느라, 그리고 인종과 영종 시대에는 서하와의 관계를 제외하고는 비교적 평온한 상태를 유지했다고는 하나 두 나라에 대한 방비를 위해 군사 수가 크게 늘었다. 하지만 이것 또한 숫자에 불과할 뿐 병사는 실전 경험이 부족했고 훈련도 충분치 않아 실제 전력은 보잘것없었다. 또 송대에는 절도사를 비롯한 무관들이 득세했던 당

〈청명상하도〉 일부

의 실패를 되풀이하지 않으려 문관 우대 정책을 써서 관리의 숫자가 크게 늘었다. 이로 인해 문무 백관에 대한 봉급의 증가는 국가 재정에 큰 부담이 되었다. 여기에 매년 서하에 은 45만 냥과 비단 50만 필, 요에도 이에 상응하는 은 20만 냥과 비단 30만 필을 보내야 했다. 문제는 이것이 중·소 지주와 자작농에게 전가되었다는 것인데, 인종仁宗 이후에는 이렇듯 과중한 부담을 이기지 못한 농민들의 폭동이 각지에서 일어나게 되었다.

이에 인종을 포함한 일부 지배층에서는 모종의 조치를 취해 이러한 문제를 해결하지 않으면 통치하는 데 장애물이 생길 것이라는 위기의식에 사로잡혀 일련의 개혁을 단행해야 하는 상황으로까지 내몰렸다. 이에 판중옌范仲淹, 범중엄 등은 정치 개혁에 착수했는데, 이들이 주목한 것은 주로 관리들에 대한 조치, 곧 이치吏治였다. 하지만 이것은 여러 가지 모순 가운데 일부에 불과한 것이었고, 나아가 기득권 세력의 완강한 반대에 직면해 이들로부터 도리어 배척을 당해 개혁 세력은 붕당으로 몰려 중앙 정부에서 쫓겨났고, 이들이 추구했던 개혁은 실패했다. 이런 상황에서 왕안스王安石, 왕안석는 '만언서萬言書'를 올려 현행 법과 제도를 대대적으로 개혁할 것을 요구했다. 하지만 그의 상소는 일부 사람들로부터 훌륭한 문장이라는 칭찬을 얻기는 했지만, 통치 집단 내부에서는 아무런 반향도 일으키지 못했다.

그러는 사이 인종이 죽고 영종을 거쳐 신종이 즉위했다. 젊은 나이에 즉위한 신종은 영명하여 재정 궁핍을 해결하고 국부를 충실하게 하여 요와 서하에 대한 굴욕을 면할 것을 염원하였다. 이에 원로 중신들에게 부국강병의 계책을 묻자, 그들은 20년 안에는 '용병' 두 글자를 언급하지 말 것을 진언했다. 이들에 실망한 신종은 젊어서 진사에 합격한 뒤 그 능력을 인정받아 여러 차례 조정의 부름을 받았지만, 이를 뿌리쳐 천하의 명성을 얻은 바 있는 왕안스를 불러들여 참지정사參知政事라는 직책에 임명하고 변법을 세워 부국강병을 꾀하고 빈한한 자들의 문제를 해결할 것을 기대했다. 왕안스가 파악한 문제의 본질은 재정 지출이 많아서라기보다는 생산이 적은 데 있다는 것이었다. 나라 전체의 잠재력에 비해 실제 생산이 적기 때문에 백성이 부유하지 못한 것이고, 백성이 부유하지 못하면 나라가 강할 수 없는 게 당연했다. 이런 인식 아래 왕안스는 다음과 같은 몇 가지 신법을 제정하고 시행에 옮겼다.

우선 조세원의 개발을 목적으로 하는 부국책을 들 수 있는데, 여기에는 청묘법과 균수법, 시역법, 모역법이 포함된다. '청묘법青苗法'은 대지주의 고리대로부터 빈농을 구제하기 위한 것으로, 춘궁기에 빌려주었다가 가을 수확 후에 이를 회수하는 것으로 연리 2할 정도의 이자를 붙였다. 당시 빈농들은 지주에게 10할에 이르는 이자를 내고 돈이나 곡식을 빌려 쓰고 있었는데, 이 법을 시행함으로써 농민에 대한 농업 자금을 지원하고 이자 수입으로 국가 재정 수익을 꾀했던 것이다. '균수법均輸法'은 본래 수도인 볜징으로 보낼 곡물과 비단 따위의 공물貢物을 가격이 비쌀

때 해당 지역에서 직접 판 다음 가격이 떨어지면 그때 가서 수도에서 필요로 하는 물품을 다시 사들여 이익을 취하는 것으로, 재정적 수요와 산지의 실정을 일치시킴으로써 물자의 유통을 합리적으로 개선하고 대상大商들의 폭리를 방지하고자 한 것이었다. '시역법市易法'은 상업적 대출로 관에서 정부 자금으로 중소 상인들의 물자를 매입해주거나 상인에게 직접 자금을 빌려주고 장사가 끝나면 본전과 함께 2할의 이자를 돌려 받는 것으로, 시가 변동의 이익을 독점하던 대상들을 억누르고 중·소 상인의 이익을 보호하려는 것이었다. '모역법募役法'은 '면역법免役法'이라고도 하며, 각급 지방 정부에서 차출하는 민간의 부역을 면제해주는 대신, 빈부에 따라 5등급의 '면역전免役錢'을 대납하게 하고, 그 부역에 필요한 인력은 관부에서 백성을 고용해 처리하도록 한 것이다. 이것은 천하의 최고 농지 소유자인 천자에 대해 백성들이 지불하는 노동 지대地貸의 잔재인 부역을 폐지하고 화폐 지대로 바꾼 것으로 조세 제도의 근대화를 의미하는 것이었다.

왕안스(1021~1086)
ⓒ 조관희

다음으로 강병책을 들 수 있는데, 여기에는 보갑법과 보마법, 장병법이 있다. '보갑법保甲法'은 용병에 들어가는 비용을 절감하기 위해 민병제로 전환하는 것으로, 10가家를 1보로 하고 50가를 대보大保, 500가를 도보都保로 하여 각 가에서 보정保丁을 내 공동으로 치안을 맡고 농한기에 군사 교련을 하게 한 것이다. '보마법保馬法'은 북방 기마 민족의 침입에 대비하기 위한 것으로, 민가에서 한 집당 한 마리씩 나라에서 필요로 하는 말을 기르게 한 뒤 사육에 드는 비용은 나중에 말을 나라에 바칠 때 말의 살진 정도에 따라 지불했다. '장병법將兵法'은 변방의 방어를 강화하고 군대의 편성과 훈련의 조직화를 위한 개편안으로, 무예가 뛰어난 군인을 선발해 장將에 배치하고 훈련을 강화시켜 전투력을 높이고 군대의 자질을 향상시키는 것이었다.

또 관료제의 개혁을 위해서는 우선 관리 등용의 관문이던 과거 시험의 내용을 경서 본문의 암기와 귀족의 교양이라 할 시작詩作에 두던 것에서 정책에 대한 논문으로 바꾸었다. 아울러 한 번의 시험으로 인물을 선발하는 것은 문제가 있으므로, '삼사법三舍法'이라는 것을 만들어 상사上舍와 내사內舍, 외사外舍라는 3단계의 기숙 학교제를 통해 관료를 양성하고자 했다.

이러한 왕안스의 변법은 당연하게도 그 당시 기득권층의 거센 반발을 불러일으켰다. 경제적인 측면에서 이해 관계를 달리하는 계층의 반발을 산 것은 어찌 보면 당연한 것이었고, 따라서 크게 문제삼을 만한 게 못 된다고도 할 수 있다. 문제는 오히려 다른 데 있었으니, 그것은 왕안스 자신의 오만에 가까운 지나친 자신감이었다. 이러한 자신감으로 왕안스는 자신이 생각하는 바를 거리낌 없이 펼쳐나갈 수 있었으나, 동시에 많은 사람들의 반감을 초래했다. 사실상 신법의 시행으로 국가 행정은 효율성이라는 측면에서 일정한 성과를 거두었고, 재정 수지 역시 만성적인 적자에서 흑자로 돌아섰으며, 지방의 재정 역시 충실해졌다.

하지만 농업 생산량의 증대와 상공업의 진작 등 적지 않은 효과가 있었음에도, 실적을 올리기 위한 관료들의 무리한 시행과 강제적 실시 등으로 오히려 농민이나 중소 상인들의 반대가 컸다. 무엇보다 기득권층이라 할 관료 집단의 압도적 다수가 신법을 반대한 것은 결정적인 타격을 입혔다. 왕안스의 가장 큰 문제는 이들 여론 주도층이라 할 기득권 세력에 대한 이해와 설득의 노력이 부족한 데 있었다. 태생적으로 보수적일 수밖에 없는 사대부들은 급격한 변화에 대해 일종의 알레르기 반응을 일으켰던 데 비해, 왕안스를 비롯한 개혁 세력들은 신법을 시행하면서 관료 내부의 의견을 수렴하고 충분한 동의를 얻어내는 과정을 소홀히 했다. 결국 왕안스의 신법은 반대파의 강력한 저항으로 실패하게 된다.

신 · 구 당쟁과 금의 건국

송대에 당쟁이 일어난 것은 그 뿌리가 제법 깊다. 본래 당대唐代에 '일인지하 만인지상一人之下, 萬人之上'의 자리에서 전권을 휘둘렀던 재상의 지위가 송대에 이르러 황제의 독재권이 강화됨에 따라 약해졌던 터에, 황제에게 직언하는 간관諫官이 간원諫院으로 독립하자 사사건건 재상과 맞서 논쟁을 벌이게 되었다. 이러한 제도는 민주적인 측면이 강화된 것으로 이해할 수도 있으나, 조정에서 걸핏하면 관념적인 의론을 벌이는 폐단 역시 갖고 있었다. 무엇보다 이로 인해 조정에 당파가 조성되어 뒷날 구법당舊法黨이니 신법당新法黨이니 하는 대립을 초래해 국정 수행에도 막대한 지장을 가져오게 되었다. 진종眞宗 때 요遼와 맺은 '찬위안의 맹'을 두고도 재상 커우준寇準, 구준을 중심으로 한 주화파와 그에 맞서는 주전파의 대립이 있었다. 인종仁宗 때에는 판중옌이 정치 개혁안을 제출해 현상 유지를 희망하는 기득권 세력과 마찰을 빚었다.

이렇게 당쟁이 한창이었을 때, 마침 서북의 서하가 진공을 해오자, 소인당小人黨인 판융范雍, 범옹 · 샤쑹夏竦, 하송과 군자당君子黨인 판중옌 · 한치韓琦,

한기가 이에 맞서 싸웠다. 역대 사서에서는 판중옌과 한치의 군사가 기율이 엄정하고, 투항한 서하의 병사를 잘 위무하였다고 했으나, 실제로는 군자당이건 소인당이건 모두 서하의 군사에게 대패하여 결국 굴욕적인 화의를 맺게 되었다. 이것은 조정에서 유교적인 체면론을 설파했던 백면서생들의 진면목과 함께 문약文弱으로 치달았던 송 왕조의 치명적 약점이 드러나는 하나의 계기가 되었던 사건이라 할 수 있다.

이들 붕당의 대립을 더욱 강화했던 것은 황실의 내분이었는데, 인종의 사후 후사가 없자 태종의 증손인 영종英宗이 계위했는데, 그가 즉위하자 송조의 종묘에서 조상의 제사를 올릴 때, 인종의 부父로 묘廟를 세울 것인지 그렇지 않으면 영종의 실제 아비인 복왕濮王의 묘를 세울 것인지를 놓고 대대적인 논쟁을 벌였다. 영종이 후자의 입장을 지지하자 그 반대파들은 모두 사직했다. 이때까지만 해도 붕당끼리의 싸움은 그렇게 심각하지 않았고, 나아가 세대를 초월하면서까지 이어지지는 않았다. 하지만 왕안스가 신법을 시행한 이후 벌어진 신법당과 구법당 간의 당쟁은 장기간 계속되면서 정권을 놓고 치열한 싸움을 벌였다.

신종神宗이 남쪽 지방 출신인 왕안스를 등용해 신법을 시행하자 구신舊臣들은 왕안스의 인물됨과 학식이 부족한 것을 들어 이에 반대했다. 왕안스는 부득불 자신과 뜻을 같이하는 신진 세력을 등용했는데, 이들은 대부분 왕안스와 같은 남쪽 지방 출신이었다. 앞서 언급한 바와 같이 신법의 여러 정책들은 기득권 세력이라 할 관호官戶와 형세호形勢戶◉ 및 지주계층과 이해 관계를 달리하는 것이었으므로, 어우양슈歐陽修, 구양수, 쓰마광司馬光, 사마광, 쑤스蘇軾, 소식, 청이程頤, 정이 등 구신舊臣들은 이에 대한 반발로 사직을 하거나 신법당에 의해 축출되었다.

하지만 신종이 죽고, 10세가 된 철종哲宗이 즉위하자 가오 태후高太后, 고태후가 섭정을 했다. 가오 태후는 원래 신법당을 싫어했기에, 쓰마광 등이

◉ 송대에는 지방의 재산 있는 호족(豪族)을 형세호(形勢戶)라 하여 조세 징수상 특별 취급을 하였는데, 이와 병행하여 관리를 배출한 집안을 관호라 칭하여 승려·도사 등과 함께 요역면제(徭役免除)의 특권을 부여받았다.

다시 등용되었는데, 이들 구법당이 다시 정권을 장악하자 신법당을 조정에서 몰아내고 대부분의 신법을 폐지했다. 왕안스는 이 소식을 듣고 울분을 참지 못하고 죽었다. 하지만 구법당이 취한 정책 역시 실효를 거두지 못한 가운데, 가오 태후가 죽고 철종이 친정을 시작하자 다시 신법당이 득세하여 신법을 부활 시행하였다. 그러나 신법당에는 왕안스와 같은 유능한 인물이 다시 나타나지 못해 신법은 더 이상 사회 개혁의 유력한 도구가 되지 못하고 단지 당쟁의 수단으로 전락해 구법당에 대한 보복으로 이어졌다.

이처럼 구법당과 신법당의 당쟁은 장기간 진행되면서 새로운 정책의 제시와 경쟁이라는 긍정적인 측면은 뒷전으로 밀려난 채, 오직 반대를 위한 반대로 상대방에 대한 상호 비방과 정권 탈취의 수단으로 전락했다. 마침내 휘종徽宗이 즉위하자, 세상은 신법당의 천하가 되었는데, 그 주도자 격인 차이징蔡京, 채경은 왕안스와 같은 개혁의 이상은 전혀 찾아볼 수 없었던 간신 소인배였다. 그는 무능한 군주인 휘종의 비위를 맞추는 한편, 환관인 퉁관童貫, 동관 등과 함께 반대자 탄압에 나서, 구법당 120여 명을 간당姦黨으로 몰아 그들의 죄상을 새긴 원우간당비元祐姦黨碑를 태학太學의 돤리먼端禮門, 단례문 밖에 세웠다. 이렇듯 신·구법당 간의 당쟁이 지속되는 동안 국고國庫는 탕진되고 사회는 점차 혼란 속으로 빠져들게 되었다.

이때에 즈음하여 송의 적대 세력 가운데 하나인 요遼 역시 정치가 어지러워가고 있었다. 한때 송, 서하와 함께 천하를 삼분하며 약 150년 간 전성기를 누리던 요는 9대인 천조제天祚帝; 1101~1125년 시대에 이르러 정치가 극도로 문란해지고, 오랫동안 지속되어온 한화漢化의 영향으로 북방 유목민족 특유의 강건한 기풍이 소멸되는 등 왕조의 말기적 현상들이 드러나게 되었다. 이처럼 송과 요가 힘을 잃고 있을 때, 요의 배후지인 만주 지역에서 퉁구스계의 여진족이 세력을 떨치고 일어났다.

여진족은 만주 지역 일대에서 수렵과 농경 생활을 하고 있었는데, 요의 직접 지배하에 있던 숙여진熟女眞과 좀더 독립적인 위치에 있던 생여진生女眞으로 구분된다. 이 가운데 생여진에 속하는 완옌 씨完顔氏, 완안씨 부족이 두각을 나타내더니, 12세기 초에 여러 부족들을 통일하고 쑹화 강松花江, 송화강 일대를 근거지로 하여 세력을 키웠다.

1114년 완옌부의 수장인 아구타阿骨打, 아골타는 공공연하게 요에 반기를 들다, 그 다음해인 1115년에 생 · 숙여진을 통일한 뒤, 아르츄흐 강按出虎水, 안출호수; 지금의 하르빈 남쪽 지역 유역에 도읍을 하고上京會寧府, 대금국大金國을 세워 황제가 되었다. 금의 태조 아구타는 여진의 군사 조직을 바탕으로 300호를 모극謀克으로 하고, 10모극을 맹안猛安으로 하는 제도를 만들어 평상시에는 농사에 종사하다 전시에는 모든 장정이 병사가 되어 종군하도록 했다. 금의 세력이 점차 남하하여 랴오허遼河, 요하 일대에 이르자 요에 대한 직접적인 위협이 되었다. 이에 요의 천조제는 대군을 동원해 친히 원정에 나섰으나 훈퉁 강混同江, 혼동강변에서 대패하고 겨우 몸만 빠져나왔다.

금 태조 아구타의 상
ⓒ 조관희

이 소식을 들은 송 조정은 금의 세력을 빌려 요에게 빼앗긴 옌윈燕雲, 연운 16주를 회복하고 요를 타도할 구상을 갖고 금과 협상을 시도했다. 두 나라는 우선 금이 요의 중징中京, 중경을 공략하고, 송은 옌징燕京, 연경을 공격하여 요를 멸한 뒤, 송은 옌윈 16주를 차지하고 장성長城 이북은 금이 차지하며, 송이 해마다 요에 보내던 세폐歲幣를 그대로 금에 보내기로 하였다. 약속에 따라 금과 송은 요를 공격했는데, 금은 일거에 요의 본거지를 석권하고 산시山西, 산서의 다퉁마저 함락시켰지만, 환관인 퉁관이 지휘한 송나라 군사는 옌징을 공략하다 두 번이나 패한 뒤 금군의 도움으로 겨우 옌징을 점령했다. 요의 천조제는 서쪽으로 도망쳐 서하에 몸을 의탁하려 했지만 입국을 거부당해 오도 가도 못하다가 1125년 금나라 군사에 사로잡혀 요는 건국 210년 만에 멸망했다.

전쟁이 일단락되자 송은 금에 사신을 보내 금과 맺은 약정에 의해 옌윈 16주의 반환을 요구했다. 그러나 금은 송의 옌징 공략 실패와 그로 인한 금나라 군사의 비용 부담 등을 이유로 이를 거절했다. 하지만 여러 번의 협상 끝에 금은 옌징 함락 당시의 군사비 보상과 세폐 증액 등을 약속 받고 옌징과 그 주변 6주를 송에 넘겨주었다. 한편 요가 망하기 직전인 1122년에 요나라 황족의 일족인 예뤼다스耶律大石, 야율대석가 한 무리의 거란인들을 이끌고 외몽골 지역으로 탈출해 산시 북쪽 지역을 탈환하려 했다. 하지만 성공하지 못하고 서진하여 중앙아시아 지역으로 도망가 위구르를 복속시키고, 사마르칸드에서 호라즘을 쳐부순 뒤 추허吹河, 취하 인근의 베르사군에 도읍을 정하고 서요西遼: 카라 키타이(黑契丹)를 세웠다. 중앙아시아에서 한족 문화의 영향을 받은 거란인들이 세운 이 나라는 이후 몽골 족의 원나라에 멸망할 때까지 약 80여 년 간 유지되었다.

송은 금의 도움으로 오랜 숙적인 요를 멸했으나, 이번에는 요보다 더 강한 금과 직접 국경을 접하게 되었다. 이 같은 상황에서 대외 관계에 비교적 소극적인 태도를 보이던 금 태조가 죽고 그 동생인 태종이 즉위하자 송은 태도를 바꿔 매년 행하던 세폐를 보내지 않고 전비인 식량 배상 등의 약속을 지키지 않았다. 이에 1125년 금 태종은 귀화한 한족 장수들인 쭝한宗翰, 종한과 쭝왕宗望, 종망에게 명해 송을 치게 하니 파죽지세로 남하한 금의 군사는 순식간에 북방을 석권하고 그 다음해인 1126년 정월에 송의 수도인 볜징에 이르렀다. 오랜 태평성대의 잠에서 깨어난 휘종은 황급히 근왕勤王의 군사를 모집하는 한편, 이런 사태에 이른 데 대한 책임을 지고 스스로 황위를 태자에게 물려주니 곧 흠종欽宗이다. 송 조정에서는 수도를 남쪽으로 옮겨 금군을 피하자는 입장이 우세한 가운데, 새로 발탁된 리강李綱, 이강이 볜징을 사수하여 몇 차례나 금나라 군사를 물리쳤다. 그러는 사이 흠종은 사신을 금군에 파견해 강화를 꾀하였다. 이에 금은 송에게 금 500만 냥, 은 5,000만 냥을 지불할 것과 중산中山, 중산: 허베이 성 딩현(定縣, 정현)과 허졘河間, 하간: 허베이 성, 타이위안太原, 태원 등 3진 20주의 할양을 요구했다. 송 측은 그만한 대가를 지불할 능력도 3진을 넘겨줄 생각도 없으면서 당면한 위험을 모면하고자 이를 수락했다.

문제는 금나라가 돌아간 뒤 일어났다. 송은 애초의 약속을 이행하지 않고 금의 국내에 밀사를 파견해 내란을 일으키려 했다. 이에 금 태종은 격노해 대군을 이끌고 다시 남하했고, 타이위안을 함락시킨 바 있던 쭝한 역시 참전해 볜징을 포위했다. 송 조정에서는 역시 주전파와 주화파가 대립을 하다 끝내 주전론이 대세를 이루어 무모한 볜징 사수를 결의하였다. 하지만 군사적인 대비가 없이 내린 결정이었던 탓에 볜징은 곧 함락되었고, 금나라 군사는 상황上皇인 휘종과 흠종 및 황후, 황족, 궁녀 등 3,000여 명을 포로로 잡아 만주 지역의 상징上京, 상경으로 되돌아갔다. 이것을 정강靖康의 변變이라 부르며, 1127년 북송은 태조 이래 168년 만에 멸망했다.

남송의 성립과 금과의 대립

북송은 멸망했지만 흠종의 아우인 강왕康王 거우構, 구가 여러 신하들의 옹립으로 잉톈푸應天府, 응천부; 지금의 허난 성 상츄(商丘, 상구)에서 즉위해 고종이 되었다. 일단 북으로 돌아간 금은 중원 지역을 지배하기 위해 인질로 잡아두었던 송의 대신 장방창張邦昌, 장방창에게 황허의 남쪽 지역을 내주어 괴뢰국인 초楚를 세우게 했다. 금군이 북으로 돌아가자 장방창은 곧 퇴위하고 고종에게 달아났다. 고종은 다시 난저우南州, 남주; 지금의 양저우로 수도를 옮겼으나 괴뢰 정책의 실패로 분노한 금 태종이 남정군을 보냈다. 금나라 군사는 벤징을 격파하고 다시 양저우로 진격했다. 고종은 창장을 건너 항저우를 거쳐 원저우溫州, 온주까지 도망쳤다. 하지만 강을 건너 온 금나라 군사들은 가는 곳마다 한스중韓世忠, 한세충, 장쥔張俊, 장준 등의 송나라 의용군의 저항에 부딪혀 다시 강을 건너 북쪽으로 돌아갔다. 1138년 고종은 행재行在 린안臨安, 임안; 지금의 항저우에 도읍하니, 이를 남송南宋이라 한다.

금은 초국의 실패를 거울삼아 다시 허베이와 허둥 지역을 확보하고, 이 지역을 통치하기 위해 1130년 류위劉豫, 유예를 다밍푸大明府, 대명부에서 옹립해 제齊를 세웠다. 하지만 금의 괴뢰국이었던 탓에 제는 재정과 사법권은 행사하였으되 군사나 외교 등의 중요 정책은 모두 금이 배후에서 조정했고, 군사적 요충지에 금나라 군사를 배치해 제를 감시하고 보호했다. 금의 태종을 이어 희종熙宗이 등극하자 강력한 중앙 집권제를 확립하고 외지의 병력을 삭감하면서 제는 다시 금의 영토로 편입되어 없어졌다.

당시 남송에서는 대금 항쟁에 공이 컸던 리강을 재상으로 임명하고, 웨페이岳飛, 악비, 한스중, 장쥔 등을 기용해 류위의 제나라와 금나라 군사를 여러 차례 물리쳤다. 이와 동시에 여전히 금의 진영에 억류되어 있는 휘종과 흠종 두 황제의 안위를 묻기 위해 대금통문사大金通問使라는 명목으로 매년 사신을 보내는 한편, 그들의 귀환을 교섭하였다. 금 역시 내부적으로 태종과 희종의 교체 시에 발생한 분쟁으로 인해 국내 정정이 불안했으므로, 양국은 화의를 모색하기에 이르렀다. 먼저 금이 억류하고 있던 주화파인 친후이[秦檜, 진회]를 송 측에 넘겨주니, 랴오둥[遼東, 요동]의 벽지에서 고생하고 있는 생모 웨이 씨[韋氏, 위씨]와 휘종, 흠종의 소환을 원했던 고종은 친후이를 재상으로 삼아 비밀리에 금과 화의를 진행했다.

친후이는 남송의 장수들을 내부적으로 이간시키고, 가장 강력하게 주전파의 입장에 서 있던 웨페이를 옥사시켜 화의의 걸림돌을 모두 제거하였다. 1142년 양국은 드디어 화의에 이르렀다. 그 내용은 첫째, 송은 금에 신하의 예를 갖추고 둘째, 송은 매년 봄에 은 25만 냥, 비단 25만 필을 에 보내며 셋째, 금은 이미 사망한 휘종의 관과 고종의 생모 웨이 씨를 송환하고 넷째, 화이허에서 다싼관[大散關, 대산관]에 이르는 선을 국경선으로 한다는 것이었다. 이듬해에는 금 측이 휘종과 정후[鄭后, 정후], 싱후[刑后, 형후]의 영구와 함께 웨이 후[韋后, 위후]를 귀환시키고 고종을 송왕[宋王]으로 강등한다는 칙서를 내렸다. 하지만 휘종은 송환되지 못했는데, 이것은 그로 인한 분란을 염려한 송 측이 요구하지 않았기 때문이었다. 여기에서 가장 중요한 것은 송이 금에게 신하의 예를 갖추었다는 사실이다. 사실 중국의 왕조 가운데 북방 이민족 국가에게 신하의 예를 취한 것은 극히 이례적이며, 이것은 이미 동아시아의 국제 질서가 새롭게 재편되고 있었다는 것을 의미한다.

두 나라 사이의 화의가 성립되긴 하였으나, 송과 금의 내부에서는 이에 대한 저항이 있었다. 먼저 송의 경우 허베이 지역을 수복할 수 있을 것이라 자신하는 군인들과 유가의 관념에 따라 임금과 아비의 원수인 금과 화의를 맺은 것에 대해 분노하고 있던 학자와 태학의 학생들이 금과의 화평을 치욕으로 받아들였다. 특히 송이 금에게 신하의 예를 갖추고 조공을 보낸다는 데 이르러서는 그 이상의 굴욕이 없다는 생각에 전국에서 강화에 반대하는 움직임이 불같이 일어나고 친후이를 매국노로 규탄했다. 상대적으로 끝까지 금에 대항해 싸울 것을 주장한 웨페이는 중국 역사상 제일의 구국의 영웅으로 떠받들어졌다. 하지만 당시 남송의 상황은 오랜 전란으로 인해 백성들과 병사들 사이에 전쟁에 염증을 내는 분위기가 팽배해 있었고, 국력 역시 금을 굴복시킬 만큼 강력하지 못했다는 사실을

웨페이의 '정충보국'

당시 북송을 멸했던 금나라에 대해 꿋꿋하게 맞서 중국인들의 자존심을 지켜주었던 웨페이(岳飛, 악비)는 현재까지도 위대한 민족 영웅으로 떠받들어지고 있다. 웨페이의 자는 펑쥐(鵬擧, 붕거)이며, 허난 성 샹저우(相州, 상주) 탕인현(湯陰縣, 탕음현)에서 태어났다. 금나라가 북송을 침공했을 때 의용군으로 참전했으며, 북송이 망하고 남송 때가 되어서는 우한(武漢, 무한)과 샹양(襄陽, 양양)을 거점으로 후베이 일대에서 활약했다. 웨가군(岳家軍, 악가군)이라 불렸던 그의 군대는 류광스(劉光世, 유광세) · 한스중 · 장쥔 등의 병력과 협력하여 금나라의 침공을 화이허와 친링(秦嶺, 진령) 산맥에서 저지하는 전공을 올렸다.

하지만 당시 남송 조정에서는 재상인 친후이(秦檜, 진회)가 금나라와 화평론(和平論)을 주장하였으며. 연일 승전보를 알려오는 웨페이에 대해 못마땅하게 생각했다. 1141년 금나라와 강화를 주장하였던 재상 친후이는 군벌끼리의 불화를 틈타서 그들의 군대 지휘권을 박탈하고 중앙군으로 개편하였다. 이때 조정의 명령에 복종하지 않은 웨페이는 무고한 누명을 쓰고 투옥되었다. 웨페이가 반역을 꾀했다는 핑계로 심문을 거듭했으나, 그에 대한 증거를 찾을 수 없었고, 오히려 웨페이는 심문관에게 자신의 옷을 벗어 등에 새긴 '정충보국(精忠報國)'이라는 문신을 보여주었다 한다. 하지만 "비록 증거는 없지만, 혹 있을지도 모른다"는 의미의 "막수유(莫須有)"라는 죄목으로 웨페이는 1141년 39세의 나이로 린안(臨安, 임안)에서 독살되었다.

웨페이는 1155년 친후이가 죽고 난 뒤 혐의가 풀리고 명예가 회복되었으며, 1178년 무목(武穆)의 시호를 받고, 구국(救國)의 영웅으로 1204년 악왕(鄂王)으로 추봉되어 항저우의 시후(西湖, 서호) 부근의 악왕묘(岳王廟)에 배향되었다. 1914년 이후에는 관위(關羽, 관우)와 함께 무묘(武廟)에 합사(合祀)되었다. 웨페이가 중국 사람들로부터 구국의 영

웨페이

웅으로 사랑 받을 수 있었던 이유로는 문약했던 한족 왕조인 송나라가 이민족 왕조인 요와 금, 원에 이르기까지 모두 세 차례나 침략을 당하면서도 변변히 대응을 못 했지만 그나마 내세울 만한 인물이 웨페이가 유일했다는 것을 우선 꼽을 수 있다. 그밖에도 전하는 말로 웨페이가 어렸을 때 어머니가 그의 등에 새겨주었다는 '정충보국'이라는 문신이 '충효(忠孝)'라는 유가의 윤리 관념에 부합한다는 점과 명장이면서도 시문에 능한 문화적 인물이었다는 점 등을 들 수 있다.

만강홍(滿江紅)

관을 찌르는 성난 머리칼로
怒髮衝冠,
난간에 기대서니 비도 그친다.
憑欄處, 瀟瀟雨歇.
치켜뜬 눈빛 하늘을 우러러 포효하노니
抬望眼' 仰天長嘯,
장수의 가슴이 끓어오른다.
壯懷激烈.

삼십 년 공명은 티끌 같고
三十功名塵與土,
전선을 달려온 팔천리 길은
八千里路,
공허한 구름과 달빛뿐
雲和月.

한시라도 한가했던가
莫等閒
소년의 머리가 이제 희어졌으니
白了少年頭,
공허하고 슬픈 마음뿐
空悲切.

그러나 나라가 망한 치욕을
靖康恥,
아직 설욕하지 못했으니
猶未雪.
신하된 자의 한을 한순간인들 잊으랴
臣子恨, 何時滅?
하란산의 허점을 뚫고 전차를 몰아 돌파하리니
駕長車踏破賀蘭山闕.

배가 고프면 오랑캐의 살을 씹고
壯志饑餐胡虜肉,
목이 마르면 오랑캐의 피를 마시며
笑談渴飮匈奴血.
맨 선두에서 빼앗긴 산하를 수복한 후
待從頭收拾舊山河,
천자의 궁궐에 조회하리라
朝天闕.

항저우에 있는 웨페이묘 앞에는 웨페이를 모함해 죽인 친후이 부부 등 주화파 5명이 무릎 꿇고 있는 철상(鐵像)이 만들어져 있다. 이 '민족의 배신자'들은 모두 웃통이 벗겨진 채 뒤쪽으로 손이 묶여 무릎을 꿇고 있다. 이것은 억울하게 누명을 쓰고 죽은 웨페이 앞에 무릎을 꿇고 사죄하라는 뜻으로 만들어놓은 것이다.

웨페이묘 앞에 있는 친후이 부부 철상
ⓒ 조관희

감안하면 친후이에 대한 비난과 웨페이에 대한 열광은 지나친 면이 없지 않다.

금나라에서는 화이허 이북의 광대한 농경지를 확보함에 따라 여진족의 부족적 국가 편성을 중국적 왕조 체제로 이행하려 했다. 하지만 그러한 희종의 노력이 결실을 맺기 전에 희종은 종형제인 해릉왕海陵王 완옌량完顔亮, 완안량에게 제위를 빼앗겼다. 해릉왕은 중국 역대 왕조 중 가장 포악한 전제 군주 가운데 하나로 꼽힐 정도로 야만스럽고 거친 심성을 가진 이였다. 하지만 희한하게도 중국 문화에 심취해 한문과 한시를 짓는 등 문학적인 재능을 갖추고 있었다 한다. 일찍이 그는 남송의 수도인 린안의 아름다운 풍광에 대한 이야기를 듣고, 언젠가 이곳을 손에 넣겠다는 야심을 품게 되었다. 드디어 1153년 도읍을 상징上京, 상경에서 옌징으로 옮기고, 1161년 대군을 일으켜 남진해 창장 연안까지 이르렀다. 하지만 금의 국내에서는 원정에 따른 전쟁 비용의 조달과 징병에 대한 반감이 높아져 거란인이 반란을 일으켰다. 이때 둥징東京, 동경; 곧 랴오양을 지키고 있던 종제인 우루烏祿, 오록가 이 난을 평정하고 사람들로부터 추대되어 황제의 자리에 올라 세종이 되었다. 해릉왕은 이에 개의치 않고 계속 도강 작전을 수행하다 부하에게 피살되었다.

금 세종은 보기 드문 현군으로 정치를 잘해 금나라의 전성기를 이끌었다. 이 시기에 송에서도 고종이 퇴위하고 효종이 즉위했는데, 그 역시 내정을 잘 다스려 현군의 칭호를 들었다. 효종은 한때 북벌을 꿈꾸어 당시 사람들로부터 신망을 얻었던 주시朱熹, 주희 등의 주전론자들의 비호로 군사를 일으켰으나, 실패하고 1165년 금과 다시 화약을 맺었다. 그 내용은 첫째, 종래의 군신 관계를 숙질 관계로 바꾸고 둘째, 종래의 세폐를 은 25만 냥과 비단 25만 필에서 은 20만 냥과 비단 20만 필로 줄이는 것이었다. 무엇보다 군신 관계였던 두 나라가 숙질 관계로 돌아선 것은 송 입장에서 볼 때 큰 성과라 할 수 있었으니, 남송의 조정은 이민족에 복종해왔다는 굴욕감을 다소나마 해소하고 지속적으로 주전론을 외쳐대는 학자와 태학생들에 대해 그 나름대로 면목을 세울 수 있었다. 이후 두 나라의 관계는 40여 년 간 별다른 일 없이 평온했다.

그 사이 두 나라는 서로 내치에 힘써 혼란기에 소강 상태를 맞았다. 남송의 경우 잃어버린 황허 유역을 대신해 창장 유역을 개발해 농업 생산이 증가하고 가장 유명한 도자기를 비롯해 견직물과 제지, 목판 인쇄업 등이 각지에서 일어났다. 아울러 수리水利에 편리한 지역적 특성을 살려 수상 교통이 활발해져 대량의 화물을 원격지로 수송하는 상업이 발달했고, 조선업 또한 활발했다. 그 당시 발달한 남송의 문물은 같은 시기 여전히 중세적 정체에 머물러 있던 서구를 훨씬 능가하는 것이어서, 이후 원대에 린안, 곧 항저우를 방문했던 마르코 폴로가 "지상의 천당"이라고 찬탄할 정도였다.

사흘 거리를 다 가면 아주 멋진 도시에 당도하게 되는데, 프랑스어로 '천상의 도시'를 뜻하는 킨사이라고 불리는 곳이다. 이제 이곳에 왔으니 여러분에게 그곳이 지닌 모든 멋진 것들에 대해서 이야기해주겠다. 왜냐하면 그곳이 세상에서 가장 당당한 최고의 도시라는 것은 분명하고, 따라서 그것에 대해 이야기하는 것이 마땅하기 때문이다.

……

그곳의 거리와 운하들은 매우 넓고 크다. 그리고 시장이 열리는 광장들이 있는데, 거기에는 많은 사람들이 모이기 때문에 크고 널찍할 수밖에 없고, 다음과 같이 위치해 있다. 한쪽에는 깨끗한 물로 가득 찬 담수호곧 시후(西湖, 서호)가 있고 다른 쪽에는 커다란 강곧 첸탕강(錢塘江, 전당강)이 있다. 시내 각지를 흐르는 크고 작은 수많은 운하들이 그 강으로 흘러드는데, 그것은 더러운 것들을 모두 싣고 상술한 호수로 들어갔다가 거기서 바다로 흘러간다. 이 때문에 공기는 아주 쾌적하다. 시내 어느 곳에서나 뭍으로 혹은 이 수로를 통해 다닐 수 있으며, 거리와 운하는 넓고 커서 배가 손쉽게 다닐 수 있고 수레는 주민들에게 필요한 물건들을 싣고 다닐 수 있다.◉

금의 세종은 북위北魏의 효문제孝文帝가 튀바족의 풍속을 고쳐 한화漢化를 촉진했기 때문에 국세가 떨치고 일어서지 못한 것이라 여겼다. 이에 여진족이 중국의 성으로 바꾸거나 중국의 의복을 입는 것을 금지하고, 여진의 정체성을 유지하기 위해 한적漢籍을 여진 문자로 번역하고 여진인을 대상으로 진사과를 설치하는 등의 노력을 기울였다. 하지만 중원에 이주한 여진인들은 겨우 20여 년 사이에 국가의 보호 정책에 길들여지고 중국의 관료 계급을 모방해 사치와 나태한 생활에 빠져 수여받은 농지를 팔

◉ 마르코 폴로, 김호동 옮김, 『동방견문록』, 서울; 사계절, 2000. 374~376쪽.

시후(西湖)

아 넘기거나 한인 경작자에게 기생하는 등 정착에 실패했다. 이 때문에 본래 유목 민족 특유의 강건한 기풍은 점차 사라지고, 금의 지배 역시 그 근간이 흔들리게 되었다.

이후 현군이라 칭송받던 금의 세종과 남송의 효종이 죽고 금에서는 장종章宗이, 그리고 남송에서는 광종光宗과 녕종寧宗이 차례로 등극했다. 금의 장종은 한문과 한시, 서예에도 능해 역대 중국 왕조의 천자들 가운데서도 드물게 보는 문학적 재능이 있는 군주였다. 당시 금나라에서는 중원의 한족 문화가 꽃을 피워 위안하오원元好問, 원호문이라는 대시인이 나왔고, 종교계에서도 유 · 불 · 도 삼교를 합쳐 하나로 합친 전진교全眞敎라는 새로운 도교 일파가 나타났다. 하지만 말년에 이르러 장종은 폭정을 행하고 여기에 총신이던 쉬츠궈胥持國, 서지국가 그 힘을 믿고 전횡을 일삼았으므로 정치가 어지러워졌다.

남송에서는 녕종이 즉위한 뒤 자오루위趙汝愚, 조여우를 재상으로 등용하고, 대학자인 주시朱熹, 주희를 임용했다. 하지만 자오루위에 협력해 녕종의 옹립에 공을 세운 한차저우韓侂冑, 한차주가 자신에 대한 처우에 불만을 품고, 결국 자오루위와 주시를 몰아낸 뒤 재상이 되었다. 재상이 된 뒤 이에 대한 비난이 끊이지 않자 주시의 문도들에 대한 탄압을 하고 그의 저서의 유포를 금지했다. 이에 그치지 않고 한차저우는 공명심에 불타 무모한 북벌 계획을 세워 금 정벌에 나섰다가 대패하고 말았다. 금나라 군사가 창장 연안에 이르자 이에 겁을 집어먹은 남송의 조정은 1208년 한차저우의 목을 베어 금으로 보내 화의를 청했다. 이에 양국의 국경은 예전대로 화이허로 할 것과 세폐를 은 30만 냥과 비단 30만 필로 올리고 따로 은 300만 냥을 전쟁에 대한 배상비로 보내는 것을 조건으로 화의가 성립했다. 이후로 두 나라 사이에는 간헐적인 교전은 있었으나, 서로 상대방에게 결정적인 타격을 입히지 못하고 소강 상태에 빠진 가운데 점차 국세가 기울어갔다. 이 무렵 북방에서는 몽골 족이 세력을 규합해 중원의 정세를 일변시켰다.

8

초원의 제국에서 세계 제국으로—원

칭기즈 칸의 등장과 남송의 멸망

본래 동으로는 퉁구스 족, 서로는 투르크 족으로부터 번갈아 가며 압박을 받아 분열하여 같은 부족끼리 싸움을 일삼던 몽골 족은 중원에서 금과 남송이 오랜 기간 전쟁으로 피폐해진 틈을 타 한순간에 떨쳐 일어섰다. 몽골 고원 오논 강의 기원인 부르칸 산 기슭에서 푸른 늑대를 아비로 하고 흰 사슴을 어미로 하여 태어난 자손이라 믿었던 몽골의 여러 부족들은 주변 강대국들 틈에서 동족끼리 끊이지 않는 싸움을 이어갔다. 그중 한 부족의 우두머리인 이수게이가 점차 근방의 부족들을 합병해가자 위협을 느낀 타타르 족이 그를 독살했다. 이수게이의 아들인 테무진은 여러 어려움을 극복하고 마침내 몽골 족을 통일했다. 1206년 52세가 된 테무진은 오논 강가에서 열린 쿠릴타이, 곧 몽골의 부족장 회의에서 칸의 지위에 올라 스스로 칭기즈 칸이라 하였다.

몽골 부족을 통일한 칭기즈 칸은 곧 병사들을 이끌고 남하하여, 서하西夏와 금金을 침공했다. 1215년 몽골의 침입에 견디다 못한 금의 장종章宗은 수도를 옌징에서 볜징으로 옮겼다. 칭기즈 칸은 다시 남하해 옌징을 공략하니, 금이 차지하고 있던 황허 이북의 영토는 거의 대부분 몽골의 손에 들어가고, 금의 영토는 볜징을 중심으로 허난의 일부에 국한되었을 따름이다. 동쪽을 거의 제압한 뒤, 칭기즈 칸의 군대는 서쪽을 향했다. 이미 거란족의 서요西遼를 대신한 나이만 왕국을 무너뜨린 칭기즈 칸은 1219년 스스로 대군을 이끌고 서정西征에 나섰다. 당시 중앙아시아에서 가장 큰 나라는 사마르칸드에 도읍했던 호라즘 왕국이었다. 애당초 칭기즈 칸은 이 지역에 대한 영토적 야심은 갖고 있지 않았다고 한다. 그러나 이들과 통상 무역을 열고 싶다는 국서를 지참한 사신 일행이 피살되자 칭기즈 칸은 그 책임을 묻기 위해 출병했다. 칭기즈 칸의 군대는 이리티슈 강변에서 전열을 갖춘 뒤, 부하라 성을 함락시키고 다시 진격해 사마르칸드를 포위했다. 호라즘의 왕 무하메드는 사마르칸드를 버리고 서쪽으로 도망쳐 카스피해의 작은 섬에서 세상을 떠났다.

사마르칸드를 공략한 뒤, 칭기즈 칸의 군대는 서진을 계속해 남으로는 인더스 강 유역과 서로는 카스피해를 넘어 남러시아에 이르기까지 중앙아시아 전역을 지배하에 두었다. 1225년 7년여에 걸친 서정을 마치고 귀환한 칭기즈 칸은 그동안 일시 중지했던 서하와 금에 대한 공격을 재개했다. 1227년 서하가 먼저 몽골에 항복하니 서하는 리위안하오李元昊, 이원호가 개국한 지 190년 만에 멸망했다. 칭기즈 칸은 이어 금을 공격했으나, 도중에 병사했다. 칭기즈 칸의 정복 사업은 그 후손들이 이어받았는데, 쿠릴타이에서 칸으로 추대된 셋째아들 외괴데이는 수도를 외몽골의 카라코룸으로 옮겼다. 몽골이 서북 지역을 휘젓고 다니는 동안 송은 금에 보내고 있던 세폐를 중지하고 형세를 관망하고 있었다. 금의 애종哀宗은 몽골의 거듭된 공격에 수도인 볜징을 잃자 몽골군의 포위를 뚫고 차이저우

내몽골 이진훠뤄치(伊金霍洛旗)에 있는 칭기즈 칸 묘
ⓒ 조관희

蔡州, 채주: 지금의 허난 성 루난 현(汝南縣, 여남현)로 도피했다. 이곳에서 애종은 병력을 다시 규합하고 몽골의 침입을 결사적으로 방어하고 있었다. 이에 몽골은 남송의 이종理宗에게 사신을 보내 허난의 땅을 주는 조건으로 남북에서 금을 협공할 것을 제의했다. 오랜 숙적 관계였던 금을 멸하기 위한 좋은 기회라 여긴 남송은 장군 멍궁孟珙, 맹공에게 2만의 군사를 주어 몽골군과 함께 금을 협공하게 했다. 결국 1234년 금은 아구타가 나라를 세운 지 10대 120년 만에 멸망했다.

하지만 이때 남송은 일찍이 새로 일어난 금을 끌어들여 요를 멸하고 무리하게 옌위燕雲, 연운 16주를 되찾으려다 오히려 금의 남하를 야기해 끝내 창장 이남으로 쫓겨갔던 교훈을 잊고 이 기회를 틈타 중원을 회복하려 했다. 이에 재상인 정칭즈鄭清之, 정청지는 중원 회복이라는 공명심에 불타 볜징과 뤄양으로 군대를 보내 이를 탈취했다. 약속을 어긴 남송의 행위에 분개한 몽골은 대규모로 군사를 일으켜 응징에 나섰다. 1236년 몽골군은 샹양襄陽, 양양과 청두成都, 성도 등지를 함락하고 1258년에는 몽케 칸이 직접 10만의 병력을 이끌고 남송을 공격했다. 도중에 몽케 칸이 병사하자 1260년 칸의 자리에 오른 쿠빌라이는 남송에 대한 공격을 계속했다. 1275년 몽골군은 남송의 쟈쓰다오賈似道, 가사도가 이끄는 13만 군사를 괴멸시키고 질풍같이 남하해 1279년 드디어 남송의 수도 린안臨安, 임안을 함락하고 송의 마지막 황제인 공제恭帝를 생포했다. 자오광인趙匡胤, 조광윤이 일종의 사기극인 천챠오 역陳橋驛, 진교역에서의 쿠데타로 황제의 자리에 오른 지 320년 만에 송은 그 수명을 다하고 역사 속으로 사라졌다.

원톈샹의 '정기가正氣歌'

앞서도 말한 바 있지만, 송 왕조는 문약했기에 외적의 침입에 매우 취약했다. 강한 적과 마주할 때 상대적으로 힘이 약해야 그 저항이 빛이 나는 것일까? 중국 사람들이 추앙하는 민족 영웅 가운데 첫 손가락 꼽는 웨페이가 항금(抗金) 투쟁으로 유명하다면, 남송 말기에는 원톈샹(文天祥, 문천상, 1236~1282)이라는 문인이 나타나 몽골 제국의 침입에 맞서 싸우다 힘에 부쳐 망국의 한을 노래했다.

원톈샹은 자가 쑹루이(宋瑞, 송서), 또는 뤼산(履善, 이선)이고, 호는 원산(文山, 문산)으로, 장시 성(江西省, 강서성) 지수이 현(吉水縣, 길수현)에서 태어났는데, 1255년 20세 때 진사에 장원 급제한 수재였다. 1259년 몽골군이 쓰촨에 침입해 허저우(合州, 합주)가 포위되자 조정에서는 천도설이 유력하게 대두되었는데, 지방관으로 있으면서 천도를 강경히 반대하는 글을 올려 그날로 면직되었다. 뒤에 복직하였으나, 자쓰다오와 의견이 맞지 않아 다시 사직하였다. 원(元)나라 군대가 남하하여 수도 린안에 이르자 문관으로서 근왕병(勤王兵) 1만 명을 이끌고 린안 방위에 급히 참가하여 분전(奮戰)하였다. 남송이 원에 항복하기 직전 공제(恭帝)의 명을 받아 원나라로 가서 강화를 청했으나, 원의 총수(總帥) 보옌(伯顔, 백안)과 회견하면서 항론(抗論)하다가 구류되었다. 그 사이 린안은 함락되고, 남송은 멸망했다. 원톈샹은 포로가 되어 북송(北送)되던 중 탈주하여 푸젠(福建, 복건)의 푸저우(福州, 복주)에서 제왕을 칭하고 있던 도종(度宗)의 장자 익왕(益王)을 받들었다. 남송의 잔병(殘兵)을 모아 항거했으나 광둥(廣東, 광동)의 우포링(五坡玲, 오파령) 전투에서 다시 포로로 잡혔다. 이때 독약을 먹고 자살을 기도하였으나 실패하고, 원의 수도인 다두(大都, 대도: 현재의 베이징(北京))로 압송되어 3년 간 감옥에 갇혔다. 원 세조 쿠빌라이 칸이 그의 재능을 아껴 벼슬을 간절히 권하였으나 끝내 거절하고 사형되었다.

원톈샹은 장원 급제한 문인이었기에 시작(詩作)에도 능해 많은 시를 남겼는데, 옥중(獄中)에서 지은 〈정기가(正氣歌)〉가 가장 유명하다.

천지가 가득 올바른 기운 있으니, 엇섞여 온갖 형체 빚어냈네.
땅에서는 강과 산이 되고, 하늘에서는 해와 별이 되었네
사람에게서는 호연(浩然:호연지기)이라 이름하였는바 허공 중에 가득 차 있도다.
황도(皇路)가 맑고 평탄할 땐, 조화로움 머금어 밝은 조정에 토해냈고
시대가 곤궁할 땐 그 절개 드러나서, 일일이 역사에 드리웠어라.
天地有正氣, 雜然賦流形.
下則爲河岳, 上則爲日星.
于人日:浩然, 沛乎塞蒼冥.
皇路當淸夷, 含和吐明庭.
時窮節乃現, 一一垂丹靑.

쿠빌라이 칸과 원의 건국

서정을 마치고 1235년에 근거지로 귀환한 칭기즈 칸은 정복지를 자신의 아들들에게 나누어주었는데, 몽골 특유의 말자 상속의 전통에 따라 막내

인 툴루이에게는 몽골의 본부를, 그리고 장자인 주치에게는 카스피해 북쪽의 킵차크 지역, 둘째인 차가타이에게는 옛 서요西遼 땅인 카라 키타이의 옛 영토를, 그리고 셋째인 외괴데이에게는 나이만의 옛 영토를 주었다. 얼마 안 있다 칭기즈 칸이 죽자 그의 뒤를 이은 몽골의 태종 외괴데이는 배후 지역에 있는 고려를 복속시키고, 남송과 연합하여 금을 공격해 벤징을 함락시켜 근거지와 동쪽 지역을 평정한 뒤, 1235년 카라코룸에서 열린 쿠릴타이에서 유럽 원정에 대한 승인을 얻고 곧바로 원정대를 조직했다. 총사령관에는 주치의 아들인 바투를 임명하고 예하의 각 부대 지휘관에 주치와 차가타이, 그리고 툴루이 가의 자제들이 임명되었다. 1236년 바투의 유럽 원정군은 우랄과 볼가 강 유역에 진출해 모스크바를 비롯한 여러 도시들을 유린하고 마지막으로 키예프를 함락시켜 러시아 전체를 석권한 뒤 계속해서 헝가리와 폴란드를 침입하고 독일 제후들의 연합군을 발슈타트에서 격파했다. 이에 본격적으로 유럽 지역을 공격하려는 차에 본국에서 외괴데이의 사망 소식이 전해졌다. 이에 바투는 후계자 선정을 위한 쿠릴타이에 참석하고자 회군을 결정했다.

외괴데이가 죽고 황후가 5년 간 섭정을 한 뒤, 쿠릴타이가 열려 외괴데이의 장자인 구육이 칸의 자리에 올랐다. 하지만 구육은 3년 만에 죽고 그 과정에서 이런저런 논란이 있었으나, 바투의 발의로 칭기즈 칸의 막내아들인 툴루이의 아들 몽케가 칸이 되었다. 당연한 얘기지만 외괴데이의 자손들은 이에 불만을 품고 난을 일으켰으나, 몽케는 내란을 진압하고 쿠릴타이를 열어 칭기즈 칸의 유업을 계승해 영토 확장의 방침을 정했다. 큰동생인 쿠빌라이는 우회 작전의 명에 따라 쓰촨에서 윈난으로 들어가 대리大理 국을 멸하고, 티베트를 공략했다. 티베트의 지도자인 달라이 라마는 몽골군과 타협하고 그 종자從子인 팍파八思巴를 몽골로 보냈다. 쿠빌라이의 부장인 우량카이타이는 윈난에서 동진해 교지交趾, 곧 지금의 월남을 공략해 복속시켰다. 또 다른 동생인 훌라구는 서쪽 지역의 원정에 나서 페르샤 방면을 정복하고 다마스커스를 함락한 뒤 시리아 동부 지역을 합쳐 일 한국을 세웠다. 1259년 쓰촨 지역에 출정을 나갔던 몽케 칸이 죽자, 제3차 서정西征도 끝이 났다.

몽케 칸이 죽자 수도인 카라코룸에서 열린 쿠릴타이의 결과 몽골 선조의 옛법을 고수하려는 수구파들이 몽케의 막내아들인 아릭-부카를 칸으로 옹립했다. 하지만 쿠빌라이는 쿠릴타이의 결정을 거부하고 1260년 자신의 근거지인 카이핑開平, 개평에서 스스로 칸의 자리에 올랐다. 사실상 그 이전부터 쿠빌라이는 자신의 봉지에서 독자적인 한화漢化 정책을 펴 이미 전통적인 몽골의 통치 제도와는 많이 다른 독자적인 독립 왕국을 세우고 있었다. 다만 영명한 군주였던 큰형 몽케가 칸의 자리에 있는 동안에는 묵묵히 자신에게 부여된 임무만을 수행하고 있었을 따름이었으나, 실제로는 한 나라의 통치를 감당할 만한 제도와 정치 철학을 수립해놓고 있었던 것이다. 쿠빌라이와 아릭-부카는 어쩔 수 없이 일전을 벌일 수밖에 없었다. 하지만 이 싸움은 그리 오래가지 못하고 얼마 뒤 아릭-부카가 항복해옴으로써 쿠빌라이는 명실상부한 칸이 되었다.

칸의 자리에 오른 쿠빌라이는 1264년, 수도를 옌징으로 옮기고 칸발릭, 또는 다두大都, 대도로 이름을 바꾸었다. 1271년에는 국호를 『역경易經』의 자구에 따라 대원大元이라 칭했다. 이것은 왕조 국가로서의 정체성을 중원 땅에 두겠다는 의지의 표현으로, 이에 따라 명실상부한 중원 통일을 이루기 위해 남송을 멸했다. 그리하여 원 세조 쿠빌라이 칸의 시대에 몽골 족은 칭기즈 칸의 건국 이래 겨우 70년 만에 세계 역사상 가장 광대한 영토를 가진 제국을 완성했다. 하지만 워낙 영토가 넓었던 데다 쿠빌라이 칸의 한화 정책에 반감을 품은 형제간의 알력으로 몽골 유목 제국은 쿠빌라이 칸이 직접 통치한 원을 제외하고는 네 개의 한국으로 나뉘었다.

그 가운데서도 외괴데이 한국의 카이두 칸은 차가타이 한국과 결탁해 쿠빌라이 칸과 몽골 제국의 종주권을 놓고 대립했다. 이를 둘러싼 싸움은 약 40여 년 간 계속되었는데, 1303년 이 싸움이 종결된 뒤에는 서쪽 지역의 네 한국이 분리 독립의 길을 걸어 각각의 황족이 세습 통치했다.

첫 번째가 킵차크 한국Kipchak Khanate; 1243~1502으로, 칭기즈 칸의 장자인 주치가 이르티슈 강 서쪽 지역을 영지로 받은 것을 기반으로 주치가 죽은 뒤 차남인 바투가 몽골 서정군의 총수로 러시아와 동유럽 각지를 장악해 이룩했다. 뒤에 지역적 특색 때문에 급속하게 투르크화, 이슬람화하여 몽골의 영향에서 벗어났고, 수도인 사라이를 중심으로 중계 무역이 성행해 크게 번창했다. 9대 우즈베크 칸의 최전성기를 지나서부터 점차 쇠약해져 14세기 말 티무르 군에게 유린되는 등 국세가 약해지다가 뒤에 카잔과 크림, 아스트라한의 세 한국으로 분열되어 그들끼리 대립 항쟁하는 가운데 멸망했다.

두 번째는 일 한국Il Khanate; 1259~1336으로, 칭기즈 칸의 손자인 몽케 칸의 아우 훌라구가 세웠다. 1253년 훌라구는 형인 몽케 칸의 명령으로 이란 원정길에 올라 1258년 바그다드를 공격하여 압바스 왕조를 멸하고 1259년 일 한국을 세웠다. 타브리즈를 수도로 삼았으며, 초기에는 네스토리우스파 기독교와 불교를 보호해 이슬람 왕국인 이집트의 맘루크 왕조와 대립했으나, 제7대 가잔 칸부터는 이슬람교를 국교로 삼으며, 기독교 국가와도 우호 관계를 유지했다. 뒤에 여러 개의 소국으로 분열되었다.

세 번째는 외괴데이 한국Ögödei ulus; 1218~1310으로, 칭기즈 칸의 셋째아들 외괴데이를 시조로 하여 톈산북로天山北路로부터 이르티슈 강 상류 지역을 지배했다. 외괴데이와 그의 아들인 구육은 잇달아 몽골 제국의 칸이 되었으나, 구육이 죽은 뒤로 몽골 제국의 대칸은 툴루이 가의 몽케 칸과 그 자손에게 넘어가 외괴데이 가는 권력을 잃어 이에 대한 불만이 컸다. 뒤에 톨루이 가의 쿠빌라이가 원을 세우고 대칸의 자리에 오르자 외괴데이의 손자인 카이두는 이에 항거해 1301년까지 원과 싸웠다. 하지만 카이두의 뒤를 이은 차바르는 차가타이 한국의 두와 칸에게 영토를 빼앗기고 1310년 원에 귀순하여 외괴데이 한국은 사라졌다.

네 번째는 차가타이 한국Chaghatai Khanate; 1227~1360으로, 칭기즈 칸의 둘째 아들 차가타이가 세웠다. 아무르 강 동쪽의 옛 서요 지역에 할거했으며, 본영을 일리 분지의 알말리크에 두었다. 초기에는 외괴데이와 구육, 몽케 등 대칸의 지배를 받았으나, 1260년 쿠빌라이가 원을 세우자 독립을 꾀했다. 외괴데이 한국의 카이두가 쿠빌라이에 대항해 싸움을 일으켰을 때는 카이두의 지배를 받았으나, 1301년 카이두가 죽자 차가타이 한국의 두와 칸이 독립을 기도했다. 두와 칸 이후에는 여러 아들들이 서로 권력을 다투다 톈산 방면에 거점을 둔 동부 칸의 집안과 서투르키스탄 지역에 자리잡은 서부 칸의 집안으로 분열했다. 서부는 티무르에게 합병 당해 티무르 제국이 되었고, 동부는 16세기 초까지 몽골의 유목적 생활 전통을 유지하면서 남아 있었다.

마르코 폴로와 『동방견문록』, 그리고 동서의 문화 교류

남송을 멸하고 중국 전토를 정복한 쿠빌라이 칸은 수도를 다두로 옮겨 본격적으로 중원을 지배하였다. 사실상 몽골 제국 초기에는 중국을 몽골의 서정군西征軍에 대한 군수품 조달을 위한 병참 기지 정도로만 여겼다. 하지만 몽케 칸 이후 차가타이, 외괴데이, 킵차크 한국 등이 점차 독립적인 행보를 보이자 종주宗主인 몽케 칸 역시 자신의 독자적인 근거지가 필요하게 되었고, 광대한 토지와 방대한 인구, 그리고 풍부한 물산이 나오는 중

원 세조 쿠빌라이 칸

국이 그 대상이 되었다. 이때부터 몽골 제국은 중국에 대한 인식을 바꾸게 되었고, 쿠빌라이 칸에 이르러는 아예 중국 땅으로 수도를 옮기는 등 중국식 전제 국가로의 전환을 꾀하였다.

이에 중앙에는 민정을 담당하는 중서성中書省과 군정을 담당하는 추밀원樞密院, 감찰 기관인 어사대御史臺를 두고 지방에는 중서성의 출장 기관으로서 행중서성行中書省을 설치하고, 그 아래로 로路와 부府, 주州, 현縣으로 나누어 관료제에 기반한 중앙 집권적 지배 체제를 확립했다. 한편 원은 정복 국가였기에 무엇보다 군대의 편제를 가장 중시했는데, 원대 사회의 주축을 이루는 몽골인의 몽골군을 위시해 색목인色目人들로 구성된 탐마적군探馬赤軍, 옛 금나라 치하의 한인漢人 계층을 기반으로 한 한군漢軍, 그리고 가장 천대받았던 남송 지역의 한인인 남인南人들의 신부군新附軍으로 편성되었다. 가장 중요한 요충지에는 당연하게도 몽골군의 최정예군단인 시위군단을 배치하고 그 밖의 중요 지역도 몽골군이 장악했으며, 장성長城과 강남江南의 중요 지역에는 한인 부대가, 그리고 기타 변두리 지역에는 한군漢軍과 신부군을 배치했다.

한편 외견상 중국식 중앙 집권적 관료 제도를 통치 제도로 채택하긴 했지만, 실제로 관료 체제의 핵심을 이루는 것은 과거 합격자 출신의 관료가 아니라 몽골 제국의 귀족 계층이었다. 원은 시종일관 한족 문화를 멸시해 한인들을 정권에서 철저히 배제하고 군림했는데, 이것은 정복 왕조로서 원나라가 갖는 독특한 특성이라 할 수 있다. 이것은 이전의 북위나 요, 금과 같은 역대 이민족 정복 왕조들의 경우 중원에 들어와서는 한족들의 문화를 유일한 문명으로 받아들여 기꺼이 한화漢化의 길을 걸었으나, 서정을 통해 중앙아시아의 이슬람 문화와 유럽의 기독교 문명과 접촉한 경험이 있는 원나라로서는 중원의 문화가 그들이 받아들일 수 있는 유일한 것이 아니었기 때문이라고 생각된다. 상대적으로 중화의식을 갖고 있던 중국인들, 그 가운데서도 사대부 계층이 감내해야 했던 굴욕감은 이루 말할 수 없을 정도였다. 원 왕조에서 국제어는 페르샤어가 쓰였고, 문자는 쿠빌라이가 티베트 원정길에 데려왔던 팍파八思巴가 만든 이른바 팍파 문자를 사용했으며, 이때 들여온 라마교가 몽골인 사이에서 유행했다.

초원에서 유목 생활을 하던 몽골 제국은 문화적인 측면에서는 전혀 보잘게 없었다. 문학은 구전 형태의 전승담에 불과했고, 과학은 초원에서의 생활에 요구되는 극히 초보적인 단계에 머물렀고, 철학 등 추상적이고 관념적인 것에는 애당초 아무런 관심이 없었다. 하지만 주변 환경 등에 대해서는 극히 실용적이고 현실적인 태도를 취해 오히려 연극이나 미술 등 시각적인 분야에 큰 관심을 가졌다. 아울러 중국의 전통적인 귀족사회가 무너짐에 따라 서민 문학이 크게 발달했는데, 그 가운데 대표적인 것이 소설과 희곡이다. 그때까지 전통 문인들에 의해 '대아지당大雅之堂'에 오르지 못하고 무시되었던 소설과 희곡은 원대 이후 크게 번성해, 명대와 청대를 거치면서 중국 문학의 주류로 자리잡게 된다.

정복 왕조였던 원대에는 동서간의 문물 교류가 세계사에서 그 유례를 찾아볼 수 없을 정도로 융성했다. 당시 교통로는 육로와 해로가 중요한 역할을 했는데, 원 제국의 성립으로 동서간의 교통이 원활해지고 여행의 안전이 보장되자 교역 활동이 급속도로 활발해졌다. 이에 서방의 천문학이나 지리학, 수학, 역학 등의 자연과학과 병기, 포술, 종교 등이 동방으로 전해지고, 또 많은 종교인과 여행가, 모험가들이 중국을 방문할 수 있었다. 13세기경 이탈리아의 수도사인 플라노 카르피니Plano Carpini는 교황 이노센트 4세의 명을 받고 많은 수행원들과 함께 남러시아와 중앙아시아를 경유해 카라코룸에 도착한 뒤 기독교 국가에 대한 무력 침공을 중단해 달라는 교황의 친서를 전달하고 이듬해 귀국했다. 몇 년 뒤에는 플랑드르 출신의 프란치스카 교단 수도사 빌헬름 폰 루브룩Wilhelm von Rubruk이 당시의 몽케 칸을 접견하여 몽골과 상호 협력해 이슬람 교도들이 점령하고 있던 기독교의 성지 예루살렘을 회복하기를 기대하고 카라코룸에 왔다. 이들은 소기의 목적을 달성하지는 못했지만, 각자 귀국 후 여행기를 남겨 유럽에 동방 세계의 여러 가지 사정들을 소개했다. 특히 카르피니가 자신의 여행기에서 중국을 'China'라고 표기한 것은 특기할 만하다.

하지만 그들은 중국 본토 깊숙이까지 여행한 것이 아니었기에 중국에 대한 기술은 피상적인 데 그쳤다. 당시 중국의 실체를 본격적으로 소개한 것은 잘 알려져 있듯이 이탈리아 베네치아의 상인인 마르코 폴로Marco Polo; 1254~1324였다. 베네치아 상인의 아들로 태어난 마르코 폴로는 아버지인 니콜로와 숙부인 마페오를 따라 1271년 17세 때부터 동방 무역에 나섰다. 처음에는 해로를 이용해 중국에 갈 예정이었으나, 곧 단념하고 육로를 택해 파미르 고원을 경유해 카슈가르와 야르칸드, 호탄, 체르첸 등 타클라마칸 사막 남쪽 지역을 통과했다. 일단 간저우甘州, 감주; 지금의 장예(張液, 장액)에서 1년 간 체재한 뒤, 1274년 쿠빌라이 칸의 여름 궁전이 있는 상두上都, 상도;현 네이멍구자치구의 남부인 돌룬노르에 도착하여 쿠빌라이를 알현하였다. 그는 쿠빌라이 칸의 신임을 받아 황제의 특사 자격으로 중국 각지를 여행하였고, 특히 양저우揚州, 양주에서는 관리로 재직했다고도 한다. 마르코 폴로는 오랜 중국 생활에서 생겨난 향수병으로 귀국하고자 했으나, 쿠빌라이 칸은 허락하지 않았다. 마침 같은 몽골 일족의 왕조인 이란 지역에 할거하고 있던 일 한국의 아르군 칸의 왕비가 죽자, 마르코 폴로는 그에게 시집보내는 원나라 공주 코카친의 여행 안내자가 되어 중국을 떠나 취안저우泉州, 천주에서 해로를 이용해 동남아시아의 여러 국가들을 경유한 뒤 이란의 호르무즈에 도착했다. 하지만 아르군 칸은 이미 사망해 마르코 폴로는 공주를 그 아우인 가이하투 칸에게 맡기고, 1295년 17년 만에 베네치아로 돌아왔다.

그 뒤 마르코 폴로는 베네치아와 제노바 사이에서 벌어진 전쟁에 휘말려 포로로 잡혀 제노바의 감옥에 투옥되었는데, 옥중에서 이야기 작가인 루스티켈로에게 자기가 보고 들은 것을 들려주어 『일 밀리오네Il Milione』, 곧 『동방견문록』을 완성하게 했다. 이것이 현존하는 『동방견문록』의 수많은 판본 가운데 원조본元祖本으로 여겨지는 것이다. 하지만 이 원본은 사라져 없어지고, 가장 잘 알려진 이탈리아어 사본은 1309년 이전에 필사된 것으로 추정된다. 그밖에도 후대에 알려진 것만 140여 개의 판본이 남아 있는 이 책의 내용 또한 신뢰할 수 없는 황당한 이야기들이 가득하다. 무엇보다 상인 출신인 마르코 폴로가 중국을 바라보는 시각은 물질적인 측면을 크게 벗어나지 않고 있다고 해도 과언이 아니다. 그가 도처에서 "훌륭한 도시"나 "훌륭한 지방"이라고 했을 때 "훌륭한"의 기준이 되는 것은 전적으로 상품적 가치에 바탕한 것이었다. 무엇보다 마르코 폴로의 책에 당시 중국 문명의 가장 큰 특징이라 할 중국의 문자나 인쇄술, 차 문화, 만리장성 등에 대한 언급이 전혀 없다는 사실은 치명적인 약점이라 할 만하다. 그렇기 때문에 사실상 『동방견문록』은 책이 이루어진 과정과 판본뿐 아니라 내용 역시 의심을 받고 있으며, 그 모든 것이 결국 영원한 수수께끼로 남아 있을 따름이다. 비록 이 책이 당시 중국 문명을 서구 세계에 본격적으로 소개한 역사상 최초의 서적임에는 틀림이 없지만, 풀리지 않는 의문 역시 여전히 남아 있다는 것이다. 아울러 이 책은 당시 유럽인들에게 중국이 지상 낙원이라는 환상을 심어주었다는 점에서, 기독교 문명 이외에 고도로 발달한 문명 세계가 따로 존재한다는 사실을 받아들이기 꺼려했던 사람들로부터 많은 배척을 받기도 했다.

마르코 폴로가 세상에서 가장 아름다운 다리라고 칭송했던 루거우차오(蘆溝橋, 노구교) ⓒ 조관희

마르코 폴로 말고도 원 말에는 모로코인인 이븐 바투타Ibn Battutha가 아프리카와 아시아 각지를 여행하면서 해로로 중국에 들어온 적이 있었고, 로마 교황의 명으로 선교사가 파견되기도 했다. 이런 교류를 통해 서방의 학술이나 예술, 종교가 전래되고, 중국의 특산물들이 서방으로 전파되기도 했다. 특히 서구의 천문학은 중국 과학자들에게 큰 영향을 주어, 원대의 유명한 학자인 궈서우징郭守敬, 곽수경은 천문학에 필요한 여러 종류의 관측기를 제작하고 이를 근거로 '수시력授時曆'이라는 새로운 역법을 제정하기도 했다. 원대는 종교의 천국이라 할 만큼 다양한 종교가 전래되었으며, 특히 당대에 처음 유입되었던 이슬람교는 원대에 크게 융성했다. 그밖에도 기독교와 불교 역시 다양한 종파가 활발하게 퍼져나갔고, 티베트에서 유입된 라마교는 사실상 국교로 떠받들어졌다. 중국의 산물

가운데는 도자기가 가장 유명해 당시 이슬람 세계로 많은 양이 수출되었다. 중국의 4대 발명품 가운데 나침반과 화약, 인쇄술 역시 이슬람 세계에 전해졌다. 이와 같이 정복을 통해 동서간의 교통로가 완성되고, 몽골 제국에 의해 유라시아 대륙의 정치가 안정되고 질서가 확립되자 당시 문명 세계였던 서유럽과 인도, 동아시아 여러 나라는 서로 영향을 주고받으며 크게 번성했다.

멸망하지 않은 제국

몽골 족이 인류 역사상 최대의 국가를 세울 수 있었던 것은 그들 특유의 군사 제도 때문이었다. 칭기즈 칸은 몽골 유목 제국을 건설하면서 몇 가지 특수한 정책을 채택했는데, 그 가운데 하나가 군 지휘관들의 독자적인 작전권을 부여한 것이었다. 전쟁을 거듭할수록 전투가 벌어지는 지역은 대칸이 있는 곳에서 멀어질 수밖에 없었으니, 전투가 신속하고 효율적으로 이루어지기 위해서는 기본 전략의 수립과 지시 이외에는 현지에서 전투를 수행하는 지휘관들이 독자적으로 작전을 전개하도록 하는 것이 효율적이었다.

과연 이 같은 정책은 현장에서 효과가 있어 몽골군은 빠른 전략 수립과 전투 수행으로 단시일 내에 유라시아 대륙을 석권할 수 있었다. 하지만 당나라 역사에서도 볼 수 있듯이 원격지에서 독자적으로 작전을 수행하면서 자신의 힘을 키워나가던 장수들은 그들을 통제하는 힘이 약해지면 또 다른 분란의 원인이 되곤 했다. 이미 칭기즈 칸 생전에도 광대한 영토에 흩어져 자신의 세력을 갖고 있던 장군들이 반독립적인 자신의 영지를 건립하기 시작했고, 이러한 경향은 칭기즈 칸 사후에 바로 문제를 일으키기 시작했다. 이러한 일은 그 뒤에도 새로운 칸이 등장할 때마다 반복되었는데, 이를테면 구육 칸과 바투의 충돌, 몽케 칸 사후 아릭-부카와 쿠빌라이의 충돌, 쿠빌라이와 카이두의 충돌 등이 그 대표적인 예이다. 이처럼 새로운 칸의 즉위를 둘러싸고 분쟁이 끊이지 않았던 것은 몽골 족 내부에 제위의 계승을 위한 일정한 제도가 없었기 때문이기도 했다. 이 때문에 황제가 죽은 뒤에는 이와 같은 유혈 충돌이 거듭되었다.

원 세조 쿠빌라이가 원을 세운 뒤에도 이와 같은 현상은 계속되었으니, 세조가 죽은 뒤 74년 동안 10명의 황제가 즉위했는데, 이 가운데 비교적 안정적인 순종順宗의 35년 간의 재위 기간을 빼고 나면 40년 동안 10명의 황제가 등극했다는 말이 된다. 이처럼 황제의 자리를 놓고 분쟁이 끊이지 않자 당연하게도 이로 인해 막대한 경제적 손해와 인명 손실이 초래되었으며, 정국이 안정되지 못했다. 빈번한 무력 투쟁은 몽골 지배 계층의 내분과 황제의 통치력을 약화시켰으며, 유가 출신 관료들에 대한 통제 또한 어렵게 만들었다. 초기에 민족적 차별 정책으로 등용되지 못했던 한인 출신 관료들은 원대 후기로 접어들면서 과거 제도가 부활함에 따라 점차 관직에 진출해 고위직은 없었지만 그 나름대로 상당한 세력을 형성하고 있었다. 이들은 조정이 제위 쟁탈로 불안정해지자 당면한 문제 해결보다는 크고 작은 당파를 이루어 자신들의 이익 추구에 몰두해 행정 기능이 마비될 지경에 이르렀다. 아울러 계속적인 민족 차별로 한족들의 민족적 반감과 반항은 커져만 갔다.

결정적인 것은 몽골 족이 무력을 앞세워 정복은 했지만, 점령지를 통치할 방책은 전무했다는 사실이다. 애당초 유목 제국인 몽골 족이 중원에 침입한 뒤에도 한족을 대하는 태도는 점령군과 피지배자 그 이상도 이하도 아니었다. 비록 쿠빌라이 칸이 요의 황족 출신인 예뤼추차이耶律楚才, 야율초재나 한족인 쉬헝許衡, 허형, 야오수姚樞, 요추 등과 같은 인물을 등용하긴 했으나, 단지 그들을 내세워 점령지에 대한 자신들의 관대함을 과시하기 위한 것이었을 뿐 그들의 헌책獻策을 적극적으로 수용할 생각은 애당초 없었다. 특히 쿠빌라이 칸은 동남과 서북 지역으로의 진출을 꾀하느라 많은 전비戰費가 필요했고, 원 왕조 내내 귀족과 공신에 대한 국고의 지급이 남발되는 등 궁정 내부의 낭비도 극심했으며, 황실의 비호를 받는 라마승들에 대한 우대 또한 재정적 낭비를 초래했다. 이와 같은 국가 재정의 궁핍을 해결하기 위해 회교도인 아흐맛 등을 등용해 백성들로부터 무거운 세금을 거두고, 소금이나 술, 철鐵과 같은 전매품의 가격을 올렸으며, 교초交鈔라 불리는 지폐를 남발했다. 이로써 나라 살림은 궁핍을 면할 수 있었으나, 한족 백성들의 일상적 삶은 더욱 곤궁해져 이민족 통치에 대한 반감은 날이 갈수록 더해갔다. 여기에 순제順帝 초기에는 각지에서 수재와 한재가 번갈아 일어나고 질병이 창궐해 백성들의 삶은 더 이상 물러

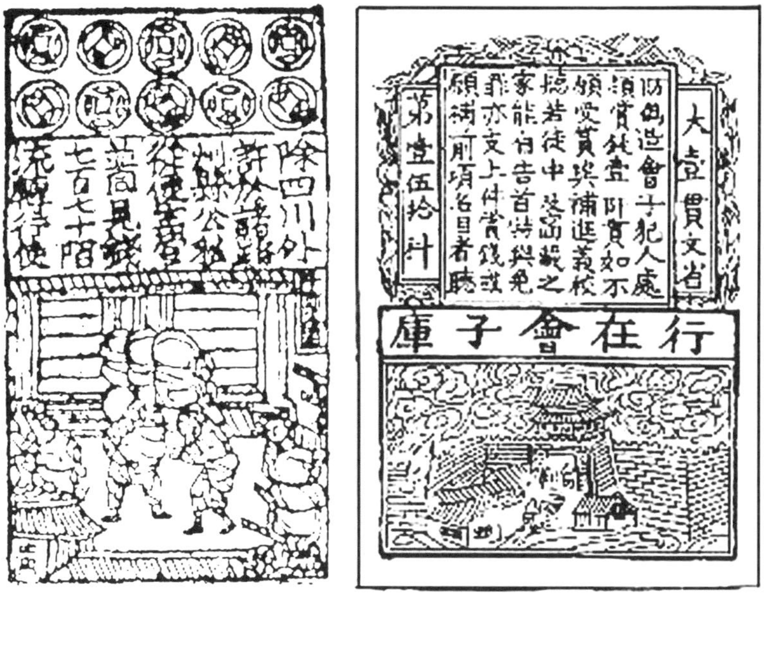

교자(交子), 또는 회자(會子)라고도 불렸던 당시 지폐

날 곳이 없을 정도로 도탄에 빠졌다.

마침내 전국 각지에서 반란이 일어났으니, 1348년 저장浙江, 절강에서 팡궈전方國珍, 방국진이 난을 일으켰다. 그를 이어 한산퉁韓山童, 한산동이 백련교白蓮教를 이용해 난세에 미륵불이 나와 백성들을 구한다는 말을 내세워 허난과 화이허 지방에서 기의했다. 그는 스스로 송 휘종徽宗 황제의 8세손이라 칭하며, 이민족을 대신해 한족 군주가 될 것이라 선전했다. 한산퉁이 원나라 군사에 의해 피살되자 그 아들인 한린얼韓林兒, 한림아이 무리를 규합하니 그 숫자가 10여 만에 이르러 원나라 군사도 쉽게 대적하지 못했다. 이에 호응하여 후베이와 후난에서는 쉬서우후이徐壽輝, 서수휘, 천유량陳友諒, 진우량이, 장쑤江蘇, 강소에서는 장스청張士誠, 장사성과 팡궈전이, 그리고 쓰촨四川, 사천에서는 밍위전明玉珍, 명옥진 등이 잇달아 봉기했다. 그 가운데 소금 운송업을 하던 장스청의 세력이 가장 볼 만했는데, 장스청은 강남 지역에서 수도인 다두로 올라가는 세미歲米의 조운을 막아 원나라 조정에 막대한 타격을 주었다. 하지만 이들 세력 사이에서 힘을 키워 결국 여러 반란 세력을 아우른 뒤 북벌에 나선 주위안장朱元璋, 주원장이 주도권을 쥐게 되었다.

아무런 대비책도 없이 날마다 주연에 빠져 살던 황제와 황후 등은 하릴없이 다두를 빠져나와 몽골 족의 본거지인 상두로 도피했다1368년. 여기서 중요한 것은 원의 경우 역대 다른 왕조와 달리 멸망이라는 표현이 적당하지 않다는 사실이다. 그들은 자신들의 근거지를 떠나 중원을 정복해 다스리다 세가 불리해지자 다시 자신들의 근거지로 돌아간 것일 따름이다. 그 뒤에도 원은 이름을 북원北元이라 고치고 명 왕조가 세워진 이후에도 계속 남진하여 중원을 위협하였다. 원 왕조가 북쪽으로 물러난 뒤, 서방의 세 한국들 역시 점차 세력이 약해졌다. 킵차크 한국은 바투 이후 회교를 신봉하게 되었고, 이에 반해 일 한국은 로마 황제의 딸을 후로 맞아 기독교와 유대교에 대해 너그러운 태도를 보여 두 나라는 서로 대립 반목하였다. 차가타이 한국은 원에 반기를 들었다가 결국 토벌되어 국세가 부진했고, 내란이 잇달아 제후들이 할거했다. 이후로는 세 한국이 모두 혼란을 거듭하다 쇠락해갔다. 결국 14세기 말 이후에는 한때 세계를 정복했던 몽골 대제국이 거의 분해되고 말았다.

9

아무 일도 없었던 왕조—명

주위안장과 명의 건국

명 태조 주위안장朱元璋, 주원장: 1328~1398년은 안후이성安徽省, 안휘성의 빈농 출신으로 한때 먹고 살 길이 막막해 길거리에서 목탁을 치고 다니며 빌어먹는 걸식승乞食僧 노릇도 했다. 중국 역사상 이렇게 평민 출신으로 입신해 한 왕조의 창업주가 된 것은 주위안장과 한 고조漢高祖 류방劉邦, 유방 두 사람뿐이다. 그래서인지 주위안장은 한 고조를 숭배해 군사나 정치적인 면에서 그를 본받았다. 주위안장은 당시 민간 신앙이었던 백련교를 믿으면서 한린얼이 이끌던 홍건적紅巾賊에 가담했다. 한린얼의 아비인 한산퉁은 마니교와 불교가 혼합된 신흥 종교인 백련교를 이끌고 있었는데, 백련교는 세계를 광명과 암흑 두 개의 세계로 구분하는 마니교의 영향을 받아 '명교明教' 라고도 불렸다. 그 교도인 류푸퉁劉福通, 유복통이 한산퉁을 송 휘종의 8대손이라 선전하면서 "호로胡虜를 구축驅逐하고 중화中華를 회복하자"는 구호를 내걸고, 따르는 무리들에게 머리에 붉은 수건을 동여매도록 하였으니 이들을 홍건적이라 하였다. 뒤에 한산퉁은 원나라 군사에게 살해되고 그 아들인 한린얼이 계승하여 아비인 한산퉁을 명왕明王이라 하고 자신은 소명왕小明王이라 자처하며, 국호를 송宋이라 하고 보저우亳州, 박주에 도읍했다. 주위안장이 나중에 천하를 통일하고 국호를 명明이라 한 것은 바로 이에 근거한 것이다.

당시 홍건군은 허난과 산둥, 장화이江淮, 강회 지방에 할거하는 동경東京 홍건군과 후베이, 장시 지방을 무대로 했던 서경西京 홍건군으로 나뉘었다. 주위안장은 동경 홍건군에 속했던 궈쯔싱郭子興, 곽자흥 군에 들어가 이내 두각을 나타냈다. 궈쯔싱은 그를 주목해 자신의 양녀인 마 씨馬氏: 뒤에 효자황후(孝慈皇后)와 결혼시켰다. 뒤에 궈쯔싱이 전사하자 주위안장은 그를 대신해 새로운 지도자가 되어, 당시 지칭集慶, 집경: 곧 지금의 난징을 근거지로 사방을 공략해 강동江東 일대를 석권했다. 하지만 정작 홍건적의 지도자인 한린얼과 류푸퉁은 원나라 군사에 거듭 패배하니 주위안장은 자연스럽게 홍건적을 대표하는 세력이 되었다. 당시 여러 곳에서 일어난 반란군 세력 가운데 제법 규모가 컸던 것은 천유량陳友諒, 진우량과 장스청張士誠, 장사성이었다. 천유량은 창장 중류 지역에 할거하면서 한왕漢王이라 칭했고, 염상 출신인 장스청은 강남의 곡창 지대를 기반으로 오왕吳王이라 칭하면서 평민 출신들로 구성된 홍건적을 적대시하는 강남의 부호와 지주들의 지지를 받고 있었다. 주위안장은 이 두 세력을 이간하면서 각개 격파에 나서 1363년에는 천유량을, 그리고 1367년에는 장스청을 굴복시켰다. 그 이듬해인 1368년 주위안장은 잉톈푸應天府, 응천부; 곧 난징에서 제위에 올라 국호를 명이라 하고 연호를 홍무洪武라 하였다. 이로부터 명과 청 양조에 걸쳐 1세1원一世一元의 제도가 정해져 이후에는 황제를 연호로 칭하는 전통이 수립되었다.

1세1원의 제도

중국의 역대 왕조는 황제의 즉위와 함께 연호를 제정하는데, 이것은 천하를 통일한 진시황(秦始皇) 때부터 생겨난 것이다. 하지만 한 무제가 기원전 114년에 기원전 140년으로 소급을 해 건원(建元)이라는 연호를 세운 이래로 황제는 재위 기간 중에 상서로운 일이 있거나 천재(天災) 등이 있는 경우, 연호를 바꾸는 이른바 '개원(改元)'이라는 관습이 생겼다. 이를테면 당 현종(唐玄宗)의 경우 즉위 초에는 '개원(開元)'이라는 연호를 사용했으나, 말년에는 '천보(天寶)'로 바꾼 것이 그 한 예이다. 그런데 명의 개국 군주인 주위안장이 홍무(洪武)라는 연호를 내세우면서, 황제 1대에 하나의 연호, 곧 1원을 세우는 것을 하나의 방침으로 내세워 이후 청대를 거쳐 봉건 왕조의 멸망까지 이 원칙은 깨지지 않았다.

이에 따라 황제는 죽은 뒤에 묘호(廟號)에 따라, 이를테면 태조(太祖)나 성조(成祖)와 같은 명칭으로도 불렸지만, 각자 세운 연호에 따라 홍무제(洪武帝)나 영락제(永樂帝) 등과 같은 명칭으로 부르는 관습이 생겨났다. 예외가 있다면 명 영종(英宗)은 본래 연호가 정통(正統)이었지만, '투무(土木)의 변(變)'으로 태상황이 되었다가, 다시 복위하고 연호를 '천순(天順)'으로 바꾼 것이 유일하다. '1세1원'의 관습이 생겨난 것은 황제가 천명(天命)을 받아 백성들을 다스린다는 애초의 관념이 시간이 흐름에 따라 희박해지면서, 자연 재해 등으로 인해 천명을 다시 받는 상징적 행위인 '개원'을 굳이 할 필요가 없게 되었기 때문이다.

주위안장이 황제의 자리에 오른 것은 여러 가지로 특이한 점이 있었으니, 앞서 말한 대로 비천한 탁발승 출신으로 황제의 자리에 올랐다는 것 말고도 역대 제왕들이 대부분 북방 출신으로 북에서 남쪽으로 진공해 통일 대업을 완수한 데 반해, 주위안장은 남방 출신으로 창업 과정 역시 남쪽에서 북쪽을 향했다. 여러 가지 면에서 주위안장은 유별난 데가 있었는데, 이와 같이 비천한 신분은 나중에 그가 황제에 오른 뒤 콤플렉스로 작용해 적지 않은 문제를 일으켰다. 황제의 자리에 오른 주위안장이 쉬다徐達, 서달와 창위춘常運春, 상운춘에게 북벌을 명하니, 원의 마지막 황제 순제順帝는 황족들을 이끌고 장성을 넘어 자신들의 근거지로 도피했다.

명 태조 주위안장은 남방에 근거지를 두고 있었으므로, 북쪽 지역에 여전히 잔류해 있던 몽골인과 색목인을 비롯해 이들과 결탁하고 있던 한인들을 장악하기 위해 몽골의 풍습을 강력하게 금지하고, 이민족들은 자기들끼리 결혼하지 못하고 반드시 한족漢族과 결혼하게 하는 등 한화漢化를 추진했다. 북쪽으로 쫓겨간 뒤 얼마 안 있다 순제가 죽자 그 아들 소종昭宗은 국호를 북원北元이라 하고 몽골 고원 지역을 석권한 뒤, 동쪽은 만주를 넘어 고려와 결탁하고 서쪽은 윈난雲南, 운남의 원의 일족인 양왕梁王과 통하여 중국 본토의 회복을 노렸다. 주위안장은 이들을 견제하고 멸하기 위해 대대적인 군사를 일으켰으나, 초기에는 낯선 몽골 고원에서의 전투에서 크게 패했다. 뒤에 전략을 바꾸어 먼저 윈난의 양왕을 멸하고 다시 만주 지역에서 원나라 군사를 굴복시키니 북원의 세력은 크게 약화되었다.

한편 왕조의 창립자로서 주위안장의 관심은 이와 같은 대외 경략이 아니라 오히려 국내의 기초를 튼튼히 하는 데 있었기에, 원말의 동란 중에 피폐해진 농촌의 재건에 힘썼고, 동시에 전통적인 유교 이념에 근거해 한족 왕조의 법통을 회복하려 했다. 정치 면에서는 개국 초기에는 원대의 정치 제도를 그대로 답습했으나, 곧 개혁에 착수해 최고의 행정 기관이자 정치의 중심이었던 중서성을 폐지하고 그 하부 기관이었던 육부六部를 독립시켜 황제의 직속 기관으로 바꾸었다. 또 군정을 총괄하던 추밀원도 폐지하고 전 · 후 · 좌 · 우 · 중의 오군도독부五軍都督部를 설치해 군권을 분산시켰다. 그리고 감독 기관인 어사대는 도찰원都察院으로 바꾸었다.

무엇보다 의미 있는 변화는 재상이 없어졌다는 것이다. 재상은 한대 이후로 당대까지 문무백관의 장으로 황제와 대좌해 정치를 의논하던 조정의 원로였다. 그 뒤 송대에 황제 중심의 중앙 집권이 이루어지면서 그 위세가 한풀 꺾이기는 했지만, 그래도 여전히 문무백관을 아우르는 권한과 위신이 있었다. 하지만 명 태조 주위안장은 이러한 재상의 자리를 일거에 없애버렸는데, 그 직접적인 원인은 재상이었던 후웨이융胡惟庸, 호유용의 전횡에 있었다. 후웨이융은 주위안장과 동향으로 개국 공신이었는데, 황제의 신임이 두터웠던 까닭에 가끔 독단적으로 일을 처리하면서 대신들의 불만을 샀고 중요한 직책에 자신과 연줄이 닿는 문하생이나 친구, 동료를 앉힘으로써 황제의 걱정을 살 만한 세력을 이루었다. 봉건 전제 왕조에서 황제에 위협이 될 만한 세력을 갖고 있다는 것은 어느 모로 보나 현명한 처신은 아니었으니, 과연 주위 대신들의 시기와 모함으로 주위안장은 모진 고문을 가해 후웨이융을 역모죄로 다스렸다. 이때 연루되어 사형을 당한 자가 1만 5,000명에 이르렀으며, 나아가 이것을 기화로 재상이라는 제도를 없애버렸다. 결국 주위안장이 재상의 자리를 없앤 것은 황제를 정점으로 하는 중앙 집권적 전제 정치를 시행하기 위한 것이었다.

황제를 중심으로 한 중앙 집권을 강화하기 위한 수단으로 주위안장은 '금의위錦衣衛' 라는 황제 직속의 특무 기관을 설치해 관료 및 일반 백성들의 일상 생활을 감시하였다. 만약 잘못이 발견되면 즉시 가혹한 고문을 가해 처형하였으니, 그 잔혹함과 무자비함은 달리 비할 데가 없을 정도였다. 그의 이러한 성격은 비천한 신분으로 매우 혼란한 난세의 틈바구니에서 이런저런 인생의 쓴맛을 다 보아가며 창업을 하는 동안 형성된 것이었다. 그는 아무도 믿지 않았고, 또 자신과 대등한 위치에 서거나 자신을 뛰어넘는 자도 용납하지 않았다. 그래서 사소한 잘못도 그냥 넘기지 못하고 극단적으로 처리했던 것이다. 여기에 만년에 태자를 잃고 나자 아직 어린 나이로 유약했던 황손을 위해 황제의 자리에 위협이 될 만한 공신功臣과 무장武將들을 모조리 제거하였다.

또 주위안장은 자신의 비천한 신분으로 인한 열등감 때문에 어이없는 문자옥文字獄도 많이 일으켰는데, 이를테면 자신이 한때 탁발승이었다는 사실을 항상 부끄러워하여 누군가 삭발한 중의 머리를 연상시키는 '광光'이나 '량亮', 또는 '독禿'이라는 글자를 쓰면 자신을 암암리에 비웃는 거라 하여 엄벌에 처했다. 또 홍건적 출신이었던 탓에, '적賊' 자와 발음이 비슷한 '칙則' 자에도 과민한 반응을 보여 많은 사람들이 이 때문에 횡액을 당했다. 그 죄가 크지 않은 경우에도 처벌은 가혹하였으니, 만약 신하가 상주한 내용이 마음에 들지 않으면 '정장廷仗'이라 하여 그 자리에서 곤장을 가했는데, 심한 경우 그 자리에서 맞아 죽는 일도 있었다 한다. 그리하여 중앙 관료들은 좌불안석 하루 하루를 불안하게 보내며, 매일 아침 궁으로 들어가기 전에 가족들과 작별 인사를 하고 저녁에 무사히 집에 돌아오면 안도의 한숨을 내쉴 정도였다. 결국 이런저런 모반죄와 문자옥에 연루되어 죽은 이들이 주위안장 치세에만 약 10여만 명을 헤아린다고 하니 그 잔혹함은 중국 역사에서 다른 예를 찾아볼 수 없을 정도였다.

인간적인 측면에서 볼 때, 명 태조 주위안장은 평생 고독하고 외로운 삶을 살았다. 젊어서는 전쟁터에서 필사적으로 살아남으려 애썼고, 황제가 된 뒤에는 자신의 비천한 신분 때문에 심한 콤플렉스에 시달리며 아무도 믿을 수 없는 상황에서 항상 노심초사 자신이 이루어놓은 것을 잃을까 걱정하는 가운데 하루 하루를 보냈다. 여기에 조강지처를 잃고 태자도 어린 나이에 보내고 난 뒤에는 더더욱 의지할 바를 잃고 고독한 독재자가 되어 여러 가지 무리한 일들을 진행시켰다. 모든 권력을 자신에게 집중시킨 탓에 황제가 처리해야 할 업무량은 한 사람의 자연인이 처리할 수 있는 한계를 넘어설 정도였다. 쑨청쩌孫承澤, 손승택의 『춘명몽여록春明夢餘錄』에 의하면 명 태조 홍무 17년1384년 9월 14일부터 21일까지 8일 동안 여러 관청에서 상주한 안건은 모두 1,160건, 3291사事에 달했다고 한다. 이 내용을 모두 일일이 훑어보고 결재를 하는 것은 아무리 비범한 능력을 가진 이라 하더라도 해내기 어려운 것이었다. 과연 명 태조나 성조成祖 영락제永樂帝와 같이 난세를 몸소 겪어내며 어느 정도 단련이 된 황제들을 제외한 나머지 황제들은 이러한 업무에 넌더리를 내고, 그 일의 처리를 황제의 고문 격인 대학사大學士에 위임했다. 이로 인해 황제의 권력은 형해화되고 대학사와 황제의 측근인 환관들이 전횡을 일삼는 일이 명 왕조 내내 계속되었다. 명 태조 주위안장은 말년을 고독하고 쓸쓸하게 보내다 재위 31년만에1398년 71세로 세상을 떴다.

정난의 변과 영락의 치세

명이라는 나라는 중국 역사상 최초로 강남 지역에서 일어나 북벌을 통해 나라를 일으켜 세운 최초의 왕조이다. 사실상 강남 지역은 위진남북조 이래 중국 땅으로 편입되어 당대를 거쳐 송대에 이르게 되면 창장 하류 지역의 개발이 만개해 경제적으로나 문화적으로 중원 지역을 능가할 정도가 되었다. 이러한 상황에서 화북華北과 화남華南의 중간 지대인 화이허

명 태조의 초상

현재 전하는 명 태조 주위안장의 초상은 두 가지이다. 하나는 민간에 전해오는 것이고, 다른 하나는 궁정에서 그린 것으로 두 가지 그림의 풍모가 너무도 달라 보는 이로 하여금 당혹감을 느끼게 할 정도이다. 우선 민간에 전해오는 그림은 하나같이 전체적인 분위기가 험상궂으며, 이마와 턱이 모두 튀어나와 전체적으로 주걱턱처럼 보이고, 얼굴은 마마 자국으로 얽어 있다. 민간의 그림이 교활하고 야비한 느낌을 주고 있다면, 이에 반해 궁정에서 그린 초상은 전체적으로 온화하고 인자한 분위기를 전하고 있다.

주위안장이 처음 반란군에 투신했을 때, 그 우두머리였던 궈쯔싱은 비범한 용모 때문에 그를 발탁했다고 한다. 반란군 우두머리의 눈에 드는 용모는 어느 쪽이었을까? 내일을 보장할 수 없는 난세에 걸맞는 인상은 온화하고 인자한 쪽보다는 불굴의 투지와 거친 세파에도 흔들리지 않는 거친 쪽이 아니었을까? 거기에 더해 주위안장이 일으킨 문자옥이나 공신들에 대한 잔혹한 처사 등을 고려해볼 때에는 오히려 민간에 전하는 용모가 더 현실에 부합하지 않을까 하는 생각을 지울 수 없다.

출신의 주위안장은 언젠가는 본래의 중원 지역 어딘가에 수도를 옮길 생각을 갖고 있었다. 여기에 태조 주위안장이 말년에 가장 고심했던 것은 신흥 왕조인 명의 기틀을 확고히 해 명실상부한 제국의 위용을 갖추는 일이었다. 이를 위해 황제의 권위에 걸림돌이 될 만한 세력들을 모두 처단했던 것인데, 앞서 말한 대로 가혹한 문자옥 등을 통해 이러한 위협은 사

실상 제거된 것이나 마찬가지였다.

이에 그치지 않고 주위안장은 개국 이후 황실이 고립되는 것을 면하고 유사시를 대비하기 위해, 26명의 아들 가운데 황태자를 제외한 나머지 모두를 전국의 중요한 요충지에 왕王으로 분봉하였다. 이들 제왕諸王들은 유사시에 황실 수호의 중책을 지고 있었는데, 그중 나이가 많은 왕들은 북원北元의 침공에 대항하기 위해 북쪽 변방 지역에 보냈다. 아울러 다른 지역의 왕들에게는 토지와 백성들에 대한 지배권은 주지 않았으나, 북방의 왕들에게는 방위상의 필요에 따라 상당한 정도의 무력을 소유하는 것을 허락했다. 이에 따라 북원과 수차례 전투를 치르면서 북방의 진왕晋王과 연왕燕王, 진왕秦王 등은 혁혁한 전공을 세우는 동시에 세력이 커졌다. 그 가운데서도 연왕燕王 주디朱棣, 주체는 뛰어난 전략가로서 북원과의 싸움에서 여러 차례 무공을 세우면서 야심을 키워나갔다.

이에 반해 태조 사후에 즉위한 혜제惠帝: 재위 1398~1402년는 유약하고 결단력이 없는 성격으로, 논설만 좋아하고 실제적인 경륜은 부족했던 치타이齊泰, 제태나 황쯔청黃子澄, 황자징, 팡샤오루方孝孺, 방효유 등과 같은 신하들과 가까이했다. 이들 신하들은 황제의 숙부인 북방의 제왕들의 세력이 커지는 것을 우려해 혜제에게 이들을 제거할 것을 건의했다. 이에 혜제는 비교적 힘이 약한 주왕周王과 제왕齊王, 대왕代王, 민왕岷王의 왕위를 박탈하고 서민으로 강등시켰으며, 상왕湘王은 자살하게 했다. 이러한 일련의 조치는 비슷한 상황에 놓였던 한대漢代 경제景帝가 오초칠국吳楚七國의 난을 겪었던 것을 거울삼아 취한 것이었지만, 곧 나이 어린 황제가 일종의 정치평론가격인 대신들의 말만 듣고 내린 섣부른 결정이라는 게 사실로 드러났다.

혜제의 이 같은 조처는 다른 왕들에게도 위기감을 주었는데, 특히 연왕 주디는 다음 표적이 자신임을 간파하고 건문建文 원년1399년 황제 주위의 간신배들을 제거하고 명 황실을 구한다는 명목으로 병사를 일으켜 4

년에 걸친 내전 끝에 황위를 빼앗았다. 이것을 '정난靖難의 변變'이라 하며, 연왕 주디는 1403년 황제의 자리에 올라 연호를 영락永樂이라 하였다. 혜제는 난리통에 그 종적이 묘연해져 행방불명되었는데, 궁궐 안에서 피살되었다고도 하고 궁을 빠져나가 중이 되었다고도 한다. 그를 황제로 인정하고 시호를 내리는 것을 둘러싸고 명조 내내 논란이 끊이지 않았던 것도 그의 생사가 불분명했기 때문이기도 하다.

영락제는 수도를 자신의 본거지인 베이핑北平, 북평으로 옮기고 이름을 베이징北京, 북경으로 바꿨으며, 본래의 수도인 잉톈푸應天府, 응천부는 난징이라 불렀다. 영락제는 단순히 황제의 자리를 노리던 야심가만은 아니었다. 그는 황제가 된 뒤 내치에도 힘쓰고 특히 북방의 이민족 정벌에도 큰 공을 세웠다. 이에 앞서 영락제는 자신과 같이 지역에 분봉되어 세력을 갖고 있던 여러 왕들을 모두 폐하고 서민으로 만들어 황제의 권위에 도전할 만한 세력을 미리 제거하였다. 하지만 북쪽 지역의 왕들을 제거하고

영락제가 건설한 쯔진청(紫禁城, 자금성) 내의 타이허뎬(太和殿, 태화전)
ⓒ 조관희

나자, 이제는 북변 수비의 허점이 드러나게 되어 이민족의 침입이 우려되었다. 영락제의 베이징 천도에는 자신의 본거지로 돌아간다는 의미 외에도 북쪽 지방의 수비를 위한다는 목적도 내재해 있었던 것이다.

북쪽의 이민족 가운데 북원은 홍무제 주위안장 때 세력이 약화되어 있었으나, '정난의 변' 이후 명의 압력이 느슨해지자 몽골 동쪽에서는 타타르가, 서쪽에서는 오이라트부가 일어나 몽골 고원의 패권을 다투었다. 영락제는 1410년부터 1424년까지 5번에 걸쳐 몽골 지역에 친정親征을 나서 그들을 차례로 굴복시켰고, 여세를 몰아 동진하여 만주 남쪽 지역에 젠저우 위建州衛, 건주위를 세워 여진을 압박했다. 하지만 세력이 약화된 오이라트를 대신해 타타르가 세력을 회복하자, 영락제는 다시 이들을 굴복시키려 출정했다가 돌아오는 길에 병사했다1424년. 중국의 역대 황제들 가운데 북방의 이민족을 정벌하고 공을 세운 이들은 많지만, 영락제와 같이 친히 정벌에 나서 군공을 세운 이들은 없었다. 그런 의미에서 영락제는 중국 황제들 가운데 가장 뛰어난 무장武將이었다고 할 수 있다.

영락제는 자신의 조카를 내쫓고 황제의 자리에 오른 셈인데, 그로 인한 무리수가 나중에 왕조 내내 문제를 일으키는 후환이 되기도 했다. 그 첫 번째가 문인들에 대한 배척이었다. 영락제는 난징에 입성한 뒤, 기존의 문신文臣들에게 협조를 구했다. 하지만 학식으로나 인격적으로나 천하의 신망을 받고 있던 팡샤오루가 "연적燕賊이 제위를 찬탁했다"는 글을 쓰자, 크게 노하여 그를 광장에서 찢어 죽이고 그 일족과 문인 등 873명을 죽여버렸다. 이로써 천하의 문인들은 영락제에게 등을 돌렸고, 이것을 의식하면 할수록 영락제의 반지성적인 태도 역시 노골화되었다. 뛰어난 무인武人이었던 영락제에게는 문인들을 이용해 국가를 다스려나갈 생각도, 그들을 받아들일 도량도 부족했던 것이다. 이러한 반지성주의는 나중에 문인들의 반격을 받게 되어 명 왕조의 명운을 흔들어놓게 되었다.

두 번째는 환관 세력의 발호다. 본래 명 태조 주위안장은 역대 왕조의 교훈을 거울삼아 환관들의 정치 참여를 절대 허락하지 않아, 환관이 글을 익히는 것조차 금했다. 본래 영락제는 '정난의 변'을 일으켜 난징의 세력과 싸움을 벌이고 있을 때, 도망쳐 나온 환관의 도움으로 난징을 함락시킨 적이 있었다. 이때부터 영락제는 환관을 신뢰하게 되어, 태조의 유지를 깨고 환관들의 문자 습득을 허용하는 등 그들에게 정치 참여의 기회를 부여했다. 여기에 그치지 않고 태조가 백련교도의 반란군에 참여했던 경험을 바탕으로 비밀 결사의 위협을 사전에 제거하고자 만들었던 정보 기관인 '금의위' 내에 특별 기구로 수도의 안전과 황제에 대한 비밀 정보의 제공을 책임지는 '동창東廠'을 설치하고는 환관들로 하여금 총괄하게 했다. 영락제 자신은 환관들을 적재적소에 부리면서 그들이 분수에 넘는 짓을 하지 못하도록 다잡을 수 있었으나, 나중에 나이 어린 황제가 즉위한 뒤에는 환관들이 나라의 정사를 좌지우지하는 일이 벌어졌다. 그로 인해 문인 학자 출신 관료들과 환관들 사이에는 극렬한 대립이 일어나 명 왕조 멸망의 한 원인이 되기도 했다.

하지만 영락제는 비범한 능력의 소유자로 엄청난 양의 업무를 스스로 소화하며 관리들을 다잡고 재해 복구 등 백성들의 복리 향상에 힘을 쓰고 내정을 튼실하게 하는 등 훌륭한 업적을 거두기도 했다. 환관 문제만 해도 그들이 멋대로 발호하는 일은 영락제 치세에는 있을 수 없는 일로, 영락제는 환관들을 능력에 따라 적재적소에 배치해 활용했다. 그 대표적인 예가 환관 출신으로 대선단을 이끌고 중국 역사상 가장 위대한 항해를 수행했던 정허鄭和, 정화; 1371~1433?이다.

정허의 해외 원정과 투무의 변

명 태조 주위안장은 외국과의 사무역을 금지하고 동아시아 국제 질서를 국가 사이의 조공 관계로만 한정했다. 하지만 영락제는 이를 중국 동남부 해안으로부터 동남아시아 여러 나라로 확대하고자 정허에게 항해를 떠나도록 명했다. 정허의 첫 번째 항해는 1405년에 이루어졌으며, 영락제 재위 기간 동안은 모두 6회, 그리고 마지막 항해는 선덕제宣德帝; 재위는 1425~1435년 때로, 1405년에 시작해 1433년까지 28년 동안 모두 7회에 걸쳐 진행되었다. "그때마다 대규모 선단을 조직했는데, 1405년 첫 번째 항해의 경우 64척의 큰 배와 225척의 작은 배에 2만 7,800명의 인원이 동원되었다. 가장 큰 배는 길이가 134미터에 폭은 56.7미터였는데, 이것은 현재의 8,000톤급의 배에 해당한다. 정허의 제1차 항해가 있은 지 90여 년 후 바스쿠 다 가마Vasco da Gama, 1469~1524가 희망봉을 돌아 인도 항로를 발견했는데, 그때의 기함이 겨우 120톤에 불과했다는 사실을 감안한다면 정허가 거느렸던 함대가 얼마나 거대했는지를 짐작해볼 수 있다."◉

◉ 조관희, 『세계의 수도 베이징』, 179~ 180쪽.

정허가 여행한 곳은 말래카 해협을 거쳐 인도네시아의 자바와 수마트라, 태국을 지나 스리랑카까지 이르렀으며, 일부는 아라비아 반도의 아덴까지 도달했고 일설에 따르면 아프리카 동부 해안까지 이르렀다고도 한다. 이것은 최초로 세계 일주에 나섰던 포르투갈의 바스쿠 다 가마보다 반세기 이상 앞선 것이었다. 당시 이 같은 대원정이 가능했던 것은 세계제국인 원元이 축적해놓은 여러 나라에 대한 정보와 그에 바탕한 지도가 있었고, 원대에 활동했던 이슬람 상인들의 항해술 때문이었다고 한다. 아울러 영락제가 정허에게 항해를 명한 이유에 대해서도 여러 가지 설이 있는데, '정난의 변' 때 사라진 혜제의 행방을 찾기 위해서라는 설도 있다. 하지만 이것은 설득력이 약하며, 오히려 그것보다는 동남아시아와의 무역을 장려하고 또 명나라의 위세를 과시하기 위해 행해졌을 것이라는 설이 좀더 유력하다.

항해를 통해 정허는 명에 대한 조공을 권유했는데, 이에 불응하면 무력으로 응징하기도 했다. 아울러 명의 면직물과 도자기 등이 수출되고 남방의 후추와 염료 등이 수입되었으며, 기린과 같은 진기한 동물들이 들어오기도 했다. 아프리카 동부 해안 지역에서는 아직도 명대의 도자기가 출토되고 있어 정허 원정대의 흔적을 엿볼 수 있다. 아울러 원정대를 수행했던 마환馬歡, 마환의 『영애승현瀛涯勝覽』이나 페이신費信, 비신의 『성사승현星槎勝覽』, 궁전鞏珍, 공진의 『서양번국지西洋番國志』 같은 여행기는 중국인들의 세계관을 크게 변화시켰다. 이후로 중국인들의 남방 진출이 활발해져 사실상 해외의 화교華僑는 이때부터 시작되었다고도 할 수 있다. 하지만 정허가 죽고 난 뒤에는 더 이상 해외 원정이 시도되지 않고 중단되었다. 사실상 서구의 경우 십자군 원정이나 지리상의 발견 등에 비견할 만큼 그 규모나 활동 범위에서 역사적인 의미를 지니고 있던 정허의 원정이었지만, 그의 사후에는 현대에 이르기까지 그와 같은 규모의 대선단이 해외로 진출한 적이 전혀 없었던 것이다.

> 정허의 사후 선원들은 뿔뿔이 흩어졌고, 선박들은 아무렇게나 방치되어 썩어갔으며, 항해도는 병부상서 류다샤劉大夏, 유대하에 의해 불태워졌다. 이 대목에서 현대의 중국인들은 긴 한숨과 함께 통분의 감정을 숨기지 않는다. 그것은 당대 세계 최강의 전력을 앞세워 세계를 제패할 수 있었던 기회를 물리치고 마침 완성된 장성 안에 스스로를 가두고는 세계사의 뒷전으로 물러나 앉았기 때문이다. 이후로 중국은 19세기까지 이렇다 할 해군력을 키운 적이 없었다. 19세기 말에 외국에서 도입한 장갑함마저 얼마 되지 않아 1895년 청일전쟁에서 일본 해군에 의해 격침되거나 나포되고 말았다.◉

◉ 조관희, 앞의 책, 180쪽.

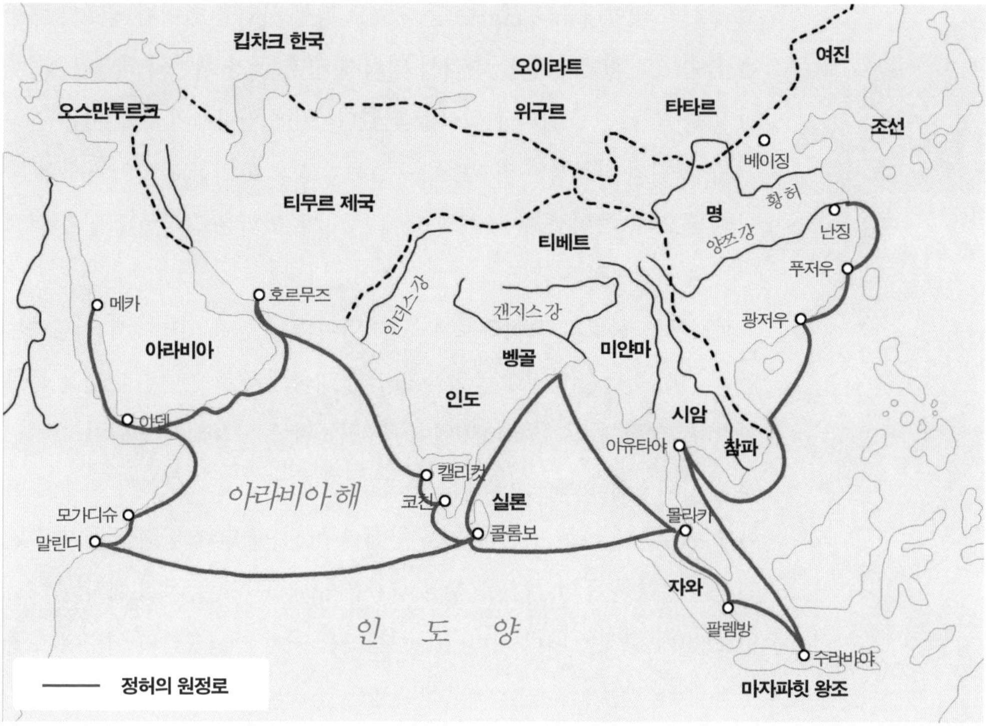

정허의 원정로

정허의 대원정이 중단된 가장 큰 이유는 국가 재정 때문이었다. 송대 이후 중국 사회는 생산력 증대로 귀족 중심의 봉건적 세계 질서가 종말을 고하고, 새로운 세계로 접어들었다. 특히 화폐 경제의 진전으로 남송 이후에는 은이 교환 수단으로 사용되어 마찬가지로 은을 기본 통화로 하고 있던 이슬람 상업권과의 교류도 확대되었다. 이로 인해 국가 재정과 지배층에서의 은의 수요가 증대되었다. 하지만 원대에 들어서는 민간에서의 금과 은의 자유로운 거래를 금지하고 교초交鈔라는 지폐를 발행해 금과 은의 태환권兌換權을 국가가 독점하였다. 명대에 들어서도 원대의 제도를 계승해 교초의 유통을 강제했으나, 명대의 교초는 사실상 불환지폐였기에 민간에서는 여전히 은이 유통되었다. 여기에 영락제가 북원을 정벌하고 정허의 대함대를 파견하는 등 대규모 정복 사업을 벌이자 왕조의 재정은 급속도로 피폐해졌다. 따라서 영락제 사후 국가 재정의 회복은 더 이상 미룰 수 없는 초미의 관심사가 되었다. 이에 영락제의 뒤를 이은 인종仁宗은 부친의 적극적인 외교책을 수정해 외정으로 인한 전비의 부담을 줄이려 했으나, 즉위한 지 10개월 만에 병사해 그 일은 결국 아들인 선덕제宣德帝에게 넘겨졌다.

선덕제는 북방의 오이라트 부족을 막아내는 한편 남방에서 저항하는 안남安南의 독립을 인정해 중국을 둘러싼 외국에 대한 공연한 간섭을 줄여 나갔다. 선덕제 말기인 1430년에 황제는 외국 사절들의 발길이 끊기는 것을 아쉬워해 호르무즈를 비롯한 17개국에 조공을 촉구하기 위해 정허에게 새로운 항해를 명했다. 6차 항해로부터 9년 만에 항해를 떠나게 된 정허는 충분한 준비 기간을 갖고 시간을 보내다 계절풍이 도래하는 1431년 11월에 중국을 떠나 자바와 수마트라를 거쳐 스리랑카와 인도에 도착했다. 이듬해인 1432년 12월, 페르샤만 입구의 호르무즈에 도착해 약 50일을 머무른 뒤, 1433년 2월에 귀국길에 올라 왔던 길을 되짚어 돌아갔다. 하지만 이 마지막 항해에서 정허는 도중에 병사했는데, 그의 죽음에 대해서는 정확한 기록이 남아 있지 않아, 아직까지도 그의 죽음은 수수께끼로 남아 있다. 중국 오지의 산악 지대인 윈난雲南, 운남에서 태어나 인도양을 항해하며 바다 위에서 인생의 최전성기를 보내던 정허는 64세의 나이로 쓸쓸한 죽음을 맞이했던 것이다.

정허가 마지막 항해를 떠나 갑자기 병사한 지 얼마 안 되어 선덕제는 38세의 젊은 나이로 세상을 뜨고1435년, 9세의 정통제正統帝 영종英宗이 즉위하였다. 어린 황제가 등극하자 기다렸다는 듯이 사방에서 난이 일어났다. 서부의 윈난에서는 7년 동안 난이 이어졌고, 남방의 푸젠福建, 복건에서도 농민 반란이 잇달았다. 1440년에는 몽골 오이라트부의 에센이 세력을 키워 조선에 항복을 강요하고, 동북 지방의 여진족 세계에도 세력을 확대했다. 명에 대해서는 해마다 조공사를 파견해 조공 무역의 이익을 탐해, 명 왕조는 다퉁大同, 대동에 마시馬市를 열고 소나 말과 견포絹布 등과 같은 일상 용품을 교역하게 했다. 이때 조정에서 득세하고 있던 환관 왕전王振, 왕진은 금령을 어기고 구리와 철로 만든 화살촉을 비밀리에 수출해 자신은 큰 이익을 얻고 결과적으로 몽골의 전력을 높이는 결과를 초래했다. 이런 와중에 명 측에서 이익을 높이려고 말의 가격을 내리려고 하자 오이라트는 이에 반감을 품고 랴오둥遼東, 요동과 쉬안푸宣府, 선부, 간쑤甘肅, 감숙, 다퉁의 네 방면으로 군사를 내려보내 명을 침공했다. 왕전은 자신의 고향인 다퉁 부근의 위저우蔚州, 울주가 함락될까 두려워 정통제의 친정親征을 요청했다. 황제를 수행한 왕전은 전세가 불리함에도 무리하게 황제를 종용해 다퉁으로 향하다 투무土木, 토목; 지금의 허베이 성 화이라이 현(懷來縣, 회래현)에서 에센의 군대에게 포위되어 왕전은 전사하고 정통제는 포로로 사로잡혔다.

에센은 포로로 잡은 정통제를 미끼로 명과의 협상에서 우위에 서려 했지만, 이를 간파한 명 측에서는 대학사 위첸于謙, 우겸 등이 정통제를 태상황太上皇으로 삼고, 아우인 경태제景泰帝 경종景宗을 옹립했다. 오이라트 군사들은 정통제를 복위시키고 자신들에게 유리하게 협상을 진행하고자 베이징을 나흘 간 포위하는 등 공세를 폈지만, 위첸을 위시한 명 왕조의 신료들은 베이징의 수비를 강화하고 오이라트를 격파했다. 이에 양측 간에 강

취안저우(泉州, 천주)의 해외교통사박물관에 있는 명대 선박 ⓒ 조관희

화가 성립되어 정통제는 무사히 돌아올 수 있었다. 정통제는 일개 왕으로 강등되어 궁에 머물게 되었는데, 이로 인해 경태제의 입지는 불안해졌다. 여기에 잦은 병치레를 하던 경태제의 증세가 악화되자 환관 차오지샹曹吉祥, 조길상이 무장인 스팅石亨, 석정과 결탁해 쿠데타를 일으켜 경태제를 퇴위시키고 정통제를 복위시켰다. 다시 황제의 자리에 오른 정통제는 연호를 '천순天順'으로 바꾼 뒤, 자신의 동생인 경태제를 죽이고, 베이징 사수와 몽골군 격퇴에 공이 컸던 위첸 역시 사형시켰다.

이런저런 여러 가지 내우외환을 겪으면서 명 왕조는 점차 쇠락의 길을 걷게 되어, 정통제의 뒤를 이은 헌종憲宗 성화제成化帝의 시대가 되자, 더 이상 외부 세계로의 팽창 정책은 시행되지 않았다. 때마침 월남 지역에 대한 진공이 문제가 되자, 당시 병부상서이던 류다샤劉大夏, 유대하는 정허의 항해 기록과 문서를 모두 태워버리고 말았다. 바로 "이 대목에서 오늘날 중국인들은 긴 한숨과 함께 통분의 감정을 숨기지 않"고 있다. 하지만 냉정한 시각으로 보자면, "당시 정허의 원정은 세를 과시하는 측면에서는 긍정할 만한 점이 없지 않았으나, 실제로는 원정의 효과가 어떤 현실적인 이익으로 돌아온 점이 없었다는 점에서는 공허한 허장성세에 불과했다는 지적도 있다. 그에 상응하는 대가가 없는 대원정은 국가 재정에 큰 부담으로 남게 되었으며, 병부상서 류다샤가 항해도를 불태운 것도 방만한 국가 재정을 긴축하기 위한 것이었다."◉

◉ 조관희, 앞의 책, 181쪽.

환관의 전횡과 명 왕조의 쇠락

정허의 대항해시대가 막을 내린 것과 거의 동시에 명 왕조 역시 쇠락의 길로 들어서게 된다. 무릇 한 왕조의 쇠락과 더불어 찾아오는 것은 소인배들의 득세이니, 초기의 활력을 잃고 침체의 늪으로 빠져가던 명 왕조를 좌우했던 것은 바로 환관들이었다. 중국 역사에서 환관이 특히 강대한 힘을 발휘했던 것은 한漢과 당唐에 이어 명明 왕조를 꼽을 수 있다. 앞서도 살펴본 바와 같이 명 태조 주위안장은 역대 왕조의 교훈을 거울삼아 환관을 단순히 궁궐 안의 업무를 보조하는 역할에만 종사하게 했다. 이에 그치지 않고 태조는 아예 환관은 정부의 요직에 관여할 수 없다는 내용을 새긴 '철비鐵碑'를 세워 후세에 경고했다. 그러나 태조의 뜻과는 반대로 명 왕조야말로 환관들이 조정에서 국정을 농단한 대표적인 왕조가 되었다.

혜제惠帝 건문제建文帝를 제거하고 황제의 자리에 오른 영락제는 '정난의 변'을 일으켰을 때 환관의 내응으로 성공할 수 있었다. 이에 환관을 신임하게 된 영락제는 자신의 능력을 과신해 환관에게 직책을 맡기더라도 그들을 철저하게 감시하고 통제하기만 하면 아무런 문제가 없다고 생각했다. 한편 정통성이라는 측면에서 항상 떳떳하지 못하다는 생각을 갖고 있던 영락제는 자신을 비판하는 관료들을 찾아내 제거하기 위해 태조가 세웠던 특무 기관인 '금의위'를 본받아 '동창東廠'이라는 비밀 첩보 기관을 만들어 환관을 장관으로 삼았다. 또 영락제는 칙명 하나로 어떤 고관이라도 체포 수감할 수 있는 '조옥詔獄'을 만들어 동창에 귀속시켰다. 환관은 이들 기관을 통해 관료들을 위압하며 절대적인 힘을 휘둘렀으나, 영명한 군주였던 영락제 치세에는 단지 황제의 뜻에 따라 움직이는 보조 기관에 지나지 않았다.

영락제 사후에 즉위한 인종仁宗은 8개월 만에 사망하고, 곧바로 태자 주잔지朱瞻基, 주첨기가 즉위해 선종宣宗 선덕제宣德帝; 재위 기간은 1425~1435년가 되었다. 선덕제의 즉위는 명 왕조가 창업創業의 단계를 지나 수성기守成期에 접어들었다는 것을 의미하는데, 태조 홍무제와 성조 영락제가 닦아놓은 기틀 위에서 정치가 안정기에 접어들었다. 선덕제는 즉위하자마자 숙부인 한왕漢王의 반란을 진압해 황제의 권위를 세웠다. 아울러 태조가 재상을 폐지하고 모든 권력을 황제에게 집중함으로써 빚어졌던 황제 업무의 과중한 부담을 줄이기 위해 영락제 때 황제의 비서 겸 고문으로 두었던 내각대학사內閣大學士의 직책을 육부의 상서尙書들이 맡아보게 함으로써 실질적으로 내각책임제가 시행되고 재상 제도가 부활하게 되었다. 아울러 선덕제는 황제에게 올라오는 모든 공문들의 처리를 환관인 사례태감司禮太監에게 위임했는데, 때로는 그 결제마저도 환관들이 대행하기도 했다. 이로써 환관의 권력이 커져 내각을 능가할 정도가 되었으나, 그래도 선덕제 치세에는 병부상서 양스치楊士奇, 양사기와 공부상서 양룽楊榮, 양영, 예부상서 양푸楊溥, 양부의 삼양三楊이 대학사를 겸하면서 국정을 보좌했기에 이로 인한 문제가 전면에 드러나지 않았다. 따라서 이 시기는 주周의 성왕成王이나 한대漢代의 문제文帝와 경제景帝의 치세에 비유되기도 한다.

그러나 선종이 죽고, 영종 정통제가 9세의 나이로 황제의 자리에 오르자 상황은 일변하였다. 정통제가 즉위한 초기에는 할머니인 인종의 비 태황태후가 생존해 있었고, 또 선종 대의 명신인 삼양이 건재해 별다른 문제가 없었다. 그러나 태황태후가 세상을 떠나고, 양스치와 양푸가 잇달아 죽은 뒤 양룽마저 노쇠해지자, 영종이 친정을 시작하니 이때부터 환관들이 서서히 두각을 나타내게 되었다.

그중에서도 즉위하기 전부터 영종의 훈육을 담당했던 왕전王振, 왕진은 태조의 엄명으로 문자를 익히지 못해 문맹이었던 초기 환관과는 달리 영락제 말년에 특별히 허락받아 학관學官 출신으로 지원해 환관이 되었기에 상당한 정도의 학식을 갖고 있었다. 왕전은 태조가 환관의 정치 참여 금지를 명문화한 '철비'를 제거하고, 자파 세력을 조정의 요직에 앉히는 등 조정의 인사를 통해 정권을 장악했다. 그는 환관들이 관할하고 있던 비밀 경찰 조직인 금의위를 통해 반대파를 색출해 죽이거나 유배를 보냈는데, 그로 인해 조신朝臣들이나 백성들로부터 신망을 잃게 되자, 이를 만회하기 위해 젊은 영종을 부추겨 외정外征에 나서게 해 그 공을 자기에게 돌리려 했다. 처음에는 윈난雲南 서남부에서 일어난 반란을 진압하는 등 그 성과가 있었으나, 몽골의 오이라트부가 침공해오자 신중하게 대처할 것을 주장한 위첸于謙, 우겸 등의 건의를 묵살하고 영종이 친정親征에 나서게 했다. 결과적으로 무모한 싸움 끝에 자신은 죽고 영종은 포로로 잡히는 '투무土木, 토목의 변' 이라는 국가적 망신을 초래하였다.

파란만장한 삶을 뒤로하고 영종이 죽자, 그 아들인 성화제成化帝 헌종憲宗; 재위 기간은 1464~1487년이 즉위했다. 그의 재위 기간과 그 뒤를 이은 효종孝宗 홍치제弘治帝; 재위 기간은 1488~1505년의 도합 41년의 시기는 명 왕조가 극성기에 올랐던 때로, 다소의 문제는 있었지만, 선종 대와 함께 명 왕조의 성세盛世라 할 수 있다. 하지만 이때를 변곡점으로 명 왕조는 쇠락기에 접어들게 된다. 18세의 어린 나이로 즉위한 효종 홍치제는 전대에 정치를 문란케 했던 환관들과 그들의 비호로 관리가 된 전봉관傳奉官 2,000여 명을 모두 파면해 조정의 기강을 바로잡았다. 아울러 덕망 있는 류젠劉健, 유건, 리둥양李東陽, 이동양 등을 대학사로 임용하고 헌종 때 축출되었던 충신들을 모두 재기용하는 한편, 환관을 배제해 황제와 대신이 정치를 집행하는 기풍을 확립했다. 또 악명 높은 금의위와 동창을 규제하고 법 집행도 신중하게 했으며, 태조 이래 황제가 마음대로 신하를 징벌하던 '정장廷杖' 도 폐지했다. 이 같은 내정의 확립을 통해 경제 역시 발달했으니, 이로 인해 학술과 문화 역시 만개해 효종 홍치제의 치세 18년은 명대의 최전성기라 할 만하다.

효종이 죽고 나서 명 왕조 11대 황제인 무종武宗 정덕제正德帝; 재위 기간은 1505~1521년가 14세의 어린 나이로 즉위했다. 전제 군주 제도하에서 황제는 무엇이든 다 할 수 있는 자리로 보이지만, 사실상 여러 가지 의례 등에 의해 고도로 형식화된 업무를 기계적으로 치러내야 한다는 측면에서 보자면 황제야말로 이 세상 어느 누구보다 고독하고 외로운 사람인지도 모른다. 불행하게도 "정덕제는 남다른 용기와 정열을 갖고 있었고, 무엇보다 창조적인 호기심을 가진 인물"이었으며, 명민하게도 "그러한 재능을 가진 자신은 명조가 틀지워놓은 수성지군守成之君의 재목으로 적합하지 않다는 것을 재빨리 파악"했다.◉

◉ 레이 황, 박상이 옮김, 『1587 아무일도 없었던 해』, 서울: 가지않은 길, 147쪽.

그는 즉위한 지 2년이 조금 넘어가자 궁궐을 벗어나 황성의 빈터에 '표범의 집豹房' 이라는 저택을 지었다. 이곳에서 황제는 유희와 오락에 빠져 살면서, 어전회의와 경연經筵은 생각날 때 가끔 열었다. 조정 대신들의 비판에도 아랑곳하지 않은 정덕제의 태도는 어찌 보면 모든 것을 마음대로 할 수 있을 것 같으면서 정작 일상사에서는 하고 싶은 일을 할 수 없는 황제라는 자리를 마음껏 조롱하고 농락한 것이었는지도 모른다. 그래서일까? 정덕제는 "그리 해서는 아니 되옵니다"를 뇌까리는 대신들에게 반론을 제기하고 그로 인해 당혹해하는 대신들의 태도를 보며 즐거워하기까지 했다.

정덕제가 정사를 돌보지 않는 동안에는 환관 류진劉瑾, 유근이 정무를 오로지하며 뇌물을 받고 관직을 내보냈다. 뇌물을 바친 관리는 임지에서 이를 만회하기 위해 각종 명목으로 백성들의 고혈을 짜내니 이를 견디다 못해 전국 각지에서 난이 일어났다. 이러한 반란들은 곧 평정되었지만, 환관들 사이에서도 이로 인한 대립이 생겨 류진은 사형 당하고 그 일파도 축출되었다. 하지만 이번에는 황제가 총애하는 무장武將 장빈江彬, 강빈이 황제에게 말타기와 활쏘기 등을 가르치고 분방하게 이곳 저곳을 쏘다녔다. 심지어 몽골이 잠시 국경을 넘어오자 직접 군사를 이끌고 전투에 참여하기까지 했다. 이쯤 되자 황실 내부에서도 황제가 후사後嗣도 없이 무뢰배나 다름없는 생활을 하고 있다는 데 불안을 느끼게 되어, 1519년 난창南昌, 남창의 영왕寧王 천하오宸濠, 신호가 난을 일으켜 북상했다. 이때 군무軍務를 띠고 난창에 있었던 명대의 대학자 왕서우런王守仁, 왕수인이 난을 진압했다. 결국 정덕제는 재위 내내 갖은 기행으로 조정의 대신들을 힘들게 하다, 1521년 남방에 순시를 나섰다가 물에 빠진 뒤 병에 걸려 죽었다.

문제는 정덕제가 자신의 뒤를 이을 후사를 남겨놓지 않았다는 데 있었다. 심지어 정덕제의 형제에게도 아들이 없었기에, 황태후가 효종의 아우인 흥헌왕興獻王의 장남 허우충厚熜, 후총으로 제위를 잇게 했다. 이것이 세종世宗 가정제嘉靖帝; 재위 기간은 1521~1566년이다. 황태후는 대신 양팅허楊廷和, 양정화에게 명해 정덕제의 주변에서 전횡을 일삼던 무리들을 몰아내고, 조세를 감면하는 등 개혁적인 정책을 시행해 인심을 수습했다. 하지만 가정제는 즉위하자마자 매우 곤란한 문제에 부딪혔는데, 그것은 왕조 국가의 수장으로서 선조를 봉양하는 데서 비롯된 것이었다. 곧 가정제가 일종의 양부라 할 정덕제를 제사지낼 것인가, 그렇지 않으면 실부인 흥헌왕을 제사지낼 것인가 하는 것을 두고 조정 내에서 큰 논란이 벌어졌던 것이다.

이 논란은 사실상 조정 내 신진 개혁 세력과 전통 귀족 보수파 사이에서 벌어진 권력 투쟁의 성격을 띠고 있었기에 양측은 조금도 양보를 하지 않았다. 이 논쟁은 무려 4년을 끌었으며, 결국 가정제의 의향대로 효종을 황백고皇伯考로, 생부인 흥헌왕을 황고皇考로 하는 것으로 끝이 났다. 하지만 이에 불복한 조신 200여 명은 궁문에 눌러앉아 항의하다 하옥되고 곤장을 맞고 죽는 이까지 나왔다. 이때 가정제의 뜻에 영합하는 간신과 환관의 무리가 득세하여 모처럼 환관 세력을 일소하고 새로운 정치를 펴나갈 기회가 사라졌다.

가정제는 본래 천성이 영민했다고 한다. 그러나 대례大禮 논쟁 이후 정치에 염증을 일으키고는 도교에 심취해 스스로 도사道士를 자처하며 황궁 서쪽에 있는 시위안西苑, 서원에 머물면서 대전大殿을 세우고 장생불사를 빌었다. 가정제는 역대 황제의 재위 기간으로는 기록적이라 할 만한 46년이라는 긴 시간 동안 황제의 자리에 있었다. 그러나 그는 재위 내내 정사를 돌보지 않고, 대례 논쟁 때 자신을 지지했던 옌충嚴嵩, 엄숭: 1480~1567년을 대학사로 임명해 정치를 일임했다. 옌충은 아들인 옌스판嚴世蕃, 엄세번과 함께 국정을 농단하고 뇌물 정치를 자행하면서, 자신들을 비판하는 세력은 모두 사형에 처했다.

이때 옌충 부자의 전횡을 잘 보여주는 일화가 있다. 명대의 유명한 문인인 왕스전王世貞, 왕세정: 1526~1590년은 1547년 진사가 되고 형부刑部의 관리가 되었으나, 강직한 성격 때문에 옌충의 뜻을 거역하였다. 이에 옌충이 구실을 만들어 고도어사古都御史인 그의 아버지를 사형시키자, 벼슬을 그만두고 아버지의 무고함을 주장하여 8년 간이나 노력한 끝에 명예를 회복시켰다. 그런데 항간에서는 이때 왕스전이 아버지의 원수를 갚기 위해 명대 사대기서의 하나인 『금병매』를 지어 페이지마다 독을 바른 뒤, 옌충의 집 앞에서 이 책을 팔았고, 침을 묻혀가며 책을 다 읽은 옌충이 온몸에 독이 퍼져 죽었다는 전설 같은 이야기가 전한다.

이러는 동안 하이루이海瑞, 해서라는 관리가 상소를 올려 황제를 비판했는데, 가정제는 격노했지만 그를 처벌하지는 못했다. 아무리 황제가 마음대로 정사를 농단하던 시절이었지만 민심을 전혀 외면할 수는 없었고, 그런 의미에서 사리에 맞는 소리를 죽음을 무릅쓰고 진언한 하이루이는 정당성이라는 측면에서 많은 사람들의 지지를 받고 있었기에 황제조차도 어쩌지 못했던 것이다. 하이루이는 처벌을 받지 않았지만, 하이루이의 사건은 그로부터 몇백 년 뒤인 현대에 엉뚱하게 재등장해 엄청난 파장을 일으키게 된다.

이런 와중에 북방에서는 북원 다얀 칸의 손자 알탄 칸이 이끄는 몽골

족이 끊임없이 침범했고, 남쪽에서는 왜구가 장쑤와 저장의 해안 지대에 출몰하면서 노략질을 일삼았다北虜南倭. 명대에는 북원이 타타르와 오이라트 두 부족로 나뉘었는데, 초기에는 서쪽의 오이라트부가 세력을 키워 에센이 영종을 포위해 사로잡는 '투무의 변'을 일으키기도 했으나, 에센이 대신에게 살해되자 세력을 잃고, 대신 동쪽에 자리잡고 있었던 타타르가 부활했다. 타타르부의 다얀 칸은 오르도스 지역을 평정하고 서진해서 닝샤寧夏, 영하 지역을 함락시켰다. 다얀 칸의 손자인 알탄 칸은 산시山西, 산서와 산시陝西, 섬서 두 지역을 여러 차례 침략하는 한편 1550년에는 수도인 베이징까지 습격했다. 이에 대한 명군의 대처는 한심할 지경이어서 성 안에서 몽골 군사의 공세를 막아내는 데 급급했다. 하지만 애초에 베이징을 공략할 의도가 없었던 알탄 칸은 곧바로 회군하여 서쪽의 오이라트부를 항복시키고 티베트 일대를 복속시켜 서북의 강대국이 되었다. 이에 명은 마시馬市와 차시茶市를 여는 등 통상을 통한 화해 정책으로 겨우 몽골의 위협에서 벗어났다.

베이징 시내의 유명한 반찬 가게 류비쥐(六必居)의 현판은 옌충(嚴嵩)이 쓴 것이라 한다. ⓒ 조관희

하지만 몽골의 침입보다 더 골치가 아팠던 것은 남방 지역에 대한 왜구의 침입이었다. 당시 왜구는 일본에서 건너온 해적들보다는 오히려 중국인들이 주체가 된 일종의 밀무역의 한 형태가 주류를 이루었다. 명대의 수공업 수준은 이전 시기에 비해 비약적으로 발전해 제철이나 방직, 인쇄, 칠기, 도자기, 조선 등의 기술이 고도로 발달했다. 이를 바탕으로 시장에 나온 생산물들은 국내뿐 아니라 국제적인 상품이 되었는데, 명 왕조는 이에 대한 교역을 크게 제한하여 가장 큰 시장을 형성하던 일본 측의 불만을 사고 있었다. 그로 인해 밀무역이 성행했는데, 거래가 성립되지 못하거나 대금이 미지급되면 해적의 본성을 드러내서 육지에 올라 약탈을 통해 보상을 받으려 했고, 이때 중국의 해적도 가담해 대규모의 폭동 사태를 연출하게 되었던 것이다. 왜구 세력은 뒤에 치지광戚繼光, 척계광 등이 등장해 적극 토벌함으로써 그 위세가 한풀 꺾이게 된다.

가정제 시기의 이러한 내우외환은 명 왕조가 정점을 지나 바야흐로 쇠락기에 접어들었다는 것을 의미한다. 실제로 개국 초기부터 쌓여왔던 여러 가지 사회적 모순들이 시간의 흐름 속에서 현실화되어 명 왕조는 몰락의 길에 들어서게 된다. 환관들의 득세는 최고조에 달하고 이에 맞서는 문인 관료들의 저항 또한 거세지면서 중원은 또 한번의 혼돈에 빠지게 되는 것이다.

만력의 시대, '동림당'과 '엄당'의 투쟁

1561년 세종 가정제가 죽고 태자가 제위를 이어 목종穆宗 융경제隆慶帝가 되었다. 융경제는 겨우 6년만에 죽고 신종神宗 만력제萬曆帝: 재위 기간은 1572~1620년가 9세의 어린 나이로 즉위했다. 만력제의 치세는 여러 가지로 의미 있는 기간이었다. 초기에는 내각대학사 장쥐정張居正, 장거정: 1525~1582년이 황제를 보필해 혁신 정치를 행해 이른바 '만력중흥萬曆中興'의 치세를 이루었으나, 장쥐정이 죽고 만력제가 친정을 한 뒤로는 개혁적인 정책들이 후퇴하고 장쥐정에 대한 탄핵이 제기되는 등, 모처럼 찾아온 개혁의 바람은 잦아들고 왕조는 내리막길로 들어서게 된다.

장쥐정은 어린 만력제를 보육하며 정력적으로 정치를 바로잡아나갔다. 그는 우선 정덕제와 가정제 이래로 느슨해져 있던 공직 사회의 기강을 바로잡고 부패하고 무능한 관리들을 축출했다. 그리고 황허를 보수해 조운漕運의 효과를 향상시키고, 이전 황제들이 돌보지 않아 피폐해진 국가 재정을 회복하기 위해, 1578년 전국적으로 토지 조사를 진행했다. 이를 통해 등록되어 있지 않은 대지주들의 토지를 적발하는 등 전국의 토지 면적이 이전에 비해 30퍼센트나 증가했다. 아울러 복잡한 노역과 세법을 그때까지는 산발적으로 실시되었던 일조편법一條鞭法에 의해 일원화했다.

일조편법이란 이전에 별건으로 다루던 토지세나 노역을 하나의 항목으로 통합해 징수하는 것을 말한다. 아울러 일부 현물 납세를 제외하고는 모든 항목의 세금은 은으로 통일되어 국가 전체의 총은액總銀額이 모든 토지에 직접 할당되고 지역마다 단위 면적당의 은액이 거의 고정되었다. '일조편법'이란 이렇게 복잡하게 이루어지던 세법을 간단하게 한 가닥一條의 채찍鞭을 휘둘러, 곧 '은납銀納'으로 일괄해서 해결한다는 뜻이다. 이러한 은납제는 명대 중기 이후 상품 생산의 확대와 화폐 경제의 발전을 촉진하는 역할을 하였다. 여기에 치지광 등이 남쪽의 왜를 진압하고 장성을 보수하는 등 국방을 튼튼히 하자 변방의 소란은 잦아들었다.

장쥐정이 전성기를 지나 쇠락기로 접어들던 명 왕조에 쇄신의 바람을 불어넣은 것은 맞지만, 그로 인한 역풍 또한 만만한 것은 아니었다. 그가 살아 있는 동안에는 만력제도 고분고분 스승의 말을 따랐으나, 즉위한 지 10년 만에 장쥐정이 죽자 성인이 된 만력제는 숨이 막힐 것 같았던 스승의 훈도에서 벗어나 비로소 자유로운 몸이 되었다. 앞서도 말한 바와 같이 봉건 전제 군주제하의 황제는 무엇이든 할 수 있는 존재이기도 했지만, 그에 반해 형식적인 의례를 행하고 예법에 맞게 행동해야 하는 등 여러 가지 제약이 많았다. 심지어 황제는 뚜렷한 이유 없이 마음대로 궁 밖으로 나가서도 안 되는 등 하루 하루의 일상이 아무런 자극도 없는 무미건조한 나날들의 연속일 뿐이었다. 성인이 되기 전까지 만력제는 자신에게 주어진 의무와 역할에 대해 별다른 생각 없이 받아들였다. 간혹 법도에 어긋나는 행위를 하면 스승인 장쥐정의 은근한 질책이 뒤따랐다. 황제의 정신적인 지주와 같았던 장쥐정이 57세라는 비교적 젊은 나이에 급사하자 잠시 슬픔에 빠졌던 황제는 곧 스승의 통제로부터 벗어나 새로운 자유를 맛보게 되었다. 하지만 황제는 그로 인해 경험하는 자유라는 게 환상에 불과하다는 것을 곧 깨달았다. 결국 황제는 장쥐정과 같은 대신의 유무와 상관없이 한 나라를 책임지는 엄중한 지위에 있었기에 그에 따르는 제도적인 요구를 충족시켜야만 했던 것이다.

때마침 장쥐정의 개혁책에 불만을 품고 있던 무리들이 그에 대한 비판적인 언론을 쏟아내기 시작했다. 황제는 곧 장쥐정이라는 존재에 회의를 품게 되었다. 여기에 만력제가 24세가 되던 해 총애하던 덕비德妃 정 씨鄭氏가 아들 창쉰常洵, 상순; 1586~1641년을 낳자 황장자인 창뤄常洛, 상락; 1582~1620년의 황태자 책봉 문제로 조정 대신들과 갈등이 생겼다. 만력제는 자신이 사랑하는 여인이 낳은 아들을 황태자로 삼고 싶었으나, 종법宗法에 따른 명분을 내세운 대신들의 반대에 부딪혀 이러지도 저러지도 못하고 있었다. 본래 우유부단한 성격이었던 만력제는 황태자 지명을 늦춘 채 황장자인 창뤄에 대한 관례 의식도 허용하지 않고 한림원 학사들에게 교육을 의뢰하지도 않았다.

이런 식의 태업은 결국 정사로까지 이어져 만력제는 이후로 더 이상 조정의 업무를 돌보지 않은 채 자신의 세계로 빠져들었다. 대신大臣들은 황제의 얼굴을 보지 못하는 경우도 있었고, 신료臣僚들의 상주문上奏文은 회답이 없이 궁중에 방치되었다. 고위 관직이 비어도 후임자를 제대로 임명하지 못해 내각內閣이나 지방 관청의 상당수가 관리가 제대로 충원되지 못해 업무가 제대로 추진되지 못하는 사태가 벌어졌다. 이런 식으로 30년의 시간이 흘렀으니, 만력제가 천수를 누린 것은 개인적으로는 타고난 복이라 하겠으나, 명 왕조로서는 이런 화禍가 달리 없을 지경이었다. 이런 와중에 조정의 대신들은 붕당을 만들어 서로 배척하고 대립을 일삼았으니, 장쥐정이 강력한 권위로 세워놓은 조정의 기강이 무너지고, 고심하여 축적해놓은 국가 재정은 만력제의 궁궐과 능묘의 건축으로 순식간에 사라져버렸다.◉

여기에 나라 안팎으로 반란과 전쟁이 일어나 명 왕조의 재정은 결정타를 맞고 주저앉게 되었다. 우선 1592년에는 닝샤에서 몽골 출신의 군인인 보바이가 반란을 일으켰고, 역시 같은 해에 조선에서 임진왜란이 일어났으며, 같은 해에 보저우播州, 파주에서는 양잉룽楊應龍, 양응룡이 반란을 일으켰다. 이것이 '만력萬歷의 삼대정三大征'으로, 이로 인한 국가 재정의 고갈은 뒤에 명 왕조가 붕괴하게 되는 결정적인 요인이 된다. 만력제는 이러한 국가 재정 문제로 자신이 하고 싶은 일을 하지 못하게 되자, 은광을

◉ "이렇게 명 말기의 사회가 문화적 · 경제적으로 풍요를 누리고 있었음에도 사회 구조의 취약성을 암시하는 위험한 징후들이 나타났다. 문제의 일단은 다름 아닌 국가의 핵심부에서 시작되었다. 1571년에서 1620년까지 오랫동안 제위에 있었던 만력제는 본래 박식하고 경험 많은 조언자들의 인도를 받는 진지한 젊은 통치자로서 정치에 입문했다. 그러나 1580년대 이후 그는 점점 더 많은 시간을 자금성의 가장 깊숙한 궁정 안에서 보내게 되었다. 그는 나이가 들면서 태자 책봉문제로 관료들에게 시달려야 했고, 과잉 보호하는 신하들 때문에 멀리 여행하거나 직접 군대를 지휘하고 싶은 마음을 버려야 했으며, 끝내는 원로들간의 끊임없는 논쟁에 질려버렸다. 말년에 이르자 그는 중요한 정치적 문제를 상의할 신하도 잃고, 유교적 학업의 핵심이라 할 수 있는 역사서와 철학서에 대한 연구도 포기했으며, 공문서를 읽는 일도 거부했고, 심지어는 관료제 상층부의 공석을 메우는 일마저 그만두었다." 조너선 D. 스펜스, 『현대중국을 찾아서 1』, 서울: 이산, 1998. 41쪽.

개발해 환관에게 그 감독을 맡게 했다. 환관들은 지하에 광맥이 있다 하여 멀쩡한 남의 땅을 징발하고, 채굴이 제대로 이루어지지 못하면 인근의 상인들에게 도광盜鑛의 책임을 물어 배상을 강요하는 등 악행을 일삼았다. 다른 한편으로는 각지에 환관을 파견해 소금과 차, 선박 등의 새로운 세금을 징수했으나, 그 관리를 맡은 환관들의 독직瀆職으로 중간에 끼인 백성들의 괴로움은 이루 말할 수 없을 정도였다. 이것을 '광세鑛稅의 화禍'라 한다.

남방의 견직물의 중심지였던 쑤저우蘇州, 소주에서는 환관 쑨룽孫隆, 손륭이 부성府城의 여섯 개 문에 세관을 설치하고 가혹하게 세금을 징수했기에, 물가는 폭등하고 물자의 유통이 두절될 지경이 되었다. 심지어 직기와 직물에도 과세하려 하자 모든 공장이 조업을 중단하고 도매점들은 문을 닫아 수천 명의 직공들이 실직을 해 부성 내에서 시위를 일으켰다. 이에 쑨룽이 항저우杭州로 탈출하고 나서야 폭동은 진정이 되었다. 이것을 '직용職傭의 변變'이라 한다. 이렇듯 환관이 발호하자 문인 관료들과의 당쟁도 격화했다. 이에 명 왕조는 어느 뛰어난 일개인이 나서서 난국을 타개하기에는 그 병폐가 골수에 사무쳐 더 이상 회복할 수 없는 깊은 내상을 입게 되었다.

이러는 사이 북방의 여진족이 새로이 세력을 떨치고 일어서 중원을 위협하게 된다. 장쥐정이 죽은 다음해인 1583년에 누르하치는 싱징興京, 흥경; 랴오닝 성 신빈 현(新賓縣, 신빈현)에서 군사를 일으켰다. 바야흐로 뒤에 명 왕조를 멸망시킬 세력이 이제 막 기지개를 켜는 순간이었지만, 당시에는 누구도 그와 같은 사태의 진전을 예상하지 못했다. 명은 외부의 적에 눈을 돌리기에 앞서 내부의 모순이 깊게 뿌리를 내리고 있었으며, 조정의 대신들은 환관 세력에 맞서 싸우는 한편으로 붕당을 만들어 격렬하게 투쟁했다.

붕당은 장쥐정의 사후에 이미 형성되기 시작했는데, 제齊, 초楚, 절浙,

선宣, 곤崑의 5당이 서로 반목하며 대립했다. 당쟁이 노골화된 것은 만력제가 황삼자皇三子인 창쉰常洵, 상순을 편애하자 구셴청顧憲成, 고헌성; 1550~1612년이 이를 거역하다 파면되어 향리인 장쑤江蘇, 강소 우시无錫, 무석로 낙향해 송대의 대학자 양스楊時, 양시가 강학했던 동림서원東林書院을 재건하고 후학들을 양성하면서부터였다. 본래 강직하고 식견이 뛰어났던 구셴청을 따르는 학인들이 많았기에 사방에서 학자들이 모여 시정을 논하였고, 조정 대신들 가운데에도 이에 호응하는 이들이 생겨나자 자연스럽게 하나의 당파를 형성하게 되니 이를 '동림당東林黨'이라 불렀다. 이에 반해 조정 내의 5당은 '비동림당非東林黨'으로 정권의 장악을 위해 환관과 결탁을 하였기에, '엄당閹黨'이라고도 하였다. 두 당파는 사사건건 감정적인 대립과 분쟁을 야기했으므로 나중에는 반대를 위한 반대를 일삼느라 정상적인 논쟁이 불가능할 정도가 되었으며 이에 따라 국사는 늘 뒷전으로 밀려나기 일쑤였다.

동림당과 비동림당 사이의 싸움은 만력제 말기와 그의 뒤를 이은 광종光宗 태창제泰昌帝; 재위 기간은 1620년 그리고 희종熹宗 천계제天啓帝; 재위 기간은 1621~1627년 시기에 일어난 '삼대안三大案'을 중심으로 더욱 격렬하게 진행되었다. 여기서 '삼대안'이란 '정격梃擊'과 '홍환紅丸', '이궁移宮'의 세 가지 사건을 말한다. 앞서도 말했듯이 만력제는 자신이 총애하는 덕비德妃 정씨鄭氏가 낳은 창쉰常洵, 상순을 총애했으나 조신들의 반대로 결국 장남인 창뤄常洛, 상락를 태자로 책봉하고 창쉰은 복왕福王으로 봉하는 것으로 사태를 매듭지었다. 그런데 만력 42년1615년에 장신張善, 장선이라는 자가 태자궁에 침입해 몽둥이로 문지기를 때렸다. 세인들은 정 씨가 자신의 아들인 창쉰을 태자로 세우려는 음모라고 생각했는데, 비동림당은 정 씨 편을 들어 불문에 붙여야 한다고 주장한 반면, 동림당은 사안이 중하므로 엄중히 심문해야 한다고 주장했다. 그 뒤 1620년 만력제가 역대 황제로서는 이례적이라 할 만한 48년에 걸친 장기간의 재위 끝에 세상을 뜨자, 태자가 즉위해 광종 태창제가 되었다. 원래 병약했던 광종은 황제의 자리에 오른 지 29일 만에 홍려시승鴻臚寺承 리커줘李可灼, 이가작가 바친 붉은 알약紅丸을 먹고 급사했다. 이를 둘러싸고 동림당 측에서는 정 씨에게 독살된 것이라는 의혹을 제기했으나, 비동림당 측은 리커줘가 고의로 그런 것은 아니라 하며 불문에 붙여야 한다고 주장했다. 광종 태창제가 급사하자 태자인 희종 천계제가 즉위했는데, 보모였던 리쉬안스李選侍, 이선시의 국정 간섭을 염려해 리쉬안스를 다른 궁으로 옮겼다. 동림당은 이와 같은 처분을 온당한 것이라 여겨 지지했으나, 비동림당은 선제先帝에 대한 무례라 하여 비난했다. 이상에서 일어난 사건들을 놓고 볼 때, 동림당이 명분을 추구하면서 순수 이론적인 입장에 섰다면, 비동림당은 현실적으로 처신했다고 할 수 있다.

명 왕조의 몰락과 후금의 흥기

광종 태창제와 희종 천계제 초기에는 예상가오葉向高, 엽향고가 재상이 되어 자오난싱趙南星, 조남성; 1550~1627년 등 동림파를 임용하고 비동림파를 배척해 크게 세력을 떨쳤다. 하지만 환관 웨이중셴魏忠賢, 위충현; ?~1627년이 희종 천계제의 유모인 커 씨客氏, 객씨와 결탁해 희종의 신임을 얻고 비동림당과 결탁해 동림당을 박해했다. 원래 웨이중셴은 허베이 쑤닝肅寧, 숙녕 출신으로 본명은 리진중李進忠, 이진충이다. 무뢰배 생활을 하다 도박으로 가진 것을 모두 탕진하고 처자식을 버린 뒤 스스로 환관이 되어 입궁하고는 이름을 웨이중셴으로 바꾸었다. 천계 4년1624년 동림당인 좌부도어사左副都御史 양롄楊漣, 양련에게 탄핵당해 잠시 물러나 있었으나, 곧 천계제의 신임을 받고 동림당에 대한 대대적인 탄압에 나섰다. 1625년天啓 5년에 요동경략遼東經略이었던 슝팅비熊廷弼, 웅정필, 1569~1625가 부정을 저질렀다는 사건을 조작하여 동림당東林黨의 핵심 인물인 양롄과 쭤광더우左光斗, 좌광두, 저우치위안周起元, 주기원 등을 잡아들여 죽였다. 1626년天啓 6년에도 가오판룽高攀龍, 고반룡, 저우쭝젠周宗建, 주종건, 황쭌쑤黃尊素, 황존소 등을 죽이고, 동림서원東林書院을 폐쇄하고 강학講學을 금지시켰다.

명대 여러 황제들 가운데 가장 못난 황제라 일컫는 희종 천계제는 웨이중셴의 꾐에 빠져 공부를 멀리하고 정사에도 관심이 없었으며, 오직 광대놀음과 기녀, 사냥에 빠져 지냈다. 그러는 동안 국사는 웨이중셴과 황제의 유모인 커 씨의 손에 의해 농단되었다. 급기야 웨이중셴이 황제를 대신해 공문서에 '주비朱批'를 하는 데까지 이르자 항간에서는 그를 '웨이가魏家의 각로閣老'라 부르고, '황제 만세'를 흉내내 그를 만날 때 '구천세九千歲'를 외치며 세 번 머리를 조아렸다. 나아가 시후西湖, 서호에 자신의 생사당生祠堂을 세우자, 각지의 관리들은 웨이중셴에게 아부하기 위해 그의 상像과 생사당을 곳곳에 세우고 공덕을 칭송하는 지경에까지 이르렀다. 그러나 웨이중셴의 천하는 그리 길지 못했다. 희대의 암군暗君 희종 천계제가 죽고 그 아우인 사종思宗, 또는 의종(毅宗) 숭정제崇禎帝; 재위 기간은 1628~1644년가 즉위하자, 웨이중셴은 탄핵을 당하여 펑양鳳陽, 봉양으로 가는 도중 도주하려 했으나 여의치 못하자 자살했고, 그의 시신은 사람들에 의해 천 갈래 만 갈래 찢겨 버려졌다. 그는 퇴직한 뒤 노후를 보내려고 베이징 서쪽 교외 샹산香山, 향산에 비윈쓰碧雲寺, 벽운사를 지어놓았는데, 결국 과도한 욕심으로 소원대로 편안한 노후를 누리지 못하고 일장춘몽이 되어버렸다. 사종 숭정제는 웨이중셴을 제거한 뒤 그 때문에 살해된 당인들의 명예를 회복시키고 유족들을 후하게 대우하는 등의 조치를 취했으나, 이미 멸망의 길에 접어든 왕조의 운명을 되돌릴 수는 없었다.

베이징 샹산에 있는 비윈쓰
ⓒ 조관희

역대의 어느 왕조나 마찬가지로 왕조 말기에 들어선 명 역시 내우외환을 겪고 있었다. 우선 만주 지역에서는 여진족이 세력을 크게 떨치고 있었다. 원래 명 초기에는 태조 홍무제가 헤이룽장黑龍江, 흑룡강 하류의 야인여진野人女眞, 쑹화장松花江, 송화강 유역의 해서여진海西女眞, 무단장牧丹江, 목단강 유역의 건주여진建州女眞으로 분할 통치하면서 각각의 위소衛所를 두었다. 명과 가까운 곳에 있는 건주여진은 명과 조선의 문화와 경제의 영향으로 점차 수렵 생활을 벗어나 농목업을 겸하게 되었다. 바로 이 건주여진에 속하는 아이신기오로愛新覺羅, 애신각라 씨 부족의 누르하치Nurhaci, 奴兒哈赤: 1539~1626년는 랴오둥의 쑤쯔허蘇子河, 소자하 상류 지역에서 흥기해 1588년 건주여진을 통일했다. 이어 1593년에는 해서여진의 연합군을 격파하는 등 30년도 안 되는 시간 동안 만주의 대부분 지역을 정복하였다.

여기서 한 가지 짚고 넘어갈 것은 여진이라는 말과 만주라는 말의 용례이다. 이에 대해서는 여러 가지 설이 대립하고 있는데, 그 가운데 하나가 여진은 누르하치가 자신의 부족인 건주여진을 통일하는 단계에 사용한 국호이고, 만주는 전체 여진의 통일 단계에 사용했던 국호라는 것이다. 1616년[만력 44년] 누르하치는 싱징에서 칸의 자리에 올라 금나라를 부흥시킨다는 의미로 국호를 후금[後金]이라 하였다. 이후 만주라는 용어는 나라 이름에서 확대되어 종족명을 가리키는 것으로 쓰였다. 누르하치는 만주족을 통일하면서 여진인들을 행정 및 군사상의 조직인 팔기[八旗] 제도로 편성했는데, 이러한 팔기 제도는 이후 청 왕조 내내 여진인들의 기초적인 사회 조직이 되었다.

천명[天命] 3년[1618년] 누르하치는 이른바 '칠대한[七大恨]'을 발표해 명의 죄상을 열거하고 명에 대한 선전포고를 했다. 그리고 푸순[撫順, 무순]을 공략해 점령했다. 이에 놀란 명의 조정은 10만 대군을 동원해 반격에 나섰다. 양군의 대전은 누르하치의 본거지인 싱징[興京, 흥경]을 중심으로 전개되었는데, 이때 조선도 명의 요청으로 군을 파견해 명군과 함께 공동 전선을 이루었다. 그러나 누르하치는 두쑹[杜松, 두송]이 이끄는 명의 주력군을 사르후[Sarhu]에서 맞이해 두쑹을 참하고 명·조 연합군에 궤멸적인 타격을 입혔다. 다급해진 명 조정은 명장 슝팅비[熊廷弼, 웅정필]를 파견해 랴오둥 전선에서 패잔병을 수습하고 부대를 재편한 뒤 견고한 방어 진지를 구축하고 누르하치 군의 진공을 일시 저지했다.

그러나 당쟁에 빠진 명 조정에서는 오히려 슝팅비를 무고해 면직시키니 누르하치는 이 틈을 타 선양[沈陽, 심양]과 랴오양을 점령하고 선양을 수도로 삼았다. 그리고 다시 동북 지역의 명의 요충지인 랴오양을 점령해 랴오허 유역의 남만주 평야 지역을 평정하였다. 이런 기세를 몰아쳐 후금의 군사는 중국 본토로 들어가는 관문인 산하이관[山海關, 산해관]을 향해 나아갔으나, 산하이관 입구인 닝위안성[寧遠城, 영원성]을 공략하던 중 포르투갈에서 수입한 홍이포紅夷砲로 무장한 위안충환袁崇煥, 원숭환; 1584~1630년 군대의 반격을 받아 패배했다. 이때 입은 상처로 누르하치는 결국 얼마 안 있어 사망하고 태종太宗 홍타이지皇太極, 황태극; 재위 기간은 1626~1643년가 즉위했다.

당시 후금은 명과의 단교로 무역에 의지하던 경제가 어려움에 처했고 남쪽에는 명을 종주국으로 떠받드는 조선이 있어 위협이 되었다. 이에 태종 홍타이지는 먼저 조선을 압박해 복속시킴으로써 후환을 없앴다1627년 정묘호란, 조선에 대한 제1차 침입. 이어 1629년 10월 후금의 군대는 자신들에게 거듭 패배를 안긴 위안충환 군을 피해 멀리 몽골 지역으로 우회해 베이징 인근 장성인 시펑커우喜峰口, 희봉구를 거쳐 베이징 성을 공격했다. 닝위안성에서 이 소식을 들은 위안충환은 급히 군사를 이끌고 베이징에 돌아와 광취먼廣渠門, 광거문과 쭤안먼左安門, 좌안문 부근에서 후금의 군대를 물리쳤다. 후금은 병사를 베이징 외곽의 난하이쯔南海子, 남해자, 지금의 다싱현(大興縣, 대흥현) 일대로 물리고, 사종思宗 숭정제崇禎帝에게 화친을 요구했다. 그리고 성 안의 환관을 매수해 위안충환이 후금과 내통해 모반을 꾸미고 있다고 모함해 결국 1629년 12월, 사종 숭정제는 위안충환을 옥에 가두었다. 이때 동림당 계열의 관리들은 나라가 위급한 상황에 유능한 장수를 가두어둘 수 없다고 구명을 호소했으나, 엄당 계열의 원티런溫體仁, 온체인; 1573~1638년 등이 거듭 상소를 올려 결국 위안충환은 1630년 9월 22일 베이징의 시스西市, 서시 거리에서 능지처참되었다. 실로 역사는 반복되는가? 위안충환의 억울한 죽음은 항금 투쟁에 앞장서다 친후이秦檜, 진회의 음모로 억울하게 죽은 웨페이岳飛, 악비를 떠올리게 한다. 웨페이와 위안충환은 현대 중국인들의 가슴 속에 외적에 맞서 싸우다 억울하게 죽은 민족 영웅으로 추앙되고 있다.

위안충환이 죽자 다른 장수들은 후금과의 싸움에 의욕을 잃고 말았다. 쿵유더孔有德, 공유덕; ?~1652년는 산둥에서 반란을 일으킨 뒤, 수백 척의 함대를 이끌고 멀리 보하이만渤海灣, 발해만을 건너 후금에 귀순했다. 그는 서양

팔기제八旗制

잘 알려진 대로 청 왕조의 기본적인 사회 조직은 팔기 제도이다. 팔기라는 것은 말 그대로 여덟 개의 깃발로, 황(黃), 백(白), 홍(紅), 남(藍) 이렇게 네 가지 색의 테두리 유무에 의해 정(正, 테두리가 없는 것)과 양(鑲, 테두리가 있는 것)으로 나눈 것이다. 이것은 본래 수렵 민족이었던 만주인들이 사냥할 때 짐승을 몰던 방식에서 비롯된 것이라 한다. 곧 짐승을 몰아넣을 목표 지점에는 황기를 세워 지휘자가 진을 치고 있고, 남기의 부대를 선두로 좌우로 홍기와 백기를 세워 산을 에워싸고 포위망을 좁혀 황기가 세워진 장소로 짐승을 몰아넣는 것이다.

이렇게 각각의 깃발 아래 부대가 정연하게 행동하는 형식이 전투에도 응용된 것인데, 전투 대형을 갖출 때에는 10기(騎)의 갑주(甲冑)를 입은 무사 1개 조를 만주어로 화살을 의미하는 '니루'라 하고, 그 아래 300명의 보졸(步卒)을 배치하며, 25니루, 250기(騎), 7,500보졸이 1기(旗)를 구성했다. 나중에는 몽골인과 한인(漢人)들이 복속해 오자 이들 역시 팔기로 편성하여 몽골 팔기, 한군 팔기를 따로 두어 모두 칸의 직속으로 삼았다. 물론 이 가운데서도 만인들의 팔기가 가장 중요한 역할을 했는데, 팔기 제도가 정착되자 만인들을 '기인(旗人)'이라 부르기도 했다.

ⓒ 조관희

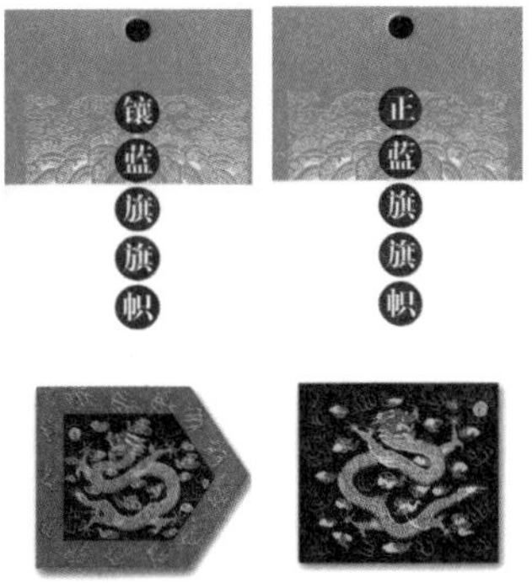

의 대포를 가지고 왔으므로, 후금의 군대는 전력이 가일층 강화되었다. 쿵유더는 나중에 산하이관을 통해 입관한 뒤 리쯔청의 군대를 격파하는 등 많은 군공을 세워 청의 공신이 되었다. 한편 내몽골 지역에서는 부족 간의 내분이 생겨 후금에 도움을 청하니 태종 홍타이지는 대군을 이끌고 내몽골 지역을 평정해 복속시켰다. 1636년 태종 홍타이지는 황제의 자리에 올라 국호를 청清이라 고쳤다. 이제 청은 동쪽의 랴오시遼西, 요서로부터 러허熱河, 열하를 거쳐 내몽골 지역 서남부의 차하르에 이르는 광대한 지역을 손아귀에 넣고 바야흐로 중원으로의 진격만을 기다리고 있었다.

명 조정은 임박한 청의 침입에 대비해 산하이관에서 다퉁에 이르는 북쪽 변방 지역에 주력군을 배치해놓고 있었다. 하지만 문제는 오히려 내부에 있었으니, 무능한 군주와 환관과 간신들의 득세와 전횡, 관료들 간의 당쟁 등 왕조 말기의 여러 가지 병폐로 인해 시달리던 농민들은 여기에 천재까지 더하자 각지에서 들고일어나 중원은 일시에 반란의 불길에 휩싸이게 되었다. 여기에 청군의 침입이 있을 때마다 지방에 원군을 청하였으되, 이렇게 하여 집결한 원군이 오히려 반란군으로 전환하니 반란군의 세력은 날로 커져만 갔다. 이들 반란 세력 가운데 가장 강력했던 것이 산시陝西, 섬서 지역에서 일어난 가오잉샹高迎祥, 고영상; ?~1636년의 집단이었다. 가오잉샹은 스스로 '틈왕闖王'이라 자칭하며 수하에 장셴중張獻忠, 장헌충과 뤄

산시 성 미즈 현에 있는 리쯔청의 행궁 터 © 조관희

루차이羅汝才, 나여재, 마서우잉馬守應, 마수응 등의 수령을 이끌고 있었다. 가오잉샹의 군대는 화북 지역을 휩쓸고 다니며 명나라 군사를 괴롭혔으나, 뒤에 장셴중과 리쯔청李自成, 이자성; 1606~1645년이 분열해 쇠락했다. 가오잉샹이 1636년 산시 순무巡撫인 쑨촨팅孫傳庭, 손전정에게 사로잡혀 죽은 뒤에, 리쯔청은 여러 부하들의 추대로 최고지휘자가 되었다.

산시 성 미즈 현米脂縣, 미지현의 부농 집안에서 태어난 리쯔청은 관료들의 가렴주구로 집안이 몰락해 역졸驛卒이 되었다가 민란이 일어나자 반란군에 가담했다. 이후 가오잉샹의 뒤를 이어 반군의 우두머리가 된 뒤 리쯔청은 한동안 명의 군사들에 쫓겨다니며 전전긍긍하다가, 1638년 청清이 대규모 공격을 시작해 이를 막기 위해 명 조정이 명군을 철수시키자 겨우 숨을 돌릴 수 있었다. 1639년 명나라 전역이 가뭄 등의 재해를 겪자 굶주린 농민들은 다시 봉기하였다. 명군의 주력이 장셴중張獻忠, 장헌충에게 집중된 틈을 타, 리쯔청의 군사는 허난으로 진입하였다. 리쯔청은 뉴진싱牛金星, 우금성, 리옌李巖, 이암 등의 지식인을 참모로 기용하고 귀천에 관계없이 땅을 공평하게 분배하며 3년 동안 조세를 면해주는 등 민심을 얻기 위한 정책을 시행해 농민 세력을 규합하였다. 1641년에는 뤄양을 공략하여 만력제의 아들인 복왕福王 창쉰常洵, 상순을 죽이는 등 위세를 한껏 드높였다. 1643년 리쯔청은 후베이의 샹양襄陽, 양양을 샹징襄京, 양경으로 고치고 스스로 신순왕新順王이라 불렀다. 이어 시안西安, 서안을 점령해 시징西京, 서경이라 고치고, 1644년에는 국호를 대순大順이라 하였다.

기세를 몰아 리쯔청의 군대는 40만 대군을 이끌고 베이징으로 향했다. 하지만 명 조정은 청군을 막기 위해 주력군을 모두 산하이관을 중심으로 한 동북방에 배치했으므로 베이징의 방어는 오히려 소홀하였다. 리쯔청의 군대는 산시山西, 산서의 타이위안太原, 태원을 지나 베이징 성에 이르렀다. 배후의 허를 찔린 명 조정은 동북변에서 청군과 대치 중이던 우싼구이吳三

숭정제가 목을 맨 곳에 세워져 있는 비석 ⓒ 조관희

桂, 오삼계의 군사를 불렀으나 리쯔청의 군대가 한발 앞서 베이징에 입성했다. 적군이 성 안으로 들어왔음에도 저항하는 군사는 찾아볼 길 없었고, 망국의 빌미를 제공했던 환관 무리들은 우왕좌왕 저마다 제 살 길을 찾아 모두 도망쳐버렸다. 명의 마지막 황제 사종 숭정제는 황급한 마음에 친히 종을 울려 백관을 소집했으나, 아무도 나타나지 않았다. 하는 수 없이 끝까지 자신의 곁을 지키던 환관 왕청언王承恩, 왕승은을 데리고 궁을 빠져나와 황궁의 북쪽에 있는 메이산煤山, 매산, 현재의 징산(景山, 경산)에 올랐다. 궁성에서 치솟은 불길은 하늘을 찌를 듯 타오르고 있었다. 다시 궁으로 내려온 황제는 황후와 석별의 정을 나누는 술을 마신 뒤 자살할 것을 권유하고 공주와 비빈들을 죽인 뒤 다시 어두운 틈을 타 메이산에 올랐다. 황제는 처연하게 성안을 바라보다 자신의 긴 소맷자락에 유지를 남겼다.

> 짐은 나약하고 덕망이 부족해 하늘의 노여움을 샀도다. 도적들이 짐의 수도를 점령했건만 신하들은 모두 짐을 저버렸다. 짐이 죽어서도 조상들을 뵐 낯이 없어 스스로 면류관을 벗고 머리카락을 풀어 헤쳐 얼굴을 가리노라. 도적들이 짐의 시신을 능욕할지언정, 백성들은 한 사람도 다치지 않게 하라.

그리고는 맨발에 산발한 상태로 얼굴을 가리고 목을 매 자살했다. 이로써 1644년 명 왕조는 16황제 277년의 역사를 뒤로하고 사실상 막을 내리게 된다.

명은 왕조 내내 경천동지할 대사건이나 특이점을 찾아보기 어렵다는 점에서 오히려 역대 왕조와 차이점을 보이고 있다. 그렇다고 아무런 일이 없었느냐 하면 그런 것은 아니었다. 왕조 내내 황제와 문인 관료 사이에 팽팽한 대립 관계가 유지되었고, 또 환관들이 득세해 이들을 견제하려는 동림당과 같은 문인 집단의 저항으로 조정이 하루도 편할 날이 없었다. 유가적인 정통 관념에 사로잡힌 고위 관료들은 황제의 일거수일투족에 대해 비평을 늘어놓아 황제는 이로 인한 스트레스를 항상 달고 살았으며, 그래서 자신의 수족 노릇을 한 환관들을 비호하고 그들을 전면에 내세우고 자신은 뒤로 물러나 있었다.

송대 이후 과학 기술의 발달로 인한 생산력 증가는 백성들의 삶의 질을 이전 시기와 비할 수 없을 정도로 향상시켰다. 하지만 방대한 제국을 일사불란하게 통치할 시스템의 구축은 요원한 실정이어서 그러한 사회 발전의 혜택은 일부 소수에게만 돌아갔고 백성들은 여전히 힘든 일상을 살아가야만 했다. 아울러 세계사적으로 1600년대에 접어들면 북반구에 차고 건조한 기후가 찾아와혹자는 이것을 일러 '소빙하기' 라고도 부른다, 농작물의 재배 기간이 2주 남짓 짧아지면서 각지에서 대기근이 일어났다. 결국 전국은 민란에 휩싸이고 북방에서는 만주족이 일떠서 중원을 넘보게 되었다.◉

◉ "16세기 말, 명 왕조의 영화는 절정에 달했다고 볼 수 있다. 문화나 예술 면에서의 성과도 뛰어났고, 도시 생활과 상업은 전례 없이 번창했으며, 인쇄 · 도자기 · 비단 제조술은 동시대 유럽의 수준을 훨씬 뛰어넘는 독보적인 것이었다. 그러나 일반적으로 이 시기를 '근대 유럽' 의 탄생기로 보는 것과 달리 중국의 경우 근대의 확실한 출발점으로 보기는 어렵다. 당시 서양은 전체로서의 세계에 대한 폭넓은 지식을 가져다준 지구 탐험의 중심지였던 데 반해, 명의 통치자들은 오히려 해외 원정과 그것에서 얻을 수 있는 지식으로부터 소외되어 있었을 뿐 아니라, 그로부터 50년도 채 못 되어 왕조의 비극적인 종말을 초래한 일종의 자기 파괴적 행태를 보이기 시작하고 있었기 때문이다. 이 시기 명 왕조의 방만한 관료 · 경제 체제는 여러 부분에서 해이해지기 시작했다. 세수는 군인들의 보수를 제때 지불할 수 없을 만큼 줄어들었고, 빈번한 탈영은 적대적인 부족들의 국경 침입을 부추겼다. 또한 서양에서 유입된 은은 중국 경제에 예상치 못한 압박을 가했다. 곡창지대에 대한 국가의 통제력이 약화되었으며, 모진 기후 조건으로 인해 농촌 사람들의 영양실조율과 전염병 감염율이 높아졌다. 불만세력은 무작위로 차출되어 징집되었지만, 그들의 관심사는 오로지 살아남는 것뿐이었다. 이 모든 악재들은, 1644년 명의 마지막 황제가 스스로 목숨을 끊을 수밖에 없을 만큼 치명적으로 뒤엉켜 있었다." (조너선 D. 스펜서, 『현대중국을 찾아서 1』, 27쪽.)

10

만주족의 나라—청의 건국과 성군의 치세

리쯔청李自成, 이자성이 베이징 성에 들어가기 1년 전인 1643년에 청 태종 홍타이지가 사망하고 그 아들인 푸린福臨, 복림이 세조世祖 순치제順治帝가 되었다. 하지만 세조의 나이가 여섯 살에 불과했으므로 숙부인 예친왕睿親王 도르곤多爾袞이 섭정을 했다. 산하이관에서 명군의 저항에 주춤하고 있던 청은 리쯔청이 베이징에 입성했다는 소식에 몽골의 팔기군과 명의 항장降將인 쿵유더孔有德, 공유덕가 이끄는 한군漢軍 팔기八旗를 이끌고 산하이관에 집결했다. 한편 명 조정의 급보를 받고 베이징으로 향하던 우싼구이吳三桂, 오삼계; 1612~1678년는 펑위안豊潤, 풍연, 지금의 허베이 성 펑위안 현(豊潤縣, 풍연현)에 이르렀을 때, 베이징이 이미 함락되고 숭정제가 자살했다는 소식을 접했다. 우싼구이는 어쩔 수 없이 군사를 돌려 다시 산하이관으로 되돌아가 병사들을

천하제일관 산하이관

© 조관희

주둔시키고 사태를 관망했다.

우싼구이는 진퇴양난에 빠졌다. 명을 멸망시킨 리쯔청에게 돌아가 그와 함께 북방의 만주족에 맞서 싸울 것인가, 그렇지 않으면 청에 투항할 것인가? 그는 이 두 세력 사이에서 결단을 내리지 못하고 망설이고 있었다. 명분상으로는 같은 한족인 리쯔청과 연합해 이민족 침입자에 맞서 싸워야 했다. 그러나 우싼구이는 도르곤에게 함께 리쯔청을 치러 가자는 제안을 하고 산하이관을 열어 청군을 맞이한다. 과연 우싼구이가 어떤 생각으로 청에 협력하게 됐는지에 대해서는 확실하게 전하는 바가 없다. 반란군 출신인 리쯔청의 행적과 그에 대한 평판으로 미루어볼 때 그는 믿을 수 없는 존재였던 반면, 청은 이민족이긴 했지만 새롭게 시작하는 왕조 특유의 신선함이 있었고, 그때까지 투항한 한인 관료들에 대한 대우도 훌륭한 편이었다. 아마도 이런저런 생각 끝에 내린 결단이었을 것이다. 민간에서는 우싼구이가 베이징에 남겨놓은 애첩을 리쯔청에게 빼앗겼기 때문에 화가 나서 청군에 협력했다는 소문이 돌기도 했다.

리쯔청은 포로로 잡고 있던 우싼구이의 아비를 죽여 효수하고 우싼구이와 청의 연합군에 맞서 싸웠으나 패했다. 베이징 성으로 들어온 리쯔청은 1644년 6월 3일 쯔진청紫禁城, 자금성 서쪽 편 우잉거武英閣, 무영각 뒤 징쓰뎬敬思殿, 경사전에서 황제의 자리에 올랐다. 하지만 그 이튿날 리쯔청은 군대를 이끌고 베이징 성을 떠나 시안으로 퇴각했다가 청군의 추격에 시안을 포기하고 후베이와 쓰촨 등지를 떠돌며 세력을 규합했다. 청은 베이징에 입성했지만 심복지환心腹之患을 내버려둘 수 없었기에 집요하게 리쯔청의 군대를 뒤쫓아 1645년 후베이 퉁청 현通城縣, 통성현에서 리쯔청은 패사敗死한다. 그러나 리쯔청의 시체가 발견되지 않아 현지 무장세력의 손에 살해되었다는 설과 자살했다는 설, 탈출해 은신했다는 설 등, 그의 죽음을 둘러싼 여러 가지 이야기들이 항간에 떠돌았다. 한편 리쯔청과 거의 동시에 궐기했던 장셴중張獻忠, 장헌충; 1606~1646년은 후베이와 허난, 안후이 등지에서 전전하다가 1643년 우창武昌, 무창을 점령하고 대서왕大西王이라 하였다. 다음해에 리쯔청이 베이징에 입성해 황제를 칭하자, 장셴중도 쓰촨에 들어가 청두成都, 성도에서 건국하고 황제를 칭했으나, 1646년 청군의 공격을 받고 죽었다.

청은 중원에 입관入關한 뒤, 민심을 다잡기 위해 강온책을 두루 썼다. 명의 마지막 황제인 사종 숭정제를 후하게 장례하고, 귀순한 관리들을 다독이는 한편, 과거를 부활하는 등 숨어 있는 인재를 등용하기 위한 정책들도 적극 시행하였다. 하지만 다른 한편으로 변발을 강제하는 치발령薙髮令을 내려 청에 대한 복종을 강요하기도 했다. 유가적인 관점에서 변발을 한다는 것은 매우 심중한 의미를 지니는 것이었다. 잘 알려진 대로 부모에게 물려받은 신체를 마음대로 훼손해서는 안 된다는 생각에 더해 변방 야만족에 불과한 만주족의 풍습을 따른다는 것은 뿌리깊은 중화의

쯔진청 안에 있는 우잉거
ⓒ 조관희

식을 건드리는 것이었기에 치발령은 강력한 저항에 부딪힌다. 특히 창장 이남 지역에서의 반감은 다른 지역에 비해 더 격렬했기에 이에 대한 청군의 탄압도 극에 달했다. 양저우揚州, 양주는 수 양제가 운하를 개통한 이래 상업의 중심지로 번영을 구가하던 곳이었는데, 청군이 공격해왔을 때 격렬하게 저항했다. 청군은 양저우를 함락시킨 뒤, 본보기를 보이기 위해 10일 동안 사람들을 잔혹하게 죽여 약 80여만 명이 학살되었다고 한다. 뒤에 민간에서는 이에 대한 기록이 암암리에 유포되어 당시의 참상을 전했다. 그 가운데 왕슈추王秀楚, 왕수초의 『양주십일기揚州十日記』는 특히 유명하다.

이윽고 해가 저물자 청군들이 사람을 죽이고 있는 아우성 소리가 문 밖에서 들렸다. 성내 곳곳에서 불이 일어나 화염이 오르고 있었다. 붉게 타오르는 불길이 번갯불처럼 서로 맞부딪히고 따닥따닥하는 소리가 끊임없이 들려오고 있었다. 일단의 군사들이, "순순히 나오는 자들은 신분을 보장하는 표를 주어 절대로 괴롭히지 않는다"고 돌아다니자 숨어 있던 사람들이 여기저기서 앞을 다투어 나타나 군사들을 뒤따랐다. 오륙십 명이나 될까, 그 가운데 태반이 여자들이었다.……그중 한 여자가 안고 있는 아이를 병사가 두들겨 패며 흙구덩이 속에 버리게 한 다음, 그대로 끌고 갔다. 몇십 명이나 되는 여자들이 소나 양처럼 끌려가면서 조금이라도 멈추어 서면 매를 맞거나 칼로 베었다. 긴 밧줄로 염주알을 꿴 것처럼 목을 연결시켜 놨으니 한 사람이 뒹굴면 모두가 연달아 자빠져 전신이 흙투성이가 되었다. 길가에는 말발굽이며 사람들에게 밟혀 죽은 아이들의 시체에서 배창자가 튀어나와 있었다.

……

다음날 나는 아내와 아이들과 함께 무성한 풀덤불 속에 숨어 있었다. 그러자 바로 가까이서 "죽여라, 죽여라!" 하는 소리가 들려오고 연이어 비통한 비명이 들려왔다. 아니 수백 명이나 되는 사람들이 "목숨만은 살려 달라"고 애원하고 있었다. 차례차례 고개를 숙여 목을 뽑아 청군의 칼을 기다리고 있는 것이었다. 여자들과 아이들의 울음소리가 천지를 진동하고 있었다. 오후가 되자 시체는 산더미처럼 쌓이고 이날 나는 형과 형수, 그리고 동생과 조카, 넷을 잃었다. 이제는 장형과 나 그리고 아내 세 사람만이 남았다.

지금의 상하이上海, 상해에 속하는 자딩嘉定, 가정에서도 참상은 이어졌다.

백성들 중, 목을 매달아 죽은 자, 우물에 빠져 죽은 자, 강에 빠져 죽은 자, 피범벅이 된 자, 사지가 잘린 자, 수족이 잘렸으나 아직 죽지 않은 자, 뼈와 살이 찢겨진 자들이 부지기수였다. 청병은 집 위를 달려서, 통행에 제지를 받지 않았다. 성내의 난민은 거리에 돌을 쌓아 막고자 했으나, 도망칠 수 없었다. 모두 강에 투신하여 죽었고, 강물은 시체로 넘쳐 제대로 흐르지 못했다. 대낮에 길에서는 강간이 스스럼없이 행해졌고, 반항하는 자는 양손을 나무판에 못을 박아 강간했다. 청병은 마주치는 사람마다 재물을 바치라고 했고, 그 획득한 재물을 허리에 둘둘 감아, 만족하면 백성을 석방했다. 다른 병사를 만나면 또 다시 똑같은 일을 당한다. 바치는 재물이 부족하면, 즉시 칼이 휘둘려지고, 재물이 다하면, 곧 죽음을 당했다.

한편 숭정제가 자살하고 명이 망했다는 소식이 나라 전체에 퍼지자, 상대적으로 청군의 손길에 미치지 못했던 창장 이남 지역에서는 복명復明 운동이 여기저기서 벌어졌다. 명 태조 주위안장이 명 왕조를 일으켰던 난징에서는 만력제의 손자 복왕福王이 황제로 추대되어 홍광弘光이라 개원했는데1644년, 부패한 왕조의 분위기를 떨쳐내지 못했던 복왕은 어리석고 황음荒淫했던 데다, 조정 내에서는 환관과 이에 반항하는 조신의 세력이 대립하여 당쟁이 일어나고 있었다. 명 왕조 최후의 충신인 스커파史可法, 사가법는 환관 무리에 내몰려 양저우로 물러가 있다가, 예친왕豫親王 도도가 이끄는 청나라 군사의 공격을 받아 치열한 시가전을 벌인 끝에 붙잡혀 살해되었다. 만약 경제력이 뒷받침되는 강남 지역을 근거로 한 남명 왕조가 산시陝西, 섬서의 리쯔청과 쓰촨의 장셴중 등의 세력과 손을 잡고 청에 대항했으면 이제 막 입관하여 기반이 공고하지 않았던 만주족을 다시 쫓아내는 것이 불가능하지 않았을지도 모른다. 하지만 숭정제를 죽음으로 몰아넣은 반란군의 수괴 리쯔청에 대한 복수심에 불탔던 남명 왕조는 오히려 리쯔청 등의 반군 세력을 토벌하는 데 청군의 도움을 청하기도 했다. 청군은 먼저 리쯔청 등의 반란군을 진압한 뒤, 난징의 복왕과 푸젠福建, 복건의 당왕唐王, 광둥廣東, 광동을 중심으로 한때 광시廣西, 광서, 장시江西, 강서 등지를 기반으로 위세를 떨치기도 했던 계왕桂王 등의 복명 운동을 하나씩 각개 격파해나갈 수 있었다. 다만 타이완臺灣, 대만을 근거지로 삼은 정청궁鄭成功, 정성공의 정권은 바다를 격하고 있었기에, 기마병을 위주로 했던 청군의 손길에서 벗어나 비교적 오랫동안 세력을 유지할 수 있었다.

양저우에 있는 스커파 사당
ⓒ 조관희

삼번의 난과 정청궁의 타이완 진출

욱일승천의 기세로 중원을 평정하긴 했지만, 당시 만주족의 인구는 30만 정도였고, 병력은 몽골군과 한군을 모두 합쳐서 20만 정도에 지나지 않았다. 이와 같은 세력으로 만주족이 중원을 평정할 수 있었던 것은 명의 항장降將과 유신遺臣들이 청에 대해 적극적인 협조를 아끼지 않았기 때문이었다. 여기에 각지에서 일어난 민란에 놀란 화북 지역의 한인 지주층이 청이라는 존재를 자신들의 기득권을 지켜줄 새로운 통치자로 받아들여 음으로 양으로 협조했다. 하지만 중원 진출 초기 청에 가장 큰 도움이 되었던 것은 명의 장수들이었다. 이들은 청에 적극 협조해 리쯔청 등 반란 세력을 앞장서 진압하는 등 청의 중원 진출에 큰 공을 세웠다. 한편 남명 정권 가운데 비교적 오랜 기간 명맥을 이어오던 광둥 지역의 계왕桂王은 한때 창장 중류 지역인 장시까지 진출하는 등 세력을 떨치기도 했지만, 결국 1661년 우싼구이의 군대에 사로잡혔다. 바로 이 해에 청의 세조 순치제가 죽고 3남인 성조聖祖 강희제康熙帝; 재위 기간은 1661~1722년가 13세의 어린 나이로 즉위했다.

강희제는 청의 전성기를 열어간 영명한 군주로, 나이가 어렸지만 황제로서 자신이 해야 할 일이 무엇인가를 분명하게 알고 있었다. 강희제는 황제의 자리에 오른 뒤 제일 먼저 섭정인 오보이를 권좌에서 축출했다. 15세가 되던 1669년에는 주위의 도움을 받아 오보이를 체포했고, 그는 옥에서 죽었다. 조정에서의 황제의 지위를 확고하게 한 뒤 강희제가 눈을 돌린 것은 아직 완벽하게 장악하지 못한 국내 정세였다. 비록 명이 숭정제의 죽음으로 그 명맥을 다했다고는 하나, 그래도 몇백 년을 이어온 거대한 제국의 위세가 한순간에 사라질 수는 없는 노릇이었다. 특히 중앙에서 멀리 떨어진 서남과 동남 해안 지역에는 순치되지 않은 비한족 부족들이 저항을 계속하고 있었다. 이들 지역은 아열대 기후인 데다 험준한 산악으로 둘러싸인 지형 탓에 북방 출신의 팔기 기병들은 작전을 수행하기에 적합하지 않았다.

청 조정은 이한제한以漢制漢의 전략으로 투항한 항장들을 이들 지역의 왕으로 봉해 문제를 해결했다. 우선 1649년에는 경중밍耿仲明, 경중명: ?~1649년이 정남왕靖南王으로 봉해졌으나 그는 부하의 잘못을 책임지고 자살해 1651년에 아들인 경지마오耿繼茂, 경계무: ?~1671년가 그 뒤를 이어 푸젠 지역에 봉해졌다. 같은 해인 1649년에는 랴오닝 출신의 상커시尙可喜, 상가희: 1604~1676년가 평남왕平南王으로 봉해진 뒤, 광둥에 있는 계왕을 토벌하고 광저우로 이주했다. 마지막으로 1662년에 사실상 청의 입관에 가장 공이 컸던 우싼구이가 윈난을 거쳐 버마까지 쫓겨간 계왕을 사로잡아 그 공으로 윈난을 근거지로 한 평서왕平西王에 봉해졌다. 이것이 이른바 '삼번三藩'이다. 여기서 '번藩'은 '울타리'를 의미하는데, 곧 청 왕조를 둘러싸고 지키는 울타리라는 뜻이다.

이들 삼번은 중앙의 동의 없이 문무 관료들을 임명할 수 있고, 독립적인 재정권도 갖는 등의 특권을 부여받은 데다 매년 2,000만 냥의 세비까지 보조받고 있었다. 무엇보다 반란 세력의 토벌에 동원했던 군사력을 그대로 유지하면서 서로 교류하며 친분을 쌓는 등 점차 중앙 정부를 위협하는 세력으로 커나갔다. 처음 이들이 청에 투항했던 당시에는 자신들에게 드리워진 의심을 거두기 위해 반명 세력을 잔혹하게 학살하는 등 자신들에게 다른 뜻이 없다는 것을 청 조정에 확실하게 각인시키려 노력했다. 삼번은 그런 노력에 대한 보상이라 할 수 있었다. 하지만 앞서의 왕조들에서 보듯이, 애당초 그들의 효용은 왕조가 안정을 찾을 때까지였고, 나라의 기틀이 잡히면 결국 제거해야 하는 '토사구팽兎死狗烹'의 존재를 면하기 어려웠다.

젊은 강희제 역시 이를 꿰뚫어보고 있었다. 이제 신생 제국 청을 위협하는 세력이 거의 소멸되고 나자 지방에 할거하고 있는 삼번의 존재는 중앙 집권을 꿈꾸는 제국의 계륵이 되어버린 것이었다. 하지만 이들 세력은 이미 중앙 정부로서도 어찌할 수 없을 정도로 커버렸기에, 강희제 초기에는 조정의 신하들이 신중하게 이에 대처했다. 그럼에도 강희제의 뜻은 확고했다. 때마침 1671년에 삼번 가운데 하나인 상커시가 가정불화와 지병으로 번을 철폐하고 자신의 근거지인 랴오둥으로 돌아갈 것을 청원했다. 강희제가 이 청을 허락하고 번을 철폐하자 이에 불안을 느낀 우싼구이와 경지마오의 장남 경징중耿精忠, 경정충; ?~1682년은 짐짓 자신들도 번을 철폐하고 싶다는 상소를 올렸다. 그런데 강희제가 이들의 청을 들어 이내 번을 철폐하자, 우싼구이는 명의 부흥을 주장하며 난을 일으켰다1673년. 이에 경중밍과 상커시의 아들 상즈신尙之信, 상지신; ?~1680년 역시 호응하니, 반란 세력은 그들의 근거지뿐 아니라 후난湖南, 호남, 후베이, 쓰촨, 광시를 넘어 서북 지역까지 미쳤다. 이때 상즈신의 아비 상커시는 반란에 동조하지 않고 청에 충성을 다했는데, 자신의 맏아들인 상즈신이 난을 일으키자 분개하여 자살했다. 우싼구이의 군이 윈난과 구이저우貴州, 귀주에서 후난으로 진출하자, 산시의 왕푸천王輔臣, 왕보신과 광시의 쑨옌링孫延齡, 손연령 등도 호응하고 내몽골의 차하르부도 이반하였다.

왕조 초기 아직 통치 기반을 확고하게 내리지 못했던 청 조정으로서는 큰 위기에 빠졌다. 반란 세력이 완강하였으므로 초기에 청은 고전을 면치 못해 창장을 사이에 두고 우싼구이의 군대와 대치하고 있었다. 하지만 이러한 대치 상황은 오히려 청군에 유리하게 작용했으니, 우싼구이 군이 다른 두 번과 합류할 수 없게 되어 반군 세력은 분산될 수밖에 없었다.

이때 타이완에는 정청궁鄭成功, 정성공이 이끄는 세력이 명 왕조의 부흥을 꾀하며 할거하고 있었다. 정청궁의 아비인 정즈룽鄭芝龍, 정지룡은 푸젠 취안저우泉州, 천주 출신으로 일찍이 해상 무역에 종사하고 있었다. 명이 망하자 정즈룽은 푸저우福州, 복주에서 당왕唐王을 옹립하고 평국공平國公으로 봉해졌다. 그때 정즈룽의 아들인 푸쑹福松, 복송 역시 안핑 진安平鎭, 안평진에서 푸저우에 와 당왕을 알현하고는 명의 국성國姓인 주朱씨를 하사받고 이름도 청궁成功, 성공으로 바꾸었다. 이때부터 그는 '국성야國姓爺' 라는 이름으로도 불렸는데, 푸젠 방언으로 'Kok-seng-ia' 라고 발음되어 서구에서는 '코신가Koxinga' 로 통칭되기도 한다. 하지만 푸저우가 청에 함락되자 정즈룽은 청에 항복했으나, 정청궁은 아비와 결별하고 독자적으로 샤먼厦門, 하문과 진먼다오金門島, 금문도를 근거지로 활동하며 계왕桂王을 받들었다. 정청궁은 저장과 푸젠, 광둥 지역에 거점을 두고 해상 무역을 통해 자신의 군사력을 유지했다. 1658년에 정청궁의 함대는 난징 공략을 염두에 두고 발진했으나, 항저우 만에서 태풍을 만나 실패하고, 다음해에는 창장을 거슬러 올라가 난징을 포위 공격했으나 내부의 보조가 맞지 않았던 데다 청군의 기습으로 패퇴하여 샤먼으로 되돌아왔다.

정청궁의 해상 세력에 대해 결정적인 타격을 입히지 못했던 청 조정은 전략을 바꿔 정청궁을 고립시키기 위해 1656년 이후 중국 상선의 해상 무역을 엄금하고, 1661년에는 연해의 주민들을 해안선으로부터 1킬로미터 이내로 강제 이주시키는 천계령遷界令을 내렸다. 천계령에 의해 곤경에 빠지게 된 정청궁은 청군이 샤먼을 압박해오자 이번에는 눈을 돌려 타이완臺灣, 대만에 진출했다. 당시 타이완은 네덜란드인들이 동아시아로 진출하기 위한 교두보로 삼고 있었다. 9개월여에 걸쳐 완강하게 저항하던 네덜란드인들은 1662년에 자바섬의 바타비아현재의 자카르타로 퇴각하고 정청궁의 군대가 타이완에 진주하게 되었다.

이때 청 정부는 베이징에서 정청궁의 아비와 형제들을 처형했다. 이로 인한 충격 때문이었는지 정청궁은 타이완에 정착한 지 얼마 안 되어 비정상적인 행동을 보이다 그 해 6월 39세의 젊은 나이로 죽었다. 정청궁의 사후에는 아들인 정징鄭經, 정경이 그의 뒤를 이었다. 정징은 청 조정에 반기를 든 삼번 가운데 하나인 경징중이 원조를 청하자 이를 대륙으로 진출하는 기회로 삼고자 그와 연합했다. 하지만 정징은 경징중의 후방이 약

취안저우(泉州, 천주)에 있는 정청궁의 묘 ⓒ 조관희

한 것을 틈타 푸젠 지역을 탈취했다. 배후의 습격을 받은 겅징중은 결국 견디지 못하고 1676년 청에 투항하고 만다. 이어 상즈신 역시 1677년에 투항하니, 반란 세력은 우싼구이만 홀로 남게 되었다.

이에 우싼구이 군의 사기가 떨어지자, 우싼구이는 면모를 일신하고 민심을 추스리기 위해 1678년 후난의 헝양衡陽, 형양에서 스스로 황제가 되어 국호를 주周라 하고, 연호를 소무昭武라 하였다. 하지만 다섯 달 뒤인 그해 10월康熙 17년 8월에 병사하였다. 그가 죽자 손자인 우스판吳世璠, 오세번이 뒤를 이어 홍화洪化라 개원하였으나, 이미 기울어진 국운을 되살릴 수는 없었다. 청군과의 여러 차례 전투에서 패한 뒤, 결국 우스판은 1681년 10월 쿤밍昆明, 곤명에서 청군에 포위되어 자살하였다. 이로써 전후 9년에 걸친 내란이 종식되고 청 왕조는 중원의 지배를 확고히 하였다. 이렇게 반란이 평정되자 앞서 청에 투항했던 겅징중과 상즈신은 처형되었다. 타이

완의 정징은 일시 샤먼을 손에 넣었다가 겅징중이 항복하자 다시 타이완으로 돌아왔다가 역시 같은 해에 죽고 그 아들인 정커솽鄭克塽, 정극상이 뒤를 이었다. 하지만 정커솽과 그의 부장이었던 천융화陳永華, 진영화 사이에 불화가 생겨 내분이 일었다. 이때를 틈타 청은 타이완 출신의 항장降將인 스랑施琅, 시랑에게 타이완 정벌을 명했다. 1683년 스랑은 함대를 이끌고 펑후다오彭湖島, 팽호도를 점령한 뒤 타이완을 압박하자, 정커솽은 투항했다.

삼번의 난과 타이완 정벌을 평정하고 나서야 청 왕조는 실질적으로 전 중국을 통치할 수 있었고, 중앙 집권적 통일 국가를 완성하게 되었다. 하지만 삼번의 난은 청 왕조에 결정적인 타격을 입혀 그들을 만주로 되돌아가게 만들거나, 최소한 창장 이남에 대한 지배권을 잃게 할 뻔한 중대한 고빗사위였다. 청이 이런 위기를 극복하고 통일 국가를 완성할 수 있었던 것은 다음과 같은 다섯 가지 주요한 요인 때문이었다.◉

◉ 조너선 D. 스펜스, 『현대중국을 찾아서 1』, 81쪽.

우선 우싼구이의 판단력 부족으로, 1674년 처음 거사했을 때 후난의 경계를 넘어서 북진하지 않았던 것을 들 수 있다. 만약 이때 우싼구이가 계속 북진해 베이징을 압박했다면 전세가 뒤바뀌었을지도 모른다. 다음으로는 강희제의 능력을 들 수 있다. 강희제는 젊은 나이에도 불구하고 조정을 단합하고 정복과 진지 재구축을 위한 장기적인 전략을 세워 초기에 불리했던 전세를 나중에 뒤집을 수 있었다. 세 번째로는 반격의 선봉에 섰던 청의 여러 만주족 출신 장군들의 용맹과 끈기를 들 수 있다. 네 번째는 삼번이 시종일관 협력관계를 유지하며 모든 전선에서 청에 대한 전투를 지속하지 못했다는 것이다. 마지막 다섯 번째로 삼번이 명의 가장 충성스러운 지지자들을 마음으로 설복시키지 못했다는 점을 들 수 있다. "우싼구이는 점점 호화로운 생활과 화려한 치장에 빠져들었고, 상즈신은 예전의 장셴중이 보였던 광적인 포악성을 보였는데 정적들을 사냥개에게 뜯겨 죽도록 할 정도였다. 겅징중은 개인적인 능력도 없고 세력도 약해서인지 1676년 단독으로 청에 항복함으로써 세 사람이 제휴할 수 있는 기회를 없애버렸다. 상즈신도 그 이듬해 항복했는데, 그 이유는 자신의 몫으로 여기고 있던 광둥성의 관료 임명을 우싼구이가 하려 했기 때문이었던 것 같다."◉

◉ 조너선 D. 스펜스, 앞의 책, 82쪽.

강희제의 시대와 청 제국의 완성

이제 군사적으로 위협이 될 만한 요소를 모두 제거한 강희제에게 남겨진 숙제는 한족 지식인들의 협조를 구하고 백성들의 마음을 얻는 것이었다. 잘 알려진 대로 한족 지식인들의 뇌리에는 정통正統 관념과 화이사상華夷思想이 강하게 자리잡고 있어 이민족인 청의 지배에 마음으로부터 복종하는 것이 애당초 어려운 일이었다. 특히 명대에 유행한 주자학朱子學은 충절忠節과 지조志操를 숭상하는 것이었으므로, 이러한 기풍을 이어받은 명말청초의 학자들은 청 조정에 협조하기보다는 초야에 묻혀 스스로 학문을 닦는 등 소극적인 저항을 진행했다. 그 가운데서도 가장 유명한 이들은 명말청초의 삼대가라 불리는 황쭝시黃宗羲, 황종희: 1610~1695년, 구옌우顧炎武, 고염무: 1613~1682년, 왕푸즈王夫之, 왕부지: 1619~1692년 세 사람이었다. 이들은 실제로 복명復明 운동에 참여한 적이 있을 정도로 적극적인 배만반청排滿反清의 사상을 갖고 있었다. 아울러 망국의 고통스런 기억을 공유한 이들이었기에, 구옌우와 황쭝시의 학문적 경향은 공허한 담론을 거부하고 경세치용經世致用의 실용성을 학문의 목표로 삼았다. 따라서 이들의 학문은 철저하게 고서를 고증하는 실증적인 기풍을 진작시켜 청대의 대표적인 학풍인 '고거학考據學'의 밑돌을 놓았다.

강희제는 이런 학자들을 정치에 참여시키기 위해 강온책을 모두 동원했다. 우선 강희제는 한족 지식인들의 마음을 사기 위해 전통적인 유가 사상을 자신이 먼저 받아들여 유가의 경전들을 열심히 공부했다. 이를 바탕으로 1670년에는 16개 조의 '성유聖諭'를 발표했는데, 사회적 관계에서의 계서적 복종과 관대함, 유순함, 검소함, 근면함 등과 같은 유가적 도덕율을 강조하는 것이 주요 내용이었다. 아울러 과거제를 시행해 뛰어난 인재를 선발하려 했으나, 당시만 해도 반청의 기풍이 아직 많이 남아 있어 많은 지식인들이 과거 시험 보는 것 자체를 거부했다. 이에 강희제는 1679년에 3년마다 한 번씩 열리는 전국 시험과 별도로 '박학홍유과博學鴻儒科'라는 별시別試를 시행해 각 성에서 의무적으로 후보자들을 선발해 보내도록 했다. 물론 이것 역시 많은 반발을 사 자신이 지명되는 것조차 거부하는 이들이 있었지만, 결과적으로는 대성공을 거두어 재야에 묻혀 있던 50명의 인재가 선발되어 고관에 임명되었다.

그런데 특기할 만한 것은 이 가운데 40퍼센트 정도가 창장 유역의 풍부한 물산을 바탕으로 문화가 발달한 장쑤와 저장 출신이었다는 사실이다. 이 지역은 사실상 반청 사상의 근원지라고도 할 수 있는데, 청대 과거 급제자 가운데 절대 다수가 이 지역 출신이라는 사실은 아이러니컬한 측면이 있다. 아무튼 흔히 '장저江浙, 강절'로 약칭되는 이 지역은 청대 문화의 중심지이자, 나아가 청 조정의 주요 인물들을 다수 배출한 정권의 핵심지가 되었다.

아울러 강희제는 명사관明史館을 세워 '박학홍유과'를 통해 선발된 학자들을 한림翰林에 제수하고 『명사明史』 편찬에 종사하게 했다. 『명사』 편찬은 한족 지식인들이 청 조정에 협력하는 빌미를 제공했는데, 다른 한편으로 명말의 동림당과 비동림당 계열 사이에 벌어졌던 당쟁에 대한 평가 역시 역사 편찬에 반영될 수밖에 없었기에 양쪽 진영의 학자들을 참여하게 만드는 효과를 낳기도 했다. 무엇보다 이전 왕조의 역사는 그 다음 왕

강희제

조가 편찬하는 것이 하나의 관례였다는 사실에 비추어 보면, 결과적으로 『명사』 편찬은 청이 명을 잇는 정통 왕조라는 사실을 추인하는 계기가 되었다. 또 고금의 문헌을 수집 · 정리한 일종의 백과사전이라 할 『고금도서집성古今圖書集成』 1만 권을 편찬했는데, 『역상曆象』과 『방여方輿』, 『명륜明倫』, 『박물博物』, 『이학理學』, 『경제經濟』 6편으로 이루어졌다. 이것은 명대 『영락대전永樂大典』 이래 국가적 차원에서 편찬된 대규모의 유서類書이다. 또 4만 2,000자로 구성된 『강희자전康熙字典』과 일종의 숙어 사전인 『패문운부佩文韻府』가 만들어졌고, 『전당시全唐詩』도 이때 편집되었다. 이러한 편찬 사업을 통해 강희제는 한족 지식인들이 청 왕조에 협조할 통로를 마련했는데, 다른 한편으로 이런 사업은 재야에 머물러 있는 불평분자들을 흡수하는 효과말고도 교묘하게 사상을 통제하는 역할을 하기도 했다. 따라서 이 사업은 옹정과 건륭제 때에도 계속되었다.

한편 이런 식의 회유책을 쓰는 동시에 청의 통치와 직접 연관이 있는 핵심 문제를 건드리는 경우에는 가차없이 처벌했다. 강희 2년1663년 저장 사람 좡팅룽莊廷鑨, 장정롱이 『명사집략明史輯略』을 사사로이 간행하면서 이 가운데 만주사를 다룬 부분에서 청의 치부를 가감 없이 기록했다. 그 다음 해에 이 사실이 고발되니, 좡팅룽은 이미 죽은 뒤라 부관참시를 당하고 이 책의 간행에 연관된 74명의 사람들이 사형당했다. 또 강희 50년1711년에는 다이밍스戴名世, 대명세가 자신의 저서 『남산집南山集』에 명의 영락 연호를 사용하고, 우싼구이의 수하에 있던 팡샤오뱌오方孝標, 방효표의 책 『전검기문滇黔紀聞』을 인용한 일로 자신은 물론이고 그 일족이 몰살당하는 일도 있었다. 이러한 문자옥文字獄은 강희제뿐 아니라 그 이후에도 계속되었는데, 그만큼 이민족 왕조인 청이 한족 지식인들의 사상을 통제하기 위해 온힘을 기울였다는 것을 알 수 있다. 이런 강온책을 통해 청은 자신들의 통치 기반을 확고히 하고 한족을 다스릴 수 있었다.

다른 한편으로 강희제는 적극적인 대외 정책을 추진해 청의 강역을 확대했다. 당시 러시아 지역에서는 칭기즈 칸의 유럽 원정 이후 세워진 킵차크 한국이 쇠약해지고 러시아 제후 가운데 하나인 모스크바 대공이 세력을 떨치고 일어나 1480년에 킵차크 한국을 멸하고 러시아를 지배했다. 러시아는 16세기 말부터 시베리아 경략에 착수해 그 일부 세력이 헤이룽장黑龍江, 흑룡강 유역에 진출해 청과 충돌하기에 이르렀다. 러시아인들은 헤이룽장 주변에 알바진 성을 쌓고 청과 대치하고 있었다. 결국 강희제는 러시아의 위협에 맞서기 위해 1685년 알바진 공략에 친히 나서 치열한 전투 끝에 함락시켰다. 하지만 곧 알바진을 포기하고 되돌아오니 러시아는 알바진을 수복하고 재차 점령하였다. 이에 분노한 강희제는 1686년에 알바진에 대한 공격을 재개했으나, 이번에는 러시아 군의 강력한 저항에 부딪혔다. 그러나 러시아 측에서도 청군의 강력한 군사력에 맞서 싸울 생각이 없었으므로, 1689년 양측은 대표를 보내 네르친스크에서 회동하여 두 나라 사이의 국경선을 확정하고 양국민들의 출입국과 통상에 관한 조약을 체결하였다. 가장 논란이 되었던 남북의 경계선은 기본적으로 고르비차 강과 아르군 강으로 정해졌으며, 조약이 체결된 이후 러시아인들은 알바진에서 철수하고 아무르 강 분수령의 전지역은 중국인들이 차지했다. 피난민들은 상호 교환되었고, 양국 간의 무역은 청이 발급한 서류를 갖고 있는 자만이 행할 수 있었다.

이것이 유명한 '네르친스크 조약'으로, 중국이 외국과 대등한 관계에서 맺은 최초의 조약이었다. 잘 알려진 대로 이전까지 중국은 주변국들과 조공朝貢이라는 특수한 형식의 국제 관계를 맺고 있었는데, 이것은 종주국인 중국과 이에 복속하는 주변국들과의 상호 교린 관계를 가리킨다.

이러한 조공 관계는 예부禮部에서 맡아보았는데, 청 태종 홍타이지는 이와 별개로 몽골과의 외교 통상 관계를 다루는 이번원理藩院을 두었다. 러시아와의 조약은 바로 이 이번원에서 처리하였으니, 청 조정이 러시아와의 관계를 중국 서남부와 그 밖의 지역의 여러 나라와 다르게 대했음을 알 수 있다. 네르친스크 조약으로 러시아의 동방 진출은 일정 정도 제약을 받았고, 이후 양국 간의 국경선에 대한 논쟁은 이 조약을 기본으로 진행되었다.

그런데 청이 러시아와의 국경 문제를 서둘러 처리한 것은 사실 다른 지역에서 일어난 군사적 위협에 대처하기 위해서였다. 명대에 몽골 지역에서 활동했던 오이라트부의 일파인 중가르 부족이 명말청초의 혼란기를 틈타 세력을 키운 뒤, 동투르키스탄 지역을 통일하고 칭하이青海, 청해와 티베트에까지 진출해 중앙아시아로부터 중국 서북부에 걸친 큰 세력을 구축하고 있었던 것이다. 중가르 부족의 우두머리인 갈단은 라마교를 신봉하고 몽골을 포함한 대제국의 건설을 꿈꾸면서 동진했다. 이에 청 조정에서는 중가르부와 러시아가 동맹을 맺고 중원을 압박할 것을 우려해 1690년에 강희제는 내몽골 지역에 군대를 파병해 강화를 맺었다. 하지만 양측의 연합은 이루어지지 않았고, 갈단은 강화 조약에도 불구하고 계속 청을 침공했다.

그러나 네르친스크 조약을 통해 러시아 쪽의 문제를 해결한 강희제는 마음 놓고 중가르부에 대한 공격을 시작했다. 이번에는 강희제가 친정親征에 나서 군대를 이끌고 고비 사막을 넘어 케룰렌 강 북부를 압박했다. 궁지에 몰린 갈단은 1696년 트라 강변에서 청군과 맞서 싸우다 대패하고 쫓겨다니다 그 다음해에 독약을 마시고 자살했다. 청이 갈단을 격파한 것은 한 무제 이래로 2,000년 간 계속되어온 유목 민족과의 싸움이 일단락되었다는 것을 의미하기도 한다. 이후의 역사에서 유목 민족은 더 이상 중원에 위협이 되지 못하고 역사의 무대에서 사라졌던 것이다. 강희제의 정복 사업은 그의 뒤를 이은 옹정과 건륭의 시대에도 계속 이어졌다. 이 과정을 통해 중가르와 칭하이, 티베트, 내몽골 지역이 중국에 편입되었다.

강희제는 중국 역대 왕조의 황제들 가운데 가장 긴 61년의 재위 기간 동안 신생 제국 청의 기틀을 다잡고, 대외적으로도 강역을 넓히는 등 많은 치적을 쌓아 명군名君의 칭호를 듣기에 부족함이 없었다. 하지만 한 사람에게 절대 권력이 집중되는 중앙 집권적 전제 국가의 가장 큰 문제는 권력자 혼자 힘으로 나라 전체를 다스릴 수 없다는 것이었다. 그런 까닭에 역대 황제들 가운데 정사에 의욕을 보인 이들은 밤잠을 줄여가며 자신에게 쏟아져 들어오는 공문들을 처리하는 등 혼신의 힘을 쏟았으나, 모든 황제가 그렇게 할 수는 없는 노릇이었기에 황제가 아둔한 경우 황제를 둘러싼 환관과 외척 등의 세력이 황제를 대신하며 온갖 비리를 일삼았다. 여기에 더해 황제 역시 인간이었던지라 시간과 공간의 제약을 받게 마련이므로 한 사람이 접할 수 있는 정보의 양이란 항상 제한적이었다. 강희제는 시시각각 벌어지는 여러 가지 유형의 상황에 대처하기 위해 1690년에 상주上奏라고 하는 공식적인 통로 이외에 '주접奏摺'이라는 자신만의 사적인 정보 수집 체계를 만들었다. 이것은 황제가 사적으로 부리는 문서 배달인이 누구도 거치지 않고 황제가 신임하는 환관에게 밀봉된 문서를 전달하면 황제가 이것을 읽고 답을 써서 반대의 경로를 되밟아 최초에 글을 쓴 이에게 전달하는 것이었다. 이것을 통해 강희제는 각 지역의 사정을 파악하고 감독했다.

한편 청은 후계자를 결정할 때 다른 왕조에서 찾아볼 수 없는 독특한 제도를 채용하고 있었다. 태조 누르하치는 팔기 제도를 정착시키면서 팔기의 기주旗主를 자신의 아들로 임명하고 그들에게 똑같이 칸의 지위를 계승할 자격을 주었다. 이것은 황태자를 미리 임명함으로써 생기는 정신적 해이를 방지하고 황자들 사이에 건강한 긴장 상태를 조성하는 데 도움이 되기도 했지만, 다른 한편으로 기주들 사이에 끝없는 암투가 벌어지고 각각의 기에 속한 기인旗人들은 자신이 속한 기주에게만 충성하는 폐단이 있었다. 아울러 순치제에 이어 강희제 역시 어린 나이에 황제가 되었기에 섭정이 정사를 대신했는데, 앞서도 말한 바와 같이 강희제는 어린 나이였음에도 과감하게 섭정을 물리치고 자신이 정사를 돌봤다. 이런저런 사정을 감안하여 강희제는 일찍부터 섭정 체제를 더 이상 되풀이하지 않겠다는 생각을 공공연하게 밝혔다. 이에 1674년 황후가 아들 인렁胤礽, 윤잉을 낳자 곧 황태자로 책봉했는데, 황후가 인렁을 낳다 죽었기에 인렁은 외삼촌인 쒀어투索額圖, 색액도에 의지했다. 하지만 1703년 쒀어투가 체포되고 그 일당이 축출되는 일이 벌어지자 정신적 지주를 잃은 황태자 인렁은 황제의 눈에 벗어나는 행동을 잇달아 하게 된다. 1707년 이후 황제는 주접奏摺을 통해 황태자에 대한 좋지 못한 소문들을 접하다 급기야 1708년에 황태자를 폐하고 넷째아들인 인전胤禛, 윤진으로 하여금 그를 감시하고 구금하도록 했다.

하지만 이것으로 문제가 끝난 것은 아니었으니, 황태자가 폐위되자 황후와 후비에게서 태어난 35명의 황자들 사이의 갈등이 표출되어 큰 혼란이 생겼고, 이로 인해 강희제는 자신이 인렁에게 지나치게 가혹한 처벌을 했다는 자책에 빠져 인렁을 다시 복위시켰다. 하지만 1712년에 인렁에 대한 좋지 못한 소문이 돌자 결국 그를 다시 유폐시켰고, 이후로 강희제는 10년 남짓 남은 재위 기간 동안 누구도 황태자에 대한 이야기를 하지 못하게 했다. 결국 후계자 문제는 청 왕조에 잠재된 부담으로 남은 채 수면 아래로 잠복하고 말았다. 그런저런 문제에도 강희제 말기 10여 년은 국가의 재정도 풍족했고, 관료들 역시 각자의 임무를 충실히 수행하는 듯이 보였다. 그러나 중국의 역대 왕조 내내 영토 내의 실제 인구와 그에 따른 세금의 부과가 제대로 이루어진 적은 없었고, 이러한 상황은 강희제 때라고 다를 바 없었으니, 외견상 천하는 아무 문제가 없는 듯이 보였으나 실제로는 곳곳에서 물이 새고 있었다. 일례로 당시 토지에 대한 통계 자료는 명 만력 때인 1581년에 고정되어 있었고, 세금 납부에 따라 조사된 인구는 1712년 통계에 따랐으므로, 근본적으로 세금이 제대로 걷힐 수 없는 구조였고 이에 따라 국가 재정 역시 많은 문제를 안은 채 힘겹게 운영되고 있었다.

하지만 이런 문제들은 어느 천재적인 일개인이 나타나 해결할 수 없는 것으로, 역사가들은 이때 '시대적 한계'라는 편리한 핑곗거리를 대곤 한다. 결국 광대한 제국을 황제 한 사람이 다스린다는 것은 애당초 불가능한 일이었는지도 모르는데, 여기에 절대 권력을 휘두르는 황제가 어리석거나 탐욕스러운 인간이라면 나라는 돌이킬 수 없는 위기에 빠져 결국 그 명을 다하게 된다. 흔히 청 왕조를 통틀어 강희제와 그 뒤를 이은 옹정제雍正帝: 재위 기간은 1722~1735년, 건륭제乾隆帝: 재위 기간은 1735~1795년 3대에 걸친 134년을 황금기라 일컫는다. 하지만 다른 한편으로 이 시기는 청 멸망의 원인이 되는 요소들이 차곡차곡 쌓여갔던 위기 집적의 시기였는지도 모른다.

1717년 강희제는 신하들에게 다음과 같이 말했다. "이제 나는 병들어 신경질적이 되고 건망증이 심하다. 옳고 그름을 구분하지 못하고 나의 임무를 혼란스럽게 남겨두었다는 두려움에 빠져 있다. 나는 국가를 위해 내 정신을 소진하고, 세계를 위해 나의 신념을 산산이 부수었다." 그만큼 강희제는 자신의 생애 내내 삼번의 난을 비롯한 여러 차례 청을 둘러싼 이민족과의 전쟁을 손수 치르는 등 청 제국의 기반을 닦느라 온힘을 쏟아부었고, 내치를 공고히 하는 데에도 노심초사했다. 그러나 노년기에는 황태자를 둘러싼 좋지 못한 풍문과 그로 인한 마음고생 등으로 심신이 피폐해질 대로 피폐해져 개인적으로 불행한 말년을 보내고 있다는 생각에 사로잡혔는지도 모른다. 그럼에도 강희제는 그 뒤로도 5년을 더 살다 1722년에 사망했다.

옹정제, 과로사한 황제

1722년 11월 8일 위안밍위안圓明園, 원명원에 머물고 있던 강희제는 찬바람을 맞은 뒤 열이 나고 식은땀을 흘리다 6일 뒤인 11월 14일 밤에 갑자기 세상을 떠났다. 공식적으로는 임종하기 며칠 전 강희제가 일곱 명의 아들과, 베이징 성과 위안밍위안의 경비를 책임지던 보군통령步軍統領 룽커둬隆科多, 융과다만 입회한 자리에서 넷째아들인 인전을 후계자로 선포했다고 한다. 공교로운 것은 룽커둬가 인전의 손위 처남이었다는 사실인데, 룽커둬는 황제가 죽자 유해를 가마에 싣고 한밤중에 베이징 성으로 돌아와 쯔진청의 문을 모두 닫아걸어 다른 황자들은 궁 안에 들어오지 못하게 한 상태에서, 11월 21일 인전이 44세의 나이로 황제에 오르니 그가 곧 세종世宗 옹정제雍正帝이다. 모든 것이 너무 서두르고 비밀에 싸인 채 진행되다 보니, 옹정의 즉위 과정에 대해 무수한 소문이 돌았다. 이에 따르면 원래 강희제가 지명한 것은 열네 번째 황자였다고 한다. 그런데 인전이 쯔진청 내 쳰칭궁乾清宮, 건청궁 안의 정대광명正大光明' 이라는 편액 뒤에서 아버지의 유언을 훔쳐 '십사十四' 라는 글자에서 '십十' 의 획을 교묘하게 '우于' 로 고쳐 네 번째 아들이라는 뜻으로 바꿨다는 것이다. 하지만 소문은 소문이고, 역사학자들은 황위 계승 과정에 별 문제가 없었을 것이라 단언하고 있다. 실제로 강희제가 아들인 인전을 신임했다는 증거가 여러 군데서 발견되고 있으며, 무엇보다 강희제가 인전을 후계자로 삼은 것은 오히려 인전의 아들인 홍리弘曆, 홍력의 사람됨을 보고 그에게 황제의 자리를 물려주기 위해서였다고 주장하는 이들도 있다.

옹정제

떠도는 풍문이 사실이든 아니든 옹정제는 자신을 둘러싼 의혹들에 대해 민감하게 반응했고, 그에 대한 반작용이었는지 모르지만 옹정제는 자신이 수행해야 할 조정의 업무에 대해서 매우 헌신적인 태도를 보였다. 매일 새벽 4시에 일어나 역사서를 읽은 뒤 아침 식사를 하고 오후까지 자신의 정치 고문들과 함께 회의를 진행하다 종종 자정을 넘긴 시간까지 서류를 읽고 조언을 했다고 한다. 옹정제가 유일하게 즐긴 오락은 불교 예식에 헌신적인 자세로 참여하는 것과 베이징 서북부에 있는 황실 정원에서 휴식을 취하는 것이었다.

옹정제가 가장 공을 들인 것은 중앙 집권적 전제 군주제를 강화한 것이었다. 옹정제는 강희제가 애용했던 '주접' 제를 이어받아 지방에 나가 있는 고위 관료들과 이른바 '친전서親展書'를 주고받았다. 옹정제는 친전서를 반드시 읽어보고 붉은 글씨로 '주비유지朱批諭旨'라고 써서 회답했다. 아울러 명대의 내각 제도가 황제권의 행사에 많은 제약과 불편이 있다고 생각해 최고 정무 기관인 '군기처軍機處'를 신설했다. 모든 중요 문서는 만滿 · 한漢 동수의 군기대신軍機大臣으로 구성된 군기처에서 처리했으므로, 실제로는 내각이 유명무실해지고 군기처를 장악하고 있는 황제가 무한 권력을 휘두르는 형국이 되었다. 군기처의 결재권은 황제가 독점했고, 황제의 명령은 군기처를 통해 직접 지방의 독무督撫에게 전해졌던 것이다.

봉건적 전제 국가인 중국의 역대 왕조가 직면했던 문제 가운데 가장 핵심적인 것은 관료들의 부패와 조세 제도였다. 중국의 조세 제도는 주로 현물 납부 위주였기에 징세와 수송 과정에서 손실이 많았다. 이를 보충하기 위해 정액의 납세액에 약간의 추가분을 더 징수했는데, 이 액수는 지방관의 재량에 달려 있었으므로 탐관오리의 경우 필요 이상으로 과다하게 징수하는 등의 폐해가 적지 않았다. 이에 여러 차례 이를 금했으나 별로 효과가 없자 옹정제는 지방관의 봉급에 양렴은養廉銀이라는 일종의 수당을 추가 지급해 관리들의 부정부패를 막아보고자 하였다. 조세 제도의 경우 청은 명의 일조편법一條鞭法을 유지했는데, 명대와 달리 시간이 흘러감에 따라 토지가 대지주에게 집중되었다. 그럼에도 토지 없는 인민에게는 정은丁銀을 부과하고 대지주는 교묘한 수법으로 탈세를 하는 일이 벌어졌다.

이러한 폐단을 없애기 위해 강희제는 1711년 당시의 정수丁數를 정액으로 하고 이후의 조사에 의해 증가된 인정은 '성세자생인정盛世滋生人丁' 이라 하여 인정세를 면제하도록 했다. 이렇게 해서 토지를 소유하지 않은 자에게 부과되는 인정세를 경감하고 정은 부담의 불공평함을 바로잡고자 했던 것이다. 나아가 옹정제는 인정수를 기준으로 은납시키던 정은을 토지를 단위로 한 조세에 통합했으니, 곧 조세와 요역을 모두 전부田賦인 지정地丁으로 통합해 단일세로 만들어버린 것이다. 이렇게 되자 명대에 세역의 주요 부담자를 110호라는 일정 호수로 편성하는 명대 이래의 이갑제里甲制가 더 이상 유지될 수 없게 되어 농민들의 현실적인 생활 기반인 촌락이 농민 지배의 기본 단위가 되었다.

옹정제는 일반 백성들의 삶에 대해서도 선정을 베풀고자 노력했는데, 당시 각지에서 다양한 명목으로 존재했던 천민들을 일정한 기준을 세워 양민으로 편입시켰다. 단기적인 측면에서 보자면, 이들 천민들은 인식의 한계로 자신에게 가해진 그러한 변화의 의미를 잘 헤아리지 못했고, 곧 이전처럼 살아갔다. 하지만 장기적으로는 천시 받던 계층들이 점차 사회에서 좀더 안정적인 지위를 갖게 되었다. 아울러 윈난雲南, 운남이나 구이저우貴州, 귀주 · 광시廣西, 광서와 같은 변경 지역에 사는 토착민인 먀오족苗族, 묘족 등 소수 민족들 역시 여러 가지 행정적 편의를 제공하고 생활을 향상시켜 내지화하였다. 이들 소수 민족들은 본래 부족의 추장이나 족장인 토사土司의 영도하에 자신들만의 생활 관습에 따라 반독립의 상태로 살아왔는데, 바로 이 토사를 철폐하고 중앙에서 파견한 류관流官이 다스리게 하는 '개토귀류開土歸流'의 정책을 폈던 것이다.

한족 지식인들에 대한 회유와 포섭 정책 역시 계속 추진했다. 강희제에 이어 옹정제 역시 '박학홍사과'를 시행해 전국에 숨어 있는 인재들을 발굴·등용하고 지식인들의 배만반청 사상을 누그러트리기 위해 힘을 기울였다. 하지만 이와 동시에 몇 차례의 문자옥文字獄을 통해 청 왕조 통치의 권위에 저촉되거나 해를 끼치는 행위를 엄금했다. 저장은 풍부한 물산으로 경제력이 다른 지역에 비해 월등히 높았고, 이를 바탕으로 학문이 성행했다. 바로 이 지역 출신인 뤼류량呂留良, 여류량: 1629~1683년은 이민족을 위해 출사出仕하는 것을 거부하고 나중에는 변발을 피해 아예 삭발한 뒤 승려가 되었다. 그의 저서는 철저한 중화주의를 내세워 만주족과 다른 야만족에 대한 조소로 가득 차 있었다.

그런데 그의 책을 읽은 후난湖南, 호남 출신의 쩡징曾靜, 증정이라는 젊은 학자가 뤼류량의 글에 감복해 옹정제가 황위 찬탈자라는 생각에 사로잡혔다. 1728년 쩡징이 당시 쓰촨 지방에서 중가르부에 대한 전투를 준비하고 있던 웨중치岳鍾琪, 악종기 장군에게 반란을 일으킬 것을 종용하니, 웨중치는 이 사실을 옹정제에게 알렸다. 그렇지 않아도 자신의 황위 계승에 대한 소문에 예민해 있던 옹정제는 노발대발해 뤼류량의 시신을 부관참시하고, 가족들을 모두 노비로 만들거나 유배시켰다. 하지만 놀랍게도 정작 쩡징에 대해서는 아직 젊기 때문에 속기 쉬웠다는 이유로 훈계하는 정도의 가벼운 처벌만을 내렸다.

옹정제는 이에 그치지 않고 손수 『대의각미록大義覺迷錄』이라는 책을 지어 자신이 강희제가 선택한 후계자가 틀림없다는 사실을 세세하게 증명하는 동시에 청의 중국 통치를 이론적으로 정당화했다. 여기서 옹정제는 고래로 중국은 다민족 국가이고, 청조도 한민족 외에 만주인과 몽골인 등을 포함하는 중화제국의 체현이라고 주장했다. 단순히 연루자들을 처벌하는 것으로 끝내지 않고 이에 대한 반박문을 세세하게 썼다는 것으로 옹정제의 세심한 품성을 엿볼 수 있다. 이 사건 외에도 옹정제 때에는 녠겅야오年羹堯, 연갱요의 주본안奏本案과 왕징치汪景祺, 왕경기의 서정수필안西征隨筆案, 자쓰팅査嗣庭, 사사정의 시제안試題案 등의 문자옥이 있었다.

한편 어떻게 보면 소심하다고 할 수 있는 옹정제는 내치 문제는 세심하게 일일이 참견하며 다잡았지만, 외부 정벌에는 소극적으로 임했다. 그러므로 옹정제 때에는 외정外征이 선대인 강희제 때 확장된 영역을 유지하는 정도에 그쳤다. 칭하이 지역에서 중가르부가 다시 일어나자 웨중치가 진압했고, 티베트의 경우에는 라싸에 주장대신駐藏大臣을 두어 칭하이와 티베트에 대한 중국의 영유권을 분명히 했다. 1727년에는 러시아와 캬흐타 조약을 맺어 서북 지역의 국경을 확정하고 국경 무역을 열었다. 이 무역을 통해 중국은 면직물과 비단, 차를 수출하고 러시아로부터는 주로 모피를 수입했다. 하지만 이보다 후대인 19세기에 이르면, 중국의 수출품은 차가 주요한 위치를 차지하고, 러시아로부터는 모직물과 유럽이나 러시아산 면직물로 바뀌게 된다. 이것은 산업혁명 이후 역전된 양국 간의 산업 발전의 추이를 보여주는 것이라 할 수 있다.

옹정제는 선대인 강희제와 자신의 아들인 건륭제 사이에 끼인 세대로 13년 간 재위에 있었다. 이것은 강희와 건륭의 60년에 달하는 장기 집권에 비하면 무척 짧다고 느껴질 수도 있는데, 그럼에도 군기처의 신설과 주접제의 활용을 통한 청대 특유의 전제 군주 지배 체제는 바로 이 옹정제 시대에 완성되었다고 할 수 있다. 나아가 청이 황제를 중심으로 한 중국의 봉건적 전제 군주 체제의 마지막 왕조라는 측면에서 보자면, 옹정제는 이러한 체제의 최후의 완성자이자 실천자라 할 수 있다. 이를 위해 옹정제는 재위 기간 내내 노심초사하면서 하루 하루를 보냈다. 이를테면, 당시 비단과 면 제품 생산지로 유명했던 쑤저우에서 직공들이 폭동을 일으켰을 때, 옹정제는 행여 이들이 반란 세력과 연루될까 저어해 해당 지역의 순무巡撫와 주접을 통해 사태를 면밀히 주시했다. "현재 남아 있는 주접의 행간에 적어 넣은 긴 글을 통해 우리는 옹정제가 노동자 가운데 일부가 무술인이나 점쟁이, 의사, 술집 주인 등과 관계되어 있다거나 필리핀으로 도망친 명 황실 유족과 연관되어 있다는 등의 조사 내용을 얼마나 신중하게 검토해 나갔는지 짐작할 수 있다. 1730년 이 모든 요소들이 명백히 밝혀지고 음모자들이 처벌된 뒤에야 비로소 황제는 자신의 정보원에게 주홍색 글씨로 '좋다! 이제 공식적인 상주를 보내도 된다' 고 썼다. 다시 말하면 황제와 일부 선택된 관료가 7년 동안 고민해온 사건의 전말을 베이징의 상서들과 대학사들은 그제야 알 수 있게 되었던 것이다."◉

◉ 조너선 D. 스펜스, 『현대 중국을 찾아서 1』, 120~121쪽.

1735년 10월 오랫동안의 과로로 심신이 지쳐 있던 옹정제는 자신이 좋아하는 위안밍위안에서 요양을 했다. 오랫동안 긴장의 끈을 놓지 않고 살아오던 옹정제는 휴식을 통해 재충전하고자 한 것이었으나, 갑자기 긴장을 끈을 놓아버린 탓인지 갑자기 기력이 쇠해 58세라는 비교적 이른 나이에 세상을 떠났다. 워낙 갑작스런 죽음이라 이를 둘러싸고 암살설들이 돌기는 했으나 확인된 것은 없다. 열심히 성심성의껏 황제의 임무를 수행해왔던 옹정제는 자신의 후계에 대해서도 치밀한 준비를 해놓고 있었다.

옹정제는 살아생전 황제의 자리를 놓고 형제들과 싸움을 벌였던 과거를 반성하고, 부왕인 강희제가 임종시까지 갈팡질팡하다 임종 때가 되어서야 황태자를 지명함으로써 빚어진 여러 혼란에 대해 깊이 숙고한 뒤 나름대로 이에 대한 대비책을 세워놓았던 것이다. 그것은 황제가 살아 생전에는 황태자를 공표하지 않고 그 이름을 휼갑譎匣에 넣어 봉한 뒤 첸칭궁의 '정대광명' 편액 뒤에 보관했다 황제가 서거한 뒤 꺼내 공개한, 이른바 '태자밀건법太子密建法' 이었다. 하지만 옹정의 뒤를 이은 건륭제의 경우 자신이 살아 있을 때 후계자를 지정하고 스스로 황제의 자리에서 물러났으니, 태자밀건법이 반드시 관례로 자리잡았던 것은 아니다. 그럼에도 결과적으로는 이 제도를 통해 청 왕조에서는 다른 왕조에 비해 그래도 어리석은 천자가 덜 배출되었다고 볼 수 있다.

십전노인 건륭제, 달도 차면 기우나니

옹정이 죽고 나서 태자밀건법에 의해 황자들 가운데 훙리弘曆, 홍력가 24세의 나이로 즉위하니, 그가 곧 고종高宗 건륭제다. 건륭제가 즉위했을 때는 청이 중국을 지배한 지 이미 100년 가량 지났기에, 한족 지식인들의 배만반청 사상은 이미 많이 누그러졌고, 강희제와 옹정제의 장기간에 걸친 노력에 의해 나라는 안정을 찾은 상태였다. 아울러 생산력 수준의 발전으로 산업이 발달하고 이에 따라 국가 재정 역시 충실해져 이를 바탕으로 적극적으로 외정外征에 나서 영토를 확장했다. 이런 측면에서 보자면, 건륭제 시기는 청대를 통틀어 최전성기라 할 수 있다. 그러나 이렇게 최고점에 도달했다는 것은 다른 측면에서 보자면 이제 곧 하강기에 접어든다는 것을 의미하기도 한다.

건륭제 때에는 한족 지식인들이 더 이상 과거에 연연해하지 않고 현실을 받아들였다. '박학홍사과' 를 비롯한 인재 등용의 길을 따라 저마다 영달을 추구하는 풍조가 팽배했으니, 청 조정 또한 이들을 위한 국가적 차원의 대사업을 잇달아 추진했다. 『사고전서四庫全書』 편찬은 그 대표적인 예라 할 수 있다. 여기서 '사고四庫'란 '경經', '사史', '자子', '집集' 이렇게 네 개의 항목으로 학문을 대분류하여 역대 중국의 문헌들을 수집한 것이다. 이러한 분류법은 당 현종唐玄宗 때 모든 고서를 같은 명칭의 4개의 서고에 나누어 보관하던 데 따른 것이다. 여기에는 모두 3,470종의 책이 수집되었고, 각 종은 평균 10권으로 약 3만~4만 권 정도가 된다. 이와 비슷한 사례는 명 영락제 때 간행된 『영락대전』과 강희·옹정 양대에 걸친 『고금도서집성』이 있다. 하지만 『영락대전』과 『고금도서집성』은 모두 원본을 자른 뒤 그 종류나 운韻에 따라 분류하고 편을 나누었으므로, 원본의 진면목을 확인할 수 없는 데 반해, 『사고전서』는 원본에 의거해 분류하고 전체를 편집했으므로, 본래의 형태를 간직하고 있다. 비록 중국 전역에 흩어져 있는 고금의 도서를 모두 빼놓지 않고 수집했다고 말할 수는 없지만, 『사고전서』에는 적지 않은 진본珍本과 비적祕籍이 포함되어 있어 중국 고전을 보전하는 데 큰 가치를 지니고 있다. 편찬을 완료한 뒤에는 모두 7벌의 사본을 만들어 별도의 장소에 보관했다. 북방에는 베이징 황궁 안의 '문연각文淵閣'◉과 베이징 위안밍위안의 '문원각文源閣', 러허 행궁熱河行宮, 열하행궁의 '문진각文津閣'◉◉, 선양瀋陽, 심양에 있는 청 고궁의 '문소각文溯閣'에 소장했는데, '문원각' 본은 제2차 아편전쟁 당시 영불 연합군에 의해 소각되어 멸실되었다. 남방에는 양저우 행궁揚州行宮, 양주행궁의 '문회각文匯閣'과 전장 행궁鎭江行宮, 진강행궁의 '문종각文宗閣', 항

쳰칭궁 내의 '정대광명' 편액 ⓒ 조관희

◉ 장제스(蔣介石)가 타이완으로 쫓겨갈 때 가져가서 현재는 타이베이(台北) 구궁박물원(故宮博物院)에 소장되어 있다.

◉◉ 현재는 베이징국가도서관에 보관되어 있다.

저우杭州, 항주 시후西湖, 서호 호반의 '문란각文瀾閣'에 보관했는데, 이 세 벌은 민간에서도 빌려 읽을 수 있었으나, 태평천국太平天國의 난 때 모두 훼멸되었고, 항저우의 '문란각'에 소장되어 있던 한 부 중 반만 남아 있을 뿐이다.◉

◉ 현재는 이것도 보완이 이루어져 완본으로 남아 있다.

하지만 잘 알려진 대로 이와 같은 대 편찬 사업은 동시에 사상 통제 정책으로도 활용되었다. 곧 전국의 책들을 수집하는 과정에서 집권 계층의 구미에 맞지 않는 책들은 폐기하고, 그 대강을 적은 '목록'에서도 좋지 않은 평을 남겼던 것이다. 그리고 소수 민족을 비난하는 말이나 봉건 도덕에 위배되는 내용 등은 편찬자가 멋대로 개작한 경우도 있다. 이를테면, 편찬 과정 중에 만주족을 비하하는 말을 삭제한 것과 송대의 여인들은 개가할 수 있었는데 명대 이후 여인들이 이부종사二夫從事 할 수 없게 되자 그와 같은 내용을 모두 삭제하거나 바꿔놓은 것이 그 좋은 예가 된다. 이런 사례들은 모두가 만주족 출신의 지배자들이 한족의 화이華夷 관념에 대해 민감하게 반응한 것이라 할 수 있는데, 『사고전서』가 이를 포지티브한 차원에서 대처한 것이라면 네거티브한 측면에서의 대처는 청대 내내 시행되었던 '금서정책禁書政策'을 들 수 있다. 바로 앞에서 말한 바와 같이 전국적인 도서 수집의 기회를 활용해 청의 만주시대의 야만성이나 잔혹성, 후진성 등을 서술한 책들은 그 내용을 임의로 고치거나 훼멸하는 한편, 심지어 요遼나 금金, 원元과 같은 이민족 왕조에 대한 부분까지도 간섭했다.

아울러 지방관에 명하여 민간에서 소지하고 있는 도서 가운데 배만반청 사상이 농후한 책들을 철저히 색출해 폐기하도록 했다. 이에 10년 동안 저장 성浙江省, 절강성에서만 538종 1만 3,800여 권의 책이 압수되었고, 전국적으로는 약 3,000여 종 78만 부에 달하는 책들이 폐기되었다. 건륭제 치세에도 이러한 사상 통제 정책의 극단은 문자옥으로 나타났다. 내각학사內閣學士였던 후진짜오胡巾藻, 호건조는 『견마생시초堅磨生詩鈔』라는 책을 썼는데, 책의 내용 일부가 청의 통치를 풍자했다는 죄목으로 처형당했다. 왕시허우王錫侯, 왕석후나 쉬수徐述, 서술, 쉬수쿠이徐述夔, 서술기 역시 마찬가지 죄목으로 모두 처형됐다. 이러한 문자옥은 한번 일어날 때마다 당사자는 물론이고 직간접적으로 연루된 지식인들이 함께 처벌되었으니, 청 조정이 이에 대해 얼마나 예민하게 반응했는가 하는 것을 미루어 알 수 있다.

한편 건륭제의 치적 가운데 그 스스로 가장 자부했던 것은 외부 정벌이었다. 건륭제는 60년이라는 장기간의 재위 동안 중가르 원정 2회1754, 1757년, 위구르 원정1759년, 대금천大金川 원정1749년, 대·소금천大小金川 원정1776년, 타이완1788년, 버마1778년, 월남1789년, 네팔1790, 1792년 등의 10여 차례의 정복 사업을 벌였으며, 이에 자부심을 느껴 자기 자신을 '십전노인十全老人'이라 불렀다. 이를 통해 기존의 한족 통치 시기에 비해 만주와 내외 몽골, 신장 위구르, 티베트 등지가 새로 편입되어 청 제국의 판도는 중국 역사상 그 유례를 찾아보기 힘들 정도로 확장되었다. 이러한 영토는 따로 독립한 외몽골을 제외하면 현재까지도 유지되고 있는데, 위구르와 티베트 등지에서 끊임없이 터져나오는 독립에 대한 갈망과 실제적인 요구는 이때부터 비롯된 것이다. 중국의 강역을 벗어난 지역에 대해서는 조공朝貢에 의해 영향력을 발휘했는데, 조선과 월남을 비롯해 버마와 타이는 물론이고 멀리 아프가니스탄까지도 입공入貢했다.

앞서도 말한 바와 같이, 건륭제의 시대는 청 왕조의 극성기였다. 외견상 중국 사회는 이전에 볼 수 없었던 번영을 구가하고 위세를 떨쳤다. 건륭제 개인으로서도 중국의 역대 황제로는 보기 드물게 장수하며 장기 집권했다. 하지만 그뿐이었다. 잦은 원정은 비용 대비 효과라는 측면에서 볼 때 엄청난 비효율을 드러냈다. 이 모든 지역에 대한 정벌이 반드시 필요했는지도 의문이었지만, 대원정을 준비하고 수행하는 과정에서 소요되는 비용 때문에 국가 재정은 파탄이 날 지경에 이르렀다. 아울러 원정의 결과가 항상 성공적이었던 것만도 아니었다. 대군을 이끌고 침공해 온 청군에 일시 복종을 했지만, 주변국과 새로 중국에 편입된 지역들은 항상 권토중래를 도모하며 호시탐탐 청의 지배에서 벗어날 기회만 엿보고 있었다.

건륭제는 만년에 조부인 강희제를 본받아 남방 지역으로 6차례, 동쪽으로 5회, 서쪽으로 4회의 내지 순행巡行을 했다. 여기에 자신의 천수연千壽宴을 열고, 엄청난 양의 그림과 서예 작품을 수집하는 등 낭비를 일삼았다. 황제의 휴식 공간인 위안밍위안에는 서양의 건축가와 설계사를 고용해 유럽풍의 화려한 별장을 지었고, 러허熱河, 열하; 지금의 청더(承德, 승덕)에 있는 여름 별궁인 피서산장避暑山莊에는 티베트의 라싸에 있는 포탈라 궁과 똑같은 건물을 세웠다.

건륭제 말기에 나타난 사회적 기강의 해이와 관리들의 부정부패를 상징하는 인물이 바로 허선和珅, 화신; ?~1799년이었다. 그는 가난한 만주 팔기

위안밍위안의 서양루(西洋樓)인 셰치취(諧奇趣)

출신으로 원래는 건륭제의 가마를 드는 자였다고 한다. 하지만 1775년 건륭제가 65세 되던 해에 허선은 25세라는 젊은 나이에 건륭제의 눈에 들어 초고속 승진을 거듭하게 된다. 이에 다음해인 1776에는 군기대신軍機大臣이 되었고, 연이어 호부상서戶部尙書와 의정대신議政大臣에 임명되었다. 청나라 역사상 이렇게 파격적인 승진을 하는 경우를 찾아보기 힘들 정도로 허선은 승승장구했다. 당시 베이징 도성에 출입하는 문 가운데 충원먼崇文門, 숭문문은 북운하의 종점으로 온갖 물산이 모이는 곳이었기에 세관이 설치되어 있었고 상인들이 주로 오갔다. 허선은 바로 이 충원먼의 세무감독崇文門稅務監督 등의 지위를 이용하여 상인들로부터 뇌물을 받아 어마어마한 재산을 모았다. 나중에 허선이 독직 혐의로 체포되었을 때 몰수된 그의 재산은 8억 냥이라고도 하고, 10억 냥이라고도 하는데, 당시 청 조정의 세출입이 7,000만 냥 가량이었다고 하니 한 나라의 1년 살림의 10배에 이르는 재산을 축적했던 것이다. 하지만 무슨 이유 때문인지 건륭제는 허선을 총애했고, 이후 건륭제가 죽을 때까지 허선은 20여 년 동안 무소불위의 권력을 휘둘렀고, 자신의 아들을 건륭제의 열째 딸과 결혼시키기까지 했다.

1795년 건륭제는 스스로 황제의 자리에서 물러나고, 인종仁宗 가경제嘉慶帝; 재위 기간은 1796~1820년가 즉위했다. 건륭제가 퇴위한 것은 표면적으로는 재위 60년을 맞이하여 조부인 강희제의 재위 기간인 61년을 넘길 수 없다는 이유에서였으나, 실제로는 청이 중원에 들어온 이후 150여 년의 시간이 흐르면서, 왕조 초기의 건강한 기풍이 사라지고 사회적 모순이 누적되었으며, 관료들은 부정부패와 백성들에 대한 가렴주구를 일삼아 백성들의 삶이 점점 고달파짐에 따라 각지에서 반란이 일어나 사회가 혼란에 빠졌기 때문이었다. 건륭제가 퇴위한 다음해인 1796년 약 10여 년에 걸친 백련교白蓮教의 대란이 일어났다.

본래 불교의 일파인 백련종白蓮宗으로 시작된 백련교는 뒤에 불교의 겁劫 사상과 미륵신앙이 결합하여 석가 사후 56억 7,000만 년 후에 미륵불이 하생하여 현세의 혼탁함과 괴로움을 일거에 없애 이상 세계가 도래한다는 피안적 세계의 현실화를 주창했다. 원을 타도하고 한족 왕조를 부흥한 주위안장朱元璋, 주원장도 백련교도였으며, 이후에도 세력을 잃지 않고 민간에서 성행했다. 백련교의 교리를 압축적으로 표현한 것이 "진공가향眞空家鄕, 무생부모無生父母"라는 말이다. 이것은 현세의 집안家과 고향, 피를 나눈 부모는 모두 거짓이고, 진실한 가향과 부모는 모두 피안에 있다는 것을 의미하며 강한 현실 부정의 세계관을 드러내고 있다. 따라서 백련교를 믿는 집단 역시 현실 세계에 불만을 품은 사회의 소외 계층이 주류를 이루었다.

백련교도의 반란은 1774년에 최초로 일어났다. 베이징에서 그리 멀지 않은 산둥山東, 산동의 린칭臨淸, 임청은 남쪽에서 올라오는 공물을 수송하는 대운하 교통의 요지였는데, 바로 이곳에서 운하에서 배를 끄는 견선牽船 노동자와 수문을 여닫는 쿨리들이 관리들의 가렴주구에 지친 농민들과 결합해 난을 일으켰던 것이다. 지도자 격인 왕룬王倫, 왕륜은 권봉술과 약초의술 전문가였다고 한다. 이들은 반란을 일으켜 관청을 습격하는 등의 무력 시위를 했으나, 이내 막강한 화력을 가진 관군에 의해 진압되었다. 비록 그 파장은 크지 않았다고 하나, 무모하게 보일 수도 있는 이런 반란이 일어날 수 있었던 것은 그만큼의 사회 불만이 계속적으로 누적되고 있기 때문이었다. 강희제로부터 건륭제 초기까지만 해도 이런 일은 벌어지지 않았던 것이다. 건륭제 후기에 이르러 여러 곳에서 백련교가 확대되자 청 조정은 1794년에 화북華北 지역 일대에서 탄압에 나섰다. 하지만 이렇게 탄압에 나서자 위기를 느낀 백련교도들은 1796년부터 후베이와 쓰촨, 산시陝西, 섬서, 허난 등지에서 난을 일으켰다.

가경제 즉위 초기에는 태상황太上皇으로 물러난 건륭제가 여전히 허선和珅, 화신을 통한 대리 정치를 했다. 하지만 1799년 건륭제가 사망하자 가경제는 친정親政을 시작하면서, 본격적으로 사회 기강을 바로잡고 국내의 혼란한 국면을 바로잡기 위한 노력을 기울였는데, 그 첫 번째가 허선의 제거였다. 가경제는 20개의 대죄大罪를 물어 허선을 체포한 뒤 스스로 목숨을 끊게 하고 가산을 몰수했다.◉ 그리고 백련교의 난을 직접 대처했다. 하지만 용맹했던 만주 팔기군은 이미 무사안일에 빠져 전투력을 상실한 상태였고, 관군 역시 이곳저곳에서 산발적으로 일어나는 민란에 대처하느라 인원이 부족한 데다 군기마저 문란했으니 반란군 세력은 걷잡을 수 없이 커져갔다. 하지만 백련교 반란군들은 독립적인 성격이 강했기에 상호 연락은 취하고 있었어도 이를 아우르고 통제할 지도부가 없어 그 세력을 더 이상 확대하지 못하고 있었다. 백련교도들의 반란을 진압한 것은 오히려 지방의 향신과 지주 · 상인 등에 의해 조직된 단련團練이나 향용鄉勇이라는 민간자위군이었다. 가경제는 이들 단련과 향용 세력과 협조해 성채를 쌓고 주민을 거주하게 하여 백련교 반란군들을 고립시키는 전략을 써서, 1805년경에는 10년여에 걸친 대란이 거의 평정되었다. 하지만 10년 대란을 진압하느라 1억 2,000만 냥의 비용이 소요되어 국가의 재정은 거의 고갈 상태에 빠졌고, 청 왕조의 정규 군사력은 유명무실한 것으로 드러났으니, 이제 나라의 존망조차 장담할 수 없는 지경에 이르렀다.

후대 사람들은 건륭제가 이루어놓은 치적을 두고 그의 통치를 칭송하곤 하지만 사실 건륭제의 업적은 전대의 두 황제가 애써 일군 것을 단순히 거둔 것에 불과한지도 모른다. 그래서 혹자는 건륭제가 강희제의 너그러움을 본받았지만 도량은 그에 미치지 못했고, 옹정제의 정무에 대한 세심한 노력에도 미치지 못했다고 평하기도 한다.

◉ 이때 몰수된 허선의 집은 가경제의 동생인 경희친왕(慶僖親王)에게 하사되어 경왕부(慶王府)라 했는데, 나중에 함풍제 때 다시 함풍제의 동생인 공친왕(恭親王; 1833~1898년)에게 하사된 뒤 공친왕이 대대적으로 증 · 개축을 하여 공왕부(恭王府)가 되었다. 이곳은 현재 관광지로 개방되어 사람들은 당시의 화려함을 엿볼 수 있다.

고종의 내외정책, 특히 문화시책은 완전히 강희를 모범으로 하여 그 틀에서 벗어날 수가 없었으며, 독창성이 부족했다. 옹정의 가혹함을 없앴다고는 해도, 한인에 대한 고압정책은 입관한 후 1백 년 가까이 되었으므로 안정된 정복왕조의 권위에 길든 한인에 대하여, 한편으로는 문화정책으로써 한문화를 보호하면서 배만사상은 철저히 억압했다.◉

◉ 가이즈카 시게키, 이용범 옮김, 『중국의 역사 하』, 서울; 중앙일보사, 1983. 85쪽.

아울러 유사 이래 중국이 민족적으로나 문화적으로 완전한 통일을 이루었던 적은 없었으니, 건륭제 때 이르러 봉건적 전제주의적 중앙 집권국가 체제를 건설하는 데 성공한 듯이 보였지만, 실제로는 여러 가지 사회 모순이 수면 아래에 잠복해 있었다. 결국 건륭제 이후 청 왕조는 급속하게 힘을 잃고 쇠락기에 접어들게 된다. 1799년 건륭제가 죽고 나서 겨우 40년 만에 아편전쟁이 일어나고, 청은 제국주의 열강의 침략 앞에 풍전등화의 신세로 전락하게 된 것이다.

11

근대로 가는 길—내우외환의 역사

제국의 황혼, 거대한 몰락의 시작

1792년 9월 영국 왕 조지 3세는 중국방문사절단을 파견했다. 사절단 단장은 북아일랜드 출신의 조지 매카트니로, 과학자와 예술가, 호위대, 시종 그리고 나폴리의 가톨릭 대학 출신의 중국어 교사를 포함한 많은 수행원을 대동하고 길을 떠났다. 다음해인 1793년 5월 매카트니 일행은 중국에 도착했다. 건륭 황제로부터 환영의 뜻을 전해 받은 사절단 일행은 베이징에 도착해 며칠 간 휴식을 취한 뒤, 수행원 92명을 이끌고 건륭제의 생신 축하연이 열리고 있는 러허로 떠났다. 양측은 황제를 배알할 때의 의례인 삼궤구고三跪九叩, 세 번 무릎 꿇고 아홉 번 머리를 땅에 닿게 하는 예를 두고 약간의 승강이를 벌이다 서로 조금씩 양보하는 선에서 타협을 했다. 그런 약간의 마찰이 있었음에도 건륭제는 기본적으로 매카트니 일행을 환대했다. 건륭제는 성대한 연회를 베풀어 먼 곳에서 온 손님들을 맞이했다. 매카트니는 건륭제에게 영국 외교관의 베이징 거주권과 광저우 무역 체제의 규제 철폐, 국제 무역을 위한 새로운 항구의 개항, 공정하고 형평성 있는 관세의 책정 등을 요구했다. 당시 재위 58년이 다 된 건륭제는 영국의 국왕에게 보내는 칙서를 통해 이 모든 요구를 일언지하에 거절했다.

> 중국은 물자가 풍부하여 없는 것이 없다. 우리는 애초에 외국 오랑캐의 물건에 기대어 없는 것을 얻어 편리를 도모하려는 것이 아니다. 다만 우리나라에서 생산되는 차, 도자기, 비단은 너희 서양 각국에서 필수품이 된다고 하니, 내 그것을 불쌍하게 여겨 은혜를 베풀고자 한다.

이미 강희와 옹정의 치세를 거쳐 최극성기를 구가하고 있던 중국의 황제 '십전노인十全老人'이 보기에 매카트니의 행위는 한낱 변방의 오랑캐가 황제의 나라와 동등한 위치에서 협상을 요구하는 것으로 실로 어이없는 만용에 가까운 행위로 여겨졌을 것이다. 그리하여 건륭제는 "만일 앞으로 오는 상선이 저장이나 톈진에 상륙해 무역하기를 요구하면 나라 땅을 지키는 문무 관리가 그들을 머물지 못하게 할 것이며, 그래도 정박했을 때는 쫓아낼 것이니, 그것을 미리 알지 못했다고 말하지 말라"고 하였다.

그 뒤로 한동안 중국은 별다른 외압이 없는 상태에서 국내 문제에 골몰했다. 그것은 때마침 유럽 역시 나폴레옹 전쟁에 휘말려 동아시아에 신경 쓸 겨를이 없었기 때문이었다. 하지만 대항해시대를 지나 산업혁명의 성공으로 제국주의시대에 접어든 영국으로서는 새로운 시장의 개척을 위해 무역을 포함한 중국과의 교류를 결코 포기할 수 없었다. 나폴레옹 전쟁이 끝난 직후인 1815년 영국은 다시 애머스트Sir Jeffrey William Pitt Amherst를 중국에 사절로 파견하였다. 애머스트 역시 매카트니와 마찬가지로 통상권 확대와 개항장 추가, 중국 내 외교관의 거주 등을 추진했다. 하지만 청 조정은 애머스트가 베이징에 도착한 다음날 황제와의 알현을 강요하는 등 무리한 일정을 요구했고, 게다가 애머스트가 삼궤구고의 예를 거부하자 처음에는 위협을 하다 급기야 모욕적으로 추방해버렸다.

1834년에는 네이피어William John Napier가 초대 중국 무역 수석감독관으로 임명되어 중국 무역을 보호하고 개선하기 위해 마카오에 근거지를 마련하고 많은 노력을 기울였다. 그러나 그 역시 청 조정의 강력한 반대에 부딪혀 그 대책에 고심하다 현지에서 병사했다. 네이피어는 영국이 동인도회사의 무역독점권을 폐기한 뒤 정부 차원에서 임명한 최초의 무역감독관이었다. 이제 영국은 중국과의 무역 관계를 개별 회사가 사적으로 추진하는 것을 넘어서서 국가 차원에서 대응하기로 작정했던 것이다. 그럼에도 청 조정에서는 이들을 단지 변방의 이적夷狄 국가가 파견한 일개 조공사朝貢使 이상의 의미를 부여하지 않았고, 정상적인 국가 간의 무역은 추진할 의사가 전혀 없었다.

한편 청 조정은 안팎으로 누적된 여러 가지 문제들로 인한 사회 갈등과 분란에 힘겨워하고 있었다. 우선 청의 중원 통치가 100년이 넘어감에 따라 만주족의 한화漢化 역시 급속도로 진행되어갔다. 사실상 만주족의 중원 진출에 가장 큰 역할을 했던 만주 팔기는 본래 병사나 관리만 될 수 있을 뿐 농사나 상업 등 다른 일에 종사할 수 없었다. 이들은 국가에서 받는 녹봉말고도 기지旗地라는 별도의 토지를 분배받아 경제 생활이 보장되었으나, 무지와 방종한 생활, 그리고 한인漢人들의 농간과 사기 등으로 인해 점차 궁핍해졌다. 이에 본래 매매가 금지되어 있는 기지를 한인들에게 팔아 넘기게 되자 이들의 경제 상황은 더욱 악화되었다. 경제적 궁핍과 한화로 인해 만주족 고유의 강건한 체력과 상무 정신이 쇠퇴하자 청 왕조를 지탱하는 무력 기반 역시 와해되고 말았다.

강희 · 옹정 · 건륭 세 황제 시기를 거치며 중국은 130여 년에 걸친 융성기를 맞아 인구가 급속도로 증가했다. 이에 반해 식량과 생필품의 생산은 인구 증가율에 미치지 못해 백성들의 생활은 윤택하지 못했다. 여기에 소수의 대지주에 의한 토지 집중과 관리들의 가렴주구가 더해지니 이에 견디다 못해 백성들은 유랑민이 되거나 도적이 되기에 이르렀다. 건륭 말기에 이르면 이와 같은 정치 · 사회 · 경제적인 불합리와 모순 등으로 인한 민란이 도처에서 일어나 나라 전체가 큰 혼란에 빠졌다. 명말에 나온 백화소설 『수호전水滸傳』은 청대에 몇 차례에 걸쳐 금서로 지정되었는데, 그것은 이 소설이 "관리들의 핍박에 백성들이 반란을 일으키고官逼民反", "반란의 빌미가 위에서부터 주어지며亂自上作", "핍박받아 어쩔 수 없이 도적이 될 수밖에 없는逼上梁山" 사회 모순을 설파하며, 백성들에게 "도적이 되는 길을 가르치기誨盜" 때문이라는 이유에서였다.

이러한 상황은 이 소설이 나온 명대뿐 아니라 청대에도 판박이처럼 그

대로 적용이 된다. 아무튼 앞서도 설명한 바 있는 건륭 · 가경제 시기의 백련교도의 난과 후난, 구이저우, 산시陝西, 섬서의 변방 지역에 거주하는 먀오족 등이 일으킨 난을 평정하느라 청 왕조는 재정적으로 심각한 타격을 입게 된다. 여기에 1780년대에 간쑤 지역에서 일어난 이슬람교 집단의 반란 역시 청 조정에 큰 부담이 되었다. 이슬람교도들 가운데 근본주의자들이 주축이 되어 일으킨 반란은 다른 지역의 반란보다 훨씬 격렬하게 진행되어 청 조정은 이를 진압하는 데 어지간히 애를 먹었다.

건륭제 시기는 청의 위세가 최고조에 오른 동시에 바야흐로 청 제국이 쇠락기에 접어들었다는 점에서 역사의 전환점이라 할 수 있다. 아울러 진시황 이래 2,000여 년 동안 이어져 왔던 황제를 정점으로 하는 봉건적 전제 군주제가 마지막 단계에 접어든 시기라고도 할 수 있다. 사실상 지배 능력을 상실하고 있던 청 조정은 누적되어온 사회적 모순에 능동적으로 대처하지 못하고, 각지에서 일어난 민란도 평정할 능력이 없어 지방의 향용에 의지해야 했다. 이러는 사이 산업혁명과 시민혁명의 성공으로 근대화에 성공한 유럽 열강들의 세력이 눈길을 세계로 돌려 바야흐로 제국주의의 시대를 열어가고 있었다. 하지만 중화주의에 빠져 세계사의 거대한 흐름에서 뒤쳐진 중국은 서서히 조여오는 제국주의 열강의 침탈에 속수무책일 수밖에 없었다.

중화주의의 몰락, 아편전쟁과 린쩌쉬

비단과 차가 유럽에 전래된 이래 유럽의 상류 사회에는 '시누아즈리Chinoiserie'◉라는 중국풍이 유행했고, 홍차는 영국인들의 일상에서 빼놓을 수 없는 필수품이 되었다. 산업혁명의 성공으로 급속도로 산업 사회로

◉ 주로 장식공예품으로 동양의 풍물을 제재로 한 장식용 회화와 조각 등이

다. 유럽인의 중국 자기(瓷器)에 대한 흥미는 중세 말부터 엿보이나 16세기 말부터 중국의 공예품이 다량으로 수입되자 유럽의 왕후 · 귀족들이 다투어 수집하였다. 그 당시는 단순한 수집 대상에 지나지 않았으나 17세기의 후반부터는 이러한 동양의 공예품과 그 모방품을 실내 장식에 활용하는 '시누아(支那) 취미'가 유행하기 시작하였다. 이러한 취미에 의하여 만들어진 시누아즈리는 대개 4종류로 나뉜다.
① 자기(瓷器) · 칠기(漆器) 등 동양의 공예품을 모방한 것과 모방하려고 한 것
② 모방이 아니고 동양의 공예품을 비끈 것
③ 동양의 인물 · 풍물을 제재(題材)로 한 것
④ 동양의 공예품을 재료로 하여 로코코풍의 금구(金具)를 붙인 자기나 칠과 금 · 은분(粉)으로 그린 그림에 패널을 넣은 로코코풍의 가구 등이 있다. (이상은 네이버 검색을 참고)

진입한 영국은 인도를 식민지화해 원료를 제공받아 이를 가공해 수출했다. 이때 유력한 수출 시장으로 떠오른 것은 중국이었다. 당시 중국의 인구는 식민지인 인도의 두 배 정도로 추정했기에, 영국인들은 중국 사람들이 면 제품을 하나씩만 사더라도 당시 면직 공업의 중심지였던 맨체스터가 하나 더 만들어질 수 있다고 생각했다. 중국은 더 이상 귀족들의 고상한 '중국풍'에 대한 찬미 대상이 아니라 자본가들의 '꿈의 시장'이 되어버린 것이다.

하지만 실제 현실은 이들 신흥 자본가들의 생각대로 움직여주지 않았다. 오히려 중국의 차나 비단 도자기 수입으로 인해 양국 간의 무역은 영국 측의 수입 초과가 되어 당시 결제 수단이었던 막대한 양의 은이 중국으로 흘러들어갔다. 건륭제 시기 중국의 경제적 번영은 이러한 은의 유입에 힘입은 바 크다. 이런 무역 역조 현상을 바로잡기 위해 등장한 대체 상품이 바로 아편이었다. 본래 중국에서는 아편이 오랫동안 약용으로 쓰였다. 하지만 청 왕조 들어서 아편을 피우는 습관이 민간에 만연해짐에 따라 이에 따른 폐해를 바로잡기 위해 여러 차례 금령을 내리기도 했으나 그다지 실효를 거두지 못하고 있었다. 영국은 자신들의 무역 역조를 바로잡기 위해 아편을 이용하기로 하고 식민지 인도에서 아편을 대량으로 생산해 중국에 수출했다. 과연 이 정책은 성공해 수입 홍차에 대한 지불로 유출되던 은이 점차 감소하고, 1827년경 드디어 양국 간 은의 유입이 역전되는 현상이 나타났다.

청 왕조로서는 백성들의 심신을 좀먹는 폐해에 더해 은의 유출로 인한 국가 재정의 파탄이라는 위기에 직면해 가경제는 몇 차례에 걸쳐 아편의 흡입과 유통을 금지하는 정책을 시행했다. 그러나 아편 흡입의 악습은 이미 관계에까지 퍼져 있어 이를 관장하는 관리들이 정부의 시책에 적극적으로 대응하지 않을 뿐 아니라, 아편 수입이 공개적으로 금지되자 이

당시 중국에 보내졌던 아편은 영국의 동인도회사가 소재했던 인도의 파트나에서 만들어진 것이었다.
ⓒ 조관희

를 이용해 오히려 돈벌이에 나서고 뇌물이 오가는 일까지 벌어졌다. 따라서 아편 금지령은 실효를 거두지 못하고 이로 인해 국가 재정이 악화되자 더 이상 방치할 수 없는 지경에 이르렀다. 이에 가경제의 뒤를 이은 선종宣宗 도광제道光帝; 재위 기간은 1820~1850년는 신하들에게 적절한 대책을 강구하도록 했다. 강온책을 두고 몇 차례 논란이 있은 뒤, 강경론을 편 대신들의 주장이 받아들여져 아편을 엄금한다는 정책이 마련되었다. 도광제가 다시 아편 엄금론에 대한 구체적인 방안을 각 성의 독무督撫와 장군들에게 하명한 결과, 당시 후광총독湖廣總督, 호광총독이었던 린쩌쉬林則徐, 임칙서; 1785~1850년가 올린 『조진금연판법소條陣禁煙辦法疏』가 가장 구체적이었다. 그뿐 아니라 린쩌쉬는 임지에서 실제로 큰 성과를 올리고 있었기에, 1838년 11월 도광제는 그를 흠차대신으로 임명하고 광저우로 내려가 아편을 단속하게 했다.

광저우에 도착한 린쩌쉬는 포고문을 통해 아편 소비에 따르는 건강상

광저우 인근 후먼(虎門)에 있는 아편을 폐기한 웅덩이 유적 ⓒ 조관희

의 위험을 강조하고 모든 아편 흡연자들에게 아편과 담뱃대를 2개월 이내에 관할 담당자에게 반납하도록 했다. 그리고는 모든 아편 흡연자들을 처벌했고, 15톤 가량의 아편과 4만여 개의 담뱃대를 압수했다. 다른 한편으로 린쩌쉬는 중국인 행상들을 설득하고 외국인 상인들에게도 아편을 인도할 것을 종용했다. 이때 영국 상인들은 1,000상자 남짓의 아편만을 인도하고 앞으로 아편을 매매하지 않겠다는 서약서를 제출하지 않았다. 이에 린쩌쉬는 재차 나머지 아편의 인도와 서약서 제출을 요구하면서 병력을 동원해 영국의 상관商館을 포위했다. 약 6주 동안 중국 병사들이 밤이고 낮이고 피리를 울려대는 통에 견디다 못한 영국인들은 2만 상자의 아편을 인도하고 무역감독관인 찰스 엘리엇의 지휘하에 마카오로 철수했다. 린쩌쉬는 압수한 아편을 커다란 웅덩이를 파고 석회와 바닷물을 섞

영국 의회에서 아편무역의 부당성에 대해 연설하는 글래드스턴(후먼의 아편 전쟁박물관) ⓒ 조관희

어 폐기했다. 아편 판매의 봉쇄 소식이 영국으로 신속하게 알려지자, 일차적으로 그로 인해 직접적으로 손해를 본 상인들이 영국 정부에 금전적 보상을 요청했다.

1840년 3월 19일 영국 하원에서는 중국에 파병하는 문제를 놓고 격렬한 토론이 벌어졌는데, 아편 무역상들의 로비로 의회 전체의 분위기나 사회적 여론은 파병하는 쪽으로 기울어지고 있었다. 이때 뒤에 영국 수상이 되는 30세의 젊은 자유당 의원 글래드스턴William Ewart Gladstone은 이 전쟁의 부당성에 대해 다음과 같이 토로했다. "저는 아편도 경제도 잘 모릅니다. 그 나라 법을 따르지 않는 외국인을 어떻게 다루는 것이 정답인지도 모르겠습니다. 그러나 역사가 이것만큼 부정한 전쟁, 이것만큼 영국을 불명예로 빠뜨린 전쟁은 없었다고 기록할 것이라는 것은 알겠습니다.” 그의 발언은 양식 있는 영국 지식인들의 양심을 대변한 것이라 할 수 있는데, 이 문제를 놓고 한 달여에 걸친 토론 끝에 표결한 결과 271대 262 고작 9표 차이로 파병안이 가결되었다. 그때 글래드스턴은 “262, 영국 양심의 무게가 고작 이 정도냐”고 한탄했다고 한다.

영국에서 중국을 상대로 한 무역업자들과 대규모 아편 제조 지역 상인 협회가 영국 의회에 보복 조치를 취해달라고 로비를 벌이고 있을 때, 린쩌쉬는 광둥성에서 아편 근절을 위한 활동을 계속 진행해나가는 한편, 광저우로 진입하는 수로를 요새화하고 항구에 새로운 화포와 운하의 통행을 막을 강력한 사슬을 설치하는 등 영국군의 도발에 대비했다. 영국 상인들이 기어이 어떠한 아편 무역도 하지 않겠다는 서약을 하지 않자 린쩌쉬는 그들을 광저우에서 추방했고, 무역감독관이던 찰스 엘리엇1801~1875은 당시에는 거의 버려지다시피 한 바위섬에 불과했던 홍콩에 군대를 주둔했다. 그러던 중 홍콩섬 건너편 쥬룽九龍, 구룡 지역에서 술 취한 영국 병사들이 린웨이시林維喜, 임유희라는 중국인을 살해했다. 린쩌쉬는 범인의 인도를 요구했으나, 엘리엇은 거부하고 영국군 함상에서 자기들끼리 재판을 해 벌금 20파운드와 금고 6개월에 처했다. 이에 린쩌쉬는 마카오 정청에 영국 상인들을 축출하도록 요구했다. 이제 양국 간의 분쟁은 피할 수 없는 지경에까지 이른 것이다.

1840년 6월 영국 함대는 광저우에 집결했다. 하지만 만반의 대비를 하고 있던 린쩌쉬의 기대를 저버리고 영국군 함대는 기수를 돌려 푸젠과 저장 연안을 위협하면서 북상해 저우산舟山, 주산 열도를 점령하고 중국 해군을 격파한 뒤 첸탕강錢塘江, 전당강 하구를 봉쇄했다. 영국군 함대는 다시 북상해 보하이만渤海灣, 발해만에 들어가 톈진天津, 천진의 외항인 다구大沽, 대고에 도착했다. 청 조정은 린쩌쉬를 파면해 멀리 위구르 지역의 이리로 귀양을 보내고, 즈리총독直隸總督, 직예총독인 치산琦善, 기선에게 엘리엇과 교섭하도록 했다. 일단 치산의 설득으로 영국군 함대는 다시 광저우로 돌아갔고, 치산은 비로소 마음을 놓은 황제의 칭찬을 듣고 양광총독兩廣總督에 임명되었다. 치산과 엘리엇은 1841년 1월 광저우에서 교섭을 진행해 홍콩섬의 할양과 배상금 600만 원 지급, 양국이 평등한 국교 관계를 맺는 등을 약속하고 촨비 가조약川鼻假條約, 천비가조약을 맺었다. 하지만 협상 결과는 양국의 책임자들을 만족시키지 못하였으니, 치산은 불리한 조건으로 조약을 체결했다 하여 도광제의 분노를 사 사형에 처해졌다가 감형되어 귀양갔고, 영국의 외무장관 파머스턴도 엘리엇이 중국에게 좀더 나은 조건을 관철시키지 못했다 여겨 엘리엇을 파면하고 헨리 포틴저를 파견했다. 이때 파머스턴은 포틴저에게 새로운 협정은 반드시 황제와 체결해야 하며 중국 측의 요구를 모두 거절하고 자국의 이익을 철저하게 관철하라는 지시를 내렸다.

1841년 8월 중국에 도착한 포틴저는 영국군을 이끌고 다시 북상해 샤먼厦門, 하문과 닝보寧波, 영파 등지를 공략한 뒤, 1842년 늦봄에는 상하이를

린쩌쉬 상. 왼쪽은 뉴욕의 차이나타운에 있는 것이고 오른쪽은 우룸치 홍산공원(紅山公園, 홍산공원)에 있는 것이다. ⓒ 조관희

거쳐 난징을 압박했다. 강남 지역의 중심지인 난징이 함락되면 창장 일대의 통제권을 잃게 되고, 남방의 풍부한 물산이 북쪽으로 올라갈 수 없게 되어, 중국은 실질적으로 양분되는 위험에 빠질 수 있었으므로, 청 조정은 부득불 황족 출신인 치잉耆英, 기영: 1787~1858년을 보내 협상을 진행하도록 했다. 그 주요 내용은 첫째, 중국이 영국에 전비와 소각된 아편 등에 대한 손해 배상금 2,100만 달러를 배상할 것, 둘째, 홍콩섬을 영국에 할양할 것, 셋째, 광둥과 푸저우, 샤먼廈門, 하문, 닝보寧波, 영파, 상하이 5개 항을 개방할 것, 넷째, 무역을 독점하면서 외국 상인들을 관리 감독했던 공행公行을 폐지하고 관세 협정을 다시 맺을 것, 다섯째, 영국인들의 거주를 보장하고 영사관을 설치할 것 등이었다. 1842년 8월 치잉과 포틴저는 영국 전함 콘 월리스Corn Wallis호에서 난징조약을 체결했고, 9월에는 도광제가 그리고 12월에는 영국의 빅토리아 여왕이 조약을 인준했다.

난징조약을 통해 영국은 중국 진출의 교두보를 확보한 셈인데, 특기할 만한 것은 이 조약이 아편으로 인해 야기된 것이었는데도 조약 문구에는 어디에서고 아편에 대한 내용은 찾아볼 길이 없었기에 영국 상인은 마음대로 아편을 밀수할 수 있고 청 정부는 이를 취조 감독할 수 없게 되었다는 점이다. 중국 정부는 배상금 지불과 영토의 할양이라는 굴욕적인 조치에 더해 중국의 국내법이 적용되지 않는 조계租界가 설치되는 등 국제적 위치가 격하되는 굴욕을 감내해야 했다. 하지만 어떻게 보면 이런 물질적인 손해는 어차피 패전국으로서 감수해야 할 작은 손실에 지나지 않는지도 모른다. 오히려 관세에 대한 자주권을 잃게 됨으로 해서 그렇지 않아도 취약한 국가 재정이 큰 타격을 입고 후진적인 중국 경제가 더욱 피폐해지는 결과를 낳았다. 나아가 난징조약은 이후 청 정부가 제국주의 열강과 맺는 모든 불평등조약의 출발점이 되었다. 1843년에는 미국이, 그리고 1844년에는 프랑스가 난징조약에 근거해 조약을 체결했고 이렇게 닦여진 길을 따라 다른 열강들도 잇달아 중국에 진출했다. 조약이 맺어질 때마다 새로운 조항들이 추가되었으나, 맨처음 조약을 맺은 영국은 그로 인해 손해를 볼 필요가 없었다. 그것은 1843년 후먼虎門, 호문에서 추가로 맺은 조약에 의하면 영국 정부는 어떤 경우에나 '최혜국' 대우를 받기로 규정되어 있었기에, 다른 나라에 새로운 특권을 부여하더라도 그와 똑같은 내용이 영국에게도 똑같이 주어지기 때문이었다.

난징조약이 중국사에서 갖는 좀더 중요한 의의는 중국의 천하관이 바뀌었다는 것이다. 종래의 화이사상華夷思想은 의미를 잃고, 종주국과 주변국 사이의 조공을 매개로 한 국제 질서는 더 이상 힘을 발휘하지 못하게 되었다. 이제 중국은 여러 나라들과 대등한 관계에서, 아니 오히려 열등한 관계에서 일방적으로 상대방의 요구를 들어주는 불평등 조약을 맺게 된 것이다. 중국의 입장에서 볼 때, 더욱 불행한 것은 이러한 관계를 자발적 요구에 의해서가 아니라 어쩔 수 없이 떠밀려 맺게 되었다는 사실이다. 이제 자기 자신을 제외한 모든 것들은 그저 사방에 흩어져 있는 오랑캐에 불과하고 하늘 아래 유일무이한 존재라는 의미에서 세계를 '천하天下'라 부르던 중화적 세계관은 심각한 도전에 직면하게 되었다. 오히려 이제는 세계에 존재하는 여러 나라들 가운데 한 나라로 인정받고 그들과 대등한 관계를 맺기에도 급급한 처지로까지 내몰린 것이다. 그러기에 혹자는 이렇듯 중화 사상으로 대표되는 자기 중심적이고 자기 규정적인 즉자적 인식으로부터 상대를 인정하는 대자적 인식으로 넘어간 것이야말로 중국에서의 근대의 시작이라고 주장하기도 했다.

영국군 군함에서 난징조약에 서명하는 양측 대표들

중국의 근대사는 한마디로 이러한 중화주의가 민족국가들에 의하여 계속 도전을 받으며 그 환상이 깨어짐과 동시에 강력한 민족국가의 하나로 탈바꿈해가는 과정이었다.◉

건륭제 말기부터 흔들리기 시작한 중국 사회는 아편전쟁으로 촉발된 외세의 침탈과 내부 모순으로 인해 야기된 갖가지 내란으로 말 그대로 내우외환內憂外患이 중첩해 나타나는 최악의 상황을 맞게 된다.

아편전쟁의 결과 난징조약을 맺었지만, 영국 측에서 볼 때 그로 인한 실익은 기대 이하였다. 해안 지역의 5개 도시가 개방되었다고는 하나, 중국 시장에 본격적으로 진출하려면 창장을 비롯한 내륙의 하천을 자유롭게 항해할 수 있어야 하는데 그렇지 못했을 뿐 아니라 아예 내지의 여행권마저 없었다. 제국주의 침략의 첨병 역할을 하는 기독교의 선교 역시 금지되어 있었고, 중국 전역에 걸쳐 배외 운동이 일고 있었다. 특히 농촌 지역의 반외세 감정은 심각해서 외국인이 도시 내에 거주지를 건설하거나 사업을 진행하고 영사관을 개관하는 등의 일이 애당초 불가능할 정도였고, 이를 감독할 후광총독湖廣總督, 호광총독과 양광총독兩廣總督 역시 이들 외국인들에 대해 고압적으로 대했다. 이에 조약 체결 이후 조약문 내용의 해석과 실행을 두고 끝없는 분쟁이 일었고, 그때마다 청 정부는 우리가 아쉬울 게 뭐냐는 식의 태도를 보이며 불성실하게 대했다. 영국에서는 새로운 시장의 개척을 위해 북방 지역과 창장 연안 도시에 대한 개항을 요구하고 조약문을 좀더 구체적으로 명시하기 위해 청 정부에 난징조약의 개정을 요구했으나, 청은 응하지 않았다. 그러는 사이 유럽에서는 크리미아 전쟁1853~1856년◉◉이 일어나 영국의 관심은 일시적으로 그곳으로 쏠려 중국과의 교섭은 소강 상태를 맞았으나 전쟁이 끝나자 다시 중국 문제가 초미의 관심사로 떠올랐다. 이제 제국주의 열강의 침략 야욕은 본

◉ 김용옥, 『루어투어시앙쯔 윗대목』, 서울;통나무, 1997 중판. 87쪽.
"민중이 즉자적 존재에서 대자적 존재로 변화해 가는 것, 그 성장과정이야말로 전근대와 근대를 가늠하는 중요한 분기점인 것이다." (히메다 미츠요시(姬田光義) 아베 치헤이(阿部治平) 외, 『중국근현대사』, 일월서각, 1985. 19쪽.)

◉◉ 러시아와 오스만투르크 · 영국 · 프랑스 · 프로이센 · 사르데냐 연합군 사이에 일어난 전쟁으로, 크림반도와 흑해를 둘러싸고 일어났다. 나폴레옹 전쟁 이후 유럽 국가들끼리 처음 벌인 전쟁으로 이 전쟁에서 패한 후 러시아는 본격적으로 근대화를 추진하게 된다.

격적인 국면으로 접어들었지만, 청 조정은 오히려 그 자체의 생존을 걱정해야 할 만큼 위기 상황에 빠져 있었다.

태평천국과 홍슈취안

건륭제의 융성기를 뒤로하고 맞이한 19세기는 중국 사람이라면 돌이키고 싶지 않은 치욕의 역사였다. 건륭제가 사망한 지 40년 만에 아편전쟁이 일어났고, 전 중국은 급격하게 혼란 속에 빠져들었다. 앞서도 말한 바와 같이 사회가 혼란해지니, "관리들의 핍박에 백성들이 반란을 일으키고官逼民反", "반란의 빌미가 위에서부터 주어지며亂自上作", "핍박받아 어쩔 수 없이 도적이 될 수밖에 없는逼上梁山" 극한의 상황이 나타나게 되었던 것이다. 이때 일반 백성들이 기댈 곳은 중국 역사와 함께 했던 지방의 비밀 결사 조직이었다. 특히 종교를 기반으로 하는 조직의 경우 단순한 불만 표출에 그치지 않고 새로운 세상을 만들기 위해 정치화에 나서 군사 행동으로 이어지는 경우가 많았다. 이런 경우 만주족의 청 조정을 전복하고 멸망한 명 왕조를 부흥해 한족이 다스리는 세상을 만들어야 한다는 식으로 일반 백성들의 민족 감정에 호소하는 전략이 효과적이었다. 청대에 일어난 많은 민란들이 이러한 이데올로기를 전면에 내세워 세력을 확장한 경우가 많았다. 그 가운데 대표적인 것이 삼합회三合會, 또는 천지회天地會라 불리던 집단이었다. 다른 한편으로 이런 집단은 은밀하게 지방의 관료 조직이나 향용鄕勇 등에 침투해 자신들의 힘을 강화시켰다. 백련교 반란이나 린쩌쉬의 경우처럼 청 조정은 필요할 때 이들의 힘을 빌려 반란을 진압하거나 외세에 대항했으니, 그런 의미에서 보자면 이와 같은 비밀 결사 조직은 일종의 양날의 칼이라 할 수 있다.

창장 이남 지역은 풍부한 물산으로 중국에서는 생산성이 가장 높은 지역이었으므로, 정부로부터의 수탈 역시 이곳에 집중되어 백성들의 삶은 오히려 피폐했다. 그리하여 남방 지역에는 역대로 비밀 결사 조직의 활동이 빈번했는데, 그중에서도 광둥과 광시 지역은 중앙에서 멀리 떨어진 데다 지형 역시 험준해 중앙 정부의 손길이 미치지 못했다. 또 이곳에는 각종 자연 재해와 난리를 피해 북방에서 이주해 온 객가客家: Hakka라는 한족 출신 집단이 거주했는데, 이들은 지역의 토착민들로부터 박해를 받으며 자신들만의 게토를 형성하고 살았다. 바로 이 객가 출신의 지식인인 훙슈취안洪秀全, 홍수전: 1814~1864년이 반란을 일으키니, 이들의 세력이 가장 컸을 때는 전 중국의 반을 지배하면서 청 왕조와 함께 천하를 양분하기도 했다.

훙슈취안은 1814년 광둥성 화현花縣, 화현의 중농 집안에서 태어났다. 그는 젊은 시절 관리가 되기 위해 과거 시험을 쳐서 수재秀才가 되었지만 실제로 관리에 임용이 되는 거인擧人이 되기 위한 시험에는 잇달아 실패했다. 심한 좌절감에 빠진 젊은 훙슈취안은 마음도 달래고 공부를 계속하기 위해 광저우로 갔다. 1836년 훙슈취안은 이곳에서 개신교 선교사를 접촉했는데, 중국인 개종자에게서 성서의 구절들을 발췌해 번역한 『권세양언勸世良言』이라는 책을 건네받는다. 하지만 훙슈취안은 이 책을 처음에는 얼핏 훑어보고 집에 보관해두었고, 1837년에 과거 시험에 세 번째 낙방한 뒤 꿈에 턱수염이 난 금발의 남자와 사악한 영혼들을 파멸시키는 법을 가르쳐준 '큰형'이라는 남자와 대화를 나누게 된다. 이에 대한 의문은 갖고 있었지만 미루어둔 채, 이후 6년 동안 훙슈취안은 마음을 다잡고 마을의 훈장 노릇을 하면서 다시 한번 과거 시험에 도전했다. 하지만 또다시 실패하자 훙슈취안은 『권세양언』을 처음부터 끝까지 통독을 했고 놀라운 깨달음을 얻게 된다. 훙슈취안은 자신이 꿈과 환상 속에서 본 두 남

광둥 성 화 현에 남아 있는 홍슈취안의 생가 ⓒ 조관희

자야말로 하느님과 예수라는 사실을 알게 된 것이다. 그리고는 마을마다 있는 쿵쯔의 상을 파괴하여 구체제 타파의 이념을 실행에 옮긴다.

고향 마을에서 쫓겨난 홍슈취안은 동지인 펑윈산馮雲山, 풍운산과 함께 어머니의 고향인 광시 성廣西省, 광서성으로 잠입해 들어갔다. 홍슈취안은 자신의 생각을 펼쳐 보인 『원도각세훈原道覺世訓』 등을 저술하는 한편으로, 펑윈산은 배상제회拜上帝會라는 종교 단체를 결성해 포교에 나섰다. 홍슈취안은 다른 비밀 결사 조직과 달리 공개적으로 활동하며 사람들을 모아들였는데, 그것은 배상제회의 활동 지역이 아무래도 중앙에서 멀리 떨어지고 배타적인 오지여서 정부의 주목을 덜 받았기 때문이었다. 홍슈취안은 스스로 하느님의 아들이자 예수의 아우로서 지상에 강림해 요마를 참살하고 세상 사람들을 구제할 것이라고 주장했다. 배상제회의 세력이 점차 확대되고, 교도들이 미신 타파를 위해 사묘寺廟의 우상을 파괴하고 지주

진톈기의처 비 © 조관희

토호 세력과 충돌하자, 이에 대한 관리들의 탄압 역시 강도를 더해갔다. 1850년 도광제가 사망하고 문종文宗 함풍제咸豊帝; 재위 기간은 1851~1861가 즉위하자, 위구르 지역에 유배를 보냈던 린쩌쉬를 다시 불러 배상제회의 활동을 진압하도록 했다. 하지만 린쩌쉬는 부임하는 도중에 병사했다.

1850년 훙슈취안은 배상제회 교도들에게 광시 성 구이핑 현桂平縣, 계평현 진톈 촌金田村, 금전촌에 집결할 것을 명했다. 훙슈취안이 '멸만흥한滅滿興漢'이라는 구호를 앞세우고, 펑윈산과 양슈칭楊修淸, 양수청, 웨이창후이韋昌輝, 위창휘, 스다카이石達開, 석달개 등과 함께 기의하니, 이를 일러 '진톈기의金田起義, 금전기의'라고 한다. 이들 집단은 엄격한 규율하에 기독교 예배 의식을 올리고 성욕과 아편 흡연을 엄하게 다스리는 한편 군대를 조직하고 무기를 제조했다. 1850년 12월 배상제회의 세력을 몰아내기 위해 파견된 청나라 군사가 패배하고 만주족 장군이 살해되었다. 이에 자신감을 얻은

당시 홍슈취안 등이 병사들을 조련했던 연병장 ⓒ 조관희

홍슈취안은 드디어 1851년 1월 11일 태평천국太平天國의 수립을 선포했다. 태평천국의 이상은 "밭이 있으면 같이 갈고, 밥이 있으면 같이 먹고, 옷이 있으면 같이 입고, 돈이 있으면 같이 쓰자有田同耕, 有飯同食, 有衣同穿, 有錢同使"는 구호 아래 중국의 전통적인 대동大同 사회의 이상향을 세우는 것이었다. 따라서 사회의 소외 계층에 강한 호소력을 발휘해 태평천국의 세력은 순식간에 불어났다. 이에 홍슈취안은 스스로 천왕天王이 되고 그 아래 양슈칭을 동왕, 란차오구이蘭朝貴, 난조귀를 서왕, 펑윈산을 남왕, 웨이창후이를 북왕, 그리고 스다카이를 익왕翼王으로 임명했다. 이들은 배만반청排滿反淸을 분명히 하고 신도들의 이탈을 막기 위해 변발을 풀고 머리를 길렀으므로 혹은 '장발적長髮賊'이라 불리기도 했다.

태평군의 세력이 커짐에 따라 이들을 토벌하려는 정부군 역시 대규모로 증파되어 태평천국은 이를 피해 본거지를 떠나 광시와 광둥 경계 지역을 오가며 싸우다 1851년 말 융안 현永安縣, 영안현을 함락하고 세력을 더욱 확장했다. 1852년 봄 다시 진격을 개시해 광시 성의 성도인 구이린桂林, 계림을 공격했으나 실패하고, 다시 북쪽의 후난으로 진격해 창사를 공략했지만 역시 실패했다. 이에 굴하지 않고 태평천국군은 방향을 돌려 1852년 12월경에는 웨저우岳州, 악주를 공격해 이번에는 별다른 저항 없이 이곳을 점령했다. 웨저우는 비옥한 땅에 물산이 풍부해 태평천국군은 전리품 획득을 통해 그간의 실패를 만회하고 도약의 기반을 마련할 수 있었다. 태평천국군은 획득한 재화財貨를 상제의 것으로 돌려 공유의 이념을 실현하고 강렬한 배만반청의 감정을 고양하며 반관료, 반지주, 반고리채 등 핍박받는 백성들의 아픔을 치유하는 정책을 펴나가 신도가 급속도로 늘었다.

웨저우 공략의 성공 이후 태평천국군은 파죽지세로 중원을 향해 북상해 같은 해 12월에는 한커우漢口, 한구를, 그리고 1853년 1월에는 마침내

홍슈취안의 보좌 © 조관희

후베이의 성도이며 천하의 요충지인 우창武昌, 무창을 함락했다. 하지만 그에 따른 태평천국군의 희생 역시 적지 않아 남왕 펑윈산과 뛰어난 장수 샤오차오구이蕭朝貴, 소조귀가 이 싸움에서 전사했다. 이제 수륙 양군을 합해 100만에 이르는 태평천국군은 창장의 물길을 따라 내려가 2월에는 거의 아무런 저항도 받지 않고 안칭安慶, 안경을 접수했고, 3월에는 강남 최대 도시인 난징을 손에 넣고 이를 수도로 삼은 뒤 톈징天京, 천경으로 이름을 바꾸었다. 난징에 도읍을 정하자 훙슈취안은 '천조전무제도天朝田畝制度'를 반포했다. 이것은 태평천국의 정치와 경제, 사회 등 여러 방면의 개혁책들을 집대성해 보여주는 것으로 이 가운데 가장 근간을 이루는 것은 토지제도였다. 이에 따르면 모든 토지는 국가 소유로 경작자에게 균분하는데 토질이나 수확량, 노동력에 따라 9등분하여 배분되었다. 그리고 최소한의 필요량을 제외한 잉여 식량은 25家를 단위로 하는 공동체의 공유물로 삼고, 관혼상제나 노인, 어린이 과부와 같은 취약 계층은 집단에서 공동으로 돌보았다. 여기에 더해 기왕의 행정 편제에서 벗어나 25가家를 기본 단위로 묶은 뒤 양사마兩司馬를 두어 물자 관리나 종교 교육에 더해 사법권까지 행사하도록 했다. 이밖에도 엄격한 금욕주의에 의해 아편이나 노름, 음주 등을 금했고, 새로운 역법을 시행했으며, 독자적인 화폐도 발행했다. 이 모든 것은 이전의 중국 왕조에서 찾아보기 힘든 급진적인 것이었으며, 절대 평등을 이상으로 한 일종의 원시공산사회를 추구하는 것이었다.

북벌의 실패와 외세의 개입

태평천국군은 기세를 타고 진로를 셋으로 나누어 북벌北伐과 서정西征에 나섰다. 우선 북벌군은 린펑샹林鳳祥, 임봉상과 리카이팡李開芳, 이개방의 지휘 아래 안후이와 허난, 산시山西, 산서, 즈리直隸, 직예, 산둥 등지를 공략해 수십 개의 성을 함락하고 2년 만에 베이징 근처의 선저우深州, 심주까지 진출했다. 서정은 후이황胡以晃, 호이황, 뤄다강羅大綱, 나대강, 스다카이 등이 20만의 병력을 이끌고 안후이와 후베이, 후난 등지를 거치며 3년여 동안 창장 중 · 하류 지역을 장악하고 다시 동진해 장쑤와 장시, 후베이 동부 지역을 장악했다. 그러는 사이 베이징 인근까지 진출한 북벌군은 겨울철을 맞이했는데, 본래 남방 출신 병사들이 주축을 이루었던 태평천국의 군사들은 이를 견디지 못했고 보급선이 길어짐에 따라 보급이 원활히 이루어지지 않아 진로를 바꾸어 톈진으로 향했다. 하지만 썽거린친僧格林沁, 승격림심이 이끄는 청군의 습격을 받아 궤멸적 타격을 입고 린펑샹도 포로로 잡혔다. 북벌군의 실패로 태평천국군의 위세는 한풀 꺾여 내리막길로 들어서게 된다.

혹자는 태평천국군의 실패를 그 시절 각지에서 일어난 타 지역의 반란군들과 서로 연계하지 않았기 때문이라고 주장하기도 한다. 당시 화북 지역에는 염군捻軍이, 그리고 남방 지역에는 홍건적紅巾賊이 활동하고 있었는데, 태평천국군은 이들과 전혀 교류를 하지 않았다. 그것은 태평천국이 지향하는 극단적인 금욕주의와 같은 종교적 주장 등이 이들과 달랐기 때문이었다. 여기에 더해 남방 출신 태평천국군의 말이 북방 지역 사람들과 달라 점령 지역의 사람들과 의사소통이 원활하게 이루어지지 않아 태평천국군은 항상 고립적으로 활동했다. 결정적인 것은 우한武漢, 무한을 두고 벌어진 공방이었다. 우한은 중국 대륙의 한복판에 있어 교통의 중심지일 뿐 아니라 창장 중 · 하류 지역의 핵심이었다. 창장 연안의 난징에 터를 잡은 태평천국으로서는 난징을 사수하기 위해 전략적으로 우한을 확보할 필요가 있었다. 하지만 태평천국군은 초기에 우한을 점령하고도 강력한 수비군을 배치하지 않아 곧 청군에 도로 빼앗겼다. 그 뒤로도 우한을 놓고 쩡궈판曾國藩, 증국번이 조직한 샹 군湘軍과 계속적인 공방을 벌어나갔다. 1856년 태평천국의 맹장인 익왕 스다카이가 우한을 다시 회복하고, 샹 군은 위기에 처했다. 그러나 뜻하지 않게 태평천국 내부에 분열이 생겨 스다카이는 우한을 떠나 난징으로 향했다.

스다카이가 난징에 간 것은 태평천국 내부에 분열이 생겼기 때문이었다. 홍슈취안은 개국 이후 정사를 자신과 형제의 연을 맺은 왕들에게 맡기고 궁중 깊숙이 물러나 앉아 교의에 몰두하였다. 그리하여 조정의 실권은 동왕 양슈칭楊修清, 양수청이 쥐고 있었는데, 어느 순간 홍슈취안은 그런 양슈칭을 못 미더워하고 질시하다가 1856년 가을 북왕 웨이창후이와 모의해 일종의 친위 쿠데타를 일으켜 양슈칭과 그의 가족, 부하들을 몰살했던 것이다. 이에 놀란 스다카이가 난징에 들어와 불평을 늘어놓자 이번에는 스다카이를 살해하려 했다. 스다카이는 밤을 도와 급히 난징성을 빠져나와 병력을 정비하고 난징성을 공격했다. 홍슈취안은 어쩔 수 없이 웨이창후이를 죽이고 스다카이에게 뒷일을 수습하도록 했다. 하지만 그 뒤에도 이어지는 홍슈취안의 의심과 시기를 견디지 못한 데다, 자신의 부인과 어머니가 동료 장수들에 의해 살해되자 스다카이는 군사를 이끌고 난징을 떠나 태평천국과 결별했다. 이제 태평천국의 주요 장수들은 전사하거나 자중지란으로 서로 죽이고 죽이는 통에 충왕忠王 리슈청李秀成, 이수성과 영왕英王 천위청陳玉成, 진옥성만이 남아 태평천국의 최후를 함께 했다.

한편 태평천국 초기 창장 유역에 진출해 있던 영국과 프랑스, 미국 등 여러 나라들은 태평천국군의 엄격하고 금욕적인 군율과 드높은 사기에 더해 잇따른 군사적인 성공에 경탄했다. 무엇보다 태평천국이 기독교 성향을 띠고 있었던 것은 서구 열강들이 태평천국에 대해 호감을 품는 데

난징의 태평천국기념관에
있는 훙슈취안 동상
ⓒ 조관희

큰 기여를 했다. 그래서 각국의 사절들은 직접 난징을 방문하여 중립과 불간섭을 표방했다. 그러나 1856년 10월 애로호 사건으로 촉발된 제2차 아편전쟁 이후 청과 맺은 베이징 조약으로 개항장을 증설하고 베이징에 공사를 상주시키며 상호 평등 관계를 수립하는 등 자신들의 요구 조건을 모두 충족한 서구 열강에게 태평천국은 더 이상 효용 가치가 없는 존재가 되어버렸다. 여기에 시간이 감에 따라 태평천국이 표방하는 기독교 교리가 왜곡된 것이고, 내분으로 인해 중심 세력이 와해되고 지배층이 부패해 청을 타도할 능력이 없다는 것을 간파하고 나자 열강들로서는 더 이상 태평천국을 호의적으로 볼 이유가 없어졌다.

초기에 청은 태평천국의 위세에 놀라 강북대영江北大營을 난징의 창장 대안에, 그리고 강남대영江南大營을 난징성 바로 아래에 두고 태평천국에 대처했다. 하지만 1856년 청의 정규군인 강남대영이 태평천국군에 의해 궤멸당하자, 지방의 향신들은 독자적으로 군사를 조직해 대응에 나섰다. 청 조정은 이들 향용의 지휘관에게 지방 관직을 제수하고 이금세釐金稅; 교통의 요지나 상품 집적지에 설치한 상관(常關)이라는 세관에서 거두는 일종의 통행세라는 명목으로 일종의 군비 징수권 등을 부여했다. 이때 가장 두각을 나타낸 이가 바로 쩡궈판曾國藩, 증국번과 리훙장李鴻章, 이홍장이었다. 후난 성 샹샹湘鄕, 상향의 부농 가문에서 태어난 쩡궈판은 1833년 향시鄕試에 급제했고, 이어 1838년에는 진사에 급제해 한림원翰林院에 보임되었다. 한림원은 궁중의 서식 업무를 담당하는 곳으로 전국에서 가장 뛰어난 학자들이 모여 있는 곳이었다. 쩡궈판은 베이징에서만 13년 이상 근무하면서 예부우시랑禮部右侍郎을 거쳐 병부시랑兵部侍郎 · 이부시랑吏部侍郎 등을 역임했다. 이 시기 동안 그는 청하오程顥, 정호 · 청이程頤, 정이 그리고 주시朱熹, 주희와 같은 송대 유학자들의 저작을 읽으며 유교 경전의 해석에 깊은 관심을 보였다. 하지만 쩡궈판은 관직 생활의 변화 없는 일상을 따분하게 여겼고 백성들을 좀더 실제적으로 돕고 싶다는 생각을 갖고 있었다. 그러는 사이 태평천국군이 베이징을 향해 진격해 오자 황제는 쩡궈판에게 후난 지역을 방위하라는 명을 내렸다. 쩡궈판은 현지로 가서 농민과 병사를 의용군인 샹 군湘軍으로 편제하고 창장 수군長江水軍, 장강수군도 조직해 태평천국군의 진압에 나섰다. 초기에는 태평천국군에 여러 차례 패했으나, 태평천국군이 북벌에 실패하고 난징에서 내분을 일으킨 사이 세력을 만회해 태평천국군의 요지였던 웨저우와 우한, 쥬장, 안칭 등지를 탈환하고 태평천국군을 압박했다. 이때 쩡궈판의 막료였던 리훙장 역시 고향인 안후이安徽, 안휘에서 샹 군을 모방한 화이 군淮軍, 회군을 조직했다.

1859년 훙슈취안은 홍콩에서 공부하고 돌아온 자신의 사촌동생인 훙런간洪仁玕, 홍인간; 1822~1864년을 간왕干王에 책봉하고, 이후 군사軍師를 겸직하면서 군사 · 외교 · 내정 등 국정 전반을 총괄하게 했다. 훙런간은 『자정신편資政新篇』을 지어 홍슈취안에게 사법과 은행 제도 확립, 도로와 철도 건설, 증기선 건조, 우편 업무 도입, 신문 발행 등을 포함한 개혁안을 올렸다. 하지만 홍슈취안은 그러한 일들은 '악마' 들을 섬멸한 뒤 시행해도 늦지 않다는 이유를 들어 유보적인 태도를 보이며 아무런 조처도 취하지 않았다. 실로 태평천국은 위기를 수습하고 다시 떨쳐 일어설 수 있는 마지막 기회를 잃고 말았던 것이다. 청군은 점차 난징에 대한 포위망을 좁혀 강남대영을 긴 수로로 포위하고 창장 하류 지역도 봉쇄했다. 훙런간은 이를 돌파하기 위해 상대적으로 방비가 허술한 항저우를 쳐서 적을 유인한 뒤 다시 돌아와 강남대영을 친다는 계획을 세웠다. 훙런간의 계획은 성공을 거두었고, 태평천국군은 기세를 몰아 동진해 상하이로 향했다.

이때 초기에 중립을 지켜왔던 서구 열강은 제2차 아편전쟁으로 중국 침략의 야욕을 채우게 되자 자신들의 기득권을 유지하기 위해 청 조정을 도와 태평천국군에 직접 맞서 싸우기로 하고 외인부대를 조직했다. 1859년 태평천국군이 상하이로 진격해 오자 상하이 지역의 관리와 부유한 상인들은 자신들을 지키기 위해 의용군을 모집하고 지휘관으로는 외국인을 고용했다. 최초의 외국인 지휘관은 미국 메사추세츠 출신의 탐험가이자 전쟁광인 프레드릭 타운센드 워드Frederick Townsend Ward였는데, 워드가 전사하자 버제바인N. A. Bergevine을 거쳐 애로호 사건 때 영불 연합군으로 참전해 무공을 세웠던 영국의 현역 장교 찰스 '차이니즈' 고든Charles 'Chinese' Gorden, 본명은 Charles George Gordon이 통솔했다. '양창대洋槍隊' 라 불렸던 외인부대는 초기에는 수세에 몰렸으나, 1862년 이후로는 태평천국군의 내부 결속이 갈수록 약화됨에 따라 점차 승리하는 일이 많아져 나중에는 '상승군常勝軍' 이라 불렸다.

1863년에 접어들자 태평천국은 저장 성 내 주요 도시 대부분을 잃었다. 이제 전세는 역전되어 서양식 무기와 장비로 보강된 상승군이 기왕의 샹 군, 화이 군과 연합으로 작전을 펴나가 점차 태평천국을 압박했다. 초기에 한인 세력의 진출을 두려워해 쩡궈판을 견제했던 청 조정은 어쩔 수 없이 그를 신임해 1860년 양강총독兩江總督에 임명했다. 쩡궈판은 난징을 직접 공략하고 리훙장에게는 쑤저우와 창저우常州, 상주를, 고든은 타이창太倉, 태창을 함락한 뒤 리훙장의 화이 군과 합세해 쿤산崑山, 곤산을, 그리고 쭤쭝탕左宗棠, 좌종당에게는 항저우를 공략하게 했다. 1864년 4월 태평천국은 사방으로 포위되어 식량 공급마저 끊어졌다. 홀로 분투하며 태평천국의 마지막까지 난징을 사수하던 젊고 용맹한 충왕 리슈청은 난징을 포기하고 탈출해 뒷날을 도모하자는 제안을 하기도 했지만, 절망적인 상황하에 이제 사태는 돌이킬 수 없는 지경에 이르러, 같은 해 6월 훙슈취안은 장기간에 걸친 긴장과 과로가 원인이 되어 병사했다. 7월에 난징이 함락되자, 훙런간은 군대를 이끌고 후저우로 가는 도중 붙잡혀 같은 해 11월 쟝시 성 난창에서 죽었다. 이에 앞서 홀로 남은 스다카이는 쓰촨에서 독립국을 세우려 애쓰다 1863년 청군에 붙잡혀 살해됐다. 지도자를 잃은 태평천국군은 훙슈취안의 장남인 16세의 훙톈구이푸洪天貴福, 홍천귀복를 옹립하고 난징을 탈출해 염군捻軍과 합류해 이후 3년여에 걸쳐 분산적인 투쟁을 전개했다.

충왕 리슈청

제2차 아편전쟁과 열강의 침탈

아편전쟁을 통해 영국과 중국은 난징조약을 맺었으나, 조약의 당사자인 양측은 모두 불만이었다. 굴욕적인 조약 체결 당사국인 중국이 불만을 품고 조약의 실행에 미온적인 것이야 당연한 것이었지만, 영국으로서도 막상 조약을 체결하고 나서 얻게 된 실익이란 게 보잘것없었으니 이후로도 여러 차례 청 정부에 조약 개정을 요구하였다. 하지만 청 정부는 이에 응하지 않았고, 개항장들이 몰려 있는 후광총독과 양광총독은 늘 오만한 태도로 영국 외교관들의 불만을 사고 있었다. 그래서인지 영국은 태평천국으로 인해 곤란에 빠져 있던 청 정부에 대해 시종일관 냉담하게 대하여 중립을 취했다. 그런데 앞서 1844년 미국이 청 정부와 맺은 왕샤조약望厦條約, 망하조약에는 12년 뒤에 조약을 재협상한다는 조항이 있었다. 영국은 난징조약 이후 1843년 후먼에서 추가로 맺은 조약 가운데 가장 결정적인 독소 조항인 '최혜국' 조항, 곧 다른 나라에 새로운 특권을 부여하더라도 그와 똑같은 내용이 영국에게도 똑같이 주어진다는 내용에 근거해 이를 1842년 난징조약까지 소급 적용하고는 1854년 조약의 재개정을 청 정부에 요청했다. 여기에서 영국은 아편의 합법화와 중국인의 이민 자유화, 5개항 이외의 개항 등을 요구했으나, 당연하게도 청 정부는 이를 거절했다. 당시는 마침 영국이 크리미아 전쟁을 치르던 시기여서 영국으로서도 강력하게 나올 수 없는 상황이었다. 하지만 1856년 4월 크리미아 전쟁이 끝나자 영국은 본격적인 군사 행동에 착수했다.

1856년 영국기를 걸고 광둥에 입항한 애로호를 중국 해군이 검문했다. 원래 이 배는 중국 선적의 배로, 밀수로 인한 단속을 피하기 위해 선적을 홍콩에 등록하고 영국의 홍콩정청으로부터 통행증을 발급받아 영국 선장을 고용하고 영국기를 달고 항해했던 것이다. 검문 과정에서 선원 전원이 체포되고 영국기가 내려졌다. 이 사건은 영국 측에게는 울고 싶은 데 뺨을 때려준 격으로, 사건을 보고 받은 광저우 영사 파크스Hamy S. Parkes는 당시 양광총독인 예밍천葉名琛, 엽명침에게 체포된 선원의 석방과 영국기 모독에 대한 서면 사과 등을 요구했다. 하지만 청 측은 선원만 석방하고 서면 사과는 거절했다. 영국의 수상은 난징조약 당시 외무장관이었던 파머스턴이었다. 자유무역주의자인 파머스턴은 유권자들에게 영국의 인명과 재산을 침해하는 광둥의 '무례한 야만인' 들에 대한 응징을 호소하면서 전쟁에 대비했다. 크리미아 전쟁의 종결로 영국의 군사 행동에 대한 걸림돌이 제거된 셈이어서 영국은 식민지 인도로부터 원군을 얻어 1857년부터 공세로 돌아섰다. 여기에 더해 크리미아 전쟁 당시 동맹국이던 프랑스까지 1854년에 광시 성 시린 현西林縣, 서림현에서 벌어진 프랑스 선교사 살해 사건을 구실 삼아 당시 나폴레옹 3세가 참전을 선언하니 영국과 프랑스 연합군은 공동으로 중국 침략에 본격적으로 나서게 된다.

하지만 영국군은 식민지 인도에서 세포이인도인 출신 장교 반란이 일어나 잠시 지체한 뒤, 1857년 7월에야 중국에 도착했다. 양광총독 예밍천은 교전을 피했고, 영불연합군은 관청의 금고와 부호의 집을 습격해 서적과 골동품을 약탈하는 데에만 열을 올렸다. 1858년이 되자 영불연합군은 북상해 톈진을 통해 베이징으로 들어가는 주요 하천인 바이허白河, 백하 하구를 공격했다. 당시는 태평천국으로 인해 청 조정이 위기에 처해 있었으므로 청은 변변히 대적도 못하고 러시아와 미국이 중재에 나서 1858년 6월 톈진조약을 체결했다. 주요 내용은 각국 공사의 베이징 주재와 기독교 포교의 자유, 외국인의 내지 여행 허가, 개항장 추가 등이었다. 무엇보다 이 조약을 통해 아편이 합법화되었는데, 이때 아편이라는 명칭은 없어지고 대신 '양약洋藥' 이라는 말로 대체되었다. 다음해인 1859년 영국과 프랑스 공사가 양국 군주의 비준을 거친 조약서를 교환하기 위해 베이징을 방문했을 때, 중국 내부에서는 굴욕적인 조약의 비준을 거부하는 움직임이 일었다. 6월 초대 베이징 주재 영국공사인 브루스 엘긴은 전권대사인 제임스 엘긴의 동생이었는데, 바이허에 진입해 장애물을 제거하며 강을 거슬러 올라가 다구大沽, 대고의 청군에 포격을 가했다. 하지만 청군의 반격으로 영국군 500명을 사상시키고 영국군함 13척 중 5대를 격침시키고 2대를 나포하는 등의 전과를 올렸다.

1860년 7월 영불연합군은 전열을 재정비하고 대함대를 동원해 다구 포대를 공격했다. 영국의 전함이 173척에 프랑스가 33척, 병사는 모두 1만 7,000명에 달했다. 이들은 인도에서 세포이 반란을 진압하고 투입된 영국군과 인도차이나를 노리고 있던 프랑스군들이었다. 톈진을 함락하고 베이징에 입성한 영불연합군은 당시 함풍제가 위안밍위안에 있을 것이라 짐작하고 이곳을 쳐들어갔다. 그러나 함풍제는 동생인 공친왕恭親王 이신奕訢, 혁흔에게 뒷일을 맡기고 이미 러허로 피신을 한 뒤였다.

전권대사 제임스 엘긴8th Earl of Elgin, 1811~1863년의 명령에 따라 영불연합군은 위안밍위안에 있는 보물들을 닥치는 대로 약탈했을 뿐 아니라 건륭제 시절 이탈리아와 프랑스에서 온 건축가들이 공들여 조성해놓은 아름다운 건물들을 모두 파괴해버렸다. 소중한 인류 문화 유산이 야만적인 제국주의 병사들의 손에 의해 한순간에 잿더미가 되어버린 것이다. 건륭제 때 천하의 책을 수집해 편찬한 '문원각文源閣' 본 『사고전서』 역시 이때 모두 없어졌는데, 일부는 불에 태워졌고 대부분은 약탈품을 운반하는 수레가 진창에 빠지자 수레가 다닐 길 위에 뿌려져 길을 내는 데 쓰였다. 당시의

ⓒ 조관희
왼쪽 | 파괴된 채 방치되어 있는 위안밍위안 '다수이파(大水法, 대수법)'
오른쪽 | 폐허로 변해버린 '위안밍위안'

참상에 대해 프랑스의 문호 빅토르 위고Victor Hugo는 자신의 친구에게 보낸 편지에서 다음과 같이 토로한 바 있다.

> 세계의 모든 예술가와 시인, 철학자들은 모두 위안밍위안의 존재를 알고 있습니다. 볼테르도 현재 이 문제를 제기하고 있지요. 사람들은 말합니다. 그리스에는 파르테논 신전이, 이집트에는 피라미드가, 로마에는 콜로세움이, 파리에는 노틀담 성당이 있고, 동방에는 위안밍위안이 있노라고…… 그런데 이 기적이 현재는 이미 더 이상 존재하지 않습니다. 하루아침에 두 명의 강도가 위안밍위안에 들어가 하나는 약탈을 하고, 다른 하나는 방화를 하였습니다. 그들이 얻은 승리는 강도와 도둑놈의 승리요, 두 명의 승리자는 함께 위안밍위안을 철저하게 파괴해버렸습니다…… 우리 유럽인들은 스스로 문명인이고, 우리의 안목으로는 중국인들은 야만인이라 생각했습니다. 하지만 이것이 문명인이 야만인에게 행한 행동이란 말입니까?……

그런데 흥미로운 것은 그리스 파르테논 신전의 박공 조각과 에레크테이온의 소녀주少女柱 등을 포함한 다수의 조각 작품을 수집하여 영국으로 반입한 이가 바로 전권대사 엘긴의 아버지인 토머스 브루스 엘긴7th Earl of Elgin이었다는 사실이다. 실로 부자가 양대에 걸쳐 외국의 문화재를 도둑질하는 악행을 자행했던 것이다. 아비 엘긴이 훔쳐간 이들 작품들은 1816년 영국 정부가 매수하여 '엘긴 마블'이라는 명칭으로 영국박물관에 소장되어 있다. 빅토르 위고를 비롯해 당시 유럽의 양식있는 지성인들은 이들의 야만적 행위

미국 캘리포니아에서 사금을 캐는 중국인 노동자
ⓒ 조관희

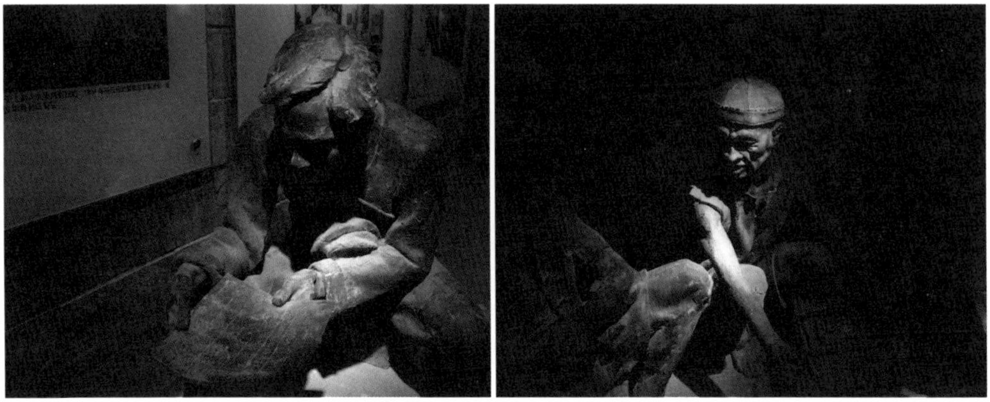

샤먼(厦門, 하문)의 화교박물관에 있는 중국인 노동자의 모습 ⓒ 조관희

에 대해 비난을 퍼부었지만, 파머스턴 수상은 청의 황제로부터 모욕적인 굴욕을 당했기에, "마음으로부터 유쾌하다"고 말했다.

불행 중 다행인 것은 그나마 베이징의 쯔진청紫禁城, 자금성의 경우 이것을 파괴하면 엄청난 비난을 받을 수도 있고, 또 어차피 청나라는 몰락할 것이라는 생각에 손을 대지 않고 그대로 내버려두었다는 것이다. 만약 이때 영국과 프랑스 연합군이 쯔진청마저 파괴했더라면 또 다른 인류 문화유산이 사라졌을 것이다. 위안밍위안은 당시 만행의 흔적을 고스란히 간직한 채 현재까지도 굴욕의 중국 근대사를 말없이 증언하고 있다.

함풍제로부터 뒷일을 위임받은 공친왕은 영국, 프랑스와 교섭하여 1860년 베이징조약을 다시 체결했다. 조약의 내용은 앞서의 톈진조약을 승인하는 것 이외에 배상금을 추가로 지불하고, 홍콩섬의 대안에 있는 영국 측에서는 새로운 영토新界地, New Torritory라 불렀던 쥬룽九龍, 구룡 지역을 할양하며, 톈진 등을 개항하고, 중국 영내에서 외국인이 중국인 노동자흔히 쿨리(華工)라고 부르는를 모아 외국으로 데려갈 권리를 인정하는 것 등이었다. 이 가운데 중국인 노동자들은 미국이 자신들의 서부 개척을 위한 철도 부설에 필요한 노동력을 확보하기 위해 요구한 것이었다. 이때 러시아 역시 한몫 거들어 1858년 아이훈 조약을 맺어 헤이룽장黑龍江, 흑룡강 이북 우수리강 이동의 연해주 지역을 청과 공동으로 관리하기로 했었는데, 베이징조약에서는 아예 이 지역을 자신들의 영토로 편입시켜버렸다. 이때 얼렁뚱땅 러시아가 청에게서 할양받은 영토는 무려 144만 평방킬로미터로 약 22만 평방킬로미터인 한반도 넓이의 약 6.5배 가량이 된다. 야욕을 채운 영국은 태평천국과 맞서 싸우고 있던 청을 대대적으로 지원한다. 그것은 청이 무너지고 태평천국의 세상이 되면 이런저런 명목으로 기왕에 획득한 여러 권리들에 대해서 태평천국 측과 다시 새롭게 협상을 진행해야 하는 부담이 있기 때문이었다.

이제 바야흐로 세계는 산업혁명 이후 발달한 과학 기술의 발달로 인해 서로 활발한 교류가 이루어지는 근대로 접어들게 되었다. 중국 역시 19세기로 접어들자 문호를 개방하고 서구 열강들과 잇달아 조약을 체결했다. 문제는 이 모든 과정이 중국이 주체가 되어 진행한 것이 아니라 외부의 압력에 떠밀려 이루어졌다는 것이다. 그렇기 때문에 조약의 내용은 관세 자주권의 상실과 치외법권의 과도한 인정 등 불평등하고 불합리한 조문의 나열에 지나지 않았다. 중국이 천하의 중심이고 종주국이라는 자존감은 어디서도 찾아볼 길 없었으니, 이제 중국은 서구 제국주의 열강의 원료 공급지와 상품 시장으로 전락해버렸던 것이다. 이 모든 과정은 청이 최전성기를 구가하던 건륭제가 죽은 뒤 불과 4, 50년 만에 일사천리로 진행되었다. 진시황이 천하를 통일한 이래로 2,000년 이상 이어져 오던 황제를 정점으로 하는 전제주의적 중앙 집권 국가 체제 역시 마지막 숨을 몰아쉬는 지경에 놓이게 되었다.

12

제국의 몰락—양무운동에서 신해혁명까지

동치중흥, 또는 양무운동이라는 자강의 몸부림

태평천국과 비슷한 시기에 창쟝 이북에서는 염군捻軍이 반란을 일으켰다. 주로 화이허 유역에서 활동했던 염군 세력은 태평천국이 진압될 때까지 한동안 세력을 떨쳤다. 하지만 태평천국이 진압되자 본격적으로 토벌에 나선 청군에 의해 1868년경 몰락하게 된다. 여기에 더해 1855년 윈난에서는 이슬람교도의 반란이 일어났다. 윈난의 성도인 쿤밍昆明, 곤명이 잠시나마 반란군의 손에 함락되었고, 다리大理, 대리에서는 두원슈杜文秀, 두문수가 평남국平南國을 세웠다. 윈난의 이슬람교도 반란은 1873년에 진압되었으나, 비슷한 시기인 1862년에는 서북 지역인 간쑤와 칭하이, 닝샤 일대의 이슬람교도들이 난을 일으켰다. 이 지역 역시 지형이 험준해 진압에 애를 먹다가 쭤쭝탕左宗棠, 좌종당이 지구전을 편 끝에 1871년 11월 최후까지 저항하던 이슬람교도를 몰살하고 겨우 평정했다.

1861년 제2차 아편전쟁으로 러허에 피신해 있던 함풍제가 실의 속에 죽고, 5세의 동치제同治帝; 재위 기간은 1861~1874년가 어린 나이에 즉위했다. 하지만 동치제는 천연두로 18세에 죽을 때까지 제대로 황제 노릇을 해 보지 못했고, 실제로는 생모인 시 태후西太后, 서태후; 1835~1908년와 삼촌인 공친왕恭親王 이신奕訢, 혁흔, 그리고 실제 권한을 행사했던 군기대신 몇 명, 무엇보다 태평천국과 염군, 이슬람교도의 반란을 진압할 때 공을 세웠던 일군의 지방 관료가 나라의 운명을 좌지우지했다. 다행히도 동치제가 재위할 때 각지의 반란군이 진압되어 일시적으로 내치가 안정되고 권토중래를 모색할 시간적 여유가 생겼다.

시 태후

청 조정은 이전의 화이華夷 관념에서 벗어나 1861년에는 최초로 외국과의 관계를 대등한 관계에서 처리하는 '총리각국사무

아문總理各國事務衙門' 이라는 일종의 외교부에 해당하는 관청을 설치하고, 여기에서 한 걸음 더 나아가 서구 열강의 기술을 적극 도입해 우선 시급한 군사 부문의 근대화를 이루고자 내부 개혁에 착수했다. 당시 태평천국과 그 밖의 반란을 진압하면서 세력을 키운 쩡궈판曾國藩, 증국번의 샹 군湘軍과 리훙장李鴻章, 이홍장의 화이 군淮軍, 회군은 반란이 진압된 뒤에도 해체되지 않았으나, 샹 군의 경우에는 쩡궈판이 1872년 세상을 떠나자 급속히 쇠락했다. 이에 반해 화이 군은 리훙장이 1862년 장쑤 순무巡撫가 되었다가 1865년 양강총독兩江總督, 1870년에는 즈리총독直隸總督, 직예총독으로 승진함에 따라 일종의 군벌화되어 청 왕조의 정규군을 대신하는 핵심 역할을 수행하게 되었다. 이후 각 지역의 유력자가 자신의 사병을 양성해 군벌이 되어 각축을 벌이게 된 것은 바로 이 쩡궈판과 리훙장의 군대가 그 단서가 되었다고 볼 수 있다.

쩡궈판은 1862년 미국 유학을 다녀온 적이 있는 룽훙容閎, 용굉, 영문명은 Yung Wing을 미국에 파견해 병기창을 만드는 데 필요한 기계들을 구입해 오도록 했다. 1862년 리훙장은 상하이에 강남제국江南製局을 설치해 총포와 탄약, 기선 등을 제조하고, 난징에 진링기기국金陵機器局, 금릉기기국을 세워 대포와 화약을 만들었다. 1866년 쭤쭝탕은 푸젠에 마웨이선정국馬尾船政局, 마미선정국을 건립해 화륜선을 건조했다. 한편 유능한 인재 양성이라는 명목하에 쩡궈판이나 리훙장 등의 주도로 우수한 학생들이 미국으로 유학을 떠났다. 하지만 미국 측에서 이들 유학생들을 정식으로 미 육군사관학교나 해군사관학교에 입교시킬 뜻을 갖고 있지 않다는 사실이 확인된 뒤에는 미국 유학은 더 이상 추진하지 않고 프랑스나 독일, 영국 등의 유럽 국가로 방향을 틀었다. 1862년에 총리아문을 책임지고 있던 공친왕과 그의 수하인 원샹文祥, 문상은 동문관同文館이라는 외국어 양성소의 개교를 허가받고 학생들 선발해 영어와 프랑스어, 독일어, 러시아어 등의 외국어를 가르쳤다. 이밖에도 전국 각지에 각종 학교들이 세워져 19세기와 20세기에 걸쳐 각 분야에서 활동했던 인재들이 배출되었다.

한편 아편전쟁 당시 영국의 해군력에 경악했던 청 조정은 공친왕이 중심이 되어 총리아문을 통해 해군을 강화하기 위한 방안을 마련했다. 일차로 총리아문은 1862년에 영국에서 군함을 구입하고 함대에 승선할 장교와 승무원까지 고용하라는 명령을 받고 중개인인 호레이쇼 넬슨 레이를 통해 증기선 7척 등을 구매했다. 그리고 영국 해군 셰라드 오스본을 함장으로 임명했다. 하지만 함대의 통솔권을 놓고 오스본과 공친왕 사이에 설전이 벌어져 결국 오스본과 영국 선원들은 본국으로 귀환하고 배는 영국 상사에 되팔았으며, 레이는 후한 보상금을 받고 해고되었다.

1866년에는 쭤쭝탕이 새로운 해군의 창건과 군함 제조를 위한 공장 건설을 상주해 푸젠 등지에 해군 공장이 들어서 1871년까지 모두 10척의 배를 건조했다. 1874년 딩르창丁日昌, 정일창의 제안으로 북양北洋과 동양東洋, 남양南洋의 세 함대가 세워지고, 관세 수입과 일종의 내지 통행세인 리금세釐金稅를 운영 자금으로 할당했다. 이 가운데 북양함대는 실제로는 리훙장 휘하의 함대로 일종의 사병화가 진행되었다. 그러는 사이 열강들의 중국 침략은 계속되어 1871년에는 러시아가 위구르의 이리 지역을 강점하고, 같은 해에 일본은 타이완을 침공했으며, 프랑스는 동아시아 진출의 발판으로 삼기 위해 월남을 호시탐탐 노리고 있었다.

이와 같이 동치제 재위 기간 동안 내란이 종식되고 서양의 과학 문명을 받아들여 자강을 도모하는 움직임이 일어나, 국세가 일시적으로 회복되는 듯이 보였다. 그래서 혹자는 이 시기를 '동치중흥同治中興'이라 부르고, 서양의 앞선 과학 기술을 인정하고 그것을 받아들여 부국강병의 방책으로 삼아 근대화를 이루고자 했다는 측면에서 이러한 일련의 움직임들을 '양무운동洋務運動'이라 부르기도 한다. 그러나 양무운동은 근본적으로 서구 열강의 과학 기술이라는 하드웨어에만 착목했기에, 단순히 서양의 선진 문물, 그중에서도 특히 군사 부문에서의 모방에만 머물렀던 것이 그 한계라 할 수 있다. 중국인들은 자신들에게 부족한 것이 물질적인 데 있을 뿐 오랜 역사와 문화 전통 아래 연면히 이어온 정신 문명은 여전히 우월한 가치를 지니고 있다고 생각했던 것이다. 이것은 이빨 빠진 종이호랑이로 전락해버린 대제국 중국이 최후까지 집착했던 일종의 자존심이라 할 수 있다.

이와 같은 생각을 요약해 보여주는 것이 '중국의 학문을 본체로 삼고, 서양의 학문은 실용적인 측면에서 활용한다中學爲體, 西學爲用'는 이른바 '중체서용中體西用'이라는 말이다. 이것은 비슷한 처지에 놓였던 조선의 경우 '동도서기道西器로, 그리고 일본의 경우는' 화혼양재和魂洋才'라는 말로 변용되기도 했다. 하지만 어찌 양자가 구분될 수 있겠는가? 정신의 혁명 없이 외형적인 결과물만 추종하는 것은 근본적인 변화의 동력이 될 수 없다는 측면에서 볼 때, 중체서용을 철학적 기반으로 한 양무운동은 애당초 실패할 수밖에 없는 근본적 한계를 갖고 출발한 것이라 할 수 있다.

"수천 년을 이어 내려온 중국의 봉건적 관료 조직을 타파하거나 변화시키고자 하는 노력 없이 단순히 무기를 만드는 병기창과 군함을 건조하는 조선소 몇 개를 만드는 것으로 강대국이 되고자 한 것은 지나치게 순진한 생각에 불과했던 것이다. 하지만 이것을 단순히 실패로 규정하기에는 당시 시대적 상황이나 환경이 우리의 판단을 유보하게 한다. 흔히 역사에서 말하는 '시대적 한계'란 바로 이런 것을 가리킨다. 한 사람의 개인이 자신의 잘못을 인지하고 그것을 고쳐나가는 데도 많은 시행착오와 시간이 필요한데, 하물며 한 국가의 차원에서랴…"◉

◉ 조관희, 『세계의 수도 베이징』, 34쪽.

여기에 더해 양무운동이 구체적으로 진행된 방식 또한 문제가 있었다. 그것은 자생적인 근대화의 경험이 없이 외부로부터 반쯤은 강제된 양무운동은 그 진행 과정과 경영상의 미숙함으로 인해, 여기에 더해 왕조 말기에 나타난 고질적인 관료의 부패와 무능 탓에 실패할 수밖에 없는 운명을 타고났다는 사실이다. 초기 산업 자본의 축적이 전무한 중국에서 양무운동의 뼈대를 이루는 군수 공업은 그 목적이나 사업 규모라는 측면에서 처음부터 국가 주도로 추진되었다. 정확히 말하자면 청 정부가 출자한 자본금을 바탕으로 회사를 설립하고 관료의 감독하에 대상인이나 대지주 등을 포함한 민간인들이 회사를 운영하는 반관반민의, 이른바 '관에서는 감독하고 회사가 일을 처리하는官督商辦' 경영 방식을 취했다.

하지만 실제로 일이 진행될 때는 관료들이 감독권을 이용해 인사나 회계상의 권한을 장악하고 나아가 경영에 간섭하는 경우도 있었다. 그 결과 관료들의 간섭에 의해 경영상의 비능률이 나타나고, 동종 민간 기업의 진출이 원천적으로 봉쇄되어 해당 기업이 독과점으로 흘러 경쟁을 통한 발전을 기대하는 것이 무망한 지경에 이르게 되었다. 이렇게 모종의 기획과 의도하에 설립되어 운영된 관독상판 기업은 관료의 독직과 수뢰, 낭비와 부정부패 등의 모순과 부조리로 인해 도산에 이르렀을지언정 오히려 대주주 격인 관료들은 기업의 독과점적 지위를 이용해 엄청난 부를 축적했다.

아울러 양무운동을 마뜩찮게 생각했던 보수파 진영의 관료들은 청 정부가 처한 여러 가지 위기 상황에 대한 처방과 대책은 내놓지 못하면서 구체제를 부여잡고 서구 문화에 대한 적개심만 키워나갔다. 사실상 당시 중국이 위기에 빠진 것은 전근대 사회의 무능과 부정부패, 비효율, 그리고 무엇보다 합리성의 결여, 학문의 후진성 때문이었는데, 이에 대한 근본적인 개혁은 손을 놓은 채 단순히 서구 열강에 비해 무력이 뒤진다는 이유로 군사 분야에 한정해 자강 운동을 전개해나갔던 것이다. 여기에 관독상판 형식의 기업 경영마저 실패로 돌아가고, 수구 세력의 정점에 있던 시 태후는 국제 정세에 어두웠을 뿐 아니라 해군을 양성하기 위해 조성한 400만 냥의 기금 가운데 절반 이상을 자신이 좋아하는 여름 별궁인 이허위안頤和園, 이화원을 중수하는 데 써버릴 정도로 개념이 없었다. 그러므로 제국주의 열강의 침탈이 시작된 뒤 19세기 말까지 지속된 양무운동은 결국 청불전쟁1884~1885년과 청일전쟁1894~1895년의 굴욕적인 패배로 그 한계와 허구성이 한꺼번에 드러나고 청 제국은 서서히 몰락의 길로 들어서게 된다.

리훙장

청일전쟁과 삼국간섭

1874년 동치제가 18세의 어린 나이로 병사했다. 당시 어린 황후는 임신 중이었으므로 사실상 공식적인 후계자는 있을 수 없는 상황이었다. 동치제의 생모인 시 태후는 중대한 결단을 내려야만 했다. 하지만 그렇게 해서 내려진 결정은 온전히 시 태후 자신의 정치적 야망을 채우기 위한 것에 지나지 않았다는 사실이 곧 밝혀졌다. 시 태후는 섭정의 지위를 유지하면서 계속 권력을 휘두르기 위해 당시 3세밖에 안 되는 동치제의 사촌동생인 덕종德宗 광서제光緒帝; 재위 기간은 1874~1908년를 황제로 옹립했던 것이다. 이에 대한 주위의 반발이 전혀 없었던 것은 아니나 몰락하는 왕조에

빌붙어 사는 대부분의 관료들은 시 태후의 처사에 묵묵히 따를 뿐이었다.

한편 1880년 프랑스가 하노이와 하이퐁을 점령하고 중국에 압력을 넣자, 청 조정은 호전적인 한인과 만주인의 강경한 입장과 프랑스의 군사력에 비해 취약한 중국의 해군력을 감안해 프랑스와 강화조약을 맺을 것을 주장하는 리훙장 등의 입장이 팽팽하게 맞섰다. 1884년 프랑스와의 협상이 결렬되고 프랑스 함대가 공격을 해오자 푸젠 지역을 책임지던 남양함대는 리훙장의 북양함대에 원조를 요청했다. 하지만 리훙장은 자신의 북양함대가 승산 없는 싸움에 휘말려 손실을 입는 것을 원치 않았던 데다, 북양함대를 보존해 더욱 강화시키려는 의도 아래 파견을 거부했다. 청은 육상 전투에서는 류융푸劉永福, 유영복; 1837~1917년의 흑기군黑旗軍의 분전으로 밀고 밀리는 대치 국면을 유지했으나, 푸젠의 마웨이馬尾, 마미에서는 남양함대가 궤멸 상태에 빠졌다. 이에 청 조정에서는 시 태후 등의 주전론이 있기는 했으나, 리훙장 등의 화평론이 우위에 서게 되어 1885년 톈진天津, 천진에서 화평 조약을 맺었다. 프랑스는 청 정부에 배상금을 요구하지 않고 월남에 대한 청의 종주권 포기만을 요구했다.

류융푸와 흑기군

류융푸는 광둥의 빈농의 아들로 태어나, 22세 때 천지회(天地會)에 가입하였다. 태평천국의 난이 진압된 뒤, 태평천국의 잔당을 이끌고 월남의 통킹(東京)으로 달아나 당시 구엔조(阮朝)의 사덕제(嗣德帝)에게 귀순했다. 프랑스가 월남에 진출하자 1867년 흑기군(黑旗軍)을 편성해 1873년 하노이 전투에서 프랑스군 사령관을 전사시키는 등 전과를 올렸다.

1883년 사덕제가 죽은 뒤 구엔조가 프랑스에 굴복하고, 청불전쟁에서 청나라가 패배하자 귀국하였다. 하지만 청 조정은 흑기군의 세력이 커져 오히려 후환이 될까 두려워 최초에는 2,500명의 군대를 인솔해 돌아오도록 했으나, 결국 입국할 당시에는 300명으로 제한해 이에 흑기군은 거의 해소되었다.

청일전쟁 때 타이완(臺灣) 방위를 위하여 파견되었으며, 강화조약이 체결된 뒤에도 투항권고를 거절하고 항전을 계속하였다. 1896년 귀국하여 흑기군을 재편성, 의화단(義和團) 사건 때 후광(湖廣, 호광) 지역에서 열강의 군대와 싸웠다. 신해혁명 때에는 광둥에서 활약하는 등 평생을 전쟁터에서 보내다 사망했다.

하지만 청의 몰락에 결정타를 날린 것은 오히려 새롭게 떠오르는 제국주의 국가 일본과의 일전이었다. 당시 일본은 1853년경부터 시작된 메이지유신明治維新을 통해 근대화를 이룩해 국력이 급속도로 신장되었다. 일본은 이러한 기세를 타고 한반도와 만주, 중국 등지로 팽창해 나가는 정책을 펴고 가장 먼저 한반도에 눈독을 들였다. 1876년 조선의 강화도 연안을 지나던 일본 군함 운요오호雲揚號가 포격을 받자 이를 빌미로 일본은 조선과 강화도조약을 맺었다. 이렇게 되자 미국과 영국, 독일, 프랑스 등도 잇달아 조선과 조약을 맺었다. 당시 조선은 청과의 전통적인 선린 관계를 유지하려는 사대당과 일본을 통해 개화를 추진하려는 독립당으로 국론이 양분되었는데, 청과 일본은 각각 조선에 공사관을 두고 각축을 벌였다. 1882년 조선에서 일본군의 지원을 받아 새롭게 편제된 신식 군대에 대한 반감으로 구군영 소속 군인들이 일으킨 일종의 쿠데타인 '임오군란'이 일어나자 청이 개입해 당시 실권자인 대원군을 체포해 톈진으로 압송하는 등 사태를 수습했다.

수구파 세력에 의해 일시 돈좌 상태에 놓였던 김옥균 등의 급진 개화파 세력은 1884년 일본을 등에 업고 갑신정변을 일으켰다. 위기에 빠진 조선의 명성황후가 위안스카이袁世凱, 원세개에게 도움을 청하니 그는 조선에 주둔하고 있던 청군을 동원해 개화 세력을 공격했다. 사세가 급박하게 돌아가자 개화파를 지지하겠다던 일본군은 철수하고 개화파의 정변은 삼일천하로 끝나고 말았다. 이때까지만 해도 조선에서 청은 여전히 일본에 대해 우세를 점하고 있었다. 결국 1885년 양국의 실권자인 이토 히로부미伊藤博文와 리훙장이 톈진에서 만나 상호 분쟁을 피하기 위해 양측 모두 조선에서 철병하고 이후 조선에 군대를 파병할 때는 사전에 통보하기로 약속했다. 조선을 사이에 두고 조성된 양국 간의 긴장 상태는 잠시 소강국면에 접어들었다. 그리하여 청군과 일본군은 모두 조선에서 철수했으

위안스카이

나, 청은 위안스카이를 조선에 상주시키고 조선의 내치와 외교에 대해 간섭하는 등 조선에서의 패권을 계속 유지하려 했다.

그로부터 10년 뒤인 1894년 조선에서는 전봉준 등의 동학교도가 농민군을 조직해 반란을 일으켰다. 당시 조선은 개항 이후 대외 무역이 급속도로 증가했는데, 외국 상품의 유입과 조선 산물의 유출은 결국 지주와 관료 등 지배 계급의 소비 의욕만 높였을 뿐, 대다수를 차지하는 기층 인민, 그 가운데서도 특히 농민들의 삶은 갈수록 피폐해졌다. 동학혁명군은 파죽의 세로 관군을 격파하고 수도인 한양을 향해 북상했다. 1894년 4월 전주성에서 동학혁명군과 관군이 공방을 거듭하는 중에, 조선 조정의 원군 요청에 의해 청군이 아산에 도착했다. 이에 일본 역시 일본 거류민의 안전을 지킨다는 명분하에 육군 혼성 여단을 한성에 파병했다. 수세에 몰린 동학혁명군은 5월에 어쩔 수 없이 12조로 이루어진 폐정 개혁안을 제시하고 조정과 강화를 맺어 1차 동학혁명은 잠시 소강 상태에 접어들었다.

동학혁명이 수면 아래로 일시 잠복하자 청일 양국의 군대는 조선에 계속 주둔할 명분이 없어졌다. 이에 일본이 먼저 청에게 공동으로 조선의 개혁을 추진하자고 제의했으나, 청은 이를 거부했다. 일본은 청이 속국인 조선을 보호한다는 명목으로 군대를 계속 주둔하는 것은 조선의 독립을 해친다는 것을 명분으로 삼아 신속히 조선에서 철병할 것을 최후 통첩했다. 청이 이에 대해 명확한 입장을 밝히지 않자 일본군이 먼저 군사 작전을 벌여, 양국 군대는 7월 서울 부근에서 교전을 시작했다. 일본군이 조선의 왕궁을 점령한 7월 12일 일본 함대는 1,200명의 보충 병력을 실은 청의 수송함을 황해 앞바다에서 격침했다. 7월 하순에는 서울과 평양 등지에서 일본군이 청군을 잇달아 격파했는데, 결정적인 승리는 해군에 의해 이루어졌다. 당시 청의 북양함대는 같은 해 9월 압록강 부근에서 벌어진 황해 전투에서 큰 타격을 입었다. 청의 기함은 덩치는 컸으나 기동력이 떨어져 회전 반경이 작은 일본 함대가 북양함대를 포위하는 작전을 펴 북양함대를 궤멸시켰다.

해군의 승리에 힘입어 일본군은 10월에 압록강을 건너 청의 영토로 진입했다. 11월에는 난공불락의 요새로 여겨졌던 뤼순旅順, 여순과 다롄大連, 대련마저 함락해 일본군은 중국 대륙으로 진출하는 교두보를 확보했다. 다급해진 청 조정이 미국에 일본과의 화의를 부탁하니 전 국무장관 포츠담이 도쿄로 파견되어 강화를 주선했다. 하지만 밀고 당기는 교섭이 진행되는 중에 북양함대가 퇴각해 있던 웨이하이웨이威海衛, 위해위가 일본군에 의해 함락되었다. 1895년 1월 일본은 삼엄한 방어책을 펴고 있는 바다 쪽이 아니라 항구의 배후지인 육로를 통해 웨이하이웨이를 공격했던 것이다. 당시 웨이하이웨이는 임오군란 때 대원군을 톈진으로 압송한 바 있던 딩루창丁汝昌, 정여창; ?~1895년 제독이 지키고 있었는데, 일본군이 바다와 육지에서 양면 공격을 해오자 부하와 주민들을 보호하기 위해 일본군에게 항복하고 그 사실을 리훙장에게 전보로 알린 뒤 자결했다. 이로써 리훙장이 양무운동을 통해 20여 년에 걸쳐 양성한 북양함대는 최후를 맞게 된다.

다급해진 청 조정은 당시 실각해 있던 공친왕을 다시 불러 35년 전 제2차 아편전쟁 때처럼 위기 상황을 타개해줄 것을 요청했다. 1895년 3월 공친왕을 돕기 위해 청 조정이 선발한 리훙장이 100여 명의 수행원과 미국인 고문 포츠담과 함께 시모노세키下關에 도착했다. 일본 측 대표인 수상 이토 히로부미와 외상인 무츠 무네미츠陸奧宗光가 교섭을 시작했다. 4

위 | 당시 회담이 열렸던 슌판로(春帆楼)라는 음식점에 있는 기념비. ⓒ 조관희

위오른쪽 | 슌판로 건물 내에는 일본 측 회담 대표인 이토 히로부미와 무츠 무네미츠의 상이 세워져 있다. ⓒ 조관희

오른쪽 | 슌판로 내에 복원된 당시 회담장 모습. ⓒ 조관희

월 17일에 조인된 조약의 내용은 청이 일본의 조선 지배를 인정하고, 랴오둥반도遼東半島, 요동반도와 타이완臺灣, 대만 및 펑후다오彭湖島, 팽호도를 일본에 할양하며, 전비 2억 냥을 8회에 걸쳐 7년 이내에 이자와 함께 지불하고, 일본을 최혜국으로 대우해줄 것 등 굴욕적인 내용이었다. 동치제와 광서제에 걸쳐 양무운동을 주도했던 리훙장은 회담 직후 그 책임을 물어 실각하고 청 조정은 완강한 보수 세력에 의해 장악된다.

신흥국 일본의 승전에 놀란 서구 열강은 강화가 성립된 뒤 위협을 느꼈다. 청일전쟁 전까지만 해도 서구 열강은 청 정부에 갖은 모욕을 가하면서 실속을 챙겼으나, 그럼에도 내심 광대한 영토와 많은 인구를 갖고 있는 대국에 대한 두려움을 갖고 있었다. 하지만 일본의 승전으로 청은 이빨 빠진 노쇠한 종이호랑이에 불과하다는 게 만천하에 드러났다. 아울러 이제까지 동아시아의 다른 나라들과 별반 다를 게 없어 보였던 일본은 일거에 서구 열강과 어깨를 나란히 하는 대국의 반열에 올라, 중국 침략에 열을 올리고 있던 다른 제국주의 국가에 또 다른 경쟁자의 출현이라는 달갑지 않은 결과를 낳았다.

아울러 경제적인 침략과 함께 영토 분할을 꾀하고 있던 서구 열강들에게 시모노세키 조약 가운데 하나인 중국 영토의 할양, 그 가운데서도 특히 중국 본토인 랴오둥반도의 할양은 그대로 묵과할 수 없는 후발주자의 도발로 여겨졌다. 이에 러시아가 앞장서 프랑스, 독일 양국을 설득해 세 나라가 함께 일본의 랴오둥반도 영유는 극동 지역의 평화에 저애가 된다는 것을 핑계로 일본에 포기할 것을 강요했다. 실제로 삼국의 해군은 조약 체결 후 일주일 뒤 일본 근해에 모습을 드러냈다. 이제 막 전쟁을 치른 일본으로서는 군비도 충분하지 않고 참전했던 병사들 역시 피로에서 회복되지 않았기에 또 다른 전쟁을 벌인다는 것은 무리였다. 결국 일본은 삼국의 압력에 굴복해 랴오둥반도를 청에 되돌려주는 대신 3,000만 냥을 보상금으로 받기로 했다(삼국간섭).

삼국간섭으로 청은 일시 청일전쟁의 패배로 인한 상처를 치유받은 듯했으나 오히려 이를 빌미로 서구 열강의 진출을 허용하게 되었다. 이 가운데 청일전쟁 뒤 삼국간섭으로 청 정부에 직접적인 도움을 준 러시아와 독일, 프랑스는 자신들의 요구 조건들을 하나씩 관철했다. 우선 청이 일본으로부터 돌려받은 랴오둥반도의 남부는 그대로 러시아에 그 조차권이 넘어갔다. 결국 삼국간섭으로 러시아가 일본에게서 이 지역의 지배권을 넘겨받은 셈이 되었으니, 청으로서는 아무런 혜택도 입지 못한 꼴이 되어버렸다. 이를 기화로 서구 열강은 각각의 이해 관계에 따라 특정 지역을 조계租界로 삼아 각국의 영사가 행정과 감독을 장악하고 참사회가 의회의 역할을 하며 공부국工部局이 정부의 역할을 하는 거의 독립국 수준의 치외법권 지역을 만들었다.

다음으로 경제적 이익을 도모하기 위해 철도를 부설하고 광산을 개발했다. 자원 부국인 청으로서는 자신의 알토란 같은 지하 자원들을 눈뜨고 강탈당해야 했는데, 이에 그치지 않고 제조업 분야마저 서구 열강이 독점하게 되니 이제 막 싹을 틔우는 단계에 들어섰던 중국의 산업은 꽃을 피워보지도 못한 채 몰락했다. 청은 여러 번의 전쟁 패배로 인한 배상금마저 지불할 능력이 없었으므로, 이것 역시 열강들이 제공한 차관에 의지했다. 하지만 이러한 차관은 관세 사무의 관리권과 염세鹽稅, 화물세 등을 담보로 한 것이었기에, 관세 자주권의 상실은 청에 대한 경제적 수탈과 착취로 이어져 청은 명목상으로만 독립국이었을 뿐 실제로는 여타 식민지와 다를 바 없는 지경에 이르렀다.

무술변법과 의화단

1840년부터 1890년대까지 약 50여 년 간 중국은 서구 열강에 의해 개항을 하고 경제적인 수탈을 당했다. 19세기 말에 접어들자 서구 유럽 국가들은 자본주의의 최상층 단계인 제국주의 시대로 접어들어 전 세계를 대상으로 식민지 개척에 적극 나섰다. 하지만 중국은 워낙 영토가 넓기에 한 나라가 식민지로 삼기에는 버거운 존재였으므로, 여러 나라가 참외를 쪼개듯 과분瓜分하려 했다. 이제 청 왕조의 멸망은 정해진 것이나 다를 바

당시 캉유웨이가 학생들을 모아 가르치던 만목초당 유지.

없었으니, 위기감에 빠진 중국 내 지식인과 민중들은 그 나름대로 대응책을 모색하기에 이르렀다. 일군의 지식인들은 양무운동과 같이 '중체서용'에 입각한 반쪽짜리 개혁으로는 위기를 극복할 수 없다고 생각해, 일본의 메이지유신같이 정치를 개혁하고 민간 상공업을 일으켜 부국강병을 꾀하는 '변법變法' 자강 운동을 펴나가야 한다고 주장했다. 다른 한편으로 서구 열강의 무력 침공과 경제적 수탈로 기본적인 삶이 몰락한 민중들은 각지에서 배외 운동을 벌였으니, 그 대표적인 것이 의화단義和團 사건이다.

1895년 봄 베이징에는 진사 시험을 치르기 위해 전국에서 많은 학자들이 모여들었다. 그들은 모인 김에 의기투합하여 외국과의 불평등한 조약의 조인을 거부하고 부국강병을 위한 여러 가지 대책을 상주했다. 흔히

◉ 여기서 '공거(公車)'란 베이징(北京)으로 과거를 보러 가는 수험생들이 타고 상경하던 수레를 말한다.

'공거상서公車◉上書', 또는 '만언서萬言書'라 불리는 장문의 상소문은 조정 신하들의 손에 이리저리 떠돌다 이제 막 시 태후의 그늘에서 벗어나 친정을 펴보려 기지개를 켜고 있던 24세의 젊은 광서제에게 전달됐다. 하지만 이허위안으로 물러나 은거한다고는 해도 모든 권력은 시 태후의 손에 쥐어져 있는 상태에서 광서제가 달리 할 일은 없었다. 그러는 사이 공거상서를 주도한 캉유웨이康有爲, 강유위; 1858~1927년는 계속 상소를 올리며 변법을 주장했고, 전국에는 변법에 동조하는 이들이 늘어갔다. 이때 시 태후의 심복으로 광서제를 감시하고 있던 공친왕이 사망하자 광서제는 캉유웨이에게 직접 상주문을 올리게 했다. 이것이 '응조통주전국절應詔統籌全局折'이라는 캉유웨이의 여섯 번째 상주문으로, 여기에서 캉유웨이는 자신이 주장하는 변법 개혁의 대강을 제시했다. 이를 받아본 광서제가 1898년 6월 11일 캉유웨이 등 변법파를 등용해 정치 개혁에 착수하니, 이를 '무술변법戊戌變法'이라 한다.

캉유웨이뿐 아니라 그 제자인 량치차오梁啓超, 양계초; 1873~1929년와 탄쓰퉁譚嗣同, 담사동; 1865~1898년 등은 관직에 올라 변법의 구체적인 방안들을 펴나갔다. 우선 종래에 팔고문을 위주로 치러졌던 과거 시험을 개혁해 실질적인 통치에 관련된 의견을 서술하는 책론策論을 부가했다. 아울러 국가의 백년대계라 할 교육의 경우 각 성의 부府와 현縣에 있던 서원書院을 근대적인 학교로 개조하고 중앙에는 베이징대학北京大學, 북경대학의 전신이라 할 경사대학당京師大學堂을 두어 최고 학부로 삼았다. 그뿐 아니라 농공상 및 광산, 철도, 의학 등의 전문학교를 각지에 세워 각 방면의 인재를 양성하도록 했는데, 이들 학교에서는 선진 학문과 사상을 도입하기 위해 새로운 교과 과정에 입각해 학생들을 가르쳤다. 그리고 민간 상공업의 발달을 촉진하기 위해 중앙에는 농공상총무국農工商總務局

캉유웨이

과 광무철도국鑛務鐵道局을 세우고 농회農會와 상회商會를 설립했으며, 지방에는 상무국商務局을 설치해 민족자본주의를 육성하려 했다. 군사 부문 역시 종래의 무과 시험을 개혁해 서양식의 총포술을 익히게 하고 병제 역시 서양식으로 개편해 서양식 훈련을 실시했다. 당연한 얘기지만, 이와 같은 급진적인 개혁으로 자신의 지위와 기득권을 잃게 된 수구파의 반발이 수면 아래 잠복해 있는 상태에서 광서제는 자신의 순수한 의도하에 시행하고 있는 변법 개혁을 숙모인 시 태후가 지지해줄 것으로 믿었다.

그러나 변법을 추진하는 많은 개혁가들은 황제의 변법에 저항하는 친위 쿠데타가 일어날 것을 걱정했다. 실제로 병권을 잡고 있는 수구파들 사이에서 그와 같은 움직임이 감지되자 광서제는 캉유웨이에게 대책을 세울 것을 지시했다. 하지만 군사력을 장악하지 못했던 캉유웨이 등에게 특별한 대책이 있을 리 없었다. 다만 변법파들이 세운 강학회强學會의 후

옛 경사대학당 터 ⓒ 조관희

원자이자 신건군新建軍을 장악하고 있던 위안스카이가 자신들에게 동조할 것이라 믿고 그를 이용해 시 태후와 즈리총독直隷總督, 직예총독 룽루榮祿, 영록를 제거하려 했다. 전하는 말로는 변법파를 대표해 탄쓰퉁이 위안스카이를 만나 그런 부탁을 하면서, 만일 위안스카이가 자신들과 뜻을 달리할 경우 자기를 죽여달라고 청했다 한다. 이때 위안스카이는 정색을 하며 다음과 같이 말했다. "내가 룽루를 죽이는 것은 개 한 마리를 죽이는 것과 같은 것이니, 이 일은 모두 내게 맡겨주시오. 내가 모든 책임을 지겠소. 그러면 황상께서는 마음을 놓으실 수 있을 것이오." 하지만 위안스카이는 그 다음날 톈진으로 한달음에 달려가 룽루에게 이 사실을 털어놓았다. 룽루가 즉시 베이징에 가서 시 태후에게 보고하니, 시 태후는 즉시 군사를 동원해 9월 21일 광서제를 중난하이中南海, 중남해에 있는 잉타이瀛臺, 영대에 연금하고 모든 변법파 인사들을 체포하게 했다.

광서제를 유폐한 시 태후는 다시 권좌로 돌아와 수렴청정을 하며 변법파들을 처형했다. 마침 베이징을 떠나 있던 캉유웨이는 영국 배를 타고 홍콩과 일본을 거쳐 캐나다로 망명하고, 량치차오 역시 일본으로 망명했다. 하지만 탄쓰퉁의 경우 탈출할 기회가 있었으나, 도망을 거부했다. 그는 변법을 위해 희생양이 되겠다면서 다음과 같이 말했다. "외국에서는 변법을 하면서 피를 흘리지 않은 자가 없으니, 중국에서 변법으로 피를 흘릴 자는 나 탄쓰퉁으로부터 시작할 것이다." 결국 1898년 9월 24일 탄쓰퉁은 캉유웨이의 동생인 캉광런康廣仁, 강광인과 양선슈楊深秀, 양심수, 양루이楊銳, 양예, 린쉬林旭, 임욱, 류광디劉光第, 유광제 등과 함께 체포되어 나흘 뒤에 처형되었다. 사람들은 이들을 일러 '무술육군자戊戌六君子'라 하였으니, 처형되기 직전 탄쓰퉁은 다음과 같이 말했다 한다. "도적들을 죽이고자 결심하였으나, 국면을 전환시킬 힘이 부족하여, 영광스러운 죽음의 길을 가게 되었으니, 통쾌할진저!有心殺賊, 無力回天, 死得其所, 快哉快哉!"

베이징 쉬안우먼(宣武門) 구역에 있는 가톨릭 성당인 남당(南堂) ⓒ 조관희

선각자적 소명의식을 가진 사대부 출신의 소수 엘리트와 하급 관료들이 주도한 무술변법은 기득권을 잃을까 노심초사한 수구 세력들에 의해 백일천하로 끝났다. 하지만 어떤 측면에서 보자면, 무술변법과 같은 위로부터의 개혁은 일반 백성들의 삶과는 무관한 권력 투쟁의 일환에 지나지 않는지도 모른다. 사실상 왕조 말기에 들어서 잇달아 발생한 반란으로 전 국토가 전쟁터로 변하여 민중들의 삶은 피폐해질 대로 피폐해졌다. 여기에 더해 서구 열강에 문호를 개방한 이후에는 대규모 자본과 기계에 의해 대량 생산된 값싼 공산품들이 중국 시장에 쏟아져 들어와 농촌의 잉여 노동력을 이용한 가내수공업은 완전히 몰락했다. 다른 한편으로 기독교 선교사들이 빈민 구제와 같은 자선 사업을 통해 적극적인 포교 활동을 벌여나가자 신도 수가 크게 증가하고 기독교 세력이 크게 확장되었다. 하지만 이에 비례해 기독교에 대한 거부감 역시 점차 커져갔으니, 신도

와 비신도 사이에 충돌이 빚어지는 '교안教案'이 자주 발생했다. 교안은 단순한 감정 싸움에 그치지 않고 선교사 살해와 교회나 성당의 방화, 기독교 신자에 대한 박해 등으로 확대되었다.

초기의 반기독교 운동의 주도 세력은 보수적인 향신 계급과 지주들이었으나, 열강의 압력에 따라 청 정부가 탄압에 나서자 이들은 점차 뒷전에 물러서고, 오랜 세월 민중에 뿌리를 내리고 있던 비밀 결사와 회당會黨이 구교仇教 운동의 중심에 서게 되었다. 그렇게 되자 이들 회당의 구교 운동은 청 왕조와 유교적 전통을 지키겠다는 체제 유지적인 성격이 점차 퇴보하고 향촌 수호와 제국주의 열강의 정치 · 경제적 침탈에 항거하는 반외세 · 반제국주의적 민중 운동으로 변모해갔다. 그 가운데 산둥과 허난, 장쑤의 접경 지대에서 활동하는 의화권義和拳이 점차 조직을 확대해 활발히 활동했다. 마침 당시 산둥의 순무巡撫였던 위셴毓賢, 육현 역시 반외세 사상을 갖고 있어 의화권의 활동을 짐짓 모른 체하고 은밀히 도움까지 주었다. 하지만 열강의 압력에 굴복한 청 정부가 위셴을 면직하고 위안스카이로 대신하니, 위안스카이는 이들을 엄중히 단속했다. 위안스카이의 강압책은 오히려 의화단義和團의 세력을 덧들이는 결과를 낳아 이들은 허베이까지 진출했다.

의화단은 '부청멸양扶清滅洋'의 슬로건을 내걸고 도처에서 철도와 전신을 파괴하고 교회당을 불태우며 선교사를 축출했다. 심지어 관군과 대규모 접전까지 벌였으니, 이와 같은 의화단의 위세에 산시陝西, 섬서나 내몽골, 허난 등지에서도 의화단에 호응하는 반외세 운동이 일어났다. 이들에 대한 청 조정의 태도는 다른 회당의 소요 사태와 비교해볼 때 약간 모호한 측면이 있었다. 그것은 이들의 반외세 배외 운동에 대해 보수적인 시 태후와 만주인 고관들이 공감하는 것을 넘어서, 드러내지는 않았지만 내심 그들의 힘으로 외국인들을 중국에서 몰아냈으면 하는 기대감마저 갖고 있었기 때문이다. 외세에 기대 개혁을 추진했던 무술년의 정변 이후 서구 열강에 대해 강한 반감을 갖고 있던 시 태후는 급기야 열강이 광서제의 친정을 꾀하고 있다는 첩보를 접하자, 마침내 1900년 6월 21일 열강에 선전 포고를 하고 각국 공사에게 24시간 이내에 베이징을 떠날 것을 통보하고, 의화단을 베이징으로 불러들였다. 베이징에 들어온 의화단은 온갖 파괴 행위를 자행하고 성당과 교회당을 불태웠으며, 선교사와 신도들을 학살했으므로, 베이징은 극도의 혼란에 빠졌다. 하지만 화북 이외의 지역에서는 각 성의 순무와 총독이 경거망동하지 않고 폭도들을 감시했으므로 상대적으로 평온을 유지할 수 있었다.

혼란의 도가니로 변모한 베이징에서 탈출하지 못한 각국 공사들은 공포와 무질서 속에 베이징 시내의 공사관 밀집 지역인 둥쟈오민샹東交民巷, 동교민항에 집결했다. 제국주의 열강은 청 정부에 사태 해결을 위해 강력하

퉁저우에서 베이징으로 들어가는 길목에 있는 융퉁교(永通橋, 영통교)
ⓒ 조관희

게 대처할 것을 요청했다. 그러나 청 정부는 별다른 조치를 취하지 않고 오히려 정부군이 의화단과 합세해 둥쟈오민샹을 포위하고 공격에 나섰다. 폭도들에 둘러싸여 고립된 채 2개월 동안 공방이 벌어지는 사이 독일과 일본, 영국, 미국, 프랑스, 오스트리아, 러시아, 이탈리아의 8개국 연합군이 다구에 상륙한 뒤, 톈진을 거쳐 베이징의 길목인 퉁저우通州, 통주에 이르렀다. 8국 연합군이 베이징에 입성하기 바로 직전에 시 태후는 광서제와 함께 베이징을 떠나 시안으로 피신했다. 8월 14일 베이징에 입성한 8국 연합군은 의화단을 진압하는 동시에 '권비拳匪'를 색출한다는 명목하에 베이징 전역에 대한 약탈을 자행했다. 베이징을 떠나기 전 시 태후는 리훙장과 경친왕慶親王을 전권대사로 임명해 열국과 화의를 맺게 하니, 의화단은 뒤로는 청조로부터 배신당하고 앞에서는 근대 무기로 무장한 열강의 정규군에 의해 패전을 거듭해 소멸되었다. 베이징은 8개국 연합군의 공동 관리하에 놓이고 이와 별도로 각국은 자기들 나름대로 야욕을 채우느라 바빴다.

베이징 함락 1년 뒤인 1901년 9월 청은 8개국과 신축화약辛丑和約을 맺었다. 그 내용은 사건의 주모자 100여 명을 처형하고 독일과 일본에 사죄사를 파견하며, 공사관 보호를 위해 외국 군대가 베이징을 비롯한 주요 도시에 주둔할 수 있게 하는 것 등이었다. 문제는 전쟁으로 인한 배상금 지불이었는데, 4억 5,000만 냥을 39년 간 분할 상환하는 것이었다. 당시 중국의 연간 총 세입이 2억 5,000만 냥 정도였으니, 이와 같이 막대한 배상금은 청 조정의 재정을 완전히 고갈시키는 엄청난 금액이었다. 이후로 중국은 1940년 12월 31일까지 그동안의 인플레이션과 4퍼센트의 이자까지 포함해 금으로 이 금액을 모두 갚았는데, 그 총액은 무려 9억 8,000만 냥에 달했다. 열강은 배상금을 받아내기 위해 관세와 염세, 이금세釐金稅의 수입을 담보로 잡았는데, 이것은 청 정부의 모든 세원을 다 동원한 것으로 전세田稅를 제외한 국가의 모든 세수가 외국인의 손에 들어간다는 것을 의미한다. 의화단 사건으로 청의 보수 · 수구파 세력은 그 세력이 현저하게 약화되었고, 청의 국제적 지위는 하락했다. 여기에 배상금 지불로 인해 국가 재정은 파탄에 빠졌고, 외국군 주둔으로 청 정부는 무장해제를 당한 것이나 마찬가지 상황에 놓이게 되었다. 실로 1840년 아편전쟁 이후 서서히 진행되어온 중국의 반식민지화가 완료되어 중국은 명목상으로만 독립국이었을 뿐 빈 껍데기만 남아 마지막 최후의 순간을 기다리게 되었다.

혁명 전야, 쑨원의 등장과 우창봉기

국가가 존망의 위기에 처했을 때, 무술변법을 추진했던 개혁가들이 입헌군주제하에 정치 개혁을 꿈꾸었다면, 또 다른 일군의 젊은 개혁가들은 좀더 급진적인 방법으로 국면을 타개하고자 했다. 광저우의 가난한 농촌 가정 출신인 쑨원孫文, 손문은 14세 때 하와이로 이민 가 성공한 형과 함께 지내며 미션스쿨에서 교육을 받았는데, 이때 기독교와 민주주의, 공화정 사상 등에 눈을 떴다. 홍콩의 의학교를 졸업하고 의사가 된 2년 동안 개업을 했으나, 영국인들은 그의 의료 경험이 부족하다고 생각해 관내에서 그가 시술하는 것을 허락하지 않았고, 중국인들 역시 그를 신뢰하지 않았다. 실망한 쑨원은 한 개인을 구하는 의사가 되기보다는 위기에 빠진 한 나라를 구하는 것이 더 시급한 일이라 생각해 1894년 리훙장에게 개혁 의견을 올렸다. 하지만 청일전쟁이 일어나 조선과 기타 다른 곳의 분쟁에 온 신경이 쏠린 리훙장은 그를 무시했다. 쑨원은 하릴없이 다시 하와이로 돌아가 흥중회興中會라는 비밀 결사를 조직했고, 1895년 청일전쟁

광둥 성 추이헝 촌(翠亨村)에 남아 있는 쑨원의 생가.
ⓒ 조관희

이후 일본과 맺은 굴욕적인 강화 조약에 대한 반대 운동으로 혼란에 빠진 광둥에서 제1차 무장 봉기를 꾀하다가 실패하고 일본을 거쳐 미국으로 망명했다.

한편 의화단 사건으로 정치 · 경제 · 군사 등 모든 방면에서 위기에 빠진 청 조정의 무능과 실책에 대한 비난이 전 국토에 들끓었다. 이에 왕조가 몰락할 수도 있다는 위기감을 느낀 시 태후 등 수구 세력들은 신정新政을 추진해 난국을 타개하려 했다. 신정은 1901년부터 1905년 사이에 무려 30개 항목에 걸쳐 시행되었는데, 그 내용은 사실상 이전의 무술변법 때 개혁가들이 시행했던 것과 다를 바 없는 것이었다. 문제는 타이밍이었는데, 적기를 넘겨 사태가 악화될 대로 악화된 뒤에 마지못해 시행된 개혁안들이 제대로 효과를 발휘할 거라 기대하는 것은 애당초 무리였다.

여기에 1905년 러일전쟁에서 일본이 승리하자 승전국인 일본의 예를 따라 입헌군주제를 근본적인 개혁의 일환으로 삼아야 한다는 주장까지 대두했다.

이에 시 태후와 만청 정부는 시대의 급격한 변화의 흐름을 받아들이고 1906년 헌정위원회를 만들어 그 준비에 착수하고 해외시찰단을 파견해 입헌제를 살펴보도록 했다. 그리고 1908년에는 헌법대강을 발표해 입헌의 방향을 밝히고, 1909년에는 지방의회에 해당하는 자의국諮議局을 열고, 1910년에는 상원에 해당하는 자정원資政院을 설치하며, 궁극적으로 1917년에 국회를 개원하는 로드맵을 마련했다. 하지만 내각을 주로 만주족 위주로 구성하는 등 중앙 요직을 만주족들이 그대로 차지하려는 속내를 감추지 않았으니, 그들이 추진하려 했던 입헌제는 날로 높아가는 개혁에 대한 민중들의 요구를 막아내는 미봉책에 지나지 않았다. 만청 정부의 수구세력들은 헌정을 실시할 능력이나, 심지어 그것을 실시할 의지마저도 없었던 것이다. 이러한 만청 정부의 기만적 술책의 허구성이 백일하에 드러나자 중국 민족의 만청 정부에 대한 민족적 감정은 더욱 심화되어 마침내 만청 타도의 급진적인 혁명 운동이 전국에서 일어나게 되었다.

1896년 쑨원은 샌프란시스코를 거쳐 런던에 정착해 서양의 정치와 경제 이론서들을 폭넓게 읽고 있었다. 그때 런던 주재 청 공사관의 관리가 그를 납치해 중국으로 압송해 처형하려 했다가 실패했다. 극적으로 위기 상황에서 빠져나온 쑨원은 오히려 그 사건이 서양 언론에 소개되면서 일약 유명 인사가 되었다. 그 뒤 쑨원은 일본인 친우들의 도움으로 런던을 떠나 일본에 정착했다. 1900년 말에는 의화단 사건의 혼란을 틈 타 광둥 부근의 후이저우惠州, 혜주에서 제2차 무장 봉기를 꾀했으나 이것 역시 실패했다. 하지만 쑨원은 제1차 무장 봉기 때와 달라진 민심을 확인할 수 있었다. 제1차 무장 봉기 때에는 이들에 대해 국가를 전복하려는 역도逆徒라는 여론이 대세였으나, 이번에는 오히려 이 일이 성사되지 못한 것을 아쉬워하는 이들이 상당수 있었던 것이다.

의화단 사건을 계기로 중국인들에게는 개량주의적 변법으로는 난국을 타개하지 못하며 혁명을 통해 만청 정부를 타도해야 한다는 인식상의 변화가 일어났다. 이러한 시류를 타고 당시 중국에는 외국 유학생들을 중심으로 급진적인 혁명론이 여기저기서 대두해 단체를 조직하고 계몽 활동을 벌여나갔다. 그 가운데 대표적인 것이 후난 출신의 황싱黃興, 황흥; 1874~1916과 쑹쟈오런宋教仁, 송교인; 1882~1913년 등이 중심이 된 화흥회華興會와 저쟝 출신의 장빙린張炳麟, 장병린; 1868~1936년과 차이위안페이蔡元培, 채원배; 1868~1940년 등이 중심이 된 광복회光復會 등이었다. 일본인 친우들의 도움으로 런던을 떠나 일본에 정착한 쑨원은 1905년 7월 19일 자신이 이끌고 있는 흥중회와 화흥회, 동맹회 등 혁명파의 여러 세력을 규합해 중국동맹회中國同盟會라고 하는 새로운 혁명 단체를 결성했다. 여기에는 간쑤성을 제외한 모두 17개 성의 대표가 모두 참가해, 쑨원이 총재로 추대되고, 중화민국이라는 국호가 결정되었으며, 삼민주의三民主義가 강령으로 채택되었다. 그때까지 고립 분산적으로 전개되었던 혁명 운동은 중국동맹회의 결성으로 분명한 정강 정책 아래 일사분란하게 진행될 수 있었다.

당시 일본에는 무술변법의 실패 이후 망명한 캉유웨이가 이끄는 보황당保皇黨 세력도 있었는데, 초기에는 보황당 세력이 혁명당을 압도했다. 하지만 역사의 대세는 혁명당의 편이었다. 그러나 역사의 흐름을 거스르는 만주족의 통치를 지지하고 서구 정치 체제와 전통적인 유가 사상의 원칙들을 혼란스럽게 뒤섞어놓은 입헌군주제의 이상을 추구하는 캉유웨이를 따르는 사람들은 여전히 많았고, 동남아시아와 미국, 캐나다 등지의 화교 상인과 은행가들은 막대한 기부금을 그에게 제공했다. 하지만 캉유웨이는 이곳 저곳을 돌아다니며 이 돈을 탕진했고, 이를 만회하기 위해 투자한 돈 역시 모두 날려버렸다. 결국 그를 재정적으로 지원한 사람들은 그에 대한 신뢰를 거두기 시작했고, 만청 정부를 향한 반감이 확산되어가면서 그가 추구하는 입헌군주제에 대한 회의가 일었다. 한때 죽음도 불사하지 않는 견결함으로 상소문을 올리던 캉유웨이였지만, 이제 그는 시간의 흐름에 속절없이 늙어버린 노추老醜한 정객에 지나지 않았다. 그의 이상주의는 점차 현실에서 벗어나 망상의 경지에까지 이르렀다. "그는 정치 집회에서 모든 참가자들이 성 구분이 없는 옷을 입음으로써 성차별을 없애자고 제안했으며, 현행 결혼 제도를 계약제로 바꾸어 매년 쌍방이 계약을 갱신할 수 있도록 하자고 주장"했는데, "그러한 결혼 계약은 두 남성 또는 두 여성 사이에서도 가능하도록" 하는 것이었다.[◉]

◉ 조너선 D. 스펜스, 『현대 중국을 찾아서 1』, 308쪽.

한편 혁명당에 비우호적인 일본 관헌에 의해 쑨원이 국외로 추방되고, 혁명의 근거지를 빼앗긴 동맹회의 9차에 걸친 무장 봉기 등도 실패로 돌아갔지만 그들이 뿌린 혁명 정신의 씨앗은 중국 내에 뿌리를 내리고 확산

쑨원과 그의 정치 고문인 미국인 호머 리(Homer Lee)와 일본인 미야자키 도라조(宮崎寅藏) ⓒ 조관희

되었다. 그에 따라 이전에 캉유웨이를 지지했던 사람들이 점차 쑨원에게 돌아섰고, 기부금 역시 쑨원에게 집중되었다. 동맹회 회원 역시 폭발적으로 증가해 1905년 400명에 지나지 않던 것이 1911년경에는 1만 명 가량으로 늘어났다. 이들 대다수가 일본 유학생들이었는데, 이들은 귀국한 뒤에도 활발히 활동을 벌여 그 세력을 늘려갔다. 한편 창장 중류에 자리잡은 우창武昌, 무창과 바로 옆 도시인 한커우漢口, 한구는 "수많은 산업 노동자와 창장의 뱃사공 등 기층 인민들과 근대적 학교의 학생과 신군新軍, 그리고 청 당국의 관리들이 뒤섞여 있었기 때문에 정치적 · 사회적 실험을 하기에 적합한 흥미로운 지역"이었다. "혁명가들의 장기적 목표는 '민족적 치욕을 되갚고 한족을 중흥시키기 위해' 만주족 국가를 타도하는 것이었고, 단기적 전술은 신군 부대에 침투하여 그 내부에서 지방에 강력한 분파를 가지고 있던 다양한 비밀 결사의 구성원들과 함께 정치적 활동을 조직해내는 것"이었다.◉ 이에 우창의 신군에는 '공진회共進會'와 '문학사文學社' 등과 같이 명목상 문학이나 친목 도모를 그 목적으로 내세운 혁명 단체가 조직되어 암암리에 활동했다.

◉ 조너선 D. 스펜스, 『현대 중국을 찾아서 1』, 312쪽.

이즈음 개명한 지주 · 상공업자 등은 외국의 압력과 그 자본으로 부설된 철도와 공장이 중국을 경제적으로 수탈하는 데 앞장서고 있다는 인식하에 '실업구국實業救國'의 기치를 내걸고 민족 자본으로 철도와 공장을 건설하자는 운동을 펴나갔다. 실제로 1904년에는 쓰촨에서 촨한(川漢, 천한, 쓰촨四川, 사천에서 우한(武漢, 무한)까지 철도 건설을 위한 회사 설립이 추진되었고, 1905년에는 미국 자본이 갖고 있던 웨한粵漢, 월한, 광둥(廣東, 광동)에서 우한까지) 철도의 부설권을 675만 달러에 사들이는 등 구체적인 움직임이 나타났다. 열강들의 겁박하에 빼앗긴 국가 주요 시설의 경영권을 되찾아 오자는 이러한 '이권 회수 운동'은 외국에 이민을 나가 설움을 겪으면서도 근면 성실로 부를 쌓아올린 화교들이나 국내에서 상당한 부를 갖고 있으면서도

샤먼(厦門)에 있는 화교 자본가 천자경(陳嘉庚, 진가경)에 대한 소개글. 그는 샤먼의 빈한한 어촌에서 태어나 동남아시아에서 엄청난 부를 쌓은 뒤, 고향인 샤먼에 샤먼대학의 전신이 된 교육 기관을 설립했다.
ⓒ 조관희

선각자적인 각성으로 민족적 비분을 느끼고 있던 민족 자본가들이 앞장서 추진해나갔다. 특히 성공한 화교의 경우는 그 숫자가 극소수에 불과했지만, 그들이 품고 있는 고국에 대한 애정과 민족주의는 상상을 뛰어넘는 것이어서 자신들이 피땀 흘려 모은 재산을 아낌없이 고국에 송금했다.

한편 위기의식에 사로잡힌 만청 정부는 그 나름대로 신정을 펴나가며 국면 전환의 계기로 삼고자 했다. 그러던 중 광서제가 의문의 죽음을 맞은 바로 다음날인 1908년 11월 15일 시 태후가 세상을 떠났다. 죽기 직전 시 태후는 이제 겨우 세 살이 된 푸이溥儀, 부의: 1906~1967년를 선통제宣統帝로 즉위시키고, 푸이의 아버지이자 광서제의 동생인 순친왕醇親王 짜이리載灃, 재례: 1883~1951년를 섭정으로 지명했다. 짜이리의 비는 시 태후의 심복인 룽루榮祿, 영록의 딸이었다. 시 태후는 가장 믿을 만한 측근으로 자신의 사후를 대비했던 것이다. 순친왕 짜이리는 제일 먼저 당시 실권을 잡고 있었던 위안스카이를 파면했다. 위기감에 빠진 만청 정부는 자신들이 믿

현재 신해혁명 우창 기의 기념관이 되어버린 당시 악군도독부(鄂軍都督府)
ⓒ 조관희

을 수 없는 존재인 한인漢人 관료들을 제거하고 만주인들로 주변을 공고히 하고자 했던 것이다. 아울러 파탄에 빠진 국가 재정을 회복하기 위해 철도국유령을 반포했다. 이것은 이권 회수 운동의 성과인 철도부설권 획득을 국유화해 이를 담보로 영국과 프랑스, 독일, 미국 등 4개국에서 600만 파운드의 차관을 들여오고 일본에서도 외채를 빌려오려 했던 것이다. 이에 화중華中과 화남華南 지역의 민중들을 격렬하게 저항했는데, 그중에서도 쓰촨四川, 사천 지역이 특히 심했다. 만청 정부는 쓰촨성을 무력으로 평정하기 위해 우창의 신군에 출동 명령을 내렸다.

신군 내의 공진회와 문학사는 연합 회의를 열어 함께 힘을 합쳐 봉기하기로 결의했다. 하지만 뜻하지 않게 러시아 조계에서 비밀리에 제조 중이던 폭탄이 폭발하는 사고가 일어났다. 워낙 큰 폭발이었기에 당국이 조사하는 중에 수사관이 비밀 결사의 본부를 습격해 3명을 현장에서 사살하고, 혁명 단체에 가입한 군인들과 다른 조직원들의 명부를 입수했다. 이제 신군 내 혁명 운동 지지 세력은 막다른 길에 내몰려 조속히 행동을 취하지 않으면 앉아서 개죽음을 당할 수밖에 없다고 생각해 무장 봉기를 일으켰다. 10월 10일 이른 아침 먼저 우창의 공병대대가 무기고를 점령했다. 혁명군이 시 외곽에 있던 수송부대 및 포병대와 연락해 우창의 본부를 성공적으로 접수하자, 만주인 총독과 한인 총사령관은 시내를 빠져나가 상하이로 도망쳤다. 이제 우발적인 사고로 시작된 반란은 새로운 국면을 맞아 그들의 행동을 이끌어갈 지도자가 나서야 했다. 하지만 아직 황싱黃興, 황흥이나 쑹자오런과 같은 혁명 지도자가 도착하지 않았으므로, 당시 제21혼성협통령混成協統領으로 있던 리위안홍黎元洪, 여원홍; 1864~1928년을 도독으로 옹립했다. 전하는 말로 리위안홍은 처음에는 반란군에 동조하지 않았으나, 혁명군의 기세에 눌려권총으로 협박당해 지도자로 추대되었다 한다. 혁명군 세력은 중화민국군정부中華民國軍政府를 수립하고 10월 11일 한커우와 한양漢陽, 한양을 점령했다. 이것이 2,000년 넘게 이어오던 황제를 정점으로 하는 전제 군주제를 타파하고 민주적 공화정을 수립하는 첫 땅뙘이 된 신해혁명辛亥革命의 서막이었다. 거사한 날짜가 10월 10일이었기에 '쌍십절雙十節'이라 하여 이후 중화민국의 국경일이 되었다.

신해혁명, 절반의 승리

우창에서의 거사가 성공하자 각지에서 이에 호응하는 무장 봉기가 잇달았다. 2개월이 채 안 되어 14개 성이 독립을 선언했다. 청 정부는 5세의 어린 선통제에게 자신의 죄를 자책하는 조서詔書를 내리게 하고 입헌제를 비롯한 갖가지 개혁안을 발표했으나 소용이 없었다. 결국 청 조정은 무술변법 때 시 태후 편에 서서 변법을 압살했다는 명목으로 선통제 즉위와 함께 권좌에서 물러나 있던 위안스카이에게 사태의 수습을 부탁했다. 하지만 위안스카이는 섣불리 움직이지 않고, 잠시 사태를 관망했다. 10월 말이 되자 이제 천하의 대세는 혁명파 쪽으로 기울었다는 게 명백해졌다. 청 조정은 약속대로 중국 최초의 의회인 자정원資政院을 구성했다. 이것은 단원제로 의원들은 성 의회에서 선출되거나 만주인 섭정에 의해 임명되었다. 바로 이 의회에서 위안스카이를 내각총리대신으로 선출 · 임명하고 내각을 구성하도록 칙령을 내렸다. 드디어 위안스카이는 제안을 받아들이고 주요 직책에 자신의 심복을 임명했다. 만청 정부로서는 자신들의 제정帝政을 유지하기 위한 최후의 수단으로 입헌군주제를 받아들이려 했던 것이다. 위안스카이는 만청 정부의 기대에 부응해 가장 우수한 장비로 무장한 신군을 이끌고 우한 삼진三鎭, 곧 우창과 한커우, 한양을 공격했다. 치열한 전투 끝에 한커우와 한양을 탈환하고 우창을 공격하던 중 위안스카이는 돌연 혁명군에 화의를 제안했다. 위안스카이는 혁명군과 청 정부의

베이징 샹산(香山, 향산)의 중산기념당(中山紀念堂)에 있는 쑨원의 좌상 ⓒ 조관희

사이에서 캐스팅 보트를 쥐고 자신의 야심을 채울 모종의 거래를 준비하고 있었던 것이다.

당시 쑨원은 미국에서 군자금을 모금하던 중, 캔자스로 가는 기차 안에서 신문을 읽다 우창봉기를 알게 되었다. 그는 막바로 귀국하기에 앞서 유럽의 여러 나라들이 사태에 중립을 지키는 것이 무엇보다 시급하다고 생각해 일단 유럽으로 건너가 영국이 청 정부에 아무런 자금 지원도 하지 않도록 설득했다. 1911년 크리스마스에 쑨원은 배를 타고 상하이로 돌아왔다. 하지만 쑨원의 동맹회는 거의 해산 상태에 있었고, 쑨원 자신도 각 성에서 일어난 무장 봉기에 직접 관여한 것이 아니었기에 실제로 힘을 쓸 수 없는 상황이었다. 그럼에도 1912년 1월에 17개 성의 대표는 그를 임시 대총통으로 선출하고 중화민국 임시정부를 수립했다. 임시 대총통 쑨원은 수도를 난징으로 정하고 국호를 중화민국中華民國이라 하였다. 이제 중국에는 공화국 대총통과 제국의 황제가 동시에 존재하는 기이한 상황이 벌어진 것이다. 하지만 쑨원은 자신의 기반이 얼마나 취약한지 잘 알고 있었다. 특히 자신을 따르는 군사력이 없다는 것은 쑨원의 치명적인 약점이었다. 그래서 뒷날 이러한 상황을 제대로 인지하고 있던 마오쩌둥毛澤東, 모택동은 "모든 권력은 총구에서 나온다"고 말하고, 실제로 이러한 자신의 생각을 실행에 옮겨 혁명에 성공할 수 있었다.

한편 무장 봉기는 성공했지만 혁명군 내부에는 여러 가지 문제점들이 도처에 잠복해 있었다. 우선 본래부터 혁명당원이었던 이들과 나중에 합류한 군대 사이에 의사 소통이 잘 되지 않았고, 혁명당원 내에도 여러 파벌이 형성되어 내부적으로 결속이 약화된 데다 입헌파와 혁명파 사이에 주도권 싸움도 치열했다. 무엇보다 민중들의 재정적 후원이 끊어져 일본에 차관을 요청했으나 거절당해 극도의 재정적 궁핍 상태에 놓였다. 서구 열강은 실권을 위안스카이가 쥐고 있고 혁명 세력은 아직 조직이 약하다고 생각해 난징 정부을 승인하는 데 주저했다. 여러 가지로 불리한 상황 속에서 쑨원이 선택할 수 있는 길은 그리 많지 않았다. 쑨원은 위안스카이와 밀약을 맺었다. 쑨원이 제시한 조건은 청 황제의 퇴위와 공화제의 실시, 그리고 수도를 여전히 난징으로 하는 것을 전제로 위안스카이를 총통으로 추대하는 것이었다.

위안스카이는 즉시 황제의 퇴위를 압박했다. 일부 만주족 귀족들이 '종사당宗社黨'을 조직해 저항했으나, 위안스카이는 중심 인물들을 암살하면서까지 청 황실을 위협했다. 나이 어린 선통제를 대신해 황제의 어머니와 측근들은 퇴임 후에도 외국 군주로서의 예우를 해줄 것◉과 연 400만 달러의 세비를 지급하는 것을 조건으로 내걸었다. 위안스카이와 난징 정부 양쪽에서 이 제안을 받아들이자, 1912년 2월 12일 청 조정은 선통제 푸이의 퇴위를 선언했다. 선통제의 이름으로 발표된 칙령은 쑨원의 난징정부를 철저히 무시한 채, 위안스카이에게 임시 공화정부를 수립하고 남방의 혁명 세력과 단합을 이루도록 전권을 위임했다. 이것으로 청은 12대 277년 만에 멸망했고, 2,000년 넘게 중국을 지배했던 전제 군주제 역시 막을 내렸다.◉◉

선통제가 퇴위한 다음날 약속대로 쑨원은 참의원에 임시 대총통의 사

◉ 위안스카이는 약속대로 퇴위한 선통제를 외국의 군주로 대접했다. 자리에서 물러난 선통제 푸이는 이허위안에 거주했는데, 이허위안이 외국 황제의 정원이었기 때문에 당시 사람들은 이허위안에 가려면 외교부에 가서 여권을 만들어야 했다. 또 위안스카이는 푸이에게 편지를 쓰면서 중화민국 대총통이 대청황제에게 안부를 묻는다라고 했다.

◉◉ 서구의 중국학자들은 근대 이전의 중국이 황제 한 사람이 통치하는 제국이었으며, 이러한 통치 형태는 수천 년 간 지속되었다고 주장한다. 이런 견해에 따르면, 사실상 최초의 통일 제국이 성립한 진나라부터 마지막 왕조인 청나라까지가 하나의 제국으로 묶이게 되는데, 실제로 서구의 학자들은 각각의 왕조 사이의 차이를 그리 크게 보지 않고 있다. 그래서 근대 이전의 중국에 대한 통칭으로 단순하게 'Imperial China'로 부르는 경향이 있다. 아울러 'Late Imperial China'라는 용어로 제국의 후기에 해당하는 시기를 가리키기도 하는데, 구체적으로는 명과 청 두 왕조를 지칭하는 것으로 쓰이고 있다. 혹자는 이것을 남송 이후를 지칭하는 것으로 쓰기도 한다. 하지만 어느 쪽이든 이런 주장은 엄밀하게 볼 때, 객관성을 잃었을 뿐 아니라 지나치게 서구 중심적인 시각에 서 있다는 비판을 면하기 어렵다. 이와 유사한 논의로는 티모시 브룩의 『쾌락의 혼돈』(이정, 강인황 옮김, 이산, 2005), 344~345쪽. 지은이 주14 참조할 것.

표를 제출하고 위안스카이를 다음 총통으로 추대했다. 1912년 1월 28일 난징에서는 각 성마다 3명씩의 대표가 모여 베이징의 자정원과 별도로 참의원을 구성했는데, 쑨원이 사표를 낸 다음날인 2월 14일 만장일치로 위안스카이를 중국의 임시 대총통으로 선출했다. 곧이어 3월 11일에는 새로운 임시 헌법 초안임시약법을 만들어 10개월 이내에 기존의 참의원을 해산하고 위안스카이 역시 사임한 뒤, 선거를 통해 정식으로 새로운 총통을 선출하는 결정을 내렸다. 그러나 위안스카이는 자신의 휘하 군사들에게 일부러 폭동과 소요 사태를 일으키게 하고는 이것을 구실 삼아 3월 10일 베이징에서 임시 대총통의 자리에 올랐다. 이에 만청 정부가 만든 자정원은 유명무실한 존재가 되어버리고, 몇 달 후 치를 총선거에서 누가 다수당의 지위를 차지하느냐 하는 게 초미의 관심사가 되었다. 쑨원은 12월에 치를 선거에 대비하기 위해 기존의 동맹회를 해소하고 국민당國民黨을 세웠다. 조직의 책임자는 당시 30세에 불과했던 쑨원의 참모 쑹자오런이었다. 나이는 어렸지만 쑹자오런은 천부적으로 타고난 조직가로서의 능력을 발휘했다. 당시 국민당의 주요 경쟁 상대는 량치차오가 주도하는 진보당과 민족주의 성향이 강한 공화당共和黨 등이었고, 그밖에도 300여 개가 넘는 군소 정당들이 각축을 벌였다.

임시대총통 위안스카이와 각료들

중국에서 첫 번째로 치러진 선거의 결과는 1913년 1월에 발표되었고 예상대로 국민당은 압승을 거뒀다. 국민당은 중의원 596석 가운데 269석과 참의원 274석 가운데 123석을 차지했으며, 그 나머지를 여타의 주요 정당 서너 곳이 나누어 가졌다. 이제 대세는 국민당에 있는 듯이 보였다.

3월 20일 국민당의 지도자 쑹자오런은 베이징에서 열리는 역사적인 의회에 참석하기 위해 상하이 역에 도착했다. 그의 구상은 위안스카이를 명목상의 대총통으로 추대하고 자신이 총리가 되어 위안스카이의 전횡을 견제하겠다는 것이었다. 하지만 기차에 오르기 위해 플랫폼에 서 있던 그에게 한 남자가 다가와 두 발의 총알을 쏘았다. 쑹자오런은 즉시 병원으로 옮겨졌으나 곧 절명했다. 그날은 바로 그의 31번째 생일을 맞기 2주 전이었다. 암살의 배후로는 당연하게 위안스카이가 지목되었으나, 주요 주동자와 사건에 연루된 인물들 역시 암살되거나 행방이 묘연해져 사건은 결국 오리무중에 빠져버리고 위안스카이는 공식적으로는 결코 연루되지 않았다.

국회에 모인 국민당 대표들은 위안스카이를 비난하며 그를 제압할 방안 등에 대해 역설했다. 그 중에서도 위안스카이가 재정적인 압박을 해결하기 위해 의회의 동의도 없이 영국와 프랑스, 러시아, 독일, 일본으로부터 '선후차관善後借款' 이라는 명목으로 돈을 빌린 것을 강력하게 비판했다. 이에 대해 위안스카이는 의원들을 협박하거나 회유하고 불법 감금하는 등의 강경책으로 맞서는 한편, 국민당 계열의 쟝시도독江西都督 리례쥔李烈鈞, 이열균과 안후이도독安徽都督 보원웨이柏文蔚, 백문위, 광둥도독廣東都督 후한민胡漢民, 호한민 등을 모두 파면했다. 이에 격분한 리례쥔이 1913년 7월 2일에 쟝시의 후커우에서 독립을 선언하고 일떠서자, 쟝쑤와 안후이, 푸젠, 광둥, 후난 등지에서도 이에 호응하니, 이것이 제2차 혁명이다. 하지만 이들 사이에 보조가 맞지 않은 데다, 무력 면에서 신무기로 무장한 위안스카이 군에 맞설 수 없어 국민당 군은 2개월 만에 패퇴했다. 9월에는 병사들의 변발을 자르지 못하게 할 정도로 보수 반동적인 생각을 갖고 있던 군벌 장쉰張勳, 장훈이 혁명군을 패퇴시키고 난징에 입성했다. 이제 거칠 것이 없게 된 위안스카이는 의회의 의원들을 위협해 과반수를 얻기 위해 무려 세 차례나 치러진 선거 끝에 5년 임기의 총통으로 선출되었다. 이에 좌절한 쑨원은 11월 말 또다시 일본으로 망명길에 올랐다.

정식으로 총통에 취임한 위안스카이는 국민당 소속 의원들의 의원증을 모두 회수하고 국민당을 해산시켜 사실상 국회의 기능을 정지시켰다. 이듬해인 1914년 5월에는 내각책임제를 폐지하고 총통의 권한을 강화하는 한편, 기존의 의회를 대신해 자신의 뜻대로 움직이는 참정원參政院을 새로 만들었다. 위안스카이가 품었던 야욕의 끝은 결국 자신이 황제가 되는 것이었다. 이때 약간의 변수가 생겼으니, 1914년 8월에 제1차 세계대전이 일어난 것이다. 일본은 세계대전에 참전하는 한편, 전쟁으로 유럽의 여러 나라들이 중국에 대해 소홀해진 틈을 타 중국에 21개조에 달하는 요구 사항을 위안스카이에게 제시했다.

본래 위안스카이는 청일전쟁 때 조선에 파견되어 친중국파인 사대당을 도와 친일파인 독립당을 탄압하는 등 일본과는 사이가 별로 좋지 않았다. 위안스카이는 서구 열강이 간섭해줄 것을 기대했으나, 유럽의 여러 나라들은 대전으로 인해 중국에 개입할 형편이 못 되었다. 여기에 일본 공사가 직접 위안스카이를 찾아가 위안스카이가 "높은 지위에 오를 수高升" 있기를 바란다는 말로, 일본이 은근히 위안스카이가 황제에 오르는 것을 지지하는 듯한 암시를 주었다. 결국 위안스카이는 일본의 요구를 받아들이게 된다.

굴욕적인 21개조의 요구로 인해 전 중국에는 반일 감정이 넘쳐났고 일본 상품에 대한 불매 운동이 대대적으로 일어났다. 그러는 와중에 위안스카이는 황제에 오르기 위한 준비를 하나씩 진행해 나갔다. 양두楊度, 양도 등으로 하여금 주안회籌安會를 조직해 제제帝制 운동을 전개하게 하고, 돈으로 무뢰배를 매수해 제제청원단帝制請願團을 조직해 제제 복원을 청원케 했다. 또 미국인 고문인 굿나우F. J. Goodnow는 『군주구국론君主救國論』이라는 책을 써 중국에는 공화제가 적합하지 않다는 주장을 펼쳤다. 1915년 11월 이런 일련의 소동 끝에 각 성의 국민대표대회를 소집해 국체 결정의 투표를 실시하니 참가자 만장일치로 위안스카이를 황제로 추대했다. 12월 12일 위안스카이는 추대를 받아들여 1916년 1월 1일에 홍헌洪憲을 연호로 황제의 자리에 올랐다.

하지만 상황은 위안스카이에게 우호적이지 않았다. 중국의 현실은 역사의 흐름을 거슬러 올라가기에는 이미 너무 멀리 나갔던 것이다. 시대착오적인 제제 복원에 대해 국내외에서 비난이 쏟아졌고, 그때까지 위안스카이를 암묵적으로 지지했던 열강도 그를 외면했다. 일본에 망명해 있던 쑨원은 국내의 혁명당원들에게 반대 운동을 일으킬 것을 지시했다. 심지어 위안스카이의 심복 장군들마저 그를 배반했는데, 급기야 윈난도독雲南都督, 운남도독 탕지야오唐繼堯, 당계요는 차이어蔡鍔, 채악와 협조해 위안스카이를 타도하기 위한 호국군護國軍을 일으켰다. 본래 윈난은 변방의 오지로 중앙 정부를 전복시킬 만한 힘을 갖고 있지 못했지만, 다른 지역의 군벌들이 이에 호응해 독립을 선언하니 사태는 걷잡을 수 없는 지경으로 흘러갔다. 정세가 점점 불리해지자 위안스카이의 심복인 펑궈장馮國璋, 풍국장과 돤치루이段祺瑞, 단기서 등도 제제취소안을 올렸다. 마침내 위안스카이는 대세가 자신의 편이 아님을 인정하고 1916년 3월 제제를 취소했으나 사태를 되돌릴 수 없었다. 위안스카이는 같은 해 6월 울분을 참지 못한 끝에 병사했다. 위안스카이가 죽자 부총통이었던 리위안훙黎元洪, 여원홍이 그의 뒤를 이어 임시 총통이 되어 혁명파와 협상하고 의회와 임시약법을 부활시켜 시국 수습에 나섰다.

하지만 1911년 10월 우창봉기 때 마지못해 혁명에 참가했고, 이번에도 마지못해 임시 총통이 된 우유부단한 리위안훙은 1년 남짓 자리를 지키며 또 다른 복벽復辟 운동을 지켜봐야 했다. 이번에는 앞서 제2차 혁명

전쟁 때 국민당 군으로부터 난징을 탈환했던 장쉰이 역사의 수레바퀴를 되돌리려 했다. 장쉰은 일찍이 의화단 사건 때 시 태후의 경호대에서 근무한 적이 있는 청 왕조 지지자였다. 리위안훙이 다른 장군들과 분쟁에 휩싸여 있을 때 중재자를 자처한 장쉰은 1917년 6월 돌연 자신의 군대를 베이징으로 이끌고 들어가 이제 11세가 된 소년 푸이를 다시 황제로 재옹립한다고 선언했다. 한 편의 희극 같은 이 사태에 모두들 잠시 어리둥절해 있는 사이, 역시 시대착오적 망상에 사로잡혀 있던 몇몇 사람들은 새 황제 밑에서 일하기 위해 청 조정의 관복을 차려 입고 궁성으로 달려갔는데, 이 가운데에는 왕년의 변법 개혁가 캉유웨이도 끼어 있었다. 하지만 장쉰의 복벽 운동은 성공하지 못했고, 7월 중순 다른 장군들이 군대를 이끌고 베이징에 몰려와 장쉰을 체포했다. 역사는 반복된다고 한다는 유명한 경구가 있다. 그것도 한번은 비극으로, 또 한번은 희극으로…… "삼촌 나폴레옹의 비극은 조카 나폴레옹의 소극으로 반복"되는 것이다. 황제가 되고자 했던 위안스카이는 분사憤死했으나, 황제를 맹종했던 장쉰은 다른 장군들에 의해 네덜란드 조계 내의 정치범 수용소에 갇혀 다시는 정치에 나서지 못했다.

이제 중국은 절대 강자가 사라지고 각지에 할거하고 있는 군벌들이 번갈아 가며 중국을 호령하는 대혼란의 시기로 접어들었다. 하지만 그 혼란 속에서 훗날 각기 다른 길을 걸으며 중국 대륙을 무대로 각축을 벌일 두 인물, 마오쩌둥毛澤東, 모택동과 장제스蔣介石, 장개석가 자신의 시대를 준비하고 있었다. 그리고 베이징과 상하이 등지에서는 조국의 현실에 울분을 토하며 계몽과 혁명의 언사를 쏟아내는 문인들이 일떠서 가열차게 문화운동을 펴나갔다. 바야흐로 새로운 시대를 여는 신새벽 여명의 빛줄기가 하늘을 뒤덮고, 중국 역사에서 일찍이 경험해보지 못했던 반봉건과 반제국주의의 도도한 흐름이 온 천지를 뒤흔드는 시간이 도래한 것이다.

찾아보기

인명

ㄹ

ㅇ

ㅈ

ㅊ

ㅎ

기타

지명

ㄱ

ㄴ

ㄷ

ㄹ

ㅋ

ㅌ

ㅍ

ㅎ

서명

일반용어

ㄱ

ㅅ

ㅊ

ㅋ

ㅌ

기타

조관희 교수의
중국사 강의

1판 1쇄 펴냄 2011년 9월 9일
1판 2쇄 펴냄 2014년 3월 25일

지은이 조관희

주간 김현숙
편집 변효현, 김주희
디자인 이현정, 전미혜
영업 백국현, 도진호
관리 김옥연

펴낸곳 궁리출판
펴낸이 이갑수

등록 1999. 3. 29. 제300-2004-162호
주소 110-043 서울특별시 종로구 통인동 31-4 우남빌딩 2층
전화 02-734-6591~3
팩스 02-734-6554
E-mail kungree@kungree.com
홈페이지 www.kungree.com

ⓒ 조관희, 2011. Printed in Seoul, Korea.

ISBN 978-89-5820-217-2 04910
ISBN 978-89-5820-219-6 04910(세트)

값 25,000원